曾國藩家書

曾國藩　著

胡亞軍　注釋

曾國藩簡介

曾國藩（1811年11月26日－1872年3月12日），初名子城，譜名傳豫，字伯涵，號滌生，清朝湖南長沙府湘鄉白楊坪人（現屬湖南省婁底市雙峰縣荷葉鎮天子坪），宗聖曾子七十世孫（系出曾氏南宗），中國近代政治家、軍事家、理學家、文學家，與胡林翼並稱曾胡。曾國藩與李鴻章、左宗棠、張之洞並稱「晚清四大名臣」，官至武英殿大學士、兩江總督，同治年間封一等毅勇侯，又授世襲罔替，諡文正。

曾國藩一生篤好學問，作文每日不輟，是名副其實的儒家士大夫。歐陽兆熊說，曾國藩一生三變：早年講理學；辦理團練軍務時講申韓；後學老莊。

梁啟超在《曾文正公嘉言鈔》序內指曾國藩「豈惟近代，蓋有史以來不一二睹之大人也已；豈惟我國，抑全世界不一二睹之大人也已。然而文正固非有超群絕倫之天才，在並時諸賢傑中，稱最鈍拙；其所遭值事會，亦終生在指逆之中；然乃立德、立功、立言三不朽，所成就震古鑠今而莫與京者，其一生得力在立志自拔於流俗，而困而知，而勉而行，歷百千艱阻而不挫屈，不求近效，銖積寸累，受之以虛，將之以勤，植之以剛，貞之以恆，帥之以誠，勇猛精進，堅苦卓絕⋯⋯」

徐中約在《中國近代史》中如此評價曾氏：「曾國藩的政治家風度、品格及個人修養很少有人能予匹敵。他或許是十九世紀中國最受人敬仰、最偉大的學者型官員」，他隨後說到「但是他卻被馬克思主義學者斥責為漢奸劊子手，為了滿清異族統治者的利益，背叛及屠殺了同胞」。徐評論道「曾國藩雖然並非才華橫溢，但卻是一位堅持信念、孜孜不倦的士人」，「在居留京城其間，他與一些宋派理學的首要人物交友，並從他們那裡獲取了對『靜』、『耐』和『約』的領悟，這些信念運用到實際事務中，即意味著處變不驚、臨危不懼和務實克己。他在日後的生涯中將大大利益於這些品格。」

中國現代史上兩位著名人物蔣中正和毛澤東都高度評價過曾國藩。青年時代的毛澤東曾說：「愚意所謂本源者，倡學而已矣。博學如基礎，今人無學，故基礎不厚，進懼傾記。愚於近人，獨服曾文正，觀其收拾洪楊一役，完滿無缺。使以今人易其位，其能如彼之完滿乎？」即使在晚年，他還曾說：「曾國藩是地主階級最厲害的人物。」蔣中正對曾國藩更是頂禮膜拜，認為曾國藩為人之道，「足為吾人之師資」，「其著作為任何政治家所必讀」。他把《曾胡治兵語錄》當作教導高級將領的教科書，自己又將《曾文正公全集》常置案旁，終生拜讀不輟。

曾國藩家書

　　《曾國藩家書》是曾國藩的書信集，成書於清 19 世紀中葉。該書信集記錄了曾國藩在清道光 30 年至同治 10 年前後達 30 年的翰苑和從武生涯，近 1500 封。所涉及的內容極為廣泛，是曾國藩一生的主要活動和其治政、治家、治學之道的生動反映。曾氏家書行文從容鎮定，形式自由，隨想而到，揮筆自如，在平淡家常中蘊育真知良言，具有極強的說服力和感召力。儘管曾氏留傳下來的著作太少，但僅就一部家書中可以體現他的學識造詣和道德修養。曾國藩作為清代著名的理學家、文學家，對書信格式極為講究，顯示了他恭肅、嚴謹的作風。

　　在為人處世上，曾國藩終生以「拙誠」、「堅忍」行事。他在致其弟信中說：「吾自信亦篤實人，只為閱歷世途，飽更事變，略參些機權作用，便把自家學壞了！賢弟此刻在外，亦急需將篤實復還，萬不可走入機巧一路，日趨日下也。」至於堅忍功夫，曾國藩可算修煉到了極點。他說：「困心橫慮，正是磨練英雄，玉汝於成。李申夫嘗謂餘慍氣從不說出，一味忍耐，徐圖自強。因引諺曰：『好漢打脫牙和血吞。』此二語，是餘生平咬牙立志之訣。余庚戌辛亥間，為京師權貴所唾罵；癸丑甲寅，為長沙所唾罵；乙卯丙辰為江西所唾罵；以及岳州之敗，靖港之敗，湖口之敗，蓋打脫牙之時多矣，無一次不和血吞之。」曾國藩崇尚堅忍實幹，不僅在得意時埋頭苦幹，尤其是在失意時絕不灰心，他在安慰其弟曾國荃連吃兩次敗仗的信中說：「另起爐灶，重開世界，安知此兩番之大敗，非天之磨煉英雄，使弟大有長進乎？諺云：『吃一塹，長一智。』吾生平長進，全在受挫辱之時。務須咬牙勵志，費其氣而長其智，切不可徒然自餒也。」

　　在持家教子方面，曾國藩主張勤儉持家，努力治學，睦鄰友好，讀書明理。他在家書中寫道：「余教兒女輩惟以勤儉謙三字為主。……弟每用一錢，均須三思，諸弟在家，宜教子侄守勤敬。吾在外既有權勢，

則家中子弟最易流於驕，流於佚，二字皆敗家之道也。」他希望後代兢兢業業，努力治學。他常對子女說，只要有學問，就不怕沒飯吃。他還說，門第太盛則會出事端，主張不把財產留給子孫，子孫不肖留亦無用，子孫圖強，也不愁沒飯吃，這就是他所謂的盈虛消長的道理。

　　在治軍用人方面，曾國藩對於武器和人的關係，他認為「用兵之道，在人不在器」，「攻殺之要在人而不在兵」。在軍隊治理上主張以禮治軍：「帶勇之法，用恩莫如用仁，用威莫如用禮」，「我輩帶兵勇，如父兄帶子弟一般，無銀錢，無保舉，尚是小事，切不可使他擾民而壞品行，因嫖賭洋煙而壞身體，個個學好，人人成材」。為使官兵嚴守紀律，愛護百姓，曾國藩親做《愛民歌》以勸導官兵。

　　在戰略戰術上，他認為戰爭乃死生大事，應「先求穩當，次求變化」。在用人上，講求「仁孝，血誠」原則，選拔經世致用的人才。選人標準是「崇實黜浮，力杜工巧之風」，因而石達開說「曾國藩不以善戰名，而能識拔賢將」。曾國藩的幕府就是一所人才培訓基地，李鴻章、左宗棠、彭玉麟、華蘅芳等都在其左右共事。

曾國藩修身之道

1. 主敬：整齊嚴肅，清明在躬，如日之升。
2. 靜坐：每日不拘何時，靜坐四刻，正位凝命，如鼎之鎮。
3. 早起：黎明即起，醒後勿沾戀。
4. 讀書不二：一書未完，不看他書。
5. 讀史：念三史（指《史記》、《漢書》、《後漢書》），每日圈點十頁，雖有事不間斷。
6. 謹言：刻刻留心，第一工夫。
7. 養氣：氣藏丹田，無不可對人言之事。
8. 保身：節勞、節欲、節飲食。
9. 日知其所無：每日讀書，記錄心得。
10. 月無忘其所能：每月作詩文數首，以驗積理的多寡，養氣之盛否。
11. 作字：飯後寫字半時。
12. 夜不出門。

目　錄

稟祖父母

稟祖父母・請救濟族人……………一四

稟祖父母・告一家病況及同鄉病故事
………………………………………一六

稟祖父母・告在京中窘狀及孫婦等病
情…………………………………一九

稟祖父母・論高麗參之功用及與英國
議和………………………………二三

稟祖父母・告升翰林院侍講………二六

稟祖父母・報告考差………………二九

稟祖父母・請將銀饋贈戚族………三二

稟祖父母・告送率五回家及生女
………………………………………三四

稟祖父母・報告補侍讀及皇上求雪
………………………………………三六

稟父母

稟父母・謹守保身之訓……………四〇

稟父母・籌畫歸還借款……………四二

稟父母・借銀寄回家用……………四七

稟父母・在外借債過年……………四九

稟父母・家中費用窘迫……………五二

稟父母・九弟習字長進……………五三

稟父母・告孫女種牛痘及經濟狀況
………………………………………五五

稟父母・兩弟患業不精……………五七

稟父母・痛改過失…………………六一

稟父母・促四弟季弟師覺庵。六弟九
弟下省讀書………………………六二

稟父母・順四弟、六弟之意任其來京
讀書………………………………六四

稟父母・盤查國庫巨案……………六八

稟父母・勸弟除驕傲氣……………六九

稟父母・教弟注重看書……………七二

稟父母・寄書物等回家……………七四

稟父母・不可入署說公事或與人構訟
………………………………………七五

稟父母・專人去取借款……………七七

稟父母・請祖父換藍頂……………七九

稟父母・擬為六弟納監……………八二

稟父母・報告兩次兼職……………八四

稟父母・請勿懸望得差……………八七

稟父母・附呈考差詩文……………八八

稟父母・六弟成就功名……………九一

稟父母・請敬接誥封軸……………九二

稟父母・毋以男不得差及六弟不中為
慮…………………………………九四

稟父母・四弟送歸誥軸……………九七

稟父母・遵命一意服官……………九九

稟父母・詢問托人寄上之物及告勿因
家務過勞…………………………一〇一

稟父母・當歸蒸雞治失眠…………一〇二

稟父母・述紀澤姻事………………一〇四

稟父母・具折奏請日講⋯⋯⋯⋯一〇七

稟叔父

稟叔父・俠士料理友喪⋯⋯⋯⋯一一〇
稟叔父母・報告升翰林院侍讀學士
⋯⋯⋯⋯⋯⋯⋯⋯⋯⋯⋯⋯⋯⋯一一二
稟叔父母・寄銀五十兩回家並述其用
途⋯⋯⋯⋯⋯⋯⋯⋯⋯⋯⋯⋯⋯⋯一一五
稟叔父母・勿勞力過甚⋯⋯⋯⋯一一六
稟叔父母・托人帶歸銀⋯⋯⋯⋯一二〇

致諸弟

致諸弟・述近況並對待童僕之態度
⋯⋯⋯⋯⋯⋯⋯⋯⋯⋯⋯⋯⋯⋯一二四
致諸弟・己已戒煙欲作《曾氏家訓》
勉勵自立課程⋯⋯⋯⋯⋯⋯⋯一二九
致諸弟・講讀經史方法及求師友之注
意點⋯⋯⋯⋯⋯⋯⋯⋯⋯⋯⋯⋯一三四
致諸弟・喜述大考升官⋯⋯⋯⋯一四六
致六弟・學詩習字之法⋯⋯⋯⋯一四七
致諸弟・論孝弟之道⋯⋯⋯⋯⋯一五一
致諸弟・述求師友宜專⋯⋯⋯⋯一五四
致諸弟・告身健及紀澤婚事⋯⋯一五六
致諸弟・述濟戚族之故⋯⋯⋯⋯一五九
致諸弟・告應酬太忙及勿為時文所誤
⋯⋯⋯⋯⋯⋯⋯⋯⋯⋯⋯⋯⋯⋯一七二
致諸弟・論進德修業⋯⋯⋯⋯⋯一七七

致諸弟・須立志猛進⋯⋯⋯⋯⋯一七九
致諸弟・戒勿恃才傲物⋯⋯⋯⋯一八二
致諸弟・看書須有恆⋯⋯⋯⋯⋯一八四
致諸弟・詩之命意。結親之注意點。
勸勿管家中事⋯⋯⋯⋯⋯⋯⋯一八七
致諸弟・無師無友亦可成第一等人物
⋯⋯⋯⋯⋯⋯⋯⋯⋯⋯⋯⋯⋯⋯一九一
致諸弟・論中表為婚之不當⋯⋯一九四
致諸弟・帶物歸家⋯⋯⋯⋯⋯⋯一九八
致諸弟・喜述升詹事府右春坊右庶子
⋯⋯⋯⋯⋯⋯⋯⋯⋯⋯⋯⋯⋯⋯二〇〇
致諸弟・評論文章及書法⋯⋯⋯二〇三
致諸弟・升內閣學士⋯⋯⋯⋯⋯二〇六
致諸弟・勿占人便宜。兒女姻事勿太
急⋯⋯⋯⋯⋯⋯⋯⋯⋯⋯⋯⋯⋯二〇八
致諸弟・溫弟館事。述思歸省親之計
⋯⋯⋯⋯⋯⋯⋯⋯⋯⋯⋯⋯⋯⋯二一一
致諸弟・指導考試。勸勿告官二一五
致諸弟・述改屋之意見。留心辦賊之
態度⋯⋯⋯⋯⋯⋯⋯⋯⋯⋯⋯⋯二一八
致諸弟・喜述補侍郎缺⋯⋯⋯⋯二二一
致諸弟・計畫設置義田⋯⋯⋯⋯二二三
致諸弟・述派較射大臣⋯⋯⋯⋯二二六
致諸弟・寄物。告在闈較射。及江岷
樵家遭難事⋯⋯⋯⋯⋯⋯⋯⋯二三〇
致諸弟・迎養父母叔父⋯⋯⋯⋯二三三
致諸弟・具奏言兵餉事⋯⋯⋯⋯二三六

致諸弟・折奏直諫……………二三七

致諸弟・詳述辦理巨盜及公議糧餉事
……………………………二四二

致諸弟・宜注重勤敬和更宜注意清
潔。戒怠惰……………二四六

致諸弟・自述不願受官。注意勿使子
侄驕佚……………………二四八

致諸弟・告戰事情況及聘請明師
……………………………二五一

致諸弟・帶歸卒歲之資及告軍中聲名
極好……………………二五三

致諸弟・營中需才孔亟……二五六

致諸弟・調彭雪琴來江………二五九

致諸弟・喜九弟得優貢………二六二

致四弟・自謂宦途風波。思抽身免咎
……………………………二六四

致九弟・催周鳳山速來………二六五

致四弟・宜常在家侍父並延師事
……………………………二六八

致四弟・不宜常常出門。聯姻不必富
室名門…………………二六九

致四弟・看書不必一一求熟…二七一

致九弟・交人料理文案………二七二

致九弟・述無恒的弊病及帶勇之法
……………………………二七四

致九弟・待人注意真意與文飾。順便
周濟百姓…………………二七八

致九弟・周濟受害紳民………二七九

致九弟・勉其帶勇須耐煩……二八一

致九弟・注重平和二字………二八三

致九弟・宜以求才為急………二八六

致九弟・述憑壕對擊之法及捐銀作祭
費………………………二八九

致九弟・勸捐銀修祠堂………二九二

致九弟・喜保同知花翎………二九五

致九弟・克終為貴……………二九七

致四弟季弟・注重種蔬養魚豬等事
……………………………二九九

致九弟・擬優保李次青………三〇一

致諸弟・宜兄弟和睦貴行孝道又實行
勤儉二字………………三〇三

致諸弟・述溫弟事變及家庭不可說利
害話……………………三〇五

致諸弟・述六弟遺骸未尋得…三〇七

致諸弟・述起屋造祠堂及改葬之注意
點又述寫字之法………三〇九

致四弟・述近況………………三一二

致四弟・責晏起………………三一三

致九弟四弟・論進補藥及必須起早
……………………………三一四

致四弟・治家八字訣…………三一六

致四弟・述營中諸務叢集……三一七

致九弟季弟・述楊光宗不馴…三一八

致沅弟季弟・囑文輔卿二語…三二〇

致沅弟季弟・隨時推薦正人⋯⋯三二一
致九弟季弟・以勤字報君以愛民二字
報親⋯⋯⋯⋯⋯⋯⋯⋯⋯三二三
致九弟季弟・問軍中柴米足否
⋯⋯⋯⋯⋯⋯⋯⋯⋯三二四
致九弟季弟・告軍事失利⋯⋯三二六
致四弟・述剿賊情形及憂心子弟驕奢
逸⋯⋯⋯⋯⋯⋯⋯⋯⋯⋯三二七
致四弟・述戰事並教子姪以謙勤
⋯⋯⋯⋯⋯⋯⋯⋯⋯三二八
致四弟・不信醫藥僧巫和地師三三〇
致四弟・教去驕惰⋯⋯⋯⋯⋯三三一
致四弟・戒不輕非笑人⋯⋯⋯三三三
致四弟・教子弟以三不信及八本
⋯⋯⋯⋯⋯⋯⋯⋯⋯三三四
致九弟・暫緩奏祀望溪⋯⋯⋯三三六
致九弟・述挽胡潤帥聯⋯⋯⋯三三八
致季弟・慰喪弟婦⋯⋯⋯⋯⋯三三九
致九弟季弟・籌辦粵省厘金⋯三四〇
致九弟・抽本省之厘稅⋯⋯⋯三四二
致九弟・宜多選好替手⋯⋯⋯三四三
致九弟季弟・注意清慎勤⋯⋯三四四
致九弟季弟・剛柔互用⋯⋯⋯三四八
致九弟季弟・述負李次青實甚
⋯⋯⋯⋯⋯⋯⋯⋯⋯三四九
致九弟・望勿各逞己見注意外間指摘
⋯⋯⋯⋯⋯⋯⋯⋯⋯三五一

致四弟・開用總督關防及鹽政之印信
⋯⋯⋯⋯⋯⋯⋯⋯⋯三五三
致九弟季弟・不服藥之利⋯⋯三五五
致九弟季弟・不可服藥⋯⋯⋯三五七
致四弟・告軍中病疫⋯⋯⋯⋯三五八
致四弟・對本縣父母官之態度三五九
致九弟・整頓陳棟之勇⋯⋯⋯三六一
致九弟・申請辭退一席⋯⋯⋯三六二
致九弟・述彼此意趣之不同⋯三六四
致九弟・述紀梁宜承蔭⋯⋯⋯三六六
致九弟・論恬淡沖融之襟懷⋯三六七
致九弟・盡可隨時陳奏⋯⋯⋯三六九
致九弟・不必再行辭謝⋯⋯⋯三七〇
致九弟・當大事宜明強⋯⋯⋯三七一
致九弟・欣悉家庭和睦⋯⋯⋯三七二
致九弟・戰事宜自具奏⋯⋯⋯三七四
致九弟・在積勞二字上著力⋯三七六
致四弟・宜勸諸姪勤讀⋯⋯⋯三七七
致九弟・毋惱毋怒以養肝疾⋯三七八
致九弟・心肝之病以自養自醫為主
⋯⋯⋯⋯⋯⋯⋯⋯⋯三八〇
致九弟・鬱怒最易傷人⋯⋯⋯三八一
致四弟・教家中以勤儉為主⋯三八二
致四弟九弟・述浚秦淮河及書信往來
論文事⋯⋯⋯⋯⋯⋯⋯⋯三八三
致九弟・講求奏議不遲⋯⋯⋯三八五
致四弟九弟・述軍情⋯⋯⋯⋯三八六

致四弟九弟·寄銀與親族三黨
……………………………三八七
致九弟·宜在自修處求強………三八八
致四弟·送銀共患難者及述星岡公之
家規…………………………三九〇
致九弟·一悔字訣………………三九二
致九弟·必須逆來順受…………三九四
致四弟九弟·論旨飭沅陞見…三九六
致四弟·念及丁口繁盛…………三九七
致四弟九弟·述為學四要………三九九
致四弟·兄弟同蒙封爵…………四〇一

與二子書

論紀澤·聞母大故，料理奔喪事宜
……………………………四〇四
論紀澤·料理奔喪事宜…………四一二
論紀澤·知長沙被圍……………四一八
論紀澤·繞道回鄉………………四一九
論紀澤·勸兒勤學，不可浪擲光陰
……………………………四二〇
論紀澤·教子作文習字…………四二二
論紀澤·看書不可無恒…………四二四
論二子·勸兒立志………………四二五
論紀鴻·論科考…………………四二七
論二子·論兒謙慎勤儉…………四二八
論二子·詢及家事，簡述近況
……………………………四二九

稟祖父母

稟祖父母・請救濟族人

【原文】

祖父大人萬福金安：

四月十一日，由折差①發第六號家信，十六日折弁又到。孫男等平安如常，孫婦亦起居維慎②，曾孫數日內添吃粥一頓，因母乳日少，飯食難餵，每日兩飯一粥。

今年散館③，湖南三人皆留，全單內共留五十二人，惟三人改部屬，三人改知縣，翰林衙門現已多至百四五十人，可謂極盛。

琦善已於十四日押解到京，奉上諭派親王三人、郡王一人、軍機大臣、大學士、六部尚書會同審訊，現未定案。梅霖生同年因去歲咳嗽未愈，日內頗患咯血。同鄉各京官宅皆如故。

澄侯弟三月初四在縣城發信已經收到，正月二十五信至今未接，蘭姊以何時分娩？是男是女？伏望下次示知。

楚善八叔事，不知去冬是何光景？如絕無解危之處，則二伯祖母將窮迫難堪，竟希公之後人將見笑於鄉里矣。孫國藩去冬已寫信求東陽叔祖兄弟，不知有補益否？此事全求祖父大人作主，如能救焚拯溺，何難噓枯④回生。

伏念祖父平日積德累仁，救難濟急，孫所知者，已難指數。如廖品一之孤、上蓮叔之妻、彭定五之子、福益叔祖之母及小羅巷、樟樹堂各庵，皆代為籌畫，曲加矜恤⑤。凡他人所束手無策、計無復之⑥者，得祖父善為調停，旋乾轉坤，無不立即解危，而況楚善八叔同胞之親，萬難之時乎？

孫因念及家事，四千里外杳無消息，不知同堂諸叔目前光景。又念及家中此時亦甚難窘，輒敢冒昧饒舌⑦，伏求祖

父大人寬宥⑧無知之罪。楚善叔事如有設法之處，望詳細寄信來京。

茲⑨逢折便，敬稟一二。即跪叩祖母大人萬福金安。

道光二十一年四月十七日

【注釋】

①折差：古時稱專為地方大員送奏摺到京城的郵差為折弁（音變），折差即折弁。相當於現在的郵遞人員。

②起居：指日常生活作息。維慎：指十分恭順。維：表示判斷，相當於「乃」「是」。慎：通「順」，順從，順應。

③散館：清制，翰林院庶起士經一定年限舉行甄別考試之稱。進士經殿試後，除一甲三名授修撰、編修外，其餘一部分選為庶起士，由特派的翰林官教習，三年後經考試優等，原二甲進士授編修，原三甲進士授檢討，次者改任各部主事或知縣。因翰林官相當於唐、宋的館職，庶起士學習之地稱庶常館，故學習期滿稱散館，留充編修、檢討者稱留館。

④噓枯：比喻拯絕扶危。

⑤曲：周遍，詳盡。矜恤：憐憫撫恤。

⑥計無復之：意同「束手無策」，均指毫無辦法。

⑦輒：就。饒舌：嘮叨，多嘴。

⑧寬宥：寬容，饒恕。

⑨茲：現在，此時。

【譯文】

祖父大人萬福金安：

四月十一日，由通信員送第六號家信，十六日通信員又到。孫兒們都平安如常，孫媳婦平時也恭順小心，曾孫幾天內加吃一頓粥，因為母乳不夠，飯食難餵，所以每天吃兩頓飯一頓粥。

今年庶常館學成的人，湖南的三個都留在館裡，全部人員中共留了五十二個，只有三人改部屬，三人改知縣。翰林院的人現在已經多達一百四五十人了，可以說是最為繁盛了。

琦善已經在十四日押解到京城，奉了皇上諭旨，派了三個親王、一個郡王以及軍機大臣、大學士、六部尚書一起審訊，現在還沒有定案。梅霖生同年因為去年咳嗽沒有好，最近有點咯血的症狀。同鄉各京官家一切如常。

澄侯弟三月初四在縣城發的信已經收到，正月二十五的信至今沒有收到，蘭姐什麼時候分娩？是男是女？希望下次寫信來告訴我。

楚善八叔的事，不知道去年冬天是什麼樣的情形？如果實在沒有解危的辦法，那二伯祖母的處境一定會窮迫難堪，竟希公的後人就要被鄉里人嘲笑了。孫兒國藩在去年冬天已經寫信求東陽叔祖兄弟，不知道有沒有幫助？這件事全靠祖父大人做主。如果能救他於水深火熱之中，那讓他起死回生又有什麼困難呢！

想到祖父平日積累仁德、救難濟急的事情，孫兒知道的已經很難數清楚了。如廖品一的孤兒、上蓮叔的妻子、彭定五的兒子、福益叔祖的母親以及小羅巷、樟樹堂各個尼庵，您都為他們籌畫，盡全力撫恤。但凡是別人毫無辦法的事情，只要祖父出面妥善調停，就能扭轉乾坤，沒有不立即解除危難的，何況楚善八叔還是同胞骨肉，又正處在萬難之中呢？

由這件事孫兒又想到家中的事，但是遠在四千里外，沒有一點消息，不知道同房各位叔父目前的情況。又想到家中這時也很艱難窘迫，我就敢這樣冒昧多嘴，懇求祖父大人寬恕我無知的罪過。楚善叔的事如果有辦法，希望詳細寫信寄到京城。

現在正趕上通信員回湖南的便利，恭敬地向您稟告這些事。跪叩祖母大人萬福金安。

道光二十一年四月十七日

稟祖父母‧告一家病況及同鄉病故事

【原文】

孫男國藩跪稟祖父大人萬福金安：

五月十八日，孫在京發第八號家信，內有六弟文二篇，廣東事抄報一紙，本年殿試朝考單一紙，寄四弟、六弟新舊信二封，絹寫格言一幅，孫國荃寄呈文四篇、詩十首、字一紙，呈堂上稟三紙，寄四弟信一封，不審①已收到否？六月初五日，接家信一封，系四弟四月初十日在省城發，得悉②一切，不勝欣慰！

孫國藩日內身體平安，國荃於二十三日微受暑熱，服藥一帖，次日即癒；初三日復患腹瀉，服藥二帖即愈。曾孫甲三於二十三日腹瀉不止，比③請鄭小珊診治，次日添請吳竹如，皆云系脾虛而兼受暑氣，三日內服藥六帖，亦無大效。二十六日添請本京王醫，專服涼藥，漸次平復。初一、二兩日未吃藥，刻下④病已好，惟脾元尚虧，體尚未複。孫等自知細心調理，觀其行走如常，飲食如常，不吃藥即可復體，堂上不必掛念。塚⑤孫婦身體亦好，婢僕如舊。

同鄉梅霖生病於五月中旬，日日加重，十八日上床，二十五日子時仙逝。胡雲閣先生亦同日同時同刻仙逝。梅霖生身後一切事宜，系陳岱雲、黎樾喬與孫三人料理。戊戌同年賻儀⑥共五百兩，吳甄甫夫子（戊戌總裁）進京，賻贈百兩，將來一概共可張羅千餘金。計京中用費及靈柩回南途費不過用四百金，其餘尚可周恤遺孤。

自五月下旬以至六月初，諸事殷繁，荃孫亦未得讀書。六弟前寄文來京，尚有三篇孫未暇改。廣東事已成功，由軍功升官及戴花翎、藍翎者共二百餘人，將上諭抄回前半節，其後半載升官人名未及全抄。

昨接家信，始知楚善八叔竹山灣田，已於去冬歸祖父大人承買，八叔之家稍安，而我家更窘迫，不知祖父如何調停？去冬今年如何設法？望於家信內詳示。

　　孫等在京別無生計，大約冬初即須借賬，不能備仰事⑦之資寄回，不勝愧悚⑧。吳春岡分發浙江，告假由江南回家，七月初起程。餘容續稟，即稟祖父母大人萬福金安。孫跪稟。

道光二十一年六月初七日

【注釋】

①審：知道。

②悉：詳盡地知道、瞭解。

③比：連續，頻頻。

④刻下：眼下，目前。

⑤塚：嫡生的長子。

⑥賻儀：向辦喪事的人家送的禮。

⑦仰事：即侍奉在上的父母。

⑧愧悚：慚愧惶恐。

【譯文】

孫兒國藩跪稟祖父大人萬福金安：

　　五月十八日，孫兒在京城寄出第八號家書，裡面有六弟的兩篇文章，一份廣東事抄報，一張本年殿試朝考單，寄給四弟、六弟的新舊信兩封，一幅絹寫的格言，孫兒國荃寄呈的四篇文章、十首詩、一紙字，送呈父母親的三頁信，寄四弟的一封信，不知道已經收到沒有？六月初五接到一封家信，是四弟初十在省城所發，看信後知道家裡的一切情況，十分欣慰。

　　孫兒國藩近日身體平安。二十三日國荃稍微受了點暑熱，吃了一帖藥，第二天就好了；初三又患腹瀉，吃了兩帖藥後才好。曾孫甲三在二十三日腹瀉不止，連續請鄭小珊診治，第二天又加請吳竹如，都說是脾虛，並且受了暑熱，三天內吃了六帖藥，也沒有大的功效。二十六日加請京城的王醫師，專門服用涼藥，身體逐漸開始平復。初一、二兩天沒有吃藥，現在病已經好了，只是脾元還有些虧損，身體還沒有復原。孫

兒們知道要細心調理，看他行走如常，飲食如常，不吃藥就可以恢復身體了，家裡的老人們不必掛念。長孫媳婦身體也好，婢女僕人照舊。

同鄉梅霖生在五月中旬的時候生了病，天天加重，十八號只能躺在床上了，二十五號子時就逝世了。胡雲閣先生也在同一天的同時同刻逝世。梅霖生死後的一切事情，是陳岱雲、黎樾喬與孫兒三人料理的。戊戌同年們給了五百兩賻儀，戊戌總裁吳甄甫夫子進京贈送了一百兩賻儀，將來總計可以籌到一千多兩銀錢。估計京中的費用和送靈柩回湖南的路費不會超過四百兩，其餘的還可以周濟撫恤他遺留下來的孩子。

自五月下旬到六月初，事務特別繁忙，孫兒國荃也沒有讀書。六弟之前寄了些文章到京城，還有三篇我沒空改。廣東的事已經成功，由於軍功升官及戴花翎、藍翎的人共有兩百多個。我將皇上諭旨的前半節抄回，後半節寫的是升官人名，沒來得及抄全。

昨天接到家書，才知道楚善八叔的竹山灣田，已在去年冬天被祖父大人買下了，八叔家裡稍微安定了，但我家就更窘迫了，不知祖父怎樣解決？去年冬天及今年怎麼想辦法？希望在家信中詳細地寫明。

孫兒們在京城沒有別的生計，大約冬初就要借賬，不能準備侍奉家裡老人的費用寄回，覺得十分慚愧。吳春岡被分配到浙江，請假從江南回家，七月初起程。其餘的事情容我下次寫信再稟告，恭請祖父母大人萬福金安。孫兒跪稟。

道光二十一年六月初七

稟祖父母·告在京中窘狀及孫婦等病情

【原文】

　　孫男國藩跪稟祖父大人萬福金安：

　　六月初七日，發家信第九號。二十九日早，接丹閣十叔信，係正月二十八日發。始知祖父大人於二月間體氣違和^①，三月已痊癒，至今康健如常，家中老幼均吉，不勝欣幸。四弟於五月初九寄信、物於彭山岊處，至今尚未到，大

約七月可到。

丹閣叔信內言，去年楚善叔田業賣與我家承管，其中曲折甚多。添梓坪借錢三百四十千，其實只三百千，外四十千系丹閣叔兄弟代出。丹閣叔因我家景況艱窘，勉強代楚善叔解危，將來受累不淺。故所代出之四十千，自去冬至今不敢向我家明言，不特②不敢明告祖父，即父親、叔父之前，渠③亦不敢直說。蓋事前說出，則事必不成；不成，則楚善叔逼迫無路，二伯祖母奉養必闕④，而本房日見凋敗，終無安靜之日矣。事後說出，則我家既受其累，又受其欺，祖父大人必怒，渠更無辭可對，無地自容。故將此事寫信告知孫男，托孫原⑤其不得已之故，轉稟告祖父大人。現在家中艱難，渠所代出之四十千，想無錢可以付渠。八月心齋兄南旋⑥，孫擬在京借銀數十兩付回家中歸楚⑦，此項大約須臘底可到，因心齋兄走江南回故也。

孫此刻在京光景漸窘，然當京官者，大半皆東扯西支，從無充裕之時，亦從無凍餓之時，家中不必系懷。孫現經管長郡會館事，公項存件亦已無幾。孫日內身體如常，九弟亦好。甲三自五月二十三日起病，至今雖全愈，然十分之中尚有一二分未盡復舊。刻下每日吃炒米粥二餐，泡凍米吃二次，乳已全無，而伊⑧亦要吃。據醫云此等乳最不養人，因其夜哭甚，不能遽⑨斷乳。從前發熱煩躁、夜臥不安、食物不化及一切諸患，此時皆已去盡，日日嬉笑好吃。現在尚服補脾之藥，大約再服四五帖，本體全復，即可不藥。孫婦亦感冒三天，鄭小珊云：「服涼藥後，須略吃安胎藥。」目下亦健爽如常。

甲三病時，孫婦曾於五月二十五日跪許裝修家中觀世音菩薩金身，伏求家中今年酬願⑩。又言四沖有壽佛祖像，祖

母曾叩許裝修，亦系為甲三而許，亦求今年酬謝了願。

　　梅霖生身後事，辦理頗如意，其子可於七月扶櫬⑪回南。同鄉各官如常。家中若有信來，望將王率五家光景寫明。肅此⑫謹稟祖父母大人萬福金安。

　　　　　　　　　　　道光二十一年六月二十九日

【注釋】

① 違和：身體失於調理而不適。用於稱他人患病的婉辭。

② 特：只。

③ 渠：他。

④ 闕：通「缺」，缺少。

⑤ 原：寬恕。

⑥ 旋：回，歸。

⑦ 楚：結清。

⑧ 伊：他。

⑨ 遽：急，倉促。

⑩ 酬願：還願，酬謝神靈。

⑪ 櫬：棺柩。

⑫ 肅此：敬此。對尊長書札用語，表示恭敬地修此書信，放在頌祝語的前面。

【譯文】

　　孫兒國藩跪稟祖父大人萬福金安：

　　六月初七，寄了第九號家信。二十九日早上接到丹閣十叔的信，是正月二十八日發出的。看了之後才知祖父大人在二月間身體欠佳，三月份就已痊癒，到現在康健如常，家中老幼都平安，非常欣慰。四弟在五月初九寄信、寄物到彭山屺處，至今沒有收到，大概七月份可到。

　　丹閣叔信中說，去年楚善叔的田業賣給我家管理，其中有很多曲折。添梓坪借錢三百四十千，其實只有三百千，另外四十千是丹閣叔兄弟代出的。丹閣叔因為我家情況窘困，勉強代楚善叔解危，將來會受到

不少的連累。所以丹閣叔所代出的四十千自去年冬天到現在也不敢向我家明說，不僅不敢明告祖父，就是父親、叔父面前，他也不敢直說。大概是因為事前說出，這件事就一定不會成功；不成功，那楚善叔就會被逼迫而無路可走，二伯祖母就必定缺少奉養了，而本房漸漸衰敗，始終沒有安靜的日子了。事後說出，那我家既然受了他的牽累，又受到他的欺騙，祖父大人必定會發怒，他就更加無話可說、無地自容了。所以丹閣叔把這件事寫信告知孫兒，托孫兒原諒他不得已的緣故，並轉告祖父大人。現在家裡艱難，他所代出的四十千，想必沒有錢可以還給他。八月心齋兄回湖南，孫兒打算在京城借銀幾十兩寄回家中歸還。因為心齋兄走江南回湖南，這筆錢大約得臘月底才能到。

孫兒現在京城光景漸漸窘迫，但是當京官的人，大半都是東扯西支，從來沒有充裕的時候，也從來沒有受凍挨餓的時候，家裡不必牽掛。孫兒現在主管長郡會館的事務，積壓的公事也已經沒有多少了。孫兒最近身體如常，九弟也好。甲三自五月二十三號開始生病，到現在雖然好了，但還有一兩分沒有復原。目前每天吃兩餐炒米粥，兩次泡凍米。奶水已經沒有了，但他也要吃。據醫生說這種乳最不養人，因為他晚上哭得厲害，不能急於斷乳。從前發熱煩躁、晚上睡不安穩、食物不消化等種種毛病，現在都已經好了，天天嬉笑好吃。現在還吃點補脾的藥，大約再吃四、五帖，全部復原就可以不再吃藥了。孫媳婦也感冒三天了，鄭小珊說：「服了涼藥後，要稍微吃些安胎藥。」眼下也健康如常。

甲三病時，孫媳婦曾經在五月二十五日向家中的觀世音菩薩許願說要裝修菩薩的金身，我懇請家中今年還願。又說西沖有尊壽佛神像，祖母曾經叩頭答應裝修，也是為甲三許的願，也請求在今年酬謝還願。

梅霖生的後事辦得很順利，他兒子可以在七月份扶靈柩回湖南。同鄉各位官員如常。家中如果有信寄來，希望能將王率五家的情況寫清楚。恭敬地稟告祖父母大人萬福金安。

道光二十一年六月二十九日

稟祖父母・論高麗參之功用及與英國議和

【原文】

　　孫男國藩跪稟祖父母大人萬福金安：

　　九月十三日，接到家信，系七月父親在省所發，內有叔父及歐陽牧雲致函，知祖母於七月初三日因占犯①致恙，不藥而癒，可勝欣幸。

　　高麗參足以補氣，然身上稍有寒熱，服之便不相宜，以後務須斟酌用之，若微覺感冒，即忌用此物。平日康強時，和入丸藥內服最好，然此時家中想已無多，不知可供明年一單丸藥之用否？若其不足，須寫信來京，以便覓便寄回。四弟、六弟考試又不得志，頗難為懷，然大器晚成，堂上不必以此置慮。聞六弟將有夢熊②之喜，幸甚。近叔父為嬸母之病勞苦憂鬱，有懷莫宣，今六弟一索③得男，則叔父含飴弄孫④，瓜瓞日蕃⑤，其樂何如！唐鏡海先生德望為京城第一，其令嗣極孝，亦系兄子承繼者，先生今年六十五歲，得生一子，人皆以為盛德之報。

　　英夷在江南，撫局⑥已定。蓋金陵為南北咽喉，逆夷既已扼吭⑦而據要害，不得不權為和戎⑧之策，以安民而息兵。去年逆夷在廣東曾經就撫，其費去六百萬兩。此次之費，外間有言二千一百萬者，又有言此項皆勸紳民捐輸不動帑藏⑨者，皆不知的否。現在夷船已全數出海，各處防海之兵陸續撤回，天津亦已撤退。議撫之使，系伊里布、耆英及兩江總督牛鑒三人，牛鑒有失地之罪，故撫局成後即革職拿問。伊里布去廣東代奕山為將軍，耆英為兩江總督。自英夷滋擾，已歷二年，將不知兵，兵不用命，於國威不無少損。然此次議撫，實出於不得已，但使夷人從此永不犯邊，四海晏然安

堵⑩，則以大事小，樂天之道，孰不以為上策哉？

孫身體如常，孫婦及曾孫兄妹並皆平安。同縣黃曉潭薦一老媽吳姓來。渠在湘鄉苦請他來，而其妻凌虐婢僕，百般慘酷，黃求孫代為開脫。孫接至家住一月，轉薦至方夔卿太守處，托其帶回湖南，大約明春可到湘鄉。

今年進學之人，孫見題名錄，僅認識彭惠田一人，不知二十三四都進人否？謝寬仁、吳光煦取一等，皆少年可慕。一等第一題名錄刻黃生平，不知即黃星平否？

孫每接家信，常嫌其不詳，以後務求詳明。雖鄉間田宅婚嫁之事，不妨寫出，使遊子如神在裡門。各族戚家，尤須一一示知，幸甚⑪。敬請祖父母大人萬福金安。餘容後呈。孫謹稟。

道光二十二年九月十七日

【注釋】

① 占犯：疑指感冒時服用高麗參互相沖犯。
② 夢熊：古人以夢中見熊羆為生男的徵兆。後以「夢熊」作生男的頌語。
③ 一索：指初生的男孩。
④ 含飴弄孫：含著飴糖逗小孫子。形容老年人恬適的樂趣。
⑤ 瓜瓞（音碟）日蕃：比喻子孫滿堂。瓞：小瓜。
⑥ 撫局：指招撫的措置、安排。
⑦ 扼吭：比喻控制要害部位。
⑧ 和戎：指與少數民族或別國媾和修好。
⑨ 帑藏：指國庫。
⑩ 晏然安堵：安定清平。
⑪ 幸甚：書信中慣用語。有表示殷切希望之意。

【譯文】

孫兒國藩跪稟祖父母大人萬福金安：

九月十三日，接到家信，是七月份父親在省城發出的，裡面有叔父和歐陽牧雲的信函，知道祖母在七月初三因為占犯得了感冒，沒有吃藥就好了，令人欣慰。

高麗參能夠用來補氣，但是身上稍微有點寒熱，吃了就不合適，以後一定要反復斟酌後才可以服用，如果覺得稍微有點感冒，就不能服用它。平時身體健康時，把它和在丸藥裡吃最好。然而現在家裡想必也沒有多少了，不知道還能不能供應明年一單的丸藥？如果不夠，要寫信到京城，以便我找人方便的時候寄回家。四弟、六弟考試又沒有考中，很難抒懷，但是大才往往較晚才能成就，老人們不必為了這件事憂慮。聽說六弟有將生兒子的喜兆，真幸運。近來叔父為了嬸母的病勞苦憂鬱，心裡的難受之情不能抒發出來，現在六弟如果第一胎就生了男孩，那麼叔父晚年享受天倫，子孫滿堂，生活多麼歡樂啊！唐鏡海先生的品德威望在京城當屬第一，他的孩子十分孝順，也是從兄長處過繼來的，今年六十五歲，竟然生了一個兒子，別人都認為這是他德行隆盛的報償。

英國人在江南一帶，當局安撫的決策已經定了下來。大概是因為金陵是溝通南北方的咽喉，英國人既然已經控制了這個要害，我們就不得不暫且採取和解的策略，來安定百姓，平息戰火。去年英國人在廣東曾經接受安撫，花費了六百萬兩。這次的費用，外面傳聞說二千一百萬兩。又傳說這項費用都是勸導官紳和百姓捐款，不動用國庫，都不知道準不準確。現在洋船已經全部出海，各處防海的軍隊陸續撤回，天津的也已經撤回了。商議安撫的使節是伊里布、耆英和兩江總督牛鑒三人。牛鑒有守地失守的罪過，所以和談以後，馬上要革除職務，逮捕問罪。伊里布去廣東代替奕山為將軍，耆英為兩江總督。自從英國人生事騷擾，已經過了兩年，將領不懂得怎麼打仗，士兵不聽從號令，對於我國的威望有不少的損失。然而這次議和，實在是出於不得已，假如能夠使洋人永遠不來侵犯我們的邊境，四海清平安定，那憑藉大國侍奉小國，順從上天的旨意，誰說不是上策呢？

孫兒身體如常，孫媳及曾孫兄妹都平安。同縣黃曉潭推薦了一位吳媽來。他在湘鄉百般勸說她過來，但因為他妻子虐待下人，十分殘酷，

所以黃曉潭求孫兒替吳媽開脫。孫兒接她在家裡住了一個月，轉薦到方夑卿太守家，托他帶回湖南，大約明年春天可到湘鄉。

今年進庶常館學習的人，孫兒看了題名錄，只認識彭惠田一人，不知道我鄉二十三、四人是否都進館學習了？謝覺仁、吳光煦取得了一等，都是少年，令人羨慕。一等第一名，題名錄上刻著黃生平，不知道是不是黃星平？

孫兒每次接到家信，常常嫌信寫得不詳細，以後務必寫得詳細明白。即使是鄉間田地、房屋、婚姻嫁娶的事，也都不妨寫上，使在外的遊子好像仍舊在家裡一樣。各族親戚家的事，尤其要一一告知，萬分希望。敬請祖父母大人萬福金安。其餘容我以後再稟告。孫兒謹稟。

道光二十二年九月十七日

稟祖父母·告升翰林院侍講

【原文】

孫男國藩跪稟祖父母大人萬福金安：

二月十九日，孫發第二號家信。三月十九日，發第三號交金竺虔，想必五月中始可到省。孫以下闔家皆平安。

三月初六日，奉上諭於初十日大考翰詹①，在圓明園正大光明殿考試。孫初聞之，心甚驚恐，蓋久不作賦，字亦生疏。向來大考，大約六年一次，此次自己亥歲二月大考到今，僅滿四年，萬不料有此一舉。故同人聞命下之時，無不惶悚。孫與陳岱雲等在園同寓，初十日卯刻進場，酉正出場，題目另紙敬錄，詩賦亦另謄②出，通共翰詹一百二十七人，告病不入場者三人（邵燦，己亥湖南主考；錫麟、江泰來，安徽人），病癒仍須補考。在殿上搜出夾帶③，比④交刑部治罪者一人，名如山（戊戌同年）。其餘皆整齊完場。十一日，皇上親閱卷一日。十二日，欽派閱卷大臣七人，閱

畢，擬定名次進呈。皇上欽定一等五名，二等五十五名，三等五十六名，四等七名。孫蒙皇上天恩，拔取二等第一名。湖南六翰林，二等四人，三等二人，另有全單。十四日引見 ⑤，共升官者十一人，記名候升者五人，賞緞者十九人（升官者不賞緞）。孫蒙皇上格外天恩，升授翰林院侍講，十七日謝恩。現在尚未補缺，有缺出即應孫補。其他升降賞賚 ⑥，另有全單。湖南以大考升官者，從前（雍正二年）惟陳文肅公（名大受，乾隆朝宰相）一等第一，以編修升侍講，近來（道光十三年）胡雲閣先生二等第四，以學士升少詹，並孫三人而已。孫名次不如陳文肅之高，而升官與之同，此皇上破格之恩也。孫學問膚淺，見識庸鄙，受君父之厚恩，蒙祖宗之德蔭，將來何以為報？惟當竭力盡忠而已。

　　金竺虔於二十一日回省，孫托帶五品補服四付、水晶頂戴二座、阿膠一斤半、鹿膠一斤、耳環一雙。外竺虔借銀五十兩，即以付回。昨在竺虔處寄第三號信，信面信裡皆寫銀四十兩，發信後，渠又借去十兩，前後二信不符。竺虔於五月半可到省，若六弟、九弟在省，則可面交。若無人在省，則家中專人去取，或諸弟有高興到省者亦妙。

　　今年考差⑦，大約在五月中旬，孫擬於四月半下園用功。孫婦現已有喜，約七月可分娩。曾孫兄弟並如常。寓中今年添用一老媽，用度較去年略多。此次升官，約多用銀百兩。東扯西借，尚不窘迫。不知有邯鄲報來家否？若其已來，開銷不可太多。孫十四引見，渠若於二十八日以前報到，是真邯鄲報，賞銀四五十兩可也。若至四月始報，是省城偽報，賞數兩足矣。家中景況，不審何如？伏懇示悉為幸。孫跪稟。

道光二十三年三月二十三日

【注釋】

① 大考翰詹：指清翰林、詹事的升等考試。

② 謄：照原稿抄寫清楚。

③ 夾帶：考試時私帶與試題有關的資料。

④ 比：限期。

⑤ 引見：清制特指京官五品以下、外官四品以下，授官時文官由吏部、武官由兵部帶領朝見皇帝。

⑥ 賚（音賴）：賜予，給予。

⑦ 考差：科舉制度中考官的考選差派制度。

【譯文】

孫兒國藩跪稟祖父母大人萬福金安：

二月十九日，孫兒寄了第二號家信。三月十九日，把第三號信交給金竺虔，想必五月中旬才可以寄到省城。孫兒以下全家都平安。

三月初六，接到皇上諭旨說初十大考翰林詹事，在圓明園正大光明殿考試。孫兒剛開始聽了，心裡非常驚恐，因為很久沒有寫作文賦了，字也生疏。向來大考，大約六年一次。這次自從己亥年二月大考到現在只滿四年，萬萬沒想到會有這個舉措，所以同年們聽到諭旨頒下時，沒有不感到惶恐害怕的。孫兒與陳岱雲等人在圓明園內一起住。初十卯時進考場，酉正出場，題目另外用紙敬錄，詩賦也另外抄出。翰林詹事總共有一百二十七人，因病請假沒有進入考場的有三人（邵燦，己亥湖南主考；錫麟、江泰來，安徽人），病好了仍舊要補考。在殿上搜查出夾帶作弊限期交到刑部治罪的有一人，名字叫作如山（戊戌同年）。其他都完完整整考完全場。十一日皇上親自閱卷。二月十二日欽派閱卷大臣七人，看完後，擬定名次進呈給皇上。皇上欽定一等五人，二等五十五人，三等五十六人，四等七人。孫兒蒙皇上天恩，拔取二等第一名。湖南六個翰林，二等的四人，三等的兩人，另外附有全部名單。十四日由吏部帶領朝見皇上，升官的共有十一人，記下名字等候升官的有五人，賞緞的十九人（升官的不賞緞）。孫兒承蒙皇上格外的天恩，升授翰林院侍講，十七日謝恩。現在還沒有補缺，有缺出馬上由孫兒補。其他升降賞賜的情況，另附有全單。湖南因大考升官的，從前（雍正二年）只

有陳文肅公（名大受，乾隆朝宰相）取得一等第一名，以編修升侍讀，近來（道光十三年）胡雲閣先生取得二等第四，以學士升少詹，加上孫兒只有三人罷了。孫兒名次不如陳文肅公高，而升官與他相同，這是皇上破格的恩典。孫兒學問膚淺，見識陋鄙，受君父的厚恩，蒙祖宗的德蔭，將來如何報答？只有竭力盡忠罷了。

金竺虔在昨天二十一日回省，孫兒托他帶回四副五品補服、兩座水晶頂戴、一斤半阿膠、一斤鹿膠、一雙耳環。另外竺虔借我的五十兩銀子，也帶回家裡。昨天在竺虔那裡寄了第三號信，信面信裡都寫了銀子四十兩，發信後他又借去十兩，所以前後兩信不符。竺虔在五月半可以到省城，如果六弟、九弟在省城，就可以當面轉交；如果沒有人在省城，那家裡可派專人去取，或者弟弟們有高興去省城的也好。

今年考差，大約在五月中旬，孫兒打算在四月中、下旬用功。孫媳婦現在已有身孕，約七月份可以分娩。曾孫兄妹如常。京城家中今年又添用了一個老媽子，用度比去年略多。這次升官，大約俸祿會多一百兩。東挪西借，還不是很窘迫。不知有沒有邯鄲喜報到家？如果喜報已來，開銷不能太多。孫兒十四日拜見皇上，他如果在二十八號之前到，那就是真的邯鄲喜報，可以賞銀子四五十兩。如果到四月份才報，那就是省城的偽報，賞銀幾兩就可以了。家中的景況不知道怎麼樣？希望祖父大人能詳細地告知我。孫兒謹稟。

道光二十三年三月二十三日

稟祖父母・報告考差

【原文】

　　孫男國藩跪稟祖父母大人萬福金安：

　　四月二十日，孫發第五號家信，不知到否？五月二十九日，接到家中第二號信，系三月初一發。六月初二日，接第三號信，系四月十八發的。具悉家中老幼平安，百事順遂，欣幸之至。

六弟下省讀書，從其所願，情意既暢，志氣必奮，將來必有大成，可為叔父預賀。祖父去歲曾賜孫手書，今年又已半年，不知目力如何？下次信來，仍求親筆書數語示孫。大考音信，不知開銷報人錢若干？

孫自今年來，身體不甚好，幸加意保養，得以無恙。大考以後，全未用功。五月初六日考差，孫妥當完卷，雖無毛病，亦無好處。首題「使諸大夫國人皆有所矜式」，經題「天下有道，則行有枝葉」，詩題「賦得角黍，得『經』字」，共二百四十一人進場。初八日派閱卷大臣十二人，每人分卷二十本。傳聞取七本，不取者十三本。彌封①未拆，故閱卷者亦不知所取何人，所黜②何人。取與不取，一概進呈，恭候欽定。外間謠言某人第一，某人未取，俱不足憑③，總待放差後，方可略測端倪④。亦有真第一而不得、有真未取而得差者，靜以聽之而已。同鄉考差九人，皆妥當完卷。

孫在京平安，孫婦及曾孫兄妹皆如常。前所付銀，諒⑤已到家。高麗參目前難寄，容當覓便寄回。六弟在城南，孫已有信託陳堯農先生。同鄉官皆如舊，黃正齋坐糧船來，已於六月初三到京。餘容後稟。

道光二十三年六月初六日

【注釋】

① 彌封：指把試卷上填寫姓名的地方折角或蓋紙糊住，以防止舞弊。

② 黜：去掉。

③ 憑：根據，證據。

④ 端倪：頭緒，跡象。

⑤ 諒：料想，認為。

孫兒國藩跪稟祖父母大人萬福金安：

四月二十日，孫兒發了第五號家信，不知收到了沒有？五月二十九日，接到家裡第二號信，是三月初一發的。六月初二，接到第三號信，是四月十八日發的。知道家裡老幼平安，百事如意，非常高興。

六弟要下省讀書，如果順從他的意願，那他的情緒就會通暢，志氣一定會奮發，將來必定有大的成就，可以預先為叔父大人慶賀。祖父去年曾經親手寫信寄給孫兒，今年又過去半年了，不知道視力怎麼樣？下次來信，仍然請求祖父親筆寫幾句話曉諭孫兒。大考的消息，不知家裡花費了多少錢給報喜人？

孫兒自今年以來，身體不太好，幸虧更加注意保養，才沒有生病。大考以後，完全沒有用功。五月初六考差，孫兒妥當做完試卷，雖說沒有毛病，但也沒有好的地方。第一題是「使諸大夫國人都有所矜式」，經題是「天下有道，則行有枝葉」，詩題是「賦得角黍，得『經』字」，共有二百四十一人進場考試。初八皇上派閱卷大臣十二人，每人分卷子二十本。傳聞每二十本中取七本，淘汰十三本。因為都是彌封未拆的，所以閱卷人也不知道錄取的是誰，淘汰的是誰。取與不取，一概進呈給皇上，恭候欽定。外面謠言說某人第一，某人未取，都不足信，總得等放差以後才看得出一點眉目。也有真得第一而不得差、真的被淘汰而得差的，冷靜聽消息就好了。同鄉考差有九人，都妥當完成了試卷。

孫兒在京平安，孫媳及曾孫兄妹都如常。前次寄回的銀子，料想已經到家。高麗參目前難寄，允許我找到合適的機會寄回。六弟在城南，孫兒已有信託陳堯農先生帶去。同鄉官員都是老樣子，黃正齋坐糧船來，已經在六月初三到京城。其餘容許我以後再行稟告。

道光二十三年六月初六

稟祖父母‧請將銀饋贈戚族

【原文】

孫國藩跪稟祖父母大人萬福金安：

二月十四，孫發第二號信，不知已收到否？孫身體平安，孫婦及曾孫男女皆好。孫去年臘月十八曾寄信到家，言寄家銀一千兩，以六百為家中還債之用，以四百為饋贈親族之用，其分贈數目，另載寄弟信中，以明不敢自專之義也。後接家信，知兌①嘯山百三十千，則此銀已虧空一百矣。頃聞曾受恬丁艱②，其借銀恐難遽完，則又虧空一百矣。所存僅八百，而家中舊債尚多。饋贈親族之銀，系孫一人愚見，不知祖父母、父親、叔父以為可行否？伏乞裁奪。

孫所以汲汲③饋贈者，蓋有二故：一則我家氣運太盛，不可不格外小心，以為持盈保泰④之道。舊債盡清，則好處太全，恐盈極生虧；留債不清，則好中不足，亦處樂之法也。二則各親戚家皆貧，而年老者，今不略為饮⑤助，則他日不知何如。自孫入都後，如彭滿舅曾祖、彭王姑母、歐陽岳祖母、江通十舅，已死數人矣。再過數年，則意中所欲饋贈之人，正不知何若矣。家中之債，今雖不還，後尚可還；贈人之舉，今若不為，後必悔之！此二者，孫之愚見如此。

然孫少不更事⑥，未能遠謀，一切求祖、父、叔父作主，孫斷不敢擅自專權。其銀待歐陽小岑南歸，孫寄一大箱衣物，銀兩概寄渠處，孫認⑦一半車錢，彼時再有信回。孫謹稟。

道光二十四年三月初十日

【注釋】

① 兌：按已經許諾的去做。
② 頃：剛才。丁艱：指遭逢父母喪事。
③ 汲汲：形容急切的樣子。
④ 持盈保泰：保守已成的事業，保持安定。泰：平安。
⑤ 伙（音次）助：幫助，資助。
⑦ 少不更事：年紀輕，沒有經歷過什麼事情。更：經歷。
⑧ 認：應允承擔。

【譯文】

孫兒國藩跪稟祖父母大人萬福金安：

二月十四日，孫兒發出第二號家信，不知已經收到了沒有？孫兒身體平安，孫媳及曾孫男女也都好。孫兒去年十二月十八曾經寄信回家，說寄家用銀子一千兩，其中六百兩用來還債，四百兩用來贈送親戚族人，分送的數目另外寫在給弟弟們的信中，表明我不敢自己專斷的意思。後來接到家信，知道承諾給嘯山一百三十千，那這筆銀子便虧空一百兩了。剛剛聽說曾受恬家有喪事，他借的銀子恐怕難以迅速歸還，那就又虧空一百兩了。所以剩下的只有八百兩，而我家舊債還有很多。贈送親戚族人的錢，是孫兒一個人的愚蠢見解，不知祖父母大人、父親、叔父覺得可不可行？請求你們裁決定奪。

孫兒之所以急於贈送銀兩，有兩個原因：第一是我家氣運太盛了，不能不格外小心，來遵循持盈保泰的道理。舊賬還清，好處就太全了，恐怕滿盈到極點就會轉為虧損；留點債不還清，那美中還有不足的地方，但也是處於歡樂境地的一種辦法。二是各親戚家都窮困，而年老的，現在不稍加資助，那以後不知會怎麼樣。自從孫兒進入京城後，如彭滿舅曾祖、彭王姑母、歐陽岳祖母、江通十舅，已經有好幾個去世了。再過幾年，那些，我們想要送贈資助的人，還不知道會怎樣呢！家裡的債，現在雖不能還清，以後還可以還；贈送資助親人的事，現在不做，以後就一定會後悔了。

這兩個說法，是孫兒的愚見。然而孫兒年輕不懂事，沒有遠見謀劃，一切求祖父、父親、叔父做主，孫兒斷然不敢擅自決定。這筆銀子

要等歐陽小岑回湖南時才到，孫兒寄回一大箱衣物，銀兩也一概寄到他那裡，孫兒負擔一半路費，那時還有信寄回。孫兒謹稟。

道光二十四年三月初十

稟祖父母‧告送率五回家及生女

【原文】

孫男國藩跪稟祖父母大人萬福金安：

八月二十七日，接到七月十五、二十五兩次所發之信，內祖父、母各一信，父親、母親、叔父各一信，諸弟亦皆有信，欣悉一切，慰幸之至。叔父之病，得此次信始可放心。祖父正月手書之信，孫比①收他處，後偶忘之，近亦尋出。孫七月二十發第九號信，不知到否？

八月二十八日，陳岱雲之弟送靈櫬回南，坐糧船，孫以率五妹丈與之同伴南歸。船錢飯錢，陳宅皆不受。孫送至城外，率五揮淚而別，甚為可憐。率五來意，本欲考供事②，冀得一官以養家。孫以供事必須十餘年乃可得一典史③，宦海風波，安危莫卜，卑官小吏，尤多危機。每見佐雜末秩④，下場鮮有好者。孫在外已久，閱歷已多，故再三苦言，勸率五居鄉，勤儉守舊，不必出外做官。勸之既久，率五亦以為然。其打發行李諸物，孫一一辦妥，另開單呈覽。

孫送率五歸家，即於是日申刻生女，母女俱平安。前正月間，孫寄銀回南，有饋贈親族之意，理宜由堂上定數目，方合《內則》⑤「不敢私與」之道。孫比時糊塗，擅開一單，輕重之際，多不妥當，幸堂上各大人斟酌增減，方為得宜。但岳家太多，他處相形見絀⑥，孫稍有不安耳。

率五大約在春初可以到家。渠不告而出，心中懷慚，到

家後望大人不加責，並戒家中及近處無相譏訕為幸。孫謹
稟。

道光二十四年八日二十九日

【注釋】

① 比：先前，那時。

② 供事：清朝在京官署書吏的一種。任職滿一定年限，經所在官署考核合格者，可轉為低級官員。

③ 典史：中國古代官名，設於州縣，為縣令的佐雜官，掌管緝捕、監獄等事。

④ 佐雜末秩：泛指低級官員。

⑤ 《內則》：是《禮記》的一部分，主要內容是記載男女居室事父母、舅姑之法。即指家庭主要遵循的禮則。

⑥ 相形見絀：指和同類的事物相比較，顯出不足。形：對照。絀：不夠，不足。

【譯文】

孫兒國藩跪稟祖父母大人萬福金安：

八月二十七日，接到七月十五日、二十五日兩次所發的信，裡面有祖父、祖母的信各一封，父親、母親、叔父的信各一封，各位弟弟也都有信，欣慰地知道了家中的一切事情，覺得非常慶幸。本來很擔心叔父的病，接到信之後才放了心。祖父正月手寫的信，孫兒那時收放在別處，後來偶然忘記了，最近又找了出來。孫兒七月二十號寄出的第九號信，不知到了沒？

八月二十八日，陳岱雲的弟弟送靈柩回湖南，坐的是糧船，孫兒叫率五妹夫和他結伴一起回去。船錢飯錢，陳家都不收。孫兒送他們到城外，率五流著眼淚和我告別，非常可憐。率五來京城的意思，本來是想考供事，希望取得一個官位來養家糊口。孫兒認為供事必須做了十多年才能做到一個典史，官場風波，安危難測，官位很低的小吏，危險就更多。每每看見打雜的低等小吏，下場好的沒有幾個。孫兒在外已經很久了，閱歷也多了，所以反復苦苦勸說率五回去鄉里，勤儉持守舊業，不

要外出做官。勸了很久之後，率五也覺得我的話很有道理，就同意了。他打包寄回的行李各物，孫兒都一一辦妥了，另外開列一個單子呈上。

孫兒送率五回家，就在當天申時孫兒媳婦生了一個女兒，母女都平安。之前正月裡，孫兒曾寄了些銀子回湖南，有贈送親戚族人的意思，照理應該由堂上大人確定數目，才符合《內則》「不敢私自給予」的道理。孫兒那時糊塗，擅自開了一個單子，在分送的輕重方面，很多都不夠妥當，幸虧堂上各大人仔細商量考慮，進行了增減，這才算合宜。但是岳家給的太多，其他各處就顯得少了，孫兒心中覺得有點不安。

率五大約在春初可以到家。他沒有告訴家裡人就出門，心裡感到很慚愧，到家之後，希望堂上大人不要責備他，並告誡家裡人和附近的人不要譏笑他才好。孫兒謹稟。

道光二十四年八月二十九日

稟祖父母・報告補侍讀及皇上求雪

【原文】

孫國藩跪稟祖父母大人萬福金安：

十一月二十二日，發十三號信。二十九日，祖母大人壽辰，孫等叩頭遙祝，寓中客一席，次日請同縣公車①一席。初七日皇上御門②，孫得轉補翰林院侍讀，所遺侍講缺，許乃釗補升。侍講轉侍讀，照例不謝恩，故孫未具折謝恩。

今冬京中未得厚雪，初九日設三壇求雪，四、五、六阿哥詣③三壇行禮，皇上親詣太高殿行禮，十一日即得大雪。天心感召，呼吸相通，良可賀也。

孫等在京平安。曾孫讀書有恆，惟好寫字，見閑紙則亂畫，請其母釘成本子。孫今年用度尚寬裕，明年上半年尚好，至五月後再作計較。昨接曾興仁信，知渠銀尚未還，孫甚著急，已寫信去催，不知家中今年可窘迫否？同鄉京官皆

如故。馮樹堂、郭筠仙在寓亦好。

　　荊七自五月出去，至今未敢見孫面，在同鄉陳洪鐘家，光景亦好。若使流落失所，孫亦必宥④而收恤之。特⑤渠對人言，情願餓死，不願回南，此實難處置。孫則情願多給銀兩使他回去，不願他在京再犯出事。望大人明示以計，俾⑥孫遵行。

　　四弟等自七月寄信來後，至今未再得信，孫甚切望。嚴太爺在京引見，來拜一次，孫回拜一次，又請酒，渠未赴席。此人向有狂妄之名，孫己亥年在家，一切不與之計較，故相安於無事，大約明春可回湘鄉任。孫謹稟。

道光二十四年十二月十四日

【注釋】

① 公車：漢代以公家車馬遞送應徵的人，後因以「公車」借指應試的舉子。

② 御門：清代皇帝在宮門聽政。

③ 詣：前往，去到。

④ 宥：寬容，饒恕。

⑤ 特：只，但。

⑥ 俾：使。

【譯文】

　　孫兒國藩跪稟祖父母大人萬福金安：

　　十一月二十二日，發出第十三號家信。二十九日祖母大人壽辰，孫兒等叩頭遙祝，京城寓中請了一桌客人，第二天請了一桌同縣的舉人。初七皇上在宮門聽政，孫兒得以轉補翰林院侍讀，所留下的侍講缺，由許乃釗補升。侍講轉侍讀，按照舊例不用謝恩，所以孫兒沒有上折謝恩。

　　今年冬天京中沒有下厚雪，初九設置三個祭壇求雪，四、五、六阿

哥親自前往三壇行禮，皇上親自前往太高殿行禮，十一日就下了大雪。上天受到感應，和天子的呼吸相通，非常值得慶賀啊。

　　孫兒們在京平安。曾孫讀書有恒心，只是喜歡寫字，看見紙便亂塗亂畫，請他母親訂成本子。孫兒今年用度還寬裕，明年上半年也還好，到五月以後再作打算。昨天接到曾興仁的信，知道他的銀子還沒有歸還，孫兒很著急，已經寫信去催，不知家裡今年困難不困難？同鄉京官一切如舊。馮樹堂、郭筠仙在寓所也好。

　　荊七從五月份出走後，到現在也不敢見孫兒的面，住在同鄉陳洪鐘家，情況也好。假使他流離失所，孫兒也一定原諒並收養撫恤他。不過他對別人說，情願餓死也不願回湖南，這實在難以處置。孫兒則情願多給銀兩讓他回去，不願他再在京城生事。希望堂上大人們明白地告訴我個辦法，以便讓孫兒遵照執行。

　　四弟等自從七月寄信來後，至今沒有再寫信來，孫兒很盼望。嚴太爺在京朝見皇上，來拜訪過我一次，孫兒回拜了一次，後又請他喝酒，他沒有來。這個人向來有狂妄的名聲，孫兒己亥年在家，一切不與他計較，所以相安無事，大約明年春天可回湘鄉任職。孫兒謹稟。

道光二十四年十二月十四日

稟父母

稟父母・謹守保身之訓

【原文】

男國藩跪稟父親大人萬福金安：

自閏三月十四日在都門拜送父親，嗣後共接家信五封。十五日，接四弟在漣濱所發信，系第二號，始知正月信已失矣。二十二日，接父親在二十里鋪發信。四月二十八巳刻，接在漢口寄曹穎生家信，申刻又接在汴梁寄信。五月十五，接父親到長沙發信，內有四弟信，六弟文章五首。諸悉祖父母大人康強，家中老幼平安，諸弟讀書發奮，並喜父親出京一路順暢，自京至省僅三十餘日，真極神速。

男於閏三月十六發第五號家信，四月十一發六號，十七發七號，不知家中均收到否？邇際^①男身體如常，每夜早眠，起亦漸早。惟不耐久思，思多則頭昏，故常冥心^②於無用，優遊涵養，以謹守父親保身之訓。

九弟功課有常，《禮記》九本已點完，《鑒》已看至三國，《斯文精萃》詩、文各已讀半本。詩略進功，文章未進功。男亦不求速效，觀其領悟，已有心得，大約手不從心耳。

甲三於四月下旬能行走，不須扶持，尚未能言。無乳可食，每日一粥兩飯。塚婦身體亦好，已有夢熊之喜。婢僕皆如故。

今年新進士龍翰臣得狀元，系前任湘鄉知縣見田年伯之世兄。同鄉六人，得四庶常、兩知縣。複試單已於閏三月十六日付回，茲又付呈殿試朝考全單。同鄉京官如故。鄭莘田給諫服闕來京。梅霖生病勢沉重，深為可慮。黎樾喬老前輩處，父親未去辭行，男已道達此意。廣東之事，四月十八日

得捷音，茲將抄報付回。男等在京自知謹慎，堂上各老人不必掛懷。

家中事，**蘭姊**去年生育，是男是女？楚善事如何成就？伏望示知。男謹稟。即請母親大人萬福金安。

道光二十一年五月十八日

【注釋】

① 邇際：最近，近來。

② 冥心：使心境寧靜。

【譯文】

兒子國藩跪稟父親大人萬福金安：

自從閏三月十四日在京城城門拜送父親回家，後來共接到五封家信。十五日，接到四弟在漣濱所發的信，是第二號，才知道正月寄的信已經丟失了。二十二日，接到父親在二十里鋪發的信。四月二十八巳時，接到在漢口寄的曹穎生家信，申時又接到在汴梁寄的信。五月十五日，接到父親在長沙發的信，裡面有四弟的信、六弟的五篇文章。得知祖父母大人身體健康，家裡老小都平安，諸位弟弟發奮讀書，並且為父親離京後一路順暢感到高興，從京城到省城，只用了三十多天，真是神速。

兒子在閏三月十六日發出第五號家信，四月十一日發第六號，十七日發第七號，不知家中都收到了沒有？眼下兒子身體如常，每晚早睡，起得也早。只是不能忍受長久的思考，思慮多了就頭昏，所以經常靜下心來不想任何事情，身心悠閒地保養自身，謹慎地遵守父親關於保身的訓示。

九弟的功課有規律，九本《禮記》都已經點完，《資治通鑒》已經看到三國，《斯文精萃》詩和文各讀了半本。詩稍有進步，文章沒有進步。但我也不求很快見效，看他的領悟程度，已經有些心得，大約只是手不從心罷了。

甲三在四月下旬已經會走路了，不需要別人扶著，還不能說話。沒

有奶水吃，每天吃一頓粥兩頓飯。長孫媳婦身體也好，已有生男的喜
兆。婢女僕從都與原來一樣。

今年新進士龍翰臣得了狀元，是前任湘鄉知縣見田年伯的世兄。同
鄉六個，四個得了庶常，兩個得了知縣。複試單已經在閏三月十六日寄
回，現又寄呈殿試朝考的全單。同鄉的京官和以前一樣。鄭莘田補諫服
缺來了京城。梅霖生病勢嚴重，讓人非常擔心。黎樾喬老前輩那裡，父
親沒有去辭行，兒子已代為致意。廣東的事，四月十八日獲得捷報，現
將抄報寄回。兒子等在京城自知謹慎從事，堂上各位老人不必掛念。

家裡的事，蘭姐去年生育，是男是女？楚善的事怎樣解決？希望能
寫信告訴我。兒子謹稟，即請母親大人萬福金安。

道光二十一年五月十八日

稟父母・籌畫歸還借款

【原文】

男國藩跪稟父親大人萬福金安：

五月十八日，發家信第八號，知家中已經收到。六月初
七發第九號，內有男呈祖父稟一件，國荃寄四弟信一件；七
月初二發第十號，內有黃芽白菜子，不知俱已收到否？

男等接得父親歸途三次信，一系河間二十里鋪發，一汴
梁城發，一武昌發；又長沙發信亦收到。六月二十九接丹閣
叔信。七月初九彭山屺到京，接到四弟在省所寄《經世文編》
一部，慎詒堂《四書》《周易》各一部，小皮箱三口，有布
套龍鬚草席一床，信一件，又叔父手書，得悉一切：譜已修
好，楚善叔事已有成局，彭山屺處兌錢四十千文。外楚善叔
信一件，岳父信一件。七月二十七日接到家信二件，一系五
月十五在家寫，一系六月二十七在省寫。外歐陽牧雲信一，
曾香海信一，心齋家信二，荊七信一，俱收到。

彭山屺進京，道上為雨泥所苦，又值黃河水漲，渡河時大費力，行李衣服皆濕。惟男所寄書，渠收貯箱內，全無潮損，真可感也！到京又以臘肉、蓮、茶送男。渠於初九晚到，男於十三日請酒，十六日將四十千錢交楚。渠於十八日賃①住黑市，離城十八里，系武會試進場之地，男必去送考。

男在京身體平安，國荃亦如常。男婦於六月二十三四感冒，服藥數帖全愈，又服安胎藥數帖。孫紀澤自病痊癒後，又服補劑十餘帖，辰下②體已復元。每日行走歡呼，雖不能言，已無所不知。食粥一大碗，不食零物。僕婢皆如常。周貴已薦隨陳雲心回南，其人蠢而負恩。蕭祥已跟別人，男見其老成，加錢呼之復來。

男目下光景漸窘，恰有俸銀接續，冬下又望外官例寄炭資③。今年尚可勉強支持，至明年則更難籌畫。借錢之難，京城與家鄉相仿，但不勒追強逼耳。前次寄信回家，言添梓坪借項內，松軒叔兄弟實代出錢四十千，男可寄銀回家，完清此項。近因完彭山屺項，又移徒房屋，用錢日多，恐難再付銀回家。

男現看定屋在繩匠胡同北頭路東，准於八月初六日遷居，初二日已搬一香案去，取吉日也。棉花六條胡同之屋，王翰城言冬間極不吉，且言重慶④下者不宜住三面懸空之屋，故遂遷移。繩匠胡同房每月大錢十千，收拾又須十餘千。心齋借男銀已全楚，渠家中付來銀五百五十兩，又有各項出息⑤，渠言尚須借銀出京，不知信否？

廣東事前已平息，近又傳聞異辭。參贊大臣隆文已病死，楊芳已告病回湖南。七月間，又奉旨派參贊大臣特依順往廣東查辦。八月初一日，又奉旨派玉明往天津，哈哴阿⑥

往山海關。黃河於六月十四日開口,汴梁四面水圍,幸不淹城。七月十六日奉旨派王鼎、慧成往河南查辦。現聞泛溢千里,恐其直注洪澤湖。又聞將開捐名「豫工」,例辦河南工程也。

男已於七月留鬚。楚善叔有信寄男,系四月寫,備言其苦。近聞衡陽田已賣,應可勉強度日。戊戌冬所借十千二百,男曾言幫他,曾稟告叔父,未稟祖父大人,是男之罪,非渠之過。其餘細微曲折,時成時否,時朋買,時獨買,叔父信不甚詳明。楚善叔信甚詳,男不敢盡信。總之,渠但免債主追逼,即是好處。第⑦目前無屋可住,不知何處安身?若萬一老親幼子棲托無所,則流離四徙,尤可憐憫!以男愚見,可仍使渠住近處,斷不可住衡陽。求祖父大人代渠謀一安居。若有餘貲⑧,則佃⑨田耕作。又求父親寄信問朱堯階,備言楚善光景之苦與男關注之切,問渠所營產業可佃與楚善耕否。渠若允從,則男另有信求堯階,租穀須格外從輕。但路太遠,至少亦須耕六十畝方可了吃。堯階壽屏,托心齋帶回。

嚴麗生在湘鄉不理公事,簠簋不飭⑩,聲名狼藉,如查有真實劣跡,或有上案,不妨抄錄付京。因有御史在男處查訪也,但須機密。

四弟、六弟考試,不知如何?得不足喜,失不足憂,總以發憤讀書為主。史宜日日看,不可間斷。九弟閱《易知錄》,現已看到隋朝。溫經須先窮一經,一經通後,再治他經,切不可兼營並鶩,一無所得。厚二總以書熟為主,每日讀詩一首。

男謹稟父母親大人萬福金安。

道光二十一年八月初三日

【注釋】

① 貰：租。

② 辰下：即時下，目前。

③ 炭資：即炭敬，是指明清時期地方和下級官員在冬季給六部司官的「孝敬」，類似于「取暖費」，是一種行賄的別稱。

④ 重慶：舊時指祖父母、父母健在。

⑤ 出息：出利息。

⑥ 哈哴阿：瓜爾佳氏，清正黃旗人將領。

⑦ 第：但。

⑧ 貲：通「資」，財物。

⑨ 佃：租種田地。

⑩ 簠簋（因腐軌）不飭：借指貪污，舊時彈劾貪吏常用此語。簠、簋：都是古代食器，也用作放祭品。不飭：指不整飭。

【譯文】

兒子國藩跪稟父親大人萬福金安：

五月十八日，發出第八號家信，知道家中已收到。六月初七發第九號，裡面有兒子呈送祖父的信一封、國荃寄給四弟的信一封；七月初二發第十號，裡面有黃芽白菜子（大白菜種子），不知有沒有都收到？

兒子等接得父親回家途中的三封信，一是在河間二十里鋪所發的，一是在汴梁城發的，一是在武昌發的；長沙發的信也收到了。六月二十九日接到丹閣叔的信。七月初九彭山屺到京，接到四弟在省城所寄的《經世文編》一部，慎詒堂《四書》《周易》各一部，小皮箱三口，有布套龍鬚草席一床，信一封，還有叔父的手書，得以知道一切事情：家譜已經修好，楚善叔的事情已經有了解決方法，在彭山屺處借了四十千文錢。另外還有楚善叔的信一封，岳父的信一封。七月二十七日接到兩封家信，一是封五月十五日在家寫的，一封是六月二十七日在省城寫的。另外還有歐陽牧雲的信一封，曾香海的信一封，心齋家信兩封，荊七的信一封，都收到了。

彭山屺進京，路上為雨泥所苦，又正值黃河水漲，渡河時很費力，行李衣服都濕了。只有兒子所寄的書，他收藏在箱子裡，一點潮損都沒

有，真是太感激了！到京後又把臘肉、蓮子、茶葉送給我。他初九到，兒子在十三日請他喝酒，十六日將四十千錢交還給他。他十八號在黑市租房住下，離城十八里，是武會試進場的地方，兒子一定去送考。

兒子在京身體平安，國荃也如常。兒媳在六月二十三日得了感冒，吃了幾帖藥後就好了，又吃了幾帖安胎藥。孫兒紀澤自病好後，又吃了十多帖補藥，現在身體已經復原了。每天行走歡呼，雖然不能說話，但已經什麼都知道了。每天吃粥一大碗，不吃零食。僕人婢女如常。周貴已隨陳雲心回湖南了，這個人又蠢又忘恩負義。蕭祥已跟別人，兒子見他老成，加了錢又讓他回來了。

兒子眼下情形漸漸窘迫，恰好有俸銀接續，冬天又指望外官照舊例寄些防寒費，今年還可勉強支持。到明年就更難籌畫。借錢的困難，京城與家鄉相似，只是這裡不強制催還罷了。上次寄信回家，說添梓坪借款內，松軒叔兄弟其實代出了四十千錢，兒子可以寄錢回家，還清這筆債。近來因為還彭山屺的借款，又要搬家，花費一天天增多，恐怕很難再寄錢回家。

兒子現在看定的房子在繩匠胡同北頭路東，準備在八月初六搬家。初二已經搬了一個香案去，是圖個吉日。棉花六條胡同的房子，王翰城說冬天很不吉利，並且說父母長輩都健在的人不宜住三面懸空的房子，所以才要搬家。繩匠胡同的房租每月要大錢十千，收拾又要十多千。心齋借兒子的錢已全部還清，他家寄來銀子五百五十兩，又有各項利息錢，他說還需要借錢出京，不知道可不可信。

廣東的事之前已經平息，最近又傳聞一些不同的說法。參贊大臣隆文已經病死，楊芳已經稱病告假回到湖南。七月間又奉旨派參贊大臣特依順往廣東查辦。八月初一又奉旨派玉明往天津，哈哴阿往山海關。黃河在六月十四日決了堤，汴梁的四面都被水圍了，幸好沒有淹到城裡。七月十六日奉旨派王鼎、慧成去河南查辦。現在聽說水勢泛溢千里，恐怕會直接注入洪澤湖。又聽說要舉行叫作「豫工」的募捐活動，這是按舊例辦理河南的工程。

兒子已經在七月份開始留鬍子。楚善叔有信寄給我，是四月寫的，詳細地說了他的困苦。近來聽說他在衡陽的田地已經賣掉，應該可以勉強度日了。戊戌冬天所借的十千二百，兒子曾說過幫他，之前稟告了叔

父，沒有稟告祖父大人，這是兒子的罪過，不是他的過錯。其餘細微曲折，一時說成，一時說不成，一時說是友人買，一時又說是單獨買，叔父信中說的不是很明白。楚善叔的信很詳細，兒子不敢都相信。總之他但求避免債主逼迫，這就是好事。只是目前沒有房子住，不知道在哪裡安身？萬一老親幼子都沒有地方寄託，那就要四處流徙了，這也太可憐了！以兒子的愚見，可以仍舊讓他住在近處，決不可住衡陽。求祖父大人替他找個能安居的地方。如果有多餘的錢，那就租田耕作。再求父親寄信問問朱堯階，詳細說明楚善困苦的情形和兒子的殷切關注，問他所經營的產業能不能租給楚善耕種。他如果同意，那兒子另外寫信求他，租穀要格外便宜。但是路太遠，至少也要耕六十畝地才能糊口。堯階的壽屏，托心齋帶回。

嚴麗生在湘鄉不理公事，做官不廉潔，聲名狼藉，如果查到有他的真實劣績，或者案子，不妨抄錄寄來京城。因為有御史在兒子處查訪，但一定要機密。

四弟、六弟考試不知考得如何？得中不足以高興，不中也不足以憂慮，總該以發奮讀書為主。史書要天天看，不能間斷。九弟看《易知錄》，現已看到隋朝。溫習經書要先看完一部，一部研究透徹，然後再研究其他的，萬萬不能同時看幾部，一無所得。厚二總要以熟讀各書為主，每天讀一首詩。

兒子謹稟父母親大人萬福金安。

道光二十一年八月初三

稟父母・借銀寄回家用

【原文】

男國藩跪稟父母親大人萬福金安：

八月初三日，男發家信第十一號，信甚長，不審已收到否？十四日接家信，內有父親、叔父並丹閣叔信各一件，得悉丹閣叔入泮[①]，且堂上各大人康健，不勝欣幸。

男於八月初六日移寓繩匠胡同北頭路東，屋甚好，共十八間，每月房租京錢二十千文。前在棉花胡同，房甚逼仄②，此時房屋爽塏③，氣象軒敞，男與九弟言，恨不能接堂上各大人來京住此。

男身體平安，九弟亦如常，前不過小恙，兩日即癒，未服補劑。甲三自病體復元後，日見肥胖，每日歡呼趨走，精神不倦。塚婦亦如恒。九弟《禮記》讀完，現讀《周禮》。

心齋兄，於八月十六日男向渠借錢四十千，付至家用。渠允於到湘鄉時，送銀二十八兩交勤七叔處轉交男家，且言萬不致誤。男訂待渠到京日償還其銀，若到家中，不必還他。又男寄有冬菜一簍、朱堯階壽屏一付，在心齋處。冬菜托勤七叔送至家、壽屏托交朱嘯山轉寄。香海處，月內准有信去。王睢園處，去冬有信去，至今無回信，殊不可解。顏字不宜寫白折，男擬改臨褚、柳。

去年跪托叔父大人之事，承已代覓一具，感戴之至，泥首④萬拜。若得再覓一具，即於今冬明春辦就更妙。敬謝叔父，另有信一函。在京一切，自知謹慎。男跪稟。

道光二十一年八月十七日

【注釋】

① 入泮：古代學宮前有泮水，故稱學校為泮宮，古代學童入學為生員稱為「入泮」。

② 逼仄：狹窄。

③ 爽塏：高爽乾燥。

④ 泥首：以泥塗首，表示自辱服罪。後指頓首至地。

【譯文】

兒子國藩跪稟父母親大人萬福金安：

八月初三，兒子發出第十一號家信，信很長，不知收到了沒？十四日接到家信，裡面有父親、叔父和丹閣叔的信各一封，知道丹閣叔考取縣學生員，而且堂上各大人身體健康，非常欣慰。

兒子在八月初六搬到了繩匠胡同北頭東屋，房子很好，一共十八間，每月房租是京錢二十千文。以前在棉花胡同，房子太狹小，現在的房子清爽乾燥，寬敞明亮。兒子和九弟說，恨不能接堂上各大人來京城居住。

兒子身體平安，九弟也如常，日前不過得了一點小病，兩天就好了，沒有吃補藥。甲三自病體復原後，一天天胖了，每天跑著叫著，不知道疲倦。長媳婦也如常。九弟《禮記》已經讀完，現在正讀《周禮》。

八月十六日，兒子向心齋兄借了四十千銀，寄回家用。他答應到湘鄉時送銀子二十八兩交給勤七叔，再轉交我們家，並且說萬萬不會有失誤。兒子與他約定，等他回京城時還銀子，如果他到家裡，不用還他。另外兒子寄有冬菜一簍、朱堯階的壽屏一副，都在心齋那裡。冬菜托交勤七叔送到家裡，壽屏托交朱嘯山轉寄。香海那裡，月內肯定有信寄去。王睢園那裡，去年冬天有信寄去，到現在也沒有回信，真不能理解。顏（真卿）字不適合寫白折，兒子打算改臨褚（遂良）體、柳（公權）體。

去年跪托叔父大人的事，承蒙他代找了一具，非常感激，叩頭萬拜。如果能再找一具，在今年冬天明年春天置辦就更好。敬謝叔父，另外有信一封寄給他。在京城的一切，我們自知謹慎。兒子跪稟。

道光二十一年八月十七日

稟父母・在外借債過年

【原文】

男藩跪稟父母親大人萬福金安：

十一月十八男有信寄呈，寫十五日生女事，不知到否？

昨十二月十七日奉到手諭，知家中百凡①順遂，不勝欣幸。

男等在京身體平安，孫男孫女皆好。現在共用四人，荊七專抱孫男，以春梅事多，不能兼顧也。孫男每日清晨與男同起，即送出外，夜始接歸上房。孫女滿月，有客一席。九弟讀書，近有李碧峰同居，較有樂趣。男精神不甚好，不能勤教，亦不督責。每日兄弟笑語歡娛，蕭然②自樂，而九弟似有進境。茲將昨日課文原稿呈上。

男今年過年，除用去會館房租六十千外，又借銀五十兩。前日冀望外間或有炭資之贈，今冬乃絕無此項。聞今年家中可盡完舊債，是男在外有負累，而家無負累，此最可喜之事。岱雲則南北負累，時常憂貧。然其人忠信篤敬③，見信於人，亦無窘迫之時。

同鄉京官俞岱青先生告假，擬明年春初出京，男便附鹿肉托渠帶回。杜蘭溪、周華甫皆擬送家眷出京。岱雲約男同送家眷，男不肯送，渠謀亦中止。

彭山屺出京，男為代借五十金，昨已如數付來。心齋臨行時，約送銀二十八兩至勤七叔處轉交我家，不知能踐言④否。

嗣後家中信來，四弟、六弟各寫數行，能寫長信更好。男謹稟。

道光二十一年十二月二十一日

【注釋】
①百凡：猶凡百，泛指一切。
②蕭然：瀟灑，悠閒。
③篤敬：篤厚敬肅。
④踐言：履行諾言。

【譯文】

兒子國藩跪稟父母親大人萬福金安：

十一月十八日兒子有信寄出，寫了十五日生了女兒的事情，不知收到了沒？昨天十二月十七日接到父親手諭，知道家裡萬事順利，非常欣慰。

兒子等在京城身體平安，孫兒孫女都好。現在總共請了四個僕人，荊七專門帶孫兒，因為春梅事情很多，不能兼顧。孫兒每天早晨和兒子同時起床，之後就送他外出，晚上才接回上房。孫女滿月，請了一桌客人。九弟讀書，近來有李碧峰同住，比較有樂趣。兒子精神不是很好，不能勤加教導，也不監督苛責。每天兄弟笑語歡娛，怡然自樂，而九弟似乎有了進步。現將昨天的課文原稿呈上。

兒子今年過年，除花掉會館房租六十千外，又借了五十兩銀子。之前希望外面或者會送些防寒費，誰知今年冬天絕對沒有這個款項了。聽說今年家裡可以把舊債還清，如此，兒子在外有負擔拖累，而家裡沒有，是最值得高興的事。岱雲就南北兩方面都有負擔，時常擔憂貧困。但是這個人忠誠可信，被人信任，也沒有窘迫的時候。

同鄉京官俞岱青先生請了假，打算明年春初離京，兒子就寄了乾鹿肉托他帶回。杜蘭溪、周華甫都打算送家眷離京。岱雲約兒子一起送家眷，兒子不肯，他的計畫只得停止。

彭山屺離京，兒子替他借了五十兩銀子，昨天已經如數付來。心齋臨走時，跟他約定送二十八兩銀子到勤七叔處轉交我家，不知道他能不能履行諾言。

以後家中來信，四弟、六弟各寫幾行，能夠寫長信更好。兒子謹稟。

道光二十一年十二月二十一日

稟父母‧家中費用窘迫

【原文】

男國藩跪稟父親大人萬福金安：

去年十二月二十一日發平安信第十七號，內呈家中信六件，寄外人信九件，不知已收到否？

男與九弟身體清吉①，塚婦亦平安。孫男甲三體好，每日吃粥兩頓，不吃零星飲食，去冬已能講話。孫女亦體好，乳食最多，合寓順適。

今年新正②，景象陽和③，較去年正月甚為暖烘。茲因俞岱青先生南回，付鹿脯④一方，以為堂上大人甘旨⑤之需。鹿肉恐難寄遠，故熏臘附回。此間現熏有臘肉、豬舌、豬心、臘魚之類，與家中無異。如有便附物來京，望附茶葉、大布而已。茶葉須托朱堯階清明時在永豐買，則其價亦廉，茶葉亦好。家中之布附至此間，為用甚大，但家中費用窘迫，無錢辦此耳。

同縣李碧峰苦不堪言，男代為張羅，已覓得館，每月學俸銀三兩。在男處將住三月，所費無幾，而彼則感激難名。館地現尚未定，大約可成。

在京一切自知謹慎。即請父母親大人萬福金安。

道光二十二年正月初七日

【注釋】

① 清吉：清平吉祥。
② 新正：指新春正月。
③ 景象陽和：指氣候溫暖。
④ 脯：肉乾。
⑤ 甘旨：指對雙親的奉養。

【譯文】

兒子國藩跪稟父親大人萬福金安：

去年十二月二十一日發出第十七號平安信，裡面有呈家中信六封，寄給外人的信九封，不知已收到了沒？

兒子與九弟身體清平吉祥，長媳婦也平安。孫兒甲三身體好，每天吃兩頓粥，不吃零食，去年冬天已經能說話。孫女身體也好，奶水喝得很多，全家順心適意。

今年新年正月，氣候溫暖，比去年正月更加暖和。當時由於俞岱青先生要回湖南，兒子寄了一些鹿肉乾回家，用來奉養堂上大人們。擔心鹿肉不能寄到那麼遠的地方，所以是處理了之後才寄出去的。這裡現在有熏臘肉、豬舌、豬心、臘魚之類，和家裡一樣。如果方便寄物來京城時，希望只寄茶葉、大布就好了。茶葉要托朱堯階清明時在永豐買，那時價格便宜，茶葉也好。家裡的布寄到這裡，用處很大，只是家裡窘迫，沒有錢置辦這些。

同縣李碧峰苦不堪言，兒子代他張羅，已找到教書的館地，每月學錢三兩銀子。他在兒子這裡住了將近三個月，所花費的沒有多少，但他卻非常感激。館地現在還沒有定，大約會成功。

在京一切我們自知謹慎。即請父母親大人萬福金安。

道光二十二年正月初七

稟父母‧九弟習字長進

【原文】

男國藩跪稟父母親大人萬福金安：

正月十七日，發第二號家信，不知已收到否？男身體平安，男婦亦如常。九弟之病，自正月十六日後，日見強旺，二月一日開葷，現已全復元矣。二月以來，日日習字，甚有長進。男亦常習小楷，以為明年考差之具。近來改臨智永《千字文》帖，不復臨顏、柳二家帖，以不合時宜故也。孫

男身體甚好，每日佻達①歡呼，曾無歇息。孫女亦好。

　　浙江之事，聞於正月底交戰，仍爾不勝。去歲所失寧波府城，定海、鎮海二縣城，尚未收復。英夷滋擾以來，皆漢奸助之為虐。此輩食毛踐土②，喪盡天良，不知何日罪惡貫盈，始得聚而殲滅！湖北崇陽縣逆賊鍾人傑為亂，攻佔崇陽、通城二縣。裕制軍即日③撲滅，將鍾人傑及逆黨檻④送京師正法，餘孽俱已搜盡。鍾逆倡亂不及一月，黨羽姻屬，皆伏天誅。黃河去年決口，昨已合龍，大功告成矣。

　　九弟前病中思歸，近因難覓好伴，且聞道上有虞⑤，是以不復作歸計。弟自病好後，亦安心，不甚思家。李碧峰在寓住三月，現已找得館地，在唐同年李杜家教書，每月俸金二兩，月費一千。男於二月初配丸藥一料，重三斤，約計費錢六千文。

　　男等在京謹慎，望父母親大人放心。男謹稟。

道光二十二年二月二十四日

【注釋】

① 佻達：挑逗，戲謔。
② 食毛踐土：原意是吃的食物和居住的土地都是國君所有。封建官吏用　以表示感戴君主的恩德。毛：指地面所生之穀物。
③ 即日：近日。
④ 檻：囚車。
⑤ 虞：憂患。

【譯文】

　　兒子國藩跪稟父母親大人萬福金安：

　　正月十七日，發出第二號家信，不知已收到了沒？兒子身體平安，兒媳也如常。九弟的病，自從正月十六日後，一天天強健起來，二月初一起開始吃葷，現在已經全部復原了。二月以來，天天學習寫字，很有

長進。兒子也時常練習小楷，為明年考差做準備。近來改臨智永的《千字文》帖，不再臨顏、柳兩家的字帖了，因為不合時宜。孫兒身體很好，每天戲謔歡叫，不用歇息。孫女也好。

浙江的事，聽說在正月底交戰，仍舊沒有取勝。去年失守的寧波府城，定海、鎮海兩縣城，還沒有收復。英國人滋擾以來，都是漢奸幫助他們做各種壞事。這些人吃的食物、居住的土地都為國君所有，卻沒有一點良心，不知道哪天他們積滿了罪惡，才能夠把他們一起殲滅！湖北崇陽縣的逆賊鍾人傑作亂，攻佔了崇陽、通城兩縣。裕制軍近日撲滅了他們，將鍾人傑及逆黨用囚車關了押至京城正法，餘孽都已經一網打盡了。姓鍾的逆賊作亂不到一個月，黨羽家人都受到了天譴。黃河去年決口，最近已經合攏，大功告成了。

九弟之前生病時想回家，近來因為找不到好伴，並且聽說路上不平安，所以不再計畫回家了。弟弟自從病好之後，也安心了，不再那麼思念家鄉了。李碧峰在我家住了三個月，現在已經找到教書的館地，在唐同年李杜家教書，每個月俸金二兩，月費一千。兒子在二月初配了一料丸藥，重三斤，大約花了六千文錢。

兒子等在京城行事謹慎，望父母親大人放心。兒子謹稟。

　　　　　　　　　　　　　　　　道光二十二年二月二十四日

稟父母・告孫女種牛痘及經濟狀況

【原文】

男國藩跪稟父母親大人萬福金安：

二月二十三日發家信第三號，不知已收到否？正月所寄鹿脯想已到。三月初，奉大人正月十二日手諭，具悉一切。又知附有布匹、臘肉等在黃莘卿處，第不知黃氏兄弟何日進京，又不知家中系專人送至省城，抑①托人順帶也。

男在京身體如常，男婦亦清吉。九弟體已復元，前二月

間，因其初癒，每日只令寫字養神。三月以來，仍理舊業，依去年功課。未服補劑，男分丸藥六兩與他吃，因年少不敢峻補②。孫男女皆好，擬於三月間點牛痘。此間牛痘局系廣東京官請名醫設局積德，不索一錢，萬無一失。

男近來每日習帖，不多看書。同年邀為試帖詩③課，十日內作詩五首，用白折寫好公評，以為明年考差之具。又吳子序同年有兩弟在男處附課看文。又金台書院每月月課，男亦代人作文，因久荒制藝④，不得不略為溫習。

此刻光景已窘，幸每月可收公項房錢十五千，外些微挪借，即可過度。京城銀錢比外間究為活動。家中去年徹底澄清，餘債無多，此真可喜。蕙妹僅存錢四百千，以二百在新窰食租，不知住何人屋？負薪汲水⑤，又靠何人？率五素來文弱，何能習勞？後有家信，望將蕙妹家事瑣細詳書。餘容後稟。男謹呈。

道光二十二年三月十一日

【注釋】

①抑：或是，還是。

②峻補：猛補。

③試帖詩：試帖詩是中國封建時代的一種詩體，常用於科舉考試，也叫「賦得體」，以題前常冠以「賦得」二字得名。

④制藝：指八股文。

⑤汲水：從井裡打水，取水。

【譯文】

兒子國藩跪稟父母親大人萬福金安：

二月二十三日發的第三號家信，不知已收到了沒？正月所寄的鹿肉乾想必已經收到。三月初，接到大人正月十二日的手諭，知道了一切情況。又知道附帶來的布匹、臘肉等在黃莘卿處，但不知道黃氏兄弟哪天

進京，又不知道家裡是專人送到省城的，還是托人順帶的。

兒子在京城身體如常，兒媳也很精神。九弟身體已復原，之前二月間，因他是初癒，每天只叫他寫字養神。三月以來，仍然做原來的事情，依照去年的功課。沒有吃補藥，兒子分了六兩丸藥給他吃，因年紀輕不敢大補。孫兒孫女都好，準備在三月份點牛痘。這裡的牛痘局，是廣東京官請有名的醫生設局積功德的，不收錢，萬無一失。

兒子近來每天習字，不多看書。同年邀請我講說試帖詩的課程，十天內作五首詩，用白折寫好讓大家評閱，以此為明年考差做準備。另外吳子序同年有兩個弟弟在兒子處跟著上課看文。還有金台書院每月的月課，兒子也代人寫作文章，因為八股文荒廢久了，不得不稍加溫習。

現下情況很窘迫，幸虧每月可收公項房錢十五千，另外再挪借一點，就可以度過。京城的銀錢比外間到底還是靈活些。家中去年徹底清算巨額債務，剩下的借債不多，這真值得高興。蕙妹只存有四百千錢，拿出二百在新窰租房吃飯，不知住的是誰的房子？擔柴挑水，又靠何人？率五身體向來文弱，哪能長時間勞作？以後有家信，希望把蕙妹的瑣碎家事詳細寫上。其餘的容我以後再稟告。兒子謹稟。

道光二十二年三月十一日

稟父母・兩弟患業不精

【原文】

男國藩跪稟父母親大人萬福金安：

六月二十八日接到家書，系三月二十四日所發，知十九日四弟得生子，男等合室相慶。四妹生產雖難，然血暈①亦是常事，且此次既能保全，則下次較為容易。男未得信時，常以為慮，既得此信，如釋重負。

六月底，我縣有人來京捐官（王道隆），渠在寧鄉界住，言四月縣考時，渠在城內並在彭興歧（雲門寺）、丁信

風兩處面晤四弟、六弟，知案首②是吳定五。男十三年在陳氏宗祠讀書，定五才發蒙作起講③，在楊畏齋處受業，去年聞吳春岡說定五甚為發奮，今果得志，可謂成就甚速。其餘前十名及每場題目，渠已忘記，後有信來，乞四弟寫出。

四弟、六弟考運不好，不必掛懷。俗語云：「不怕進得遲，只要中得快。」從前邵丹畦前輩（甲名）四十三歲入學，五十二歲作學政，現任廣西藩台。汪朗渠（鳴相）於道光十二年入學，十三年點狀元。阮芸台（元）前輩於乾隆五十三年縣、府試皆未取頭場，即於其年入學中舉，五十四年點翰林，五十五年留館，五十六年大考第一，比④放浙江學政，五十九年升浙江巡撫。些小得失不足患，特患業之不精耳。兩弟場中文若得意，可將原卷領出寄京，若不得意，不寄可也。

男等在京平安，紀澤兄妹二人體甚結實，皮色亦黑。

逆夷在江蘇滋擾，於六月十一日攻陷鎮江，有大船數十隻在大江遊弋，江寧、揚州二府頗可危慮。然而天不降災，聖人在上，故京師人心鎮定。

同鄉王翰城（繼賢，黔陽人，中書科中書）告假出京，男與陳岱雲亦擬送家眷南旋，與鄭莘田、王翰城四家同隊出京（鄭名世任，給事中。現放貴州貴西道）。男與陳家本於六月底定計，後於七月初一請人扶乩⑤（另紙錄出大仙示語），似可不必輕舉妄動，是以中止。現在男與陳家仍不送家眷回南也。

同縣謝果堂先生（興嶢）來京，為其次子捐鹽大使，男已請至寓陪席。其世兄與王道尚未請，擬得便亦須請一次。

正月間，俞岱青先生出京，男寄有鹿脯一方，託找彭山屺轉寄，俞後託謝吉人轉寄，不知到否？又四月託李岡（榮

燦）寄銀寄筆，托曹西垣寄參，並交陳季牧處，不知到否？前父親教男養鬚之法，男僅留上唇鬚，不能用水浸透，色黃者多，黑者少，下唇擬待三十六歲始留。男每接家信，嫌其不詳，嗣後更願詳示。男謹稟。

道光二十二年六月初十日

【注釋】

① 血暈：中醫指產後因失血而暈厥的病症。

② 案首：清代各省學政於考試後揭曉名次，稱為出案。因此童生參加縣試、府試、院試，凡名列第一者，稱為案首。

③ 起講：八股文中的第三段文字，是議論開始的部分。

④ 比：接著。

⑤ 扶乩：中國道教的一種占卜方法，又稱扶箕、請仙等。扶：指扶架子。乩：謂卜以問疑。在扶乩時，神明會附在人身上，寫出一些字，信徒通過這種方式，與神靈溝通，以瞭解神靈的意思。

【譯文】

　　兒子國藩跪稟父母親大人萬福金安：

　　六月二十八日接到家信，是三月二十四日所發，知道十九日四弟生了兒子，兒子等全家互相慶賀。四妹生產雖難，但失血過多暈倒也是常事，並且這次既然能保全，那下次就容易些了。兒子沒有收到來信時，時常憂慮，收到這封信後，如釋重負。

　　六月底，我縣有人來京城捐官（王道隆），他住在寧鄉界，說四月縣考時，他在城裡的彭興歧（雲門寺）、丁信風兩處都和四弟、六弟見面了，知道縣試第一名是吳定五。兒子十三年前在陳氏宗祠讀書，定五才開始學習寫作起講，在楊畏齋那裡接受學業。去年聽吳春岡說定五很發奮，現在果然得志，可以說成就迅速。其餘前十名及每場題目，他已忘記，以後來信，請四弟寫出。

　　四弟、六弟考運不好，不必放在心上。俗話說：「不怕進得遲，只要中得快。」從前邵丹畦前輩（甲名）四十三歲入學，五十二歲作學

政，現在擔任廣西藩台。汪朗渠（鳴相）在道光十二年入學，十三年中狀元。阮芸台（元）前輩在乾隆五十三年的縣、府試頭場都沒有被錄取，就在當年入學中了舉人，五十四年點翰林，五十五年留館，五十六年大考取得第一，接著外放任浙江學政，五十九年升浙江巡撫。小小得失不值得憂慮，就怕學業不精罷了。兩個弟弟考場裡的文章如果寫得滿意，可把原卷領出來寄到京城，如果不滿意，不寄也可以。

兒子等在京平安。紀澤兄妹二人身體很結實，膚色也黑。

洋人在江蘇滋擾，於六月十一日攻陷鎮江，有幾十隻大船在長江遊弋，江寧、揚州兩府，很是危急。然而上天不降下災禍，聖明的君主在上，所以京城人心安定。

同鄉王翰城（繼賢，黔陽人，中書科中書）請了假出京，兒子和陳岱雲也打算送家眷回南方，與鄭莘田（鄭名世任，給事中。現外放貴州貴西道）、王翰城四家一起出京。兒子與陳家本在六月底計畫好了，後在七月初一請人扶乩占卜（另外有紙錄出大仙示語），好像可以不用輕舉妄動，所以就中止了。現在兒子與陳家決定仍然不送家眷回南方了。

同縣謝果堂先生（興嶢）來到京城，為他第二個兒子捐鹽大使，兒子已經請他來家中宴飲。他的世兄和王道隆還沒有請，打算方便時也要請他們一次。

正月間俞岱青先生離京，兒子寄有一塊鹿肉乾，托彭山屺轉寄，他後來托謝吉人轉寄，不知收到沒有？另外四月份托李羉岡（榮燦）寄銀兩和毛筆，托曹西垣寄高麗參，一起都轉交到陳季牧那裡，不知到了沒？之前父親教兒子保養鬍鬚的方法，兒子只留上唇鬚，不能用水浸透，黃色的多，黑色的少，下唇準備等到三十六歲再開始留。兒子每次接到家信，都嫌寫得不詳細，以後希望更加詳細訓示。兒子謹稟。

道光二十二年六月初十

稟父母・痛改過失

【原文】

男國藩跪稟父母親大人萬福金安：

十月二十二奉到手諭，敬悉一切。

鄭小珊處小隙已解。男從前於過失每自忽略，自十月以來，念念①改過，雖小必懲，其詳具載示弟書中。耳鳴近日略好，然微勞即鳴。每日除應酬外，不能不略自用功，雖欲節勞，實難再節。手諭示以節勞、節欲、節飲食，謹當時時省記。

蕭辛五先生處寄信不識靠得住否？龍翰臣父子已於十月初一日到京，布匹線索②俱已照單收到，惟茶葉尚在黃恕皆處。恕皆有信與男，本月可到也。男婦等及孫男女皆平安，餘詳與弟書。謹稟。

道光二十二年十月二十六日

【注釋】

① 念念：一心一意。
② 線索：線繩之類的泛稱。

【譯文】

兒子國藩跪稟父母親大人萬福金安：

十月二十二日收到手諭，知道了家裡的一切。

鄭小珊那裡的小小嫌隙已經化解。兒子以前對於過失，每每自己都忽略了。自從十月以來，一心一意改正過錯，即使是小錯也要自我懲罰，詳細情況都寫在給弟弟的信中。耳鳴近日稍好了些，但稍微勞累一點就又鳴了。每天除應酬外，不能不略微自己用功，雖然想節制勞累，但是實在很難再節制了。手諭訓示兒子節制勞累、節制欲望、節制飲

食，我一定時刻牢記遵守。

蕭辛五先生那裡寄信，不知可不可靠？龍翰臣父子已經在十月初一到京城了，布匹、線繩都已照單子收到，只是茶葉還在黃恕皆那裡。恕皆有信寄給我，本月可以到。兒媳和孫兒、孫女都平安，其餘的詳細寫在給弟弟的信中。謹此稟告。

道光二十二年十月二十六日

稟父母・促四弟季弟師覺庵。六弟九弟下省讀書

【原文】

男國藩跪稟父母親大人萬福金安：

正月八日，恭慶祖父母雙壽。男去臘作壽屏二架，今年同鄉送壽對者五人，拜壽來客四十人。早面四席，晚酒三席。未吃晚酒者，於十七日、二十日補請二席。又請人畫《椿萱重蔭圖》，觀者無不嘆羨。

男身體如常。新年應酬太繁，幾至日不暇給。媳婦及孫兒女俱平安。

正月十五接到四弟、六弟信，四弟欲偕季弟從汪覺庵①師遊，六弟欲偕九弟至省城讀書。男思大人家事日煩，必不能常在家塾照管諸弟。且四弟天分平常，斷不可一日無師，講書改詩文，斷不可一課耽擱。伏望堂上大人俯從男等之請，即命四弟、季弟從覺庵師。其束脩銀②，男於八月付回，兩弟自必加倍發奮矣。六弟實不羈③之才，鄉間孤陋寡聞，斷不足以啟其見識而堅其志向。且少年英銳之氣不可久挫，六弟不得入學，即挫之矣；欲進京而男阻之，再挫之矣；若又不許肄業④省城，則毋乃太挫其銳氣乎？伏望堂上大人俯從男等之請，即命六弟、九弟下省讀書，其費用男於

二月間付銀二十兩至金竺虔家。

夫家和則福自生。若一家之中，兄有言弟無不從，弟有請兄無不應，和氣蒸蒸而家不興者，未之有也。反是而不敗者，亦未之有也。伏望大人察男之志，即此敬稟叔父大人，恕不另具。六弟將來必為叔父克家⑤之子，即為吾族光大門第，可喜也。謹述一二，余俟續稟。

道光二十三年正月十七日

【注釋】

① 汪覺庵：湖南衡陽人，曾執教於衡陽唐氏家塾。
② 束脩銀：古代學生與教師初次見面時，必先奉贈禮物，表示敬意，被稱為「束脩」。
③ 不羈：不受限制、拘束。
④ 肄業：修習課業。
⑤ 克家：指能繼承家業。

【譯文】

兒子國藩跪稟父母親大人萬福金安：

正月初八，恭敬地慶賀祖父母雙壽。兒子去年冬天做了兩架壽屏，今年同鄉送壽對的有五人，拜壽的來賓有四十人。早上的面席有四桌，晚上的酒席有三桌。沒有吃晚上酒席的，在十七日、二十日補請兩桌。另外請人畫了幅《椿萱重蔭圖》，看到的人沒有不驚歎羨慕的。

兒子身體如常。新年應酬太多，幾乎是整天都來不及應付。媳婦及孫兒女都平安。

正月十五接到四弟、六弟的信，四弟想跟季弟一起跟從汪覺庵老師學習，六弟想跟九弟到省城讀書。兒子想父親大人管理的家事每天都很煩瑣，必定不能經常在家塾照管幾位弟弟。況且四弟天分平凡，斷不能一天沒有老師，講解課文和修改詩文，一定不能耽擱一課。懇切希望堂上大人聽從兒子等人的請求，就讓四弟、季弟跟從覺庵學習。他們的學費，兒子在八月寄回去，兩位弟弟自然一定會加倍發奮了。六弟其實是

一個不願受約束的人才，由於鄉里見聞少，一定不能夠啟迪他的見識、堅定他的志向。並且年輕人有一股銳氣，不能長久地受挫。他不能入學，已經受到挫折了；想進京，我又阻止他，那就又受挫折了；如果又不准他去省城讀書，那不是太挫他的銳氣了嗎？懇切希望父母大人順從兒子等人的請求，就讓六弟、九弟到省城讀書，他們的學費，兒子在二月間寄二十兩到金竺虔家裡。

家庭和睦，福澤自然就產生了。如果一家之中，哥哥說的話弟弟沒有不奉行的，弟弟有請求哥哥沒有不答應的，那充滿和氣而家道不興旺的，還從來沒有過；這些情況都相反卻家道不敗亡的，也從來沒有過。懇切希望大人體諒兒子的心意，就把這封信敬呈給叔父大人，恕我不另外寫了。六弟將來必定是叔父家能繼承家業的人，必能使我們家族的門楣發揚光大，值得高興啊。謹向大人稟告這些事，其餘的容我以後再稟告。

道光二十三年正月十七

稟父母‧順四弟、六弟之意任其來京讀書

【原文】

男國藩跪稟父母大人萬福金安：

正月十七日，男發第一號家信，內呈堂上信三頁，覆諸弟信九頁，教四弟與厚二從汪覺庵師，六弟、九弟到省從丁秩臣，諒已收到。二月十六日，接到家信第一號，系新正初三交彭山屺者，敬悉一切。

去年十二月十一，祖父大人忽患腸風①，賴神靈默佑，得以速瘥，然遊子聞之，尚覺心悸。六弟生女，自是大喜。初八日恭逢壽誕，男不克在家慶祝，心尤依依②。

諸弟在家不聽教訓，不甚發奮，男觀諸弟來信，即已知之。蓋諸弟之意，總不願在家塾讀書。自己亥年男在家時，

諸弟即有此意，牢不可破。六弟欲從男進京，男因散館去留未定，故比時未許。庚子年接家眷，即請弟等送，意欲弟等來京讀書也。特以祖父母、父母在上，男不敢專擅，故但寫諸弟而不指定何人。迨③九弟來京，其意頗遂④，而四弟、六弟之意尚未遂也。年年株守家園，時有耽擱，大人又不能常在家教之，近地又無良友，考試又不利，兼此數者，怫鬱難申⑤，故四弟、六弟不免怨男。其所以怨男者有故：丁酉在家教弟，威克厥愛⑥，可怨一矣；己亥在家，未嘗教弟一字，可怨二矣；臨進京不肯帶六弟，可怨三矣；不為弟另擇外傅，僅延丹閣叔教之，拂厥⑦本意，可怨四矣；明知兩弟不願家居，而屢次信回，勸弟寂守家塾，可怨五矣。惟男有可怨者五端，故四弟、六弟難免內懷隱衷，前此含意不申，故從不寫信與男，去臘來信甚長，則盡情吐露矣。

男接信時，又喜又懼。喜者，喜弟志氣勃勃，不可遏也；懼者，懼男再拂弟意，將傷和氣矣。兄弟和，雖窮氓小戶必興；兄弟不和，雖世家宦族必敗。男深知此理，故稟堂上各位大人俯從男等兄弟之請，男之意實以和睦兄弟為第一。九弟前年欲歸，男百般苦留，至去年則不復強留，亦恐拂弟意也。臨別時，彼此戀戀，情深似海。故男自九弟去後，思之尤切，信之尤深。謂九弟縱不為科目中人，亦當為孝弟⑧中人。兄弟人人如此，可以終身互相依倚，則雖不得祿位，亦何傷哉？

恐堂上大人接到男正月信必且驚而怪之，謂兩弟到衡陽，兩弟到省，何其不知艱苦，擅自專命。殊不知男為兄弟和好起見，故復縷陳一切，並恐大人未見四弟、六弟來信，故封還附呈，總願堂上六位大人俯從男等三人之請而已。

伏讀手諭，謂男教弟宜明言責之，不宜瑣瑣⑨告以閱歷

工夫。男自憶連年教弟之信不下數萬字，或明責，或婉勸，或博稱⑩，或約指⑪，知無不言，總之盡心竭力而已。

男婦、孫男女身體皆平安，伏乞放心。男謹稟。

道光二十三年二月十九日

【注釋】

① 腸風：便血的一種，指因外感得之，血清而色鮮，自大腸氣分而來的便血。

② 依依：形容思慕懷念的心情。

③ 迨：等到。

④ 遂：稱心如意，使得到滿足。

⑤ 怫鬱難申：憂鬱難言。

⑥ 威克厥愛：威嚴超過寵愛。

⑦ 拂厥：違背，不順從。

⑧ 孝弟：孝順父母，敬愛兄長。弟：通「悌」。

⑨ 瑣瑣：絮叨，多言的樣子。

⑩ 博稱：廣泛稱述。

⑪ 約指：精細指點。

【譯文】

兒子國藩跪稟父母大人萬福金安：

正月十七日，兒子發了第一號家信，裡面有三頁呈堂上的信，九頁回覆各位弟弟的信，讓四弟與厚二跟從汪覺庵老師，六弟、九弟到省城跟從丁秩臣學習，想必已經收到。二月十六日，接到家裡的第一號信，是新年正月初三交給彭山屺的那封，已明白一切。

去年十二月十一日，祖父大人忽然得了腸風便血的病症，依靠神靈的保佑，很快就痊癒了。但是在外的遊子聽了，還是覺得心緒不寧。六弟生了個女兒，自然是大喜。初八正好是父親大人的壽誕，兒子不能在家裡慶祝，心裡尤其思慕。

弟弟們在家裡不聽大人的教訓，不是很勤奮，兒子看了他們的來信已經知道了。大概幾位弟弟的意思，是總不願意在家塾讀書。自從己亥

年兒子在家裡時，他們就有這個意思，而且牢不可破。六弟想跟兒子進京，因為兒子在庶常館學習的去留還沒有定下來，所以那時沒有答應。庚子年接家眷進京，請弟弟們送，意思是想讓弟弟們來京讀書。只是因為祖父母、父母在上，兒子不敢擅自專權，所以只寫弟弟們而不指定哪一個。等九弟來到京城，他的想法就實現了，而四弟、六弟的想法還沒實現。年年待在家裡，學問時常有所耽擱，大人又不能常在家裡教導他們，附近又沒有好的朋友，考試又不順利，有這麼幾個原因，導致心中的鬱悶不能宣洩，所以四弟、六弟不免會埋怨我。他們埋怨我是有原因的：丁酉年在家教導他們時，威嚴過頭而缺少愛護，這是可以埋怨的第一點；己亥年在家，沒有教弟弟們一個字，這是可以埋怨的第二點；要進京時不肯帶六弟一起去，這是可以埋怨的第三點；不為弟弟另外選擇外面的老師，只請了丹閣叔教導，違背了他們的本意，這是可以埋怨的第四點；明明知道兩位弟弟不願在家，而屢次回信都勸他們守在家塾中學習，這是可以埋怨的第五點。正因為兒子有這五點可以埋怨的地方，所以四弟、六弟難免心裡藏著苦衷，以前悶在肚子裡不肯說，所以從不給我寫信，去年臘月寫了一封長信，才把這些內情都吐露了出來。

兒子接信時，又高興又害怕。高興的是弟弟們充滿志氣，不可阻擋；害怕的是兒子如果再違背他們的意願，將會傷了兄弟之間的和氣。兄弟和睦，即使是窮困的小戶人家也一定會興旺；兄弟不和，即使是世代官宦人家也一定會敗落。兒子深知這個道理，所以稟告各位堂上大人順從兒子等兄弟的請求，我的本意實在是把兄弟和睦擺在第一位的。九弟前年想回家，兒子想盡辦法挽留，到去年才不再勉強他留下，也是怕違背了他的意願。臨走時彼此依依不捨，情深似海。所以兒子從九弟走後，非常想念他，也非常相信他。兒子認為九弟即使不是科場中人，也會成為孝順長輩、友愛兄弟的人。兄弟個個都像這樣，那就可以終身互相依靠，就算不當官，又有什麼關係呢？

恐怕堂上大人接到兒子正月寫的信一定會驚訝並且感到奇怪，認為兩個弟弟到衡陽，兩個弟弟到省城，是多麼不知道其中的艱苦，竟然敢擅自決定。卻不知道兒子是為了兄弟和好起見，所以又詳細陳述了一切，且擔心大人沒有見到四弟、六弟的來信，所以封好又寄呈給您，終歸希望堂上六位大人能順從兒等三人的請求罷了。

恭讀大人的手諭，說兒子教育弟弟應該直言責備他們，而不該瑣碎地告訴他們經歷，勸他們用時用功。兒子回憶多年來教育弟弟的信，不下數萬字，有的是明言責備，有的是委婉規勸，有的是廣泛論述，有的是精細指點，自己知道的沒有不說的，總之盡一切努力罷了。

　　媳婦和孫子孫女身體都平安，請放心。兒子謹稟。

道光二十三年二月十九日

稟父母·盤查國庫巨案

【原文】

　　男國藩跪稟父母親大人萬福金安：

　　三月二十日，男發第三號信，二十四日發第四號信，諒已收到。托金竺虔帶回之物，諒已照信收到。男及男婦、孫男女皆平安如常。男因身子不甚壯健，恐今年得差勞苦，故現服補藥，預為調養，已作丸藥二單。考差尚無信，大約在五月初旬。

　　四月初四，御史陳公上折直諫，此近日所僅見，朝臣仰之如景星慶雲①。茲將折稿付回。三月底盤查國庫，不對數銀九百二十五萬兩，歷任庫官及查庫御史皆革職分賠，查庫王大臣亦攤賠，此從來未有之巨案也。湖南查庫御史有石承藻、劉夢蘭二人，查庫大臣有周系英、劉權之、何凌漢三人，已故者令子孫分賠，何家須賠銀三千兩。

　　同鄉唐詩甫（李杜）選陝西靖邊縣，於四月二十一出京。王翰城選山西冀寧州知州，於五月底可出京。餘俱如故。

　　男二月接信後，至今望信甚切。男謹稟。

道光二十三年四月二十日

【注釋】

①景星慶雲：景星指瑞星，慶雲指祥瑞之雲。

【譯文】

兒子國藩跪稟父母親大人萬福金安：

三月二十日，兒子發了第三號信，二十四日發了第四號信，想必已經收到。托金竺虔帶回的物品，料想已經照信收到。兒子及兒媳、孫兒、孫女都平安如常。兒子因為身體不是很強健，恐怕今年得到差事太勞苦，所以現在在服用補藥，預先調養身體，已經做了兩單丸藥。考差的事還沒有消息，大約在五月初旬。

四月初四，御史陳公上奏摺直言進諫，這是近來少見的事，朝廷的臣僚們敬仰他好比敬仰天上的吉星和祥雲，現將他們的折稿寄回。三月底盤查國庫，有九百二十五萬兩銀子的數目對不上，歷任管庫的官員及查庫御史都被革了職，還被要求分別賠償，查庫大臣也分攤了一份賠償，這是從來沒有過的大案。湖南查庫御史有石承藻、劉夢蘭二人，查庫大臣有周系英、劉權之、何凌漢三人，已死的由他們的子孫分賠，何家要賠三千兩銀子。

同鄉唐詩甫（李杜）選任陝西靖邊縣，於四月二十一日離京。王翰城選任山西冀寧州知州，在五月底可以離京。其餘的都和以前一樣。

兒子二月接信後，至今仍迫切地盼望家信。兒謹稟。

道光二十三年四月二十日

稟父母‧勸弟除驕傲氣

【原文】

男國藩跪稟父母親大人萬福金安：

六月二十三日，男發第七號信交折差，七月初一日發第八號交王仕四手，不知已收到否？

六月二十日接六弟五月十二書，七月十六接四弟、九弟五月二十九日書，皆言忙迫之至，寥寥數語，字跡潦草，即縣試案首前列皆不寫出。同鄉有同日接信者，即考古考老生①皆已詳載。同一折差也，各家發信遲十餘日而從容，諸弟發信早十餘日而忙迫，何也？且次次忙迫，無一次稍從容者，又何也？

男等在京大小平安，同鄉諸家皆好，惟湯海秋於七月八日得病，初九未刻即逝。六月二十八考教習，馮樹堂、郭筠仙、朱嘯山皆取。湖南今年考差，僅何子貞得差，餘皆未放。惟陳岱雲光景最苦。男因去年之病，反以不放為樂。王仕四已善為遣回。率五大約在糧船回，現尚未定。渠身體平安，二妹不必掛心。叔父之病，男累求詳信直告，至今未得，實不放心。甲三讀《爾雅》，每日二十餘字，頗肯率教②。

六弟今年正月信，欲從羅羅山處附課，男甚喜之。後來信絕不提及，不知何故？所付來京之文，殊不甚好。在省讀書二年，不見長進，男心實憂之，而無如何，只恨男不善教誨而已。大抵第一要除驕傲氣習，中無所有而夜郎自大③，此最壞事。四弟、九弟雖不長進，亦不自滿。求大人教六弟，總期不自滿足為要。餘俟續呈。男謹稟。

道光二十四年七月二十日

【注釋】

① 考古考老生：疑有誤。老生：指老童生。

② 率教：遵從教導。

③ 夜郎自大：比喻驕傲無知。

【譯文】

兒子國藩跪稟父母親大人萬福金安：

六月二十三日，兒子發了第七號信交給通信員，七月初一發第八號交給王仕四，不知收到了沒？

六月二十日接到六弟五月十二日的信，七月十六日接到四弟、九弟五月二十九日的信，都說忙到了極點，寥寥幾句話，字跡也潦草，就是縣裡考試的頭名和前幾名都沒有寫上。同鄉中有同一天接到信的，就是考古老先生也都詳細寫了。都是同一通信員，各家寄信遲十多天而從容不迫，弟弟們早十多天卻這麼匆忙，這是為什麼呢？而且每次都說忙，沒有一次稍稍從容的，這又是為什麼？

兒等在京城大小平安，同鄉各家也都好，只是湯海秋在七月八日生病，初九未刻就逝世了。六月二十八日考教習，馮樹堂、郭筠仙、朱嘯山都被錄取了。湖南今年的考差，只有何子貞得了，其餘的都沒有外放。只是陳岱雲的情形最困苦。兒子因為去年的病，反而認為不外放才好。王仕四已經妥善地遣送回去。率五大約乘糧船回，現在還沒有定。他身體平安，二妹不必掛念。叔父的病，兒子多次請求詳細寫信告訴我實情，至今沒有收到，實在不放心。甲三在讀《爾雅》，每天二十多個字，很能遵從教導。

六弟今年正月的信中說，想跟從羅羅山學習課業，兒子非常高興。後來的信卻完全沒有提到這件事，不知道是什麼原因？所寄來的文章，寫得很不好。在省讀書兩年，看不到進步，兒子心裡實在很憂慮，但又沒有辦法，只能恨兒子不善於教誨罷了。大概第一要去掉驕傲的習氣，心中沒有才學卻夜郎自大，這是最壞事的。四弟、九弟雖說不長進，但也不自滿。求大人教導六弟，總希望他不要自我滿足。其餘的下次再陳告。兒子謹稟。

道光二十四年七月二十日

稟父母・教弟注重看書

【原文】

男國藩跪稟父母親大人萬福金安：

八月二十九日，男發第十號信，備載二十八生女及率五回南事，不知已收到否？

男身體平安。塚婦月內甚好，去年月裡有病，今年盡除去。孫兒女皆好。初十日順天鄉試放榜，湖南中三人，長沙周荇農中南元①（原名康立）。率五之歸，本擬附家心齋處，因率五不願坐車，故附陳岱雲之弟處，同坐糧船。昨岱雲自天津歸，云船不甚好，男頗不放心，幸船上人多，應可無慮。

諸弟考試後，盡肄業小羅巷庵，不知勤惰若何？此時惟季弟較小，三弟俱年過二十，總以看書為主。我境惟彭薄墅先生看書略多，自後無一人講究者，大抵為考試文章所誤。殊不知看書與考試全不相礙，彼不看書者，亦仍不利考如故也。我家諸弟，此時無論考試之利不利，無論文章之工②不工，總以看書為急。不然，則年歲日長，科名無成，學問亦無一字可靠，將來求為塾師而不可得。或經，或史，或詩集、文集，每日總宜看二十頁。男今年以來，無日不看書，雖萬事匆忙，亦不廢正業。

聞九弟意欲與劉霞仙同伴讀書，霞仙近來見道甚有所得，九弟若去，應有進益，望大人斟酌行之，不敢自主。此事在九弟自為定計，若愧奮直前，有破釜沉舟③之志，則遠遊不負；若徒悠忽因循④，則近處盡可度日，何必遠行百里外哉？求大人察九弟之志而定計焉。餘容續呈。男謹稟。

道光二十四年九月十九日

【注釋】

① 南元：清順天（北京）鄉試，無論何省人均可應試，唯第一名解元隸屬直隸省，第二名則必屬南方人，故稱南元。

② 工：精細，完美。

③ 破釜沉舟：形容做事的決心很大。釜：煮飯用的一種鍋。

④ 悠忽：閒散放蕩。因循：猶豫。

【譯文】

　　兒子國藩跪稟父母親大人萬福金安：

　　八月二十九日，兒子發了第十號信，詳細地寫了二十八號生女兒和率五回湖南的事情，不知收到了沒？

　　兒子身體平安。長媳婦近來也很好，去年坐月子時有些病痛，今年都除去了。孫兒、孫女也都好。初十順天鄉試放榜，湖南中了三個人，長沙周荇農（原名康立）中了第二名。率五回湖南，本來打算隨著心齋家一起回的，因為率五不願坐車，所以隨著陳岱雲弟弟一同坐糧船。昨天岱雲從天津回來，說船不是很順利，兒子很擔心。幸虧船上人多，應該沒有什麼可憂慮的。

　　各位弟弟考試以後，聽說都在小庵羅巷上課學習，不知道用功情況如何？這時只有季弟年紀較小，其他三個都過了二十歲，總以看書為主。我們境內只有彭薄墅先生看書略多，自他以後沒有一個人講究看書了，大概是為考試文章所誤。卻不知道看書與考試完全不會互相妨礙，他們不看書的，也仍然像以前一樣考試不順利。我家的各位弟弟，現在不管考試順利不順利，不管文章寫得好不好，總要把看書當作最要緊的事。不然，年紀一天天大了，科名沒有成就，學問也沒有一個字可以依靠，將來就是想求做私塾的教書先生也不行。或者經書，或者史書，或者詩集、文集，每天總要看上二十頁。兒子今年以來，沒有一天不看書，即使萬事匆忙，也不曾廢棄正業。

　　聽說九弟想與劉霞仙同伴讀書，霞仙近來學問很有心得，九弟如果去了，應該會有進步，希望大人仔細考慮後再決定，兒子不敢做主。這件事應該根據九弟的行為來決定，如果他發奮向前，有破釜沉舟的志氣，那就不會辜負這次遠遊；如果他只是閒散放蕩、猶豫不決，那在近

處也完全可以過日子，何必要跑到百里之外去呢？求大人觀察九弟的志向後再定奪。其餘容我以後稟告。兒子謹稟。

道光二十四年九月十九日

稟父母·寄書物等回家

【原文】

男國藩跪稟父母親大人：

男於三月初六日蒙恩得分會試房①，四月十一日放榜出場，身體清吉，合室平安。所有一切事宜，寫信交折差先寄。茲因嘯山還家，托帶紋銀百兩，高麗參斤半，《子史精華》六套，《古文辭類纂》二套，《綏寇紀略》一套，皆六弟信要看之書。高麗參男意送江岷山、東海二家六兩，以冀少減息銀，又送金竺虔之尊人②二兩，以報東道③之誼，聽大人裁處。男尚辦有送江家、金家及朱嵐暄掛屏，俟郭筠仙帶回，又有壽屏及考試筆等物，亦俟他處寄回。餘俟續具，男謹稟。

道光二十五年四月十五日

【注釋】

① 會試房：清制會試考完以後，所有的卷子密封，考官們分成幾批，每批稱一房，每房一個主考，試卷分給各房批閱。

② 尊人：泛指長輩。

③ 東道：請客的主人或接待別人的人。

【譯文】

兒子國藩跪稟父母親大人：

兒子于三月初六承蒙皇上的恩典得了會試房考差，四月十一日放榜

出場，身體清平吉祥，全家平安。所有一切事宜，寫信交給通信員先寄出了，現在因為嘯山回家，托他帶了一百兩紋銀，一斤半高麗參，六套《子史精華》，兩套《古文辭類纂》，一套《綏寇紀略》，都是六弟來信要看的書。高麗參，兒子的意思是送江岷山、東海兩家六兩，希望能稍微減掉點利息錢，又送金竺虔的長輩二兩，以報答他做主人款待我們的情誼，這些都聽從大人的決定。兒子還辦有送給江家、金家及朱嵐暄的掛屏，等郭筠仙帶回，又有壽屏及考試用筆等物，也等他寄回。其餘等下次再稟告，兒子謹稟。

道光二十五年四月十五日

稟父母・不可入署說公事或與人構訟

【原文】

男國藩跪稟父母親大人膝下：

五月初六日，男發第六號家信後，十七日接到諸弟四月二十二日在縣所發信，欣悉九弟得取前列第三，餘三弟皆取前二十名，歡慰之至。

諸弟前所付詩文到京，茲特請楊春皆改正付回。今年長進甚速，良可忻慰。向來六弟文筆最矯健[①]，四弟筆頗笨滯[②]，觀其「為仁矣」一篇，則文筆大變，與六弟並稱健者。九弟文筆清貴[③]，近來更圓轉如意。季弟詩筆亦秀雅。男再三審覽，實堪怡悅。

男在京平安，十六七偶受暑，服藥數帖，禁葷數日而愈，現已照常應酬。男婦服補劑已二十餘帖，大有效驗。醫人云：「虛弱之症，能受補則易好。」孫男女及合室下人皆清吉。

長沙館於五月十二日演戲，題名[④]狀元、南元、朝元，

三匾同日張掛，極為熱鬧。皆男總辦，而人人樂從。頭門對聯云：「同科十進士，慶榜三名元。」可謂盛矣。

同縣鄧鐵松在京患吐血病，甚為危症，大約不可挽回。同鄉有危急事，多有就男商量者，男效祖父大人之法，銀錢則量力助，辦事則竭力經營。

嚴麗生取九弟置前列，男理應寫信謝他，因其平日官聲不甚好，故不願謝，不審大人意見何如？我家既為鄉紳，萬不可入署說公事，致為官長所鄙薄。即本家有事，情願吃虧。萬不可與人構訟⑤，令官長疑為倚勢凌人，伏乞慈鑒。男謹稟。

道光二十五年五月二十九日

【注釋】
① 矯健：指詩文等風骨雄健。
② 笨滯：累贅，不爽利。
③ 清貴：清高可貴。
④ 題名：古人為紀念科場登錄等，在石碑或壁柱上題記姓名。
⑤ 構訟：訴訟。

【譯文】
兒子國藩跪稟父母親大人膝下：

五月初六，兒子發了第六號家信後，十七日又接到弟弟們四月二十二日在縣城所發的信，欣喜地知道九弟考中前列第三名，其餘三個弟弟都取得前二十名，非常欣慰。

弟弟們之前寄到京城的詩文，現在特別請楊春都改正後寄回。今年進步很快，真值得欣慰。向來六弟的文筆最雄健，四弟的文筆很累贅，看他的「為仁矣」一篇，文筆卻變化很大，與六弟不相上下。九弟文筆清貴，近來更加圓轉如意。季弟詩筆也秀雅。兒子再三審閱，實在值得高興。

兒子在京平安，十六七日偶然受了暑氣，吃了幾帖藥，戒了幾天葷就痊癒了，現在已經可以照常應酬了。兒媳已經吃了二十多帖補藥，很有效果。醫生說：「虛弱的病，能接受補藥就容易好。」孫兒孫女及全家下人都清平吉祥。

長沙館在五月十二日演戲，題名狀元、南元、朝元，三匾同一天張掛，很是熱鬧。這些都是兒子主管辦理，大家都樂於跟從。頭門的對聯是：「同科十進士，慶榜三名元。」真可說是興盛啊。

同縣鄧鐵松在京城得了吐血病，非常危急，大概很難挽回了。同鄉有危急事，常與兒子商量，兒子效法祖父大人的辦法，銀錢方面量力而為，辦事方面都盡力經營。

嚴麗生把九弟的排名放在前列，照理我應該寫信感謝他，但因他平日官聲不太好，所以不願謝，不知大人的意見如何？我家既然是鄉里官紳，萬萬不能去衙署說公事，以致為官長所鄙視。就算本家有事，情願吃虧，萬不可與人訴訟，叫官長懷疑我們是仗勢欺人，希望大人明鑒。兒子謹稟。

道光十五年五月二十九日

稟父母·專人去取借款

【原文】

男國藩跪稟父母大人萬福金安：

五月三十日發第七號家信，內有升官謝恩折及四弟、九弟、季弟詩文，不知到否？男於五月中旬染瘟症，服藥即效，已痊癒矣，而餘熱未盡。近日頭上生癬，身上生熱毒，每日服銀花、甘草等藥。醫云：「內熱未散，宜發出，不宜遏抑①。身上之毒，至秋即可全好，頭上之癬，亦不至蔓延。」又云：「恐家中祖塋②上有不潔處，雖不宜挑動，亦不可不打掃。」男以皮膚之患不甚經意，仍讀書應酬如故，飲

食起居一切如故。男婦服附片、高麗參、熟地、白朮等藥已五十餘日，飯量略加，尚未十分壯健，然行事起居亦復如常。孫男女四人並皆平安，家中僕婢皆好。

前有信言寄金年伯高麗參二兩，此萬不可少，望如數分送。去年所送戚族銀，男至今未見全單。男年輕識淺，斷不敢自作主張。然家中諸事，男亦願聞其詳，求大人諭四弟將全單開示為望。

諸弟考試，今年想必有所得。如得入學，但擇親屬拜客，不必遍拜，亦不必請酒，蓋恐親族難於應酬也。

同縣鄧鐵松之病略好，男擬幫錢送他回家，但不知能至家否。寶慶公車鄒柳溪死，一切後事皆男經理。謝吉人、黃麓西皆分發江蘇，周子佩、夏階平皆分吏部主事。

曾受恬去年所借錢，不知已寄到否？若未到，須專人去取，萬不可再緩。如心齋亦專差，則兩家同去；如渠不專差，則我家獨去。家中近日用度何如？男意有人做官，則待鄰里不可不略鬆，而家用不可不守舊，不知是否？男國藩謹稟。

道光二十五年六月十九日

【注釋】
① 遏抑：壓制，抑止。
② 塋：墳地，墳墓。

【譯文】
兒子國藩跪稟父母親大人萬福金安：

五月三十日發第七號家信，裡面有升官謝恩折及四弟、九弟、季弟的詩文，不知到了沒？兒子在五月中旬染了瘟病，吃過藥馬上就見效了，現在已經痊癒，但是餘熱沒有退盡。近日頭上生癬，身上生熱毒，

每天吃銀花、甘草這些藥。醫生說：「內熱沒有散，適宜發出來，不宜壓下去。身上的毒，到秋天就可以全好，頭上的癬，也不至於蔓延。」又說：「恐怕家裡祖墳上有不乾淨的地方，雖然不應該去擾動，也不可以不打掃。」兒子認為皮膚上的病，不需要很留意，仍舊讀書、應酬，飲食起居，一切照常。兒媳婦吃附片、高麗參、熟地、白朮這些藥已經五十多天，飯量也已增加，還沒有十分健壯，但做事起居已恢復如常了。孫兒孫女四個都平安，家中婢女、僕人都好。

之前有封信中說寄給金年伯二兩高麗參，這萬萬不可少，希望如數送去。去年送親戚族人的銀子，兒子至今沒有見到全部清單。兒子年輕，見識淺薄，決不敢自作主張。但家中的事情，兒子還是想詳細知道，希望大人讓四弟把清單列出，寄給我。

弟弟們考試，今年想必有所得。如果能入學，只要選擇親屬拜客，不必所有的人都拜，也不必辦酒席請客，因為怕親戚族人難於應酬。

同縣鄧鐵松的病有點好起來了，兒子打算籌錢送他回家，只是不知能不能到家。寶慶公車鄒柳溪死了，一切後事都是兒子辦理的。謝吉人、黃麓西都分到了江蘇，周子佩、夏階平都分任吏部主事。

曾受恬去年所借的錢，不知已經寄到沒有？如果沒有到，要派專人去取，萬萬不可以再延遲。如果心齋也派專差，那麼兩家一起去；如果他不派專差，那我家獨自去。家中近日的花費怎麼樣？兒子的意思是家裡有人做官，那對待鄰里不可以不略微寬鬆，而家用不可以不守舊，不知道對不對？兒子國藩謹稟。

道光二十五年六月十九日

稟父母・請祖父換藍頂

【原文】

男國藩跪稟父母親大人萬福金安：

十月初二，男發十五號家信。二十八日接到手諭第九號，系九月底在縣城所發者。

男等在京平安。男身上癬毒至今未得全好。中間自九月中旬數日，即將面上痤癒，毫無疤痕，系陳醫之力。故升官時召見，無隕越①之虞。十月下半月，又覺微有痕跡，頭上仍有白皴②皮，身上尚如九月之常。照前七八月則已去大半矣，一切飲食起居，毫無患苦。四弟、六弟用功皆有定課，昨二十八始開課作文。孫男紀澤《鄭風》已讀畢，《古詩十九首》亦已讀畢。男婦及三孫女皆平順。

前信言宗丈毅然家銀三十兩，可將謝山益家一項去還。頃接山益信，云渠去江西時，囑其子辦蘇布平元絲銀四十兩還我家，想送到矣。如已到，即望大人將銀並男前信送毅然家。渠是紋銀，我還元絲，必須加水，還他三十二兩可也。蕭辛五處鹿膠，准在今冬寄到。

初十皇太后七旬萬壽，皇上率千官行禮。四位阿哥皆騎馬而來，七阿哥僅八歲，亦騎馬雍容，真龍種氣象。十五日皇上頒恩詔於太和殿，十六日又生一阿哥。皇上於辛丑年六秩③，壬寅年生八阿哥，乙巳又生九阿哥，聖躬老而彌康如此。

男得請封章④，如今年可用璽，則明春可寄回；如明夏用璽，則秋間寄回。然既得詔旨，則雖誥軸⑤未歸，而恩已至矣。望祖父先換藍頂，其四品補服，候男在京寄回，可與誥軸並付。湖南各家俱平安。餘俟續具。男謹稟。

道光二十五年十月二十九日

【注釋】
①隕越：封建社會上書皇帝時的套語，謂犯上而表示死罪之意。
②皴（音村）：脫落的表皮。
③六秩：六十年。
④封章：指請求封賞的奏章。

⑤誥軸：書寫皇帝命令的卷軸。

【譯文】

兒子國藩跪稟父母大人萬福金安：

十月初二，兒子發了第十五號家信。二十八日接到父親第九號手諭，是九月底在縣城所發的。

兒子等在京平安，身上的癬毒至今沒有全好。中間從九月中旬開始幾天，臉上的全部好了，沒有一點疤痕，這是陳醫士的功勞。所以我這次升官蒙皇上召見時，沒有冒犯皇上的顧慮。十月下半月，又覺得稍微有點痕跡，頭上仍然有白色的脫皮，身上還和九月一樣。比之前七八月的情形已經好了一大半，一切飲食起居，沒有一點痛苦。四弟、六弟學習都有一定的課業，從二十八日開始上寫作文章的課。孫兒紀澤已讀完《鄭風》，《古詩十九首》也已讀完。媳婦和三個孫女都平安。

前次信中說的宗毅然家的三十兩銀子，可以拿謝山益家那筆錢去還。剛接山益的信，說他去江西時，囑咐他兒子準備蘇布平元絲銀四十兩還給我家，想必到了。如果已到，希望大人將銀子和兒子前次的信送到毅然家。他是紋銀，我們還元絲，必須加成，還他三十二兩就可以了。蕭辛五處的鹿膠，肯定在今年冬天寄到。

初十皇太后七十歲壽辰，皇上率領百官行禮。四位阿哥都騎馬來，七阿哥只有八歲，也騎馬，雍容華貴，真是龍種氣象。十五日，皇上在太和殿頒佈恩詔，十六日又生了一個阿哥。皇上在辛丑年就六十歲了，壬寅年生了八阿哥，乙巳年又生了九阿哥，皇上雖然年老，身體卻更加康健了。

兒子能夠向皇上請求封章，如果今年可用玉璽，那明年春天就能寄回；如果明年夏天用玉璽，那明年秋天才能寄回。既然已得到詔旨，雖說誥軸沒有寄回，但恩典已經到了。希望祖父先換藍頂，四品補服，等兒子在京城寄回，可與誥軸一起寄。湖南各家都平安。其餘等下次再稟告。兒子謹稟。

道光二十五年十月二十九日

稟父母・擬為六弟納監

　　男國藩跪稟父母親大人萬福金安：

　　十一月初一發十六號家信，內有覃恩[1]條例單，不知收到否？男頭上瘡癬至今未癒，近日每天洗二次，夜洗藥水，早洗開水，本無大毒，或可因勤洗而好。聞四弟言，家中連年生熱毒者八人，並男共九人，恐祖墳有不潔淨處，望時時打掃，但不可妄為動土，致驚幽靈。四弟、六弟及兒婦、孫男女等皆平安。

　　男近與同年會課[2]作賦，每日看書如常，飲食起居如故。四弟課紀澤讀，師徒皆有常程。六弟文章極好，擬明年納監[3]下場，但現無銀，不知張羅得就否。

　　同鄉唐鏡海先生已告病，明春即將回南。所著《國朝學案》一書，系男約同人代為發刻，其刻價則系耦庚先生所出。前門內有義塾，每年延師八人，教貧戶子弟三百餘人。昨首事[4]杜姓已死，男約同人接管其事，亦系集腋成裘[5]，男花費亦無幾。

　　紀澤雖從四弟讀書，而李竹屋先生尚在男宅住，渠頗思南歸，但未十分定計耳。

　　誥封二軸，今年不能用璽，明年乃可寄回。蕭辛五處，已於十一月寄鹿膠一片、阿膠半斤與他。家中若須鹿膠、阿膠，望付信來京，以便覓寄。男謹稟。

　　　　　　　　　　　　　道光二十五年十一月二十日

【注釋】
①覃恩：廣施恩澤。舊時多用以稱帝王對臣民的封賞、赦免等。

②會課：指文人結社，定期集會，研習功課，互相品評所作文字。

③納監：即捐官，指科舉時代富家子弟納資為監生。

④首事：指主事人。

⑤集腋成裘：指狐狸腋下的皮毛雖小，但聚集起來就能製成皮衣。比喻好的東西積少成多。腋：指狐狸腋下的皮毛。裘：皮袍。

【譯文】

兒子國藩跪稟父母親大人萬福金安：

十一月初一發了第十六號家信，裡面有覃恩條例單，不知收到了沒？兒子頭上的瘡癬至今沒好，近日每天洗兩次，晚上用藥水洗，早上用開水洗，本來沒有大毒，或許可以因為勤洗而治好。聽四弟說，家裡連年生熱毒的有八個，加上兒子共九個，恐怕祖墳有不潔淨的地方，希望時常打掃，但不可胡亂動土，以免驚嚇了幽靈。四弟、六弟及兒媳、孫兒、孫女等都平安。

兒子近來與同年結社作賦，每天堅持看書，飲食起居也如常。四弟教紀澤讀書，師生都有規定的課程。六弟文章極好，準備明年納監下科場，但現在沒有錢，不知能不能張羅好。

同鄉唐鏡海先生已告了病假，明年春天就回湖南。他所著的《國朝學案》一書，是兒子約了些人一同替他印刷出版的，刻版的錢是耦庚先生出的。前門裡有義塾，每年請老師八個，教貧困子弟三百多人。昨天義塾的主事人杜某死了，兒子約了些志同道合的人接管他的事，也是集腋成裘，兒子沒有花費多少。

紀澤雖跟從四弟讀書，但李竹屋先生還住在兒子家裡，他很想回湖南，只是還沒有最後決定。

皇上的誥封有兩軸，今年不能用璽，明年才可寄回。蕭辛五那裡已經在十一月寄了鹿膠一片、阿膠半斤。家中如果需要鹿膠、阿膠，請寫信來京，以便找人寄回。兒子謹稟。

道光二十五年十一月二十日

稟父母・報告兩次兼職

【原文】

　　男國藩跪稟父母親大人萬福金安：

　　乙巳十一月二十二日發家信十七號，其日同鄉彭棣樓放廣西思恩府知府。二十四日陳岱雲放江西吉安府知府。岱雲年僅三十二歲，而以翰林出為太守，亦近來所僅見者。人皆代渠慶幸，而渠深以未得主考、學政為恨。且近日外官情形，動多掣肘①，不如京官清貴安穩。能得外差，固為幸事，即不得差，亦可讀書養望，不染塵埃。岱雲雖以得郡為榮，仍以失去玉堂為悔②。自放官後，摒擋③月餘，已於十二月二十八日出京。

　　是夕，渠有家書到京，男拆開，接大人十一月二十四所示手諭，內叔父及九弟、季弟各一信，彭莃庵表叔一信，具悉家中一切事。前信言莫管閒事，非恐大人出入衙門，蓋以我邑書吏欺人肥己，黨邪嫉正。設有公正之鄉紳，取彼所魚肉④之善良而扶植之，取彼所朋比之狐鼠而鋤抑之⑤，則於彼大有不便，必且造作謠言，加我以不美之名，進讒於官，代我構不解之怨。而官亦陰庇彼輩，外雖以好言待我，實則暗笑之而深斥之，甚且當面嘲諷。且此門一開，則求者踵至⑥，必將日不暇給，不如一切謝絕。今大人手示亦云杜門謝客，此男所深為慶幸者也。

　　男身體平安，熱毒至今未好，塗藥則稍癒，總不能斷根。十二月十二，蒙恩充補日講起居注官⑦；二十二日又得充文淵閣直閣事。兩次恭謝天恩，茲並將原折付回。講官共十八人，滿八缺，漢十缺，其職司則皇上所到之處，須輪四人侍立。直閣事四缺，不分滿漢，其職司則皇上臨御經筵⑧

之日，四人皆侍立而已。

四弟、六弟皆有進境。孫男讀書已至《陳風》。男婦及孫女等皆好。

歐陽牧雲有信來京，與男商請封及薦館事。二事男俱不能應允，故作書婉轉告之。外辦江綢套料一件、高麗參二兩、鹿膠一斤、對聯一副，為岳父慶祝之儀。恐省城寄家無便，故托彭棣樓帶至衡陽學署。

朱堯階每年贈谷四十石，受惠太多，恐難為報，今年必當辭卻。小米四十石，不過值錢四十千，男每年可付此數到家，不可再受他穀，望家中力辭之。毅然家之銀想已送矣，若未送，須秤元絲銀三十二兩，以渠來系紋銀也。

男有挽聯，托岱雲交蕭辛五轉寄毅然家，想可無誤。岱雲歸，男寄有冬菜十斤、阿膠二斤、筆四支、墨四條、同門錄十本；彭棣樓歸，男寄有藍頂二個，四品補服四付，俱交蕭辛五家轉寄，伏乞查收。男謹稟。

道光二十六年正月初三日

【注釋】

① 掣肘：在做事的時候有人拉扯胳膊肘，比喻做事受到干擾和阻撓。
② 玉堂：指翰林院。悔：懊惱，懊喪。
③ 摒擋：收拾料理，籌措。
④ 魚肉：比喻欺凌，殘害。
⑤ 朋比：互相勾結、依附。鋤抑：剷除，壓制。
⑥ 踵至：陸續到來。
⑦ 日講起居注官：清朝官名。由翰林院、詹事府官以原銜允任。凡皇帝御門聽政、朝會宴享、大祭祀、大典禮、每年勾決重囚及常朝，皆以日講起居注官侍班。凡謁陵、校獵、巡狩皆隨侍扈從，按年編次起居注，送內閣庋藏。
⑧ 經筵：漢唐以來帝王為講論經史而特設的御前講席。清制，經筵講官

為大臣兼銜，於仲秋仲春之日進講。

【譯文】

兒子國藩跪稟父母親大人萬福金安：

乙巳年十一月二十二日發出第十七號家信，這天同鄉彭棣樓外放任廣西思恩府知府。二十四日，陳岱雲外放任江西吉安府知府。岱雲只有三十二歲，卻以翰林出任為太守，這也是近來少見的情況。別人都為他慶幸，他卻因為沒有任主考、學政而感到深切的遺憾。況且最近外官的情況，有什麼舉動往往受到約束，難以實行，不如京官清貴安穩。能夠得到外差，固然是好事，就算不得差，也可以讀書提高聲望，不沾染世俗塵埃。岱雲雖然以得任郡守為榮耀，但仍因離開翰林院而懊喪。自從外放的任命下來以後，收拾了一個多月，已經在十二月二十八日離開京城。

這天晚上他有家信寄到京城，兒子拆開，接到大人十一月二十四日所寫的手諭，裡面有叔父、九弟、季弟的信各一封，彭莘庵表叔的信一封，詳細地知道了家中的一切。上次的信裡說不要管閒事，不是怕大人出入衙門，而是因為家鄉的書吏欺壓別人而養肥自己，與邪惡勢力結黨，嫉恨正人君子。假設有公正的鄉紳，選擇他們殘害的善良百姓加以扶植，選擇與他們朋比為奸的狐群鼠輩加以打擊，那對他們是大大不利的，他們一定會造謠生事，把一些不好的名聲加在我們頭上，在地方官面前進讒言，這樣就給我結下一些不能解決的冤家。而地方官也暗中庇護他們，表面上雖然用美言對待我們，實際卻在暗中嘲笑或斥責我們，甚至當面冷嘲熱諷。況且這個先例一開，尋求幫助的人就會接踵而來，必然會整天都接待不過來，不如一切謝絕。現在接到大人手書也說要閉門謝客，這是兒子深深感到慶幸的。

兒子身體平安。熱毒到現在也沒好，塗了藥就稍微好點，總是不能斷根。十二月十二日，蒙皇上恩典補任日講起居注官；二十二日又得充任文淵閣直閣事。兩次恭敬地叩謝天恩，現將原折付回。講官共十八人，滿人八個，漢人十個，他們的職責是皇上所到的地方，要四個人輪流在邊上侍奉。直閣事四人，不分滿漢，他們的職責是皇上聽講經筵那天，四個人都在邊上侍奉罷了。

四弟、六弟都有進步。孫兒讀書已讀到《陳風》。兒媳和孫女等人都好。

歐陽牧雲有信寄來京城，與兒子商量請求封賞和推薦館師的事。這兩件事兒子都不能答應，所以寫信婉轉地告訴了他。另外準備了一件江綢套料、二兩高麗參、一斤鹿膠、一副對聯，作為慶祝岳父的儀禮。怕省城寄到家裡沒有方便的人，所以托彭棣樓帶到衡陽學署。

朱堯階每年送給我們四十石穀子，接受的恩惠太多，恐怕難以回報，今年一定要推辭。小米四十石，不過值四十千，兒子每年可以寄這筆錢到家裡，不能再接受其他的穀子，希望家中堅決推辭。毅然家的銀子料想已經送到了，如果沒送，要秤元絲銀三十二兩，因他拿來的是紋銀。

兒子有副挽聯托岱雲交蕭辛五再轉寄毅然家，想必不會有誤。岱雲回湖南，兒子寄有十斤冬菜、兩斤阿膠、四支筆、四條墨、十本同門錄；彭棣樓回湖南，兒子寄有兩個藍頂，四套四品補服，都交到蕭辛五家轉寄，請您查收。兒子謹稟。

道光二十六年正月初三

稟父母・請勿懸望得差

【原文】

男國藩跪稟父母親大人萬福金安：

上次男寫信略述癬病情形，有不去考差之意。近有一張姓醫，包一個月治好，偶試一處①，居然有驗。現在趕緊醫治，如果得好，男仍定去考差，若不癒，則不去考差。總之，考與不考，皆無關緊要。考而得之，不過多得錢耳。考而不得，與不考同，亦未必不可支援度日。每年考差三百餘人，而得差者通共不過七十餘人，故終身翰林，屢次考差而不得者，亦常有也，如我邑鄧筆山、羅九峰是已。男只求平

安，伏望堂上大人勿以得差為望。

四弟已寫信言男病，男恐大人不放心，故特書此紙。男謹稟。

道光二十六年三月二十五日

【注釋】

① 一處：即一劑。

【譯文】

兒子國藩跪稟父母親大人萬福金安：

上次兒子寫信大略說了癬病的情形，有不去考差的意思。近來有一個姓張的醫生，保證在一個月內治好，我偶爾試了一劑，居然有效。現在趕緊醫治，如果能好，兒子仍去考差，如果治不好，就不去考差。總之，考與不考，都無關緊要。考差如果錄取了，不過多得到些錢罷了。考了而沒有錄取，與不考是一樣的，也不一定不能支持著過日子。每年考差有三百多人，得差的總共不過七十多人。所以終身翰林，屢次考試卻屢次不得差的也常有，比如我們家鄉的鄧筆山、羅九峰就是。兒子只求平安，希望堂上大人不要盼望兒子得差。

四弟已寫信說了兒子的病，兒子怕大人不放心，所以特意寫了這封信。兒子謹稟。

道光二十六年三月二十五日

稟父母·附呈考差詩文

【原文】

男國藩跪稟父母親大人萬福金安：

四月十七日①男發第八號家信，言男一定考差。五月初二日赴圓明園，初六日在正大光明殿考試，共二百七十人入

場，湖南凡十二人。首題為「無為小人儒」，次題「任官惟賢才」一節，詩題「靈雨既零，得『沾』字」。男兩文各七百字，全卷未錯落一字。惟久病之後兩眼朦朧，場中寫前二開不甚得意，後五開略好。今年考差，好手甚多，男卷難於出色。茲命四弟謄頭篇與詩一首寄回，伏乞大人賜觀，知男在場中不敢潦草①，則知男病後精神毫無傷損，可以放心；知男寫卷不得意，則求大人不必懸望得差。堂上大人不以男病為憂，不以得差為望，則男心安恬矣。

男身上癬疾，經張醫調治，已癒十之七矣。若從此漸漸好去，不過閏月可奏全效。寓中大小平安，男婦有夢熊之喜，大約八、九月當生。四弟書法，日日長進。馮樹堂於五月十七到京，以後紀澤仍請樹堂教，四弟可專心讀書。六弟捐監，擬於本月內上兌，填寫三代履歷②、里鄉戶長，一切男自斟酌，大人盡可放心。紀澤《書》已讀至「浩浩昊天」，古詩已讀半本，書皆熟。三孫女皆平安。

同鄉各家皆如常，惟湘陰易問齋文浚丁艱③。湖南在京小考入學者六人，皆系好手。黃正齋小京官六年報滿，三月已升主事。杜蘭溪四月升員外郎，今年亦與考差。

京師今年久旱，屢次求雨，尚未優渥④，皇上焦思。未知南省年歲何如也？男謹稟。

道光二十六年五月十七日

【注釋】
① 潦草：不仔細，不認真。
② 履歷：指個人經歷的書面記錄。
③ 丁艱：即丁憂，亦稱丁家艱。指遭逢父母喪事。
④ 優渥：雨水充足。

【譯文】

兒子國藩跪稟父母親大人萬福金安：

四月十七日，兒子發了第八號家信，信中說兒子一定去考差。五月初二去到圓明園，初六在正大光明殿考試，共有二百七十人入場，湖南有十二人。第一道題是「無為小人儒」，第二題是「任官惟賢才」一節，詩題是「靈雨既零，得『沾』字。」兒子兩篇文章各七百字，全卷沒有錯漏一個字。只是久病以後，兩眼模糊不清，在場中寫前二開不是很滿意，後面五開略微好些。今年考差，好手很多，兒子的卷子難以出色。現命四弟謄錄頭篇文章和詩一首寄回，請大人閱覽，知道兒子在考場中不敢不認真，就知道兒子病後的精神已沒有一點損傷，可以放心；知道兒子的考卷寫得不滿意，就希望大人不必掛念得差的事。堂上大人不因兒子的病憂慮，不以得差為希望，那兒子心裡就安穩了。

兒子身上的癬疾，經張醫生調治，已好了十分之七。如果從此慢慢好起來，不用過閏月，就可以完全好了。寓中大小都平安，兒媳有懷男孩的喜兆，大約八、九月份生。四弟的書法，一天天長進。馮樹堂於五月十七日到京城，以後紀澤仍舊請樹堂教導，四弟可以專心讀書。六弟捐監生，準備在本月交錢，填寫三代履歷、裡鄉戶長，這些事兒子自己斟酌辦理，大人盡可放心。紀澤《尚書》已經讀到「浩浩昊天」，古詩已讀了半本，文章都讀得很熟。三個孫女都平安。

同鄉各家都如常，只有湘陰易問齋的文浚家裡遭逢喪事。湖南在京小考入學的有六人，都是好手。黃正齋小京官六年報滿，三月已經升任主事。杜蘭溪四月升任員外郎，今年也參加了考差。

京城今年久旱，多次求雨，還沒有充足的雨水，皇上很焦慮。不知湖南的年歲收成怎麼樣？兒子謹稟。

道光二十六年五月十七日

稟父母‧六弟成就功名

【原文】

男國藩跪稟父母親大人萬福金安：

五月十八日發第九號家信，內有考差詩文。男自考差後，癬疾日癒，現在頭面已不甚顯矣，身上自腰以上亦十去七八，自腿以下尚未治。萬一放差，盡可面聖謝恩。但如此頑病而得漸好，已為非常之喜，不敢復設妄想矣。

六弟捐監，於五月二十八日具呈，閏月初兌銀，二十一日可領照，六月初一日可至國子監考到，十五即可錄科①。仰承祖、父、叔父之餘蔭，六弟幸得成就功名，敬賀敬賀。

男身體平安，現服補氣湯藥，內有高麗參、焦朮。男婦及孫男女四人並如常。四弟自樹堂來教書之後，功課益勤。六弟近日文章雖無大進，亦未荒怠。餘俟續呈。男謹稟。

道光二十六年閏五月十五日

【注釋】

① 錄科：清科舉考試制度，凡科考一二等，及三等小省前五名、大省前十名准送鄉試外，餘考三等者，因故未考者，以及在籍之監生、蔭生、官生、貢生名不列於學宮，未經科考者，均須學政考試，名為錄科。

【譯文】

兒子國藩跪稟父母親大人萬福金安：

五月十八日寄出第九號家信，裡面有考差的詩文。兒子自從考差以後，癬疾一天天見好，現在頭上臉上已經不是很明顯了。身上自腰以上也好了十分之七八，自腿以下還沒有醫治。萬一放差，大可以去面見皇上謝恩了。但這麼頑固的病症能夠好轉，已經是非常值得高興的了，不

敢再有其他妄想。

六弟捐監生，在五月二十八日呈報上去，閏月初交了銀子，二十一日可以領到執照，六月初一可以到國子監考到，十五日就可以錄科了。仰仗祖父、叔父的餘蔭，六弟有幸得以成就功名，恭賀恭賀！

兒子身體平安，現在服用補氣的湯藥，其中有高麗參、焦朮。兒媳及孫兒、孫女四人都好。四弟自從樹堂來教書以後，功課越來越勤奮。六弟近日文章雖沒有大的進步，卻也沒有荒廢。其餘容我以後再行稟告。兒子謹稟。

道光二十六年閏五月十五日

稟父母・請敬接誥封軸

【原文】

男國藩跪稟父母親大人萬福金安：

閏五月二十六日，男發家信第十一號，想已收到。鄒雲陔出粵西差，男寄有高麗參半斤、鹿膠一斤、膏藥三十個、眼藥三包、張湘紋金頂一品，大約七月初可到省城，家中月半後可接到也。

六弟六月初一日在國子監考到，題「視其所以」，經題「聞善以相告也」二句，六弟取列一百三名。二十五日錄科，題「齊之以禮」，詩題「荷珠，得『珠』字」，六弟亦取列百餘名。兩次皆二百餘人入場。

男等身體皆平安，男婦及孫男女皆安泰。今年誥封軸數甚多，聞須八月始能辦完發下。男於八月領到即懇湖南新學院①帶至長沙。男另辦祖父母壽屏一架，華山石刻陳摶②所書「壽」字一個，新刻誥封卷一百本，共四件，皆交新學院帶回，轉交陳岱雲家。求父親大人於九月二十六七赴省。鄒雲

陝由廣西歸，過長沙不過十月初旬。渠有還男銀八十兩，面訂交陳季牧手。父親或面會雲陝，或不去會他，即在陳宅接銀亦可。十月下旬，新學院即可到省，渠有關防^③，父親萬不可去拜他，但在陳家接誥軸可也。若新學院與男素不相識，則男另覓妥便寄回，亦在十月底可到省，最遲亦不過十一月初旬。父親接到，帶歸縣城，寄放相好人家或店內，至二十六日令九弟下縣去接。二十八日夜，九弟宿賀家坳等處。二十九日祖母大人八十大壽，用吹手執事^④接誥封數里，接至家，於門外向北置一香案，上豎聖旨牌位，將誥軸置於案上，祖父母率父母望北行三跪九叩首禮。

壽屏請蕭史樓寫。史樓現未得差，若八月不放學政，則渠必告假回籍，誥軸托渠帶歸亦可也。一切男自知裁酌。

茲寄回黃芽白菜子一包，求查收。餘俟續呈。男謹稟。

道光二十六年七月初三日

【注釋】

① 學院：即學政。

② 陳摶：字圖南，號扶搖子，賜號「白雲先生」「希夷先生」，北宋著名的道家學者、易學家和內丹家。

③ 關防：印信的一種。清代，臨時派遣的官員所得長方形的官印，稱「關防」。

④ 吹手執事：指鼓手儀仗。

【譯文】

兒子國藩跪稟父母親大人萬福金安：

閏五月二十六日，兒子發了第十一號家信，想必已經收到。鄒雲陝去粵西當差，兒子寄有半斤高麗參、一斤鹿膠、三十個膏藥、三包眼藥、一品張湘紋金頂，大約七月初可到省城，家中一個半月後可以接到。

六弟六月初一在國子監考到，題目是「視其所以」，經題是「聞善以相告也」二句，六弟排在第一百零三名。二十五日錄科，題目是「齊之以禮」，詩題是「荷珠，得『珠』字」，六弟也排在一百多名。這兩次考試都有兩百多人入場。

兒子等身體平安，兒媳及孫兒、孫女都好。今年誥軸數目很多，聽說要在八月份才能辦理完發下。兒子在八月領到後，就懇請湖南新學院帶到長沙。兒子另外準備了一架給祖父母的壽屏，刻有陳摶所寫的一個「壽」字的華山石刻，一百本新刻誥封卷，一共四件，都交新學院帶回，轉交陳岱雲家。請父親大人於九月二十六、七日去趕省城。鄒雲陔由廣西回來，經過長沙時不過十月初旬。他有八十兩銀子要還給兒子，我與他當面約定交到陳季牧的手裡。父親或者去面見雲陔，或者不去見他，就在陳家收銀子也可以。十月下旬新學院就可到省城，他有關防，父親千萬不可以去拜訪他，只在陳家接誥軸就可以了。如果新學院與兒子素不相識，兒子就另外找人寄回，也在十月底可以到省城，最遲也不超過十一月初。父親接到後，帶回縣城，寄放在要好的人家或店裡，到二十六日叫九弟到縣裡去接。二十八日晚上，九弟住在賀家坳等處。二十九日祖母大人八十大壽，用幾里路的鼓手儀仗迎接誥封，接到家後，在門外面向北方放置一張香案，案上豎聖旨牌位，將誥軸放在案上，祖父母率父母向北行三跪九叩首的大禮。

壽屏是請蕭史樓寫的。史樓現在還沒得差，如果八月不外放學政，那他一定請假回鄉，誥軸托他帶回也可以。所有一切兒子自己會斟酌處理。現寄回黃芽白菜子一包，請查收。其餘容我以後再呈稟。兒子謹稟。

道光二十六年七月初三

稟父母・毋以男不得差及六弟不中為慮

【原文】

男國藩跪稟父母親大人萬福金安：

九月十七日接讀第五、第六兩號家信，喜堂上各老人安康，家事順遂，無任①歡慰。

　　男今年不得差，六弟鄉試不售②，想堂上大人不免內憂。然男則正以不得為喜，蓋天下之理，滿則招損，亢則有悔③，日中則昃④，月盈則虧，至當不易之理也。男毫無學識而官至學士，頻邀非分⑤之榮，祖父母、父母皆康強，可謂極盛矣。現在京官翰林中無重慶下者，惟我家獨享難得之福。是以男⑥恐懼，不敢求非分之榮，但求堂上大人眠食如常，闔家平安，即為至幸。萬望祖父母、父母、叔父母無以男不得差、六弟不中為慮，則大慰矣。況男三次考差，兩次已得；六弟初次下場，年紀尚輕，尤不必掛心也。

　　同縣黃正齋，鄉試當外簾⑦差，出闈即患痰病⑧，時明時昧⑨，近日略愈。

　　男癬疾近日大好，頭面全看不見，身上亦好了九分。十八生女，男婦極平安，惟體太弱，滿月當大補養。在京一切，男自知謹慎。

　　八月二十三日，折差處發第十四號信，二十七日，周緩雲處寄壽屏，發十五號信。九月十二日，善化鄭七處寄誥封卷六十本，發第十六號信，均求查收。男謹稟。

　　　　　　　　　　　　道光二十六年九月十九日

【注釋】

①任：堪，承當。

②售：考試得中。

③亢：極，達到最高的境界。悔：災禍。

④昃：太陽西斜。

⑤邀：逢，遇到。非分：非常，越過常度。

⑥栗栗：畏懼的樣子。

⑦外簾：舊時科舉鄉試、會試，在貢院內閱卷的官員叫內簾，在考場提調監試的官員叫外簾。

⑧痰病：四川方言，指精神性疾病。

⑨昧：糊塗，頭腦不清。

【譯文】

兒子國藩跪稟父母親大人萬福金安：

九月十七日接連讀了第五、第六兩號家信，很高興堂上各位老人身體安康，家事順遂，內心感到無限欣慰。

兒子今年不得差，六弟鄉試沒有考取，想必堂上大人不免憂慮。然而兒子卻正以不得差而高興，因為天下的道理，太滿就會招致損失，地位太高就會有災禍，太陽到了正午就會西落，月亮圓了就會缺損，這是千古不變的道理。兒子沒有什麼學識，卻做到了學士的官位，多次獲得過度的榮耀，祖父母、父母又都康健，可以說繁盛到極點了。現在的京官翰林中沒有父母長輩都健在的，只有我家獨享這種難得的福澤。因此兒子戰戰兢兢，不敢謀求過度的榮寵，只求堂上大人睡眠飲食正常，全家平安，就是最大的幸運。希望祖父母、父母、叔父母不要因為我不得差、六弟沒有考中而憂慮，那我就非常安慰了。況且兒子三次考差，兩次已經得差；六弟初次考試，年紀還輕，更不必掛心。

同縣黃正齋，鄉試任外簾差，出試場就犯了精神性疾病，有時清楚，有時糊塗，近日稍微好了些。

兒子癬疾最近好多了，頭上臉上一點都看不出，身上也好了九分。十八日生了個女兒，兒媳很平安，只是身體太弱，滿了月應該大補保養。在京城的一切，兒子自會謹慎。

八月二十三日，在通信員那裡寄了第十四號信，二十七日，在周緩雲處寄了壽屏，發了十五號信。九月十二日，在善化鄭七處寄了六十本誥封卷，發了第十六號信，都請您查收。兒謹稟。

道光二十六年九月十九日

稟父母・四弟送歸誥軸

【原文】

　　男國藩跪稟父母親大人萬福金安：

　　九月十九日發第十七號信，十月初五日發十八號信，諒已收到。十二三四日內誥軸用寶①，大約十八日可領到。同鄉夏階平吏部（家泰）丁內艱②，二十日起程回南。男因渠是素服③，不便托帶誥軸，又恐其在道上拜客，或者耽擱。祖母大人於出月④二十九大壽，若趕緊送回，尚可於壽辰迎接連軸。故特命四弟束裝出京，專送誥軸回家，與夏階平同伴。計十一月十七八可到漢口，漢口到嶽州不過三四天，嶽州風順則坐船，風不順則雇轎，五天可到家。四弟到省即專人回家，以便家中辦事，迎接誥命。

　　第凡事難以逆料⑤，恐四弟道上或有風水阻隔，不能趕上祖母壽辰，亦未可知。家中做生日酒，且不必辦接誥封事。若四弟能到，二十七日有信，二十八辦鼓手香案，二十九接封可也。若二十七無四弟到省之信，則二十九但辦壽筵，明年正月初八接封可也。倘四弟不歸而托別人，不特二十九趕不上，恐初八亦接不到，此男所以特命四弟送歸之意耳。

　　四弟數千里來京，伊意不願遽歸。男與國子監祭酒車意園先生商議，令四弟在國子監報名，先交銀數十兩，即可給予頂戴⑥。男因具呈為四弟報名，先繳銀三十兩，其餘俟明年陸續繳納，繳完之日，即可領照。男以此打發⑦四弟，四弟亦欣然感謝，且言願在家中幫堂上大人照料家事，不願再應小考，男亦頗以為然。

　　男等在京身體平安，男婦生女後亦平善。六弟決計留

京。九弟在江西有信來，甚好。陳岱雲待之如胞弟，飲食教誨，極為可感，書法亦大有長進。然無故而依人，究似非宜。男寫書與九弟，囑其今年偕郭筠仙同伴回家，大約年底可到家。男在京一切用度，自有調停⑧，家中不必掛心。男謹稟。

道光二十六年十月十五日

【注釋】

① 用寶：指用玉璽蓋章。

② 丁內艱：即丁母憂，指母親逝世。

③ 素服：喪服。

④ 出月：指出了本月，即下月。

⑤ 逆料：指預料，預測。

⑥ 頂戴：指清朝的官帽。

⑦ 打發：應付，回復。

⑧ 調停：安排處理。

【譯文】

　　兒子國藩跪稟父母親大人萬福金安：

　　九月十九日發了第十七號信，十月初五發了十八號信，想必已經收到。九月十二、十三、十四日內皇上賜的誥軸會蓋玉璽，大約十八日可以領到。同鄉夏階平吏部（家泰）的母親去世，二十日起程回湖南。兒子因他身穿孝服，不便托帶誥軸，又怕他在路上拜訪別人，或許會耽擱。祖母大人於下月二十九大壽，如果趕緊送回，還可在壽辰那天迎接誥軸，所以特地叫四弟收拾行裝出京，專門送誥軸回家，與夏階平相伴而行。預計十一月十七、十八日可到漢口，漢口到嶽州不過三、四天，嶽州風順就坐船，風不順就雇轎，五天可以到家。四弟到省城就派專人回家，以便家裡做好準備，迎接誥命。

　　但凡事都難以預料，恐怕四弟路上會有風水的阻隔，不能趕上祖母壽辰那天也不一定。家裡辦生日酒，暫且不必辦理接誥封的事。如果四

弟能到，二十七日有消息，二十八日辦鼓手、香案，二十九日接誥就可以了。如果二十七日沒有四弟到省城的消息，那二十九日只辦壽筵，明年正月初八接誥也可以。假使四弟不回而另托別人，不僅二十九日趕不上，恐怕初八也接不到。這就是兒子之所以要特意讓四弟送回去的意思。

四弟經過幾千里來到京城，他的意思是不想急著回去。兒子與國子監祭酒車意園先生商議，叫四弟在國子監報名，先交幾十兩銀子，其餘等明年陸續繳納，繳完那天，就可以領到執照。兒子這麼應付四弟，四弟也高興地表示感謝，並且說願意在家幫堂上大人照料家事，不願再參加小考，兒子也覺得很對。

兒子等在京城身體健康，兒媳生了女兒後也平安。六弟決定留在京城。九弟在江西曾寫信來說很好。陳岱雲待他就像待親弟弟，照顧他的飲食並時常加以教誨，很讓人感動，書法也大有進步。然而無緣無故去依賴別人，究竟還是不合適。兒子寫信給九弟，囑咐他今年同郭筠仙一起做伴回家，大約年底可以到。兒子在京城一切用度，都會自己安排好，家裡不必掛念。兒子謹稟。

道光二十六年十月十五日

稟父母・遵命一意服官

【原文】

男國藩跪稟父母親大人膝下：

昨初九日巳刻，接讀大人示諭及諸弟信，藉悉一切。祖父大人之病已漸癒，不勝禱祝，想可由此而痊癒也。男前與朱家信言無時不思鄉土，亦久宦之人所不免，故前此家信亦言之。今既承大人之命，男則一意服官，不敢違拗，不作是想矣。

昨初六日派總裁房差，同鄉惟黃恕皆一人（單另列，初

八日題目亦另列）。男今年又不得差，則家中氣運不致太宣洩，祖父大人之病必可以速癒，諸弟今年或亦可以入學，此盈虛自然之理也。

男癬病雖發，不甚狠，近用蔣醫方朝夕治之。渠言此病不要緊，可以徐癒。治病既好，渠亦不要錢，兩大人不必懸念。男婦及華男、孫男女身體俱好，均無庸掛慮。男等所望者，惟祖父大人之病速癒，暨兩大人之節勞，叔母目疾速愈，俾叔父寬懷耳。餘容另稟。

道光二十七年三月初十日

【譯文】

兒子國藩跪稟父母親大人膝下：

之前初九巳刻，接著讀了大人手諭以及弟弟們的信，藉以知道家中的一切情形。祖父大人的病已經慢慢好了，真是謝天謝地，想來可以從此痊癒了。兒子之前給朱家的信說沒有一天不想念故鄉，這也是長久在外做官的人難以避免的，所以前次家信中也說到了。現在既然大人有命，兒子便一心一意做官，不敢違背父命，不作這種想法了。

之前初六派了總裁房差，同鄉只有黃恕皆一個（單子另列，初八題目也另列）。兒子今年又不得差，那家裡的氣運不至於太露泄，祖父大人的病一定可以很快痊癒，弟弟們今年或許也可以入學，這是盈虛的自然道理。

兒子癬病雖然發了，但不太厲害，近來用蔣醫生的藥早晚治療。他說這個病不要緊，可以慢慢好。治好了病，他也不要錢，兩位大人不必掛念。兒媳及華兒、孫兒孫女身體都好，都不用掛念。兒子等所期望的，只是祖父大人的病快點痊癒，兩位大人節制辛勞，叔母眼病快好，使叔父寬心罷了。其餘容我以後再行稟告。

道光二十七年三月初十

稟父母・詢問托人寄上之物及告勿因家務過勞

【原文】

　　男國藩跪稟父母親大人膝下：

　　十六夜接到六月初八日所發家信，欣悉一切。祖父大人病已十癒八九，尤為莫大之福。六月二十八日曾發一信，言升官事，想已收到。馮樹堂六月十七日出京，寄回紅頂、補服、袍褂、手釧、筆等物，計八月可以到家。賀禮耕七月初五日出京，寄回鹿膠、高麗參等物，計九月可以到家。

　　四弟、九弟信來，言家中大小諸事皆大人躬親之，未免過於勞苦。勤儉本持家之道，而人所處之地各不同，大人之身，上奉高堂，下蔭兒孫，外為族黨鄉里所模範，千金之軀，誠宜珍重。且男忝竊卿貳^①，服役已兼數人，而大人以家務勞苦如是，男實不安於心。此後萬望總持大綱^②，以細微事付之四弟。四弟固謹慎者，必能負荷。而大人與叔父大人惟日侍祖父大人前，相與娛樂，則萬幸矣。

　　京寓大小平安，一切自知謹慎，堂上各位大人不必掛念。餘容另稟。

　　　　　　　　　　　　　　道光二十七年八月十八日

【注釋】

① 忝竊卿貳：愧居二品官職。忝：表示愧於進行某事，謙辭。竊：不當受而受之，謙辭。卿貳：次於卿相的朝中大官，即二品、三品的京官。

② 大綱：總綱，要點。

　　兒子國藩跪稟父母親大人膝下：

　　十六日晚接到六月初八所發出的家信，高興地知道了家裡的一切。祖父大人的病已好了十之八九，尤其是極大的福分。六月二十八日曾發了一封信，說升官的事，想必已經收到了。馮樹堂六月十七日離開京城，兒子寄回紅頂、補服、袍褂、手釧（手鐲）、筆等東西，預計八月可以到家。賀禮耕七月初五離開京城，兒子寄回鹿膠、高麗參等物，預計九月可以到家。

　　四弟、九弟寫信來，說家中大小事情都是大人親自管理，不免過於勞苦了些。勤儉本來是持家的道理，但是各人所處的地位不同，大人自身上要奉養高堂，下要養育子孫，對外要做族黨鄉里的模範，千金貴體，實在應該珍重。況且兒子愧居二品官職，幫忙的還有幾人，而大人為家事這麼辛苦，兒子實在心裡不安。以後希望大人總攬大政，把細微的事交給四弟。四弟本來就是謹慎的人，必定可以擔負。而大人與叔父大人只要每天侍奉在祖父大人跟前，互相取樂，那便是萬幸了。

　　在京闔家大小都平安，一切都懂得謹慎，堂上各位大人不必掛念。其餘的容我下次再稟告。

道光二十七年八月十八日

稟父母・當歸蒸雞治失眠

【原文】

　　男國藩跪稟父母親大人萬福金安：

　　十二月初五接到家中十一月初旬所發家信，具悉一切。男等在京身體平安。男癬疾已全癒，六弟體氣如常，紀澤兄妹五人皆好，男婦懷喜平安，不服藥。同鄉各家亦皆無恙。

　　陳本七先生來京，男自有處置之法，大人盡可放心。大約款待從厚，而打發從薄。男光景頗窘，渠來亦必自悔。

九弟信言母親常睡不著，男婦亦患此病，用熟地、當歸蒸母雞食之，大有效驗，九弟可常辦與母親吃。鄉間雞肉、豬肉最為養人，若常用黃芪、當歸等類蒸之，略帶藥性而無藥氣，堂上五位老人食之，甚有益也。望諸弟時時留心辦之。

老秧田背後三角丘，是竹山灣至我家大路，男曾對四弟言及，要將路改於坎下，在檀山嘴那邊架一小橋，由豆土排上橫穿過來。其三角丘則多栽竹樹，上接新塘坎大楓樹，下接檀山嘴大藤，包裹甚為完緊，我家之氣更聚。望堂上大人細思，如以為可，求叔父於明年春栽竹種樹；如不可，叔父寫信示知為幸。

男等於二十日期服已滿，敬謹祭告，二十九日又祭告一次。餘俟續具。

道光二十七年十二月初六日

【譯文】

兒子國藩跪稟父母親大人萬福金安：

十二月初五接到家中十一月上旬所發的信，具體地知道了一切事情。兒子等在京城身體平安。兒子癬疾已經痊癒了，六弟的身體氣色如常，紀澤兄妹五個都好，兒媳又懷了孕，身體平安，不吃藥。同鄉各家也都平安無事。

陳本七先生來京城，兒子自有安置的辦法，大人盡可放心。大概就是款待得客氣一點，打發贈送得少一些。兒子的光景比較窘迫，他來了也一定會後悔的。

九弟來信說母親經常睡不好，兒媳也犯這種毛病，用熟地、當歸蒸母雞吃，很有效，九弟可經常弄給母親吃。鄉里的雞肉、豬肉最養人，如果經常用黃芪、當歸等藥蒸著吃，稍微有點藥性，又沒有藥味，堂上五位老人吃了，很有益處。希望弟弟們留心辦理。

老秧田背後的三角丘，是竹山灣到我家的大路，兒子曾對四弟說

過，要把路改到坎下，在檀山嘴那邊架一座小橋，由豆土排上面橫穿過來。在三角丘上就多種竹子，向上可接新塘坎的大楓樹，向下可接檀山嘴的大藤，包成一圈，很是完整緊密，如此，我家的興旺氣象就更加聚合了。希望堂上大人仔細考慮考慮，如果認為可以這麼做，就請叔父大人在明年春天栽竹種樹；如果不可以，請叔父大人來信告知我才好。

兒子等於二十日期限已滿，敬謹祭告，二十九日又祭告一次。其餘等下次再稟告。

道光二十七年十二月初六

稟父母・述紀澤姻事

【原文】

男國藩跪稟父母親大人萬福金安：

四月十四日，接奉父親三月初九日手諭，並叔父大人賀喜手示及四弟家書，敬悉祖父大人病體未好，且日加沉劇。父、叔率諸兄弟服侍已逾三年，無晝夜之閑，無須臾^{①}之懈。獨男一人遠離膝下^②，未得一日盡孫子之職，罪責甚深。聞華弟、荃弟文思大進，葆弟之文得華弟講改，亦日馳千里。遠人聞此，歡慰無極。

男近來身體不甚結實，稍一用心，即癬發於面。醫者皆言心虧血熱，故不能養肝，熱極生風，陽氣上肝，故見於頭面。男恐大發，則不能入見（二月二十三謝恩蒙召見，三月十四值班蒙召見，三十又蒙召見），故不敢用心。謹守大人保養身體之訓，隔一日至衙門辦公事，餘則在家，不妄出門。現在衙門諸事，男俱已熟悉。各司官於男皆甚佩服，上下水乳交融，同寅^{③}亦極協和。男雖終身在禮部衙門，為國家辦此照例之事，不苟不懈，盡就條理，亦所深願也。

英夷在廣東，今年復請入城。徐總督辦理有方，外夷折服，竟不入城。從此永無夷禍，聖心嘉悅之至（四月十五日上諭甚嘉獎，茲付呈）。李石梧前輩告病，陸立夫總制兩江，亦極能勝任。術者每言皇上連年命運行劫財地，去冬始交脫④，皇上亦每為臣工言之。今年氣象果為昌泰，誠國家之福也。

兒婦及孫女輩皆好。長孫紀澤前因開蒙太早，教得太寬，頃讀畢《書經》，請先生再將《詩經》點讀一遍，夜間講《綱鑑》正史，約已講至「秦商鞅，開阡陌」。

李家親事，男因桂陽州往來太不便，已在媒人唐鶴九處回信不對⑤。常家親事，男因其女系妾所生，且聞其嫡庶⑥不甚和睦，又聞其世兄不甚守儉敦樸，亦不願對。南陔先生今年來京時，男不與之提及此事，渠已知其不諧⑦矣。紀澤兒之姻事屢次不就，男當年亦十五歲始訂婚，則紀澤再緩一二年，亦無不可。或求大人即在鄉間選一耕讀人家之女，或男在京自定，總以無富貴習氣者為主。紀鴻對郭雨三之女，雖未訂盟，而彼此呼親家，稱姻弟⑧，往來親密，斷不改移。二孫女對岱雲之次子，亦不改移。謹此稟聞，餘詳與諸弟書中。男謹稟。

道光二十九年四月十六日

【注釋】
① 須臾：極短的時間，片刻。
② 膝下：指父母身邊。
③ 同寅：同僚，舊稱在一個部門當官的人。
④ 交脫：指換運。
⑤ 對：相當，相配。
⑥ 嫡庶：指正妻與妾。
⑦ 諧：妥當。

⑧姻弟：姻親中同輩相互間的謙稱或姻親中長輩對晚輩的謙稱。

【注釋】

兒子國藩跪稟父母親大人萬福金安：

四月十四日，接奉父親三月初九諭，還有叔父大人賀喜手示、四弟家信，知道祖父生病還沒好，而且一天天加重。父親、叔父領著諸位兄弟服侍已經超過三年，沒有一天空閒，沒有片刻鬆懈。只有兒子一個遠離祖父，沒有盡一天孫子的職責，罪責太深重了。聽說華弟、荃弟文采有很大的進步，葆弟的文章得到華弟的指點改正，也一日千里。身在遠方的我聽了，感到很欣慰。

兒子近來身體不是很結實，稍微用心，臉上的癬瘡就會生發出來。醫生都說是心虧血熱，所以不能養肝，熱極生風，陽氣上肝，所以表現在臉上。兒子擔心癬疾大發，不能入見皇上（二月二十三日謝恩承蒙召見，三月十四日值班承蒙召見，三十日又承蒙召見），所以不敢費心。謹守大人保養身體的訓示，隔一天到衙門去辦公事，其餘時間在家，不隨便出門。現在衙門各事，兒子都熟悉了。屬下各司官對於兒子都很佩服，上下水乳交融，同僚之間也很和諧。兒子即使終身在禮部衙門為國家辦理依照舊例的這些事，不馬虎不鬆懈，一概按規矩行事，也是我非常願意的。

英夷在廣東，今年又請求入城。徐總督治理有方，外國人折服，最終沒有入城。從此永無夷禍，皇上非常喜悅（四月十五日皇上下令對此甚是嘉許，現在付呈）。李石梧前輩請了病假，陸立夫統率兩江，也十分能勝任。相命先生每每說皇上連年命運交上了劫財運，去年冬天才脫離，皇上也常對臣子們說。今年的氣象果然昌盛太平，真是國家的福氣。

兒媳和孫女們都好。長孫紀澤之前因為啟蒙太早，教得大寬，最近已讀完《書經》，請先生再把《詩經》點讀一遍。晚上講《綱鑑》正史，大約已講到「秦商鞅，開阡陌」。

李家親事，兒子因為桂陽州往來太不方便，已經在媒人唐鶴九那裡回信說不配婚了。常家親事，兒子因他家女兒是小妾所生，而且聽說他家嫡庶不是很和諧，又聽說他的世兄不是很節儉敦厚，也不願意配婚。

南陔先生今年來京時，兒子沒有和他說到這件事，他就已經知道不成了。紀澤的婚事多次不成，兒子當年也是十五歲才訂婚，紀澤再緩一兩年，也沒有什麼不可以。請大人在鄉里選擇一個耕讀人家的女兒，或者兒子在京城自定，總以沒有富貴習氣為主。紀鴻與郭雨三的女兒相配，雖然沒有訂婚約，但彼此稱呼為親家姻弟，往來親密，絕對不會改變。二孫女與岱雲的次子相配，也不改變。在這裡恭敬地向您稟告，其餘詳細的情況寫在給弟弟的信中。兒子謹稟。

道光二十九年四月十六日

稟父母・具折奏請日講

【原文】

男國藩跪稟父母親大人禮安：

潢男三月十五到京，十八日發家信一件，實系五號，誤寫作四號，四月內應可收到。

藩男十九日下園子，二十日卯刻恭送大行皇太后上西陵。西陵在易州，離京二百六十里，二十四下午到，二十五日辰刻致祭。比日①轉身，趕走一百二十里，二十六日走百四十里，申刻到家。一路清吉，而晝夜未免辛苦，二十八早覆命。

數日內作奏摺，擬初一早上具折。因前奏舉行日講，聖上已允，諭於百日後舉行。茲折要②將如何舉行之法切實呈奏也。

二十九日申刻，接到大人二月二十一日手示，內六弟一信、九弟二十六之信並六弟與他之信，一併付來。知堂上四位大人康健如常，闔家平安。父母親大人俯允來京，男等內外不勝欣喜。手諭云「起程要待潢男秋冬兩季歸，明年二月

潢男仍送二大人進京」云云，男等敬謹從命。叔父一二年內既不肯來，男等亦不敢強。潢男歸家，或九月，或十月，容再定妥。男等內外及兩孫、孫女皆好，堂上大人不必懸念。餘俟續稟。

道光三十年三月三十日

【注釋】

① 比日：指當天。

② 折要：扼要，要點。

【譯文】

兒子國藩跪稟父母親大人萬福金安：

潢弟三月十五日到京城，十八日發了一封家信，其實是第五號，誤寫成第四號，四月內應該可以收到。

兒子十九日下到圓明園，二十日卯時恭送大行皇太后上西陵。西陵在易州，離京城二百六十里，二十四日下午到，二十五日辰時祭祀。當日回程，趕了一百二十里路，二十六日走了一百四十里，申時回到京城家裡。一路上清平吉祥，早晚也不免辛苦些，二十八日一早覆命。

幾天之內寫奏摺，打算初一一早上向皇上報告。因為前不久奏請舉行日講，聖上已允許，下令在百天後舉行。現扼要地把如何舉行的方法切切實實上奏。

二十九日申時，接到大人二月二十一日的手諭，其中有六弟信一封、九弟二十六日信一封以及六弟給他的信，一起寄了來。知道堂上四位大人身體康健，全家平安。父母親大人答應來京城，兒子一家內外都非常高興。信中指示說「起程要等潢弟秋冬兩季回家，明年二月潢弟仍舊送二位大人進京」等，兒子等恭敬地聽從父命。叔父一兩年內既然不肯來，兒子也不敢勉強。潢弟回家，或九月，或十月，容我以後再行決定。兒子等內外及兩孫、孫女都好，堂上大人不必掛念。其餘容以後再行稟告。

道光三十年三月三十日

稟叔父母

稟叔父・俠士料理友喪

【原文】

姪國藩謹啟叔父大人座下：

八月二十二日發十二號家信，想已收到。九月十五、十七連到兩折差，又無來信，想四弟、六弟已經來京矣。若使未來，則在省還家時，必將書信寄京。

姪身上熱毒，近日頭面大減。請一陳姓醫生，每早吃丸藥一錢，又小有法術，已請來三次，每次給車馬大錢一千二百文。自今年四月得此病，請醫甚多，服藥亦五十餘劑，皆無效驗。惟此人來，乃將面上治好，頭上已好十分之六，身上尚未好。渠云不過一月即可全癒。姪起居如常，應酬如故，讀書亦如故，惟不做詩文，少寫楷書而已。姪婦及姪孫兒女皆平安。

陳岱雲現又有病，雖不似前年之甚，而其氣甚餒[1]，亦難驟然復元。湘鄉鄧鐵松孝廉於八月初五出京，竟於十一日卒於獻縣道中。幸有江岷樵（忠源）同行，一切附身附棺[2]，必信必誠。此人義俠之士，與姪極好。今年新化孝廉鄒柳溪在京久病而死，一切皆江君料理，送其靈櫬回南。今又扶鐵松之病而送其死，真俠士也。扶兩友之柩行數千里，亦極難矣。姪曾作鄒君墓誌銘，茲付兩張回家。

今年七月忘付黃芽白菜子，八月底記出，已無及矣。請封之典，要十月十五始可頒恩詔，大約明年秋間始可寄回。

聞彭慶三爺令郎入學，此是我境後來之秀，不可不加意培植。望於家中賀禮之外，另封賀儀大錢一千，上書姪名，以示獎勸。餘不具。姪謹啟。

道光二十五年九月十七日

【注釋】

① 餒：洩氣，喪氣。
② 附身附棺：指入葬時隨身的衣物和棺木。

【譯文】

　　姪兒國藩謹啟叔父大人座下：

　　八月二十二日發了第十二號家信，想必已經收到。九月十五日、十七日接連到了兩次通信員，又沒有來信，我料想四弟、六弟已經來京了。如果沒有來，那在省城回家時，一定會寄信到京城。

　　姪兒身上患熱毒，近來頭部的情況好多了。請了一位姓陳的醫生，每天早上吃一錢丸藥，又有些小法術，已請了三次，每次給一千二百文車馬費。自從今年四月得了這病，請的醫生很多，吃的藥也有五十多劑了，都沒有效果。只有這陳醫生來了，才將臉上的治好，頭上已經好了十分之六，身上的還沒好。他說不出一個月就可以全好。姪兒起居如常，應酬照舊，讀書也照舊，只是不作詩文，很少寫楷書罷了。姪媳及姪孫兒女都平安。

　　陳岱雲現在又病了，雖然不像前年那麼厲害，但他自己很洩氣，也難馬上復原。湘鄉鄧鐵松孝廉在八月初五離京，竟然死在去獻縣的路上。幸虧有江岷樵（忠源）同行，一切葬衣葬棺，都盡心盡誠操辦。這個人是個俠義之士，與姪兒很要好。今年新化孝廉鄒柳溪在京城病了很久後去世了，一切後事都是江君料理，並送他的靈柩回湖南。現在又在鐵松生病時送他赴任，死了又給他辦理後事，真是俠義之士啊！扶著兩位朋友的棺木走幾千里路，也真難得啊！姪兒曾作鄒君墓誌銘，現寄兩張回去。

　　今年七月忘記寄黃芽白菜種子，八月份記得寄出，但已經來不及了。請封的恩典，要十月十五日才可頒發恩詔，大約明年秋天才可寄回。

　　聽說彭慶三的兒子入了學，這是我們家鄉的後起之秀，不可不重點培養。希望在家裡的賀禮之外，另外封一個一千大錢的禮包，上面寫姪兒的名字，以示獎勵勸勉。其餘不一一稟告。姪兒謹啟。

道光二十五年九月十七日

稟叔父母・報告升翰林院侍讀學士

【原文】

　　姪國藩謹啟叔父母大人萬福金安：

　　九月十八日發第十三號信，是呈叔父者，二十一日發十四號信，是寄九弟者，想俱收到。二十三日四弟、六弟到京，體氣如常。

　　二十四日皇上御門，姪得升翰林院侍讀學士。每年御門不過四五次，在京各官出缺，此時未經放人者，則候御門之日簡①放，以示「爵人於朝，與眾共之」之意。姪三次升官，皆御門時特擢②，天恩高厚，不知所報。

　　姪合室平安。身上瘡癬尚未盡淨，惟面上於半月內全好，故謝恩召見，不至隕越以貽羞③，此尤大幸也。

　　前次寫信回家，內有寄家毅然宗丈一封，言由長沙金年伯家送去心齋之母奠儀④三十金，此項本羅蘇溪寄者，托姪轉交。故姪兌與周輯瑞用，由周家遞金家。頃聞四弟言，此項已作途費矣，則毅然伯家奠分必須家中趕緊辦出付去，萬不可失信。謝興岐曾借去銀三十兩，若還來甚好，若未還，求家中另行辦去。

　　又黃麓西借姪銀二十兩，亦聞家中已收。姪在京借銀與人頗多，若姪不寫信告家中者，則家中亦不必收取。蓋在外與居鄉不同，居鄉者緊守銀錢，自可致富；在外者有緊有松，有發有收，所謂大門無出，耳門⑤亦無入，余仗名聲好，仍扯得活。若名聲不好，專靠自己收藏之銀，則不過一年即用盡矣。以後外人借姪銀者，仍使送還京中，家中不必收取。去年蔡朝士曾借姪錢三十千，姪已應允作文昌閣捐項，家中亦不必收取。蓋姪言不信，則日後雖有求於人，人

誰肯應哉？姪於銀錢之間，但求四處活動，望堂上大人諒之。

又聞四弟、六弟言，父親大人近來常到省城、縣城，曾為蔣市街曾家說墳山事、長壽庵和尚說命案事，此雖積德之舉，然亦是干預公事。姪現在京四品，外放即是臬司⑥。凡鄉紳管公事，地方官無不銜恨。無論有理無理，苟非己事，皆不宜與聞。地方官外面應酬，心實鄙薄⑦。設或敢於侮慢，則姪靦然⑧為官而不能免親之受辱，其負疚當何如耶？以後無論何事，望勸父親總⑨不到縣，總不管事，雖納稅正供⑩，使人至縣。伏求堂上大人鑒此苦心，姪時時掛念獨此耳。姪謹啟。

道光二十五年十月初一日

【注釋】

① 簡：通「柬」，選擇。

② 擢：提拔，提升。

③ 貽羞：使蒙受羞辱。

④ 奠儀：用於祭奠的金錢和禮品。

⑤ 耳門：指正院或正房以及大門兩旁的側門。

⑥ 臬司：各省提刑按察使司的別稱。設按察使，正三品，主要負責一省的刑獄訴訟事務，同時對地方官有監察之責。

⑦ 鄙薄：輕視。

⑧ 靦然：厚顏、慚愧的樣子。

⑨ 總：皆，一概。

⑩ 正供：常供，法定的賦稅。

【譯文】

姪兒國藩謹啟叔父母大人萬福金安：

九月十八日發第十三號信，是呈寄給叔父的，二十一日發十四號信，是寄給九弟的，想必都收到了。二十三日四弟、六弟到京城，身體

如常。

二十四日皇上在宮門聽政，侄兒得以升到翰林院侍讀學士的官位。每年皇上在宮門聽政不過四五次，在京城的官職有缺時沒有發放人員的，等到宮門聽政這天選擇合適的發放，表示「在朝上任用官員，與眾人一起決定」的意思。侄兒三次升官，都是宮門聽政時特別提拔的，皇上的恩典太深厚了，不知道怎樣報答。

侄兒全家平安。身上的瘡癬還沒有好乾淨，只有臉上的半個月內好了，所以謝恩召見，不至於冒犯聖上而蒙受羞辱，這尤其是大幸啊。

前次寫信回家，裡面有寄毅然宗丈的一封信，說由長沙金年伯家送去給心齋母親的奠儀三十兩，這筆錢本來是羅蘇溪寄的，托侄兒轉交，所以侄兒把它借於周輯瑞用了，再由周家轉給金家。剛聽四弟說，這筆錢已作了路費，那毅然伯家的奠儀必須由家中趕緊籌辦了寄去，萬不可失信。謝興岐曾借去三十兩銀子，如果還來就好，如果沒有還，請家裡另想辦法。

另外黃麓西向侄兒借的二十兩銀子，聽說也是家裡收下了。侄兒在京城借銀子給別人的很多，如果侄兒沒有寫信告訴家裡的，那家裡也不必收取。因為在外面與在鄉下不同，在鄉下只要緊守銀錢，自然可以致富；在外卻有時緊張，有時寬鬆，有時借出，有時借入，就是平時說的大門沒有出的，小門也沒有入的，全憑名聲好，才扯得活。如果名聲不好，專靠自己存的銀子，那不過一年就用完了。以後外人借侄兒銀兩的，仍舊叫他們送還到京城，家裡不必收取。去年蔡朝士曾借侄兒三十千錢，侄兒已答應作為文昌閣的捐款，家裡也不必收取。因為侄兒言而無信，那以後即使要向別人請求幫助，誰肯答應呢？侄兒對於銀錢的事，只求四處活動，希望堂上大人體諒。

又聽四弟、六弟說，父親大人近來常到省城、縣城，曾經為蔣市街曾家說墳山事，為長壽庵和尚說命案事，這雖說是積德的舉動，但也是干預公事。侄兒現在在京城是四品官，外放就是臬司。凡是鄉里紳士管公事，地方官沒有不心懷怨恨的。不管有沒有道理，如果不是自己的事，都不適宜參與。地方官表面應酬，實際上心裡卻很輕視。假設地方官敢加以侮辱，那侄兒愧居官位卻不能避免父親受屈辱，心裡得多麼愧疚啊？以後不管什麼事，希望您勸父親都不要到縣城，都不要管這些

事，即使是繳納賦稅這些事，也只派人去辦就好。請堂上大人理解我的一片苦心，侄兒時時掛念的只有這件事。侄兒謹啟。

道光二十五年十月初一

稟叔父母・寄銀五十兩回家並述其用途

【原文】

　　侄國藩敬稟叔父孃母大人萬福金安：

　　新年兩次稟安，未得另書敬告一切。侄以庸鄙無知，托祖宗之福蔭，幸竊祿位，時時撫衷滋愧。茲於本月大考，復荷①皇上天恩，越四級而超升，侄何德何能，堪②此殊榮？常恐祖宗積累之福，自我一人享盡，大可懼也。望叔父作書教侄，幸甚。

　　金竺虔歸，寄回銀五十兩。其四十兩用法：六弟、九弟在省讀書用二十六兩，四弟、季弟學俸六兩，買漆四兩，歐陽太岳母奠金四兩，前第三號信業已載明矣。只餘有十兩，若作家中用度則嫌其太少，添此無益，減此無損。侄意戚族中有最苦者，不得不些須顧送，求叔父將此十金換錢，分送最親最苦之處。叔父於無意中送他，萬不可說出自侄之意，使未得者有觖望③，有怨言。二伯祖母處，或不送錢，按期送肉與油鹽之類，隨叔父斟酌行之可也。侄謹稟。

道光二十七年六月十七日

【注釋】

① 荷：承受，承蒙。

② 堪：能夠，可以。

③ 觖（音抉）望：因不滿意而怨恨，有意見。

【譯文】

　　侄兒國藩敬稟叔父嬸母大人萬福金安：

　　新年寄了兩封信向大人請安，沒有另外寫信敬告一切。侄兒庸碌無知，托了祖宗的福蔭，才有幸愧居官位，時刻捫心自問，深感慚愧。現在本月大考中，又承蒙皇上天恩，越四級而被提升，侄兒有什麼德行和能力，足以承受這樣特殊的榮耀？侄兒時常擔心祖宗積累的福澤由我一人享盡，這就太可怕了。殷切希望叔父寫信教導侄兒。

　　金竺虔回鄉，侄兒寄回銀子五十兩。其中四十兩的用途是：六弟、九弟在省城讀書的費用二十六兩，四弟、季弟的學費六兩，買漆四兩，歐陽太岳母的奠金四兩，之前發的第三號信中已經寫明瞭。餘下的只有十兩，如果做家中用度就嫌太少了，增加這一點沒有什麼益處，減少這一點也沒有什麼損害。依侄兒的意思，親族中有最苦的，不得不照顧他們一點，求叔父將這十兩換成散錢，分送給最親近又最清苦的人家。叔父要在無意中送去給他們，千萬不要說是侄兒的意思，使那些沒有得到的人有看法，有怨言。二伯祖母處，或者不送錢，按期送肉和油、鹽之類，隨叔父的意思斟酌辦理也可以。侄兒謹稟。

　　　　　　　　　　　　　　　　　　道光二十七年六月十七日

稟叔父母・勿勞力過甚

【原文】

　　侄國藩謹稟叔父母大人禮安：

　　六月十七發第九號信，七月初三發第十號信，想次第①收到。十七日接家信二件，內父親一諭，四弟一書，九弟、季弟在省各一書，歐陽牧雲一書，得悉一切。

　　祖父大人之病不得少減，日夜勞父親、叔父辛苦服事，而侄遠離膝下，竟不得效絲毫之力，中夜思維，刻不能安。江岷樵有信來，言渠已買得虎骨，七月當親送我家，以之熬

膏，可醫瘵瘻^②云云，不知果送來否？聞叔父去年起公屋，勞心勞力，備極經營^③。外面極堂皇，工作極堅固，費錢不過百千，而見者擬^④為三百千規模。焦勞太過，後至吐血，旋又以祖父復病，勤劬^⑤彌甚。而父親亦於奉事祖父之餘，操理家政，刻不少休。姪竊伏思父親、叔父二大人年壽日高，精力日邁，正宜保養神氣，稍稍休息，家中瑣細事務，可命四弟管理。至服事祖父，凡勞心細察之事，則父親、叔父躬任之；凡勞力粗重之事，則另添雇工一人，不夠則雇二人（雇工不要做他事，專在祖大人身邊，其人要小心秀氣）。

姪近年以來精力日差，偶用心略甚，癬疾即發，夜坐略久，次日即昏倦。是以力加保養，不甚用功，以求無病無痛，上慰堂上之遠懷。外間求作文、求寫字、求批改詩文者，往往歷久而莫償宿諾，是以時時抱疚，日日無心安神恬之時。前四弟在京，能為我料理一切瑣事，六弟則毫不能管。故四弟歸去之後，姪於外間之回信，家鄉應留心之事，不免疏忽廢弛。姪等近日身體平安，合室大小皆順。六弟在京，姪苦勸其南歸，一則免告回避，二則盡仰事俯畜^⑥之職，三則六弟兩年未作文，必在家中父親、叔父嚴責方可用功鄉試。渠不肯歸，姪亦無如之何。

叔父去年四十晉一，姪謹備袍套一付，叔母今年四十大壽，姪謹備棉外套一件，皆交曹西垣帶回，服闋^⑦後即可著。母親外褂並漢綠布夾襖，亦一同付回。

聞母親近思用一丫鬟，此亦易辦，在省城買不過三四十千。若有湖北逃荒者來鄉，則更為便益。望叔父命四弟留心速買，以供母親、叔母之使令，其價姪即寄回。姪今年光景之窘較甚於往年，然東支西扯，尚可敷衍。若明年能得外差，或升侍郎，便可彌縫^⑧。家中今年季弟喜事，不知窘迫

否？姪於八月接到俸銀，即當寄五十金回，即去年每歲百金之說也。在京一切張羅，姪自有調停，毫不費力，堂上大人不必掛念。姪謹稟。

道光二十八年七月二十日

【注釋】
①次第：依次。
②痿痹（音偉必）：肢體不能動或喪失感覺。
③經營：籌畫營造。
④擬：揣度，猜測。
⑤勤劬（音渠）：辛勤勞累。
⑥仰事俯畜：上要侍奉父母，下要養活妻兒。泛指維持一家生活。
⑦服闋（音雀）：守喪期滿除服。闋：終了。
⑧彌縫：勉強維持。

【譯文】
　　姪兒國藩謹稟叔父母大人禮安：

　　六月十七日發了第九號信，七月初三發了第十號信，想必依次收到了。十七日接到家信兩件，其中父親的諭示一封，四弟信一封，九弟、季弟在省的信各一封，歐陽牧雲的信一封，得以知道一切。

　　祖父大人的病沒有減輕，日夜勞煩父親和叔父辛苦地服侍，而姪兒遠離親人，竟然不能效一點力，整晚憂心思索，一刻都不得安寧。江岷樵有信來，說他已買到虎骨，七月份當會親自送到我家，用它熬膏，可以醫治痿痹病，不知道是不是真的送來了？聽說叔父去年開始造公房，勞心勞力，籌畫完備，外面很堂皇，工程很堅固，花錢不過百千，而看到的人都猜測有三百千的規模。但由於過分操勞，導致叔父您後來吐起血來，接著祖父又生病，您又更加辛苦勞累。而父親也在侍奉祖父的閒餘時操持家事，一刻也不能休息。姪兒心想父親、叔父兩位大人年紀一天天大了，精力也一天天老邁起來，正應該保養精神氣血，稍微休息休息，家裡的瑣細事務，可以叫四弟管理。至於服侍祖父，凡是勞心細察

的事，由父親、叔父親自擔任；凡是粗重努力的事，可以另外添一名雇工做，不夠就雇兩個（雇工不要做其他的事，專門留在祖父大人身邊，這人要小心秀氣）。

姪兒近年來精力一天天差了，偶爾用心多一點，癬疾便會發作。晚上坐得久了些，第二天就感到疲倦。所以努力保養身體，不很用功，以求沒有病痛，寬慰堂上大人在遠方的掛念之情。外面的人來求寫文章、題字、批改詩文的，往往很久都不能如願以償，因此姪兒時常心懷歉疚，天天沒有心安神恬的時候。從前四弟在京，可以幫我料理一切瑣事，六弟卻一點也不能管理。所以四弟回去以後，姪兒對於外面的回信和家鄉應當留心的事，不免就疏忽了。姪兒等近日身體平安，全家大小都順遂。六弟在京城，姪兒苦苦勸他回湖南，一是免得別人說我不知回避；二是想讓六弟盡他侍奉堂上、養育妻兒的職責；三是六弟兩年來都沒有寫文章，一定要在家中由父親、叔父嚴加督責才會用功準備鄉試。他不肯回，姪兒也沒有辦法。

叔父去年滿四十一歲，姪兒準備了一件袍套，叔母今年四十大壽，姪兒準備了一件棉外套，都交給曹西垣帶回，等守孝期滿後就可以穿了。母親的外褂和漢綠布夾襖，也一起寄回家了。

聽說母親近來想雇一名丫鬟，這件事也容易辦，到省城去買也不過三四十千。如果有湖北逃荒的來鄉下，那就更加便宜。希望叔父叫四弟留心，迅速去買，以供母親、叔母的使喚，所需的錢姪兒立即寄回。姪兒今年窘困的情形比往年還屬害，但東支西扯，還勉強可以敷衍過去。如果明年能得一外差，或升侍郎，就可以勉強維持了。家裡今年季弟辦喜事，不知道窘不窘迫？姪兒在八月接到俸銀，馬上寄五十金回家，就是去年說的每年一百金的事。在京城的一切張羅，姪兒自己會處理妥當，不會費什麼力氣，堂上大人不必掛念。姪兒謹稟。

道光二十八年七月二十日

稟叔父母‧托人帶歸銀

【原文】

侄國藩跪稟叔父母大人福安：

八月十六日發第十三號家信，不審已收到否？九月初十日接到四弟、九弟、季弟等信，系八月半在省城所發者，知祖大人之病又得稍減，九弟得補廩①，不勝欣幸。

前勞辛垓廉訪八月十一出京，侄寄去衣包一個，計衣十件，不知已到否？侄有銀數十兩欲寄回家，久無妙便。十月間武岡張君經贊回長沙，擬托渠帶回。聞叔父為圳②上公屋加工修治，侄亦欲寄銀數兩，為叔父助犒賞匠人之資。羅六（嘉）所存銀二十二兩在侄處。右三項皆擬托張君帶歸。

前歐陽滄溟先生館事，伍太尊已覆書於季仙九先生。茲季師又回一信於伍處，托侄便寄家中，可送至歐陽家，囑其即投伍府尊也。牧雲又托查萬崇軒先生選教館之遲早，茲已查出，寫一紅條，大約明冬可選。此二事，可囑澄侯寫信告知牧雲。

侄等在京身體平安，西席③宋湘賓九月十一出京，是日即聘龐君（名際雲，號省三，直隸人）。

曹西垣初十挈眷出都，黎樾喬十六出京。江岷樵於初八到京，嚴仙舫初十到京，餘同鄉俱如故。

常南陔先生欲以其幼女許配紀澤，托郭筠仙說媒。李家尚未說定，兩家似皆可對，不知堂上大人之意若何？望示知。餘容續具。侄謹稟。

道光二十八年九月十二日

【注釋】

①補廩（音稟）：明清科舉制度，生員經歲、科兩試成績優秀者，增生可依次升廩生，謂之「補廩」。

②圳：田間水溝。

③西席：指老師。古人席次尚右，右為賓師之位，居西而面東。

【譯文】

　　侄兒國藩跪稟叔父母大人福安：

　　八月十六日發了第十三號家信，不知收到了沒？九月初十接到四弟、九弟、季弟等的信，是八月中在省城所發的，知道了祖父大人的病又減輕了些，九弟補了廩生，欣慰得不得了。

　　之前勞辛垓廉訪八月十一日離京，侄兒寄去一個衣包，共有十件衣服，不知收到了沒？侄兒有幾十兩銀子想寄回家，許久都沒找到可靠方便的人。十月間武岡張經贊君回長沙，打算托他帶回。聽說叔父加工修治圳上的公屋，侄兒也想寄幾十兩銀子，用作叔父犒賞工匠的資金，羅六（嘉秬）所存的二十二兩銀子在侄兒這裡。以上三項都準備托張君帶回。

　　之前說歐陽滄溟先生謀求教館的事，伍太尊已回信給季仙九先生。現在季師又回一封信給伍太尊，托侄兒方便時寄到家裡，可送到歐陽先生家，囑咐他馬上送到伍府尊處。牧雲又托我查萬崇軒先生選教館的時間，現已查出，寫了一張紅條，大約明年冬天可選。這兩件事可囑咐澄侯寫信告訴牧雲。

　　侄兒等在京城身體平安，館師宋湘賓九月十一日出京，當天就聘用了龐君（名際雲，號省三，直隸人）。

　　初十曹西垣帶著家人離開京城，黎樾喬十六日出京。江岷樵於初八到京城，嚴仙舫初十到京城，其餘同鄉都如故。

　　常南陔先生想把幼女許配給紀澤，托郭筠仙來說媒。李家那邊還沒有說定，兩家似乎都可以配婚，不知堂上大人的意思怎樣？希望能告知我。其餘容我以後再稟告。侄兒謹稟。

道光二十八年九月十二日

致諸弟

致諸弟・述近況並對待童僕之態度

【原文】

諸位賢弟足下：

十月二十七日寄弟書一封，內信四頁，抄倭艮峰先生日課三頁，抄詩二頁，已改寄蕭辛五先生處，不由莊五爺公館矣，不知已到無誤否？

十一月前八日已將日課抄與弟閱，嗣後每次家書，可寫三頁付回。日課本皆楷書，一筆不苟，惜寫回不能作楷書耳。馮樹堂進功最猛，余亦教之如弟，知無不言。可惜九弟不能在京與樹堂日日切磋，余無日無刻不太息也。九弟在京年半，余懶散不努力；九弟去後，余乃稍能立志，蓋余實負九弟矣。余嘗語岱雲曰：「余欲盡孝道，更無他事，我能教諸弟進德業一分，則我之孝有一分；能教諸弟進十分，則我之孝有十分。若全不能教弟成名，則我大不孝矣。」九弟之無所進，是我之大不孝也。惟願諸弟發奮立志，念念①有恆，以補我不孝之罪，幸甚幸甚。

岱雲與易五近亦有日課冊，惜其識不甚超越。余雖日日與之談論，渠究不能悉心領會，頗疑我言太誇。然岱雲近極勤奮，將來必有所成。

何子敬近待我甚好，常彼此作詩唱和，蓋因其兄欽佩我詩，且談字最相合，故子敬亦改容加禮。子貞現臨隸字，每日臨七八頁，今年已千頁矣。近又考訂《漢書》之訛②，每日手不釋卷。蓋子貞之學長於五事，一曰《儀禮》精，二曰《漢書》熟，三曰《說文》精，四曰各體詩好，五曰字好。此五事者，渠意皆欲有所傳於後世。以余觀之，前三者余不甚精，不知淺深究竟如何；若字，則必傳千古無疑矣。詩亦

遠出時手之上，必能卓然③成家。近日京城詩家頗少，故余亦欲多做幾首。

金竺虔在小珊家住，頗有面善心非之隙。唐詩甫亦與小珊有隙。余現仍與小珊來往，泯然④無嫌，但心中不甚愜洽⑤耳。曹西垣與鄒雲陔十月十六起程，現尚未到。湯海秋久與之處，其人誕言⑥太多，十句之中僅一二句可信。今冬嫁女二次，一系杜蘭溪之子，一系李石梧之子入贅。黎樾翁亦有次女招贅，其婿雖未讀書，遠勝於馮舅矣。李筆峰尚館海秋處，因代考供事⑦，得銀數十，衣服煥然一新。王翰城捐知州，去大錢八千串。何子敬捐知縣，去大錢七千串，皆於明年可選實缺。黃子壽處，本日去看他，工夫甚長進，古文有才華，好買書，東翻西閱，涉獵頗多，心中已有許多古董。何世兄亦甚好，沉潛之至，天分亦高，將來必有所成。吳竹如近日未出城，余亦未去，蓋每見則耽擱一天也，其世兄亦極沉潛，言動中禮，現在亦學倭艮峰先生。吾觀何、吳兩世兄之姿質，與諸弟相等，遠不及周受珊、黃子壽，而將來成就，何、吳必更切實。此其故，諸弟能看書自知之，願諸弟勉之而已。此數子者，皆後起不凡之人才也，安得諸弟與之聯鑣⑧並駕，則余之大幸也。季仙九先生到京服闋，待我甚好，有青眼相看⑨之意。同年會課，近皆懶散，而十日一會如故。

余今年過年，尚須借銀百五十金，以五十還杜家，以百金用。李石梧到京，交出長郡館公費，即在公項借用，免出外開口更好。不然，則尚須張羅也。

門上⑩陳升一言不合而去，故余作《傲奴詩》，現換一周升作門上，頗好。余讀《易·旅卦》：「喪其童僕。」《象》曰：「以旅與下，其義喪也。」解之者曰：「以旅與下者，謂視童

僕如旅人，刻薄寡恩，漠然無情，則童僕亦將視主如逆旅矣。」余待下雖不刻薄，而頗有視如逆旅之意，故人不盡忠，以後余當視之如家人手足也。分⑪雖嚴明，而情貴周通。賢弟待人，亦宜知之。

余每聞折差到，輒望家信，不知能設法多寄幾次否？若寄信，則諸弟必須詳寫日記數天，幸甚。余寫信亦不必代諸弟多立課程，蓋恐多看則生厭，故但將余近日實在光景寫示而已，伏惟諸弟細察。

道光二十二年十一月十七日

【注釋】

① 念念：念念不忘。
② 訛：差錯。
③ 卓然：高超出眾的樣子。
④ 泯然：消失淨盡的樣子。
⑤ 愜洽：融洽。
⑥ 誕言：誇大虛誕的言辭。
⑦ 供事：清朝在京官署書吏的一種。
⑧ 聯鑣：喻相等或同進。鑣：馬嚼子，指馬口中所銜鐵具露出在外的兩頭部分。
⑨ 青眼相看：比喻對人尊重或喜歡，形容以看得起的態度相待。
⑩ 門上：指在門房從事傳達工作的僕役。
⑪ 分：職責。

【譯文】

諸位賢弟足下：

十月二十七日寄給弟弟們的一封信，裡面有四頁信，手抄的倭艮峰先生日課三頁，抄詩二頁，已經改寄到蕭辛五先生那裡，不經由莊五爺公館了，不知是不是準確收到了？

十一月份前八天的日課已經抄給你們看了，以後每次寫信，可抄三

頁寄回。我的日課都用楷體，一筆不苟，可惜寄回的抄本不能用楷體。馮樹堂進步最快，我教他也和教弟弟們一樣，我所知道的沒有不教授的。可惜九弟不能在京城和樹堂天天切磋學問，我沒有一刻不歎息的。九弟在京城一年半，我懶散不努力；九弟去後，我才稍微能夠立志，我實在有負於九弟啊。我曾經對岱雲說：「我想盡孝道，除此之外沒有別的事。我能夠教弟弟們進德修業一分，那我就盡了一分孝；能夠教弟弟們進步十分，那我就盡了十分孝；如果完全不能教弟弟們成名，那我就是大不孝了。」九弟沒有什麼長進，這是我的大不孝啊。只希望弟弟們發奮立志，時常想著要有恒心，以彌補我的不孝之罪，那就太有幸了。

岱雲和易五近來也有日課冊，可惜他們的見識不夠超群脫俗。我雖然天天和他們談論，他們卻終究不能一一領悟，還懷疑我說的太誇張了。但岱雲近來很勤奮，將來一定有所成就。

何子敬近來對我很好，時常彼此作詩相唱和，大概是因為他兄長欽佩我的詩，而且和他論書法時最相合，所以子敬也改變態度，以禮待我。子貞現在臨摹的是隸書，每天臨七八頁，今年已經有上千頁了。近來又考訂《漢書》之錯漏，每天手不釋卷。子貞的學問有五個方面見長：一是《儀禮》精通，二是《漢書》熟悉，三是《說文》精湛，四是各種體裁的詩都寫得好，五是書法好。這五個方面，他的想法是都要能傳於後世。在我看來，前面三個方面我不精通，不知道他的深淺到底怎麼樣；如果是書法，那毫無疑問是可以流傳千古的了。他的詩也遠遠超過了現在的詩人，一定可以高超出眾，成為名家。近來京城詩家很少，所以我也想多作幾首。

金竺虔在小珊家住，兩人很有點面和心不和的嫌隙。唐詩甫也和小珊有嫌隙。我現在仍舊與小珊來往，表面上沒有嫌隙，但心裡還不是很融洽。曹西垣與鄒雲陔十月十六日起程，現在還沒到京城。湯海秋這個人，我和他相處了很久，他誇張虛妄的言辭太多，十句之中只有一兩句是可信的。今年冬天嫁了兩次女兒，一個嫁給杜蘭溪的兒子，一個是李石梧的兒子入贅。黎樾翁也有次女招贅，他的女婿雖然沒有讀書，但也遠遠超過馮舅了。李筆峰還在海秋那裡坐館，因代考了書吏，得到幾十兩銀子，衣服煥然一新。王翰城捐知州，用掉八千串大錢。何子敬捐知縣，用掉七千串大錢，都可在明年挑選官缺。黃子壽那裡，我今天去看

他，文章功夫很有長進，古文有才華，喜歡買書，東翻西閱，涉獵很廣，心裡已經藏了許多古董見識。何世兄也很好，心思沉靜，天分也高，將來一定會有成就。吳竹如近日沒有出城，我也沒有去，因為見一次面就耽擱一天時光。他的世兄也很沉靜，言行合乎禮節，現在也向倭艮峰先生學習。我看何、吳兩世兄的姿質，和弟弟們不相上下，遠遠比不上周受珊、黃子壽，但將來的成就，何、吳一定更切合實際些。這其中的緣故，各位弟弟看了書自然就能知道，希望弟弟們能勉勵自己。這幾位都是後起不平凡的人才，如果弟弟們能夠與他們並駕齊驅，那就是我的大幸了。季仙九先生到京，喪服期滿，對我很好，有青眼相看的意思。同年會課，近來都懶散了，但十天一會還和以前一樣。

我今年過年，還要借一百五十兩銀子，拿五十兩還給杜家，留一百兩自己用。李石梧到京，交了長郡館的公費，就在這公費中借用，免得向外面開口，這樣更好。不然的話，還要再張羅一番。

門口傳達消息的陳升，因為一言不合就走了，所以我作了一首《傲奴詩》。現在換了周升在門房傳達消息，很好。我讀《周易·旅卦》中說：「喪其童僕。」《象》說：「以旅與下，其義喪也。」解釋的人說：「以旅與下是說對待童僕好比路人，刻薄寡恩，漠然無情，那童僕也就把主人看作路人了。」我對待下人雖說不刻薄，但很有看待他們好比路人的意思，所以他們就不會盡忠報效，今後我要把下人當作自家的親人一樣。職責雖然嚴格明白，但情感上還是以溝通為貴。賢弟對待別人，也應該知道這個道理。

我每次聽說通信員到，就希望有家信，不知能不能設法多寄幾封？如果寄信，深切希望弟弟們一定能詳細寫幾天日記。我寫信也不必替你們多立課程，因為擔心看多了會厭煩，所以只把我近日的實在情形寫出罷了，只望弟弟們能細看。

道光二十二年十一月十七日

致諸弟·己巳戒煙欲作《曾氏家訓》勉勵自立課程

【原文】

　　諸位賢弟足下：

　　十一月十七寄第三號信，想已收到。父親到縣納漕①，諸弟何不寄一信，交縣城轉寄省城也？以後凡遇有便，即須寄信，切要切要。九弟到家，遍走各親戚家，必各有一番景況，何不詳以告我？

　　四妹小產，以後生育頗難，然此事最大，斷不可以人力勉強，勸渠家只須聽其自然，不可過於矜持②。又聞四妹起最晏③，往往其姑④反服事他，此反常之事，最足折福。天下未有不孝之婦而可得好處者，諸弟必須時勸導之，曉之以大義。

　　諸弟在家讀書，不審每日如何用功？余自十月初一立志自新以來，雖懶惰如故，而每日楷書寫日記，每日讀史十頁，每日記「茶餘偶談」一則，此三事未嘗一日間斷。十月二十一日誓永戒吃水煙，洎⑤今已兩月不吃煙，已習慣成自然矣。予自立課程甚多，惟記「茶餘偶談」、讀史十頁、寫日記楷本此三事者，誓終身不間斷也。諸弟每人自立課程，必須有日日不斷之功，雖行船走路，俱須帶在身邊。予除此三事外，他課程不必能有成，而此三事者、將終身行之。

　　前立志作《曾氏家訓》一部，曾與九弟詳細道及。後因採擇經史，若非經史爛熟胸中，則割裂零碎，毫無線索。至於採擇諸子各家之言，尤為浩繁，雖抄數百卷，猶不能盡收。然後知古人作《大學衍義》《衍義補》諸書，乃胸中自有條例，自有議論，而隨便引書以證明之，非翻書而遍抄之也。然後知著書之難，故暫且不作《曾氏家訓》。若將來胸

中道理愈多，議論愈貫串，仍當為之。

現在朋友愈多，講躬行心得者，則有鏡海先生、艮峰前輩、吳竹如、竇蘭泉、馮樹堂；窮經知道者，則有吳子序、邵蕙西；講詩、文、字而藝通於道者，則有何子貞；才氣奔放，則有湯海秋；英氣逼人，志大神靜，則有黃子壽。又有王少鶴（名錫振，廣西主事，年二十七歲，張筱浦之妹夫）、朱廉甫（名琦，廣西乙未翰林）、吳莘佘（名尚志，廣東人，吳撫台之世兄）、龐作人（名文壽，浙江人），此四君者，皆聞予名而先來拜，雖所造有淺深，要皆有志之士，不甘居於庸碌者也。京師為人文淵藪⑥，不求則無之，愈求則愈出。近來聞好友甚多，予不欲先去拜別人，恐徒標榜虛聲。蓋求友以匡己之不逮⑦，此大益也；標榜以盜虛名，是大損也。天下有益之事，即有足損者寓乎其中，不可不辨。黃子壽近作《選將論》一篇，共六千餘字，真奇才也。子壽戊戌年始作破題⑧，而六年之中遂成大學問，此天分獨絕，萬不可學而至，諸弟不必震而驚之。予不願諸弟學他，但願諸弟學吳世兄、何世兄。吳竹如之世兄，現亦學艮峰先生寫日記，言有矩，動有法，其靜氣實實可愛。何子貞之世兄，每日自朝至夕總是溫書，三百六十日，除作詩文時，無一刻不溫書，真可謂有恆者矣。故予從前限功課教諸弟，近來寫信寄弟，從不另開課程，但教諸弟有恆而已。蓋士人讀書，第一要有志，第二要有識，第三要有恆。有志，則斷不甘為下流；有識，則知學問無盡，不敢以一得自足，如河伯之觀海，如井蛙之窺天，皆無識也；有恆，則斷無不成之事。此三者，缺一不可。諸弟此時惟有識不可以驟幾⑨，至於有志、有恆，則諸弟勉之而已。予身體甚弱，不能苦思，苦思則頭暈；不耐久坐，久坐則倦乏。時時屬望，惟諸弟而已。

明年正月，恭逢祖父大人七十大壽，京城以進十為正慶。予本擬在戲園設壽筵，寶蘭泉及艮峰先生勸止之，故不復張筵。蓋京城張筵唱戲，名為慶壽，實則打把戲。蘭泉之勸止，正以此故。現作壽屏兩架，一架淳化箋四大幅，系何子貞撰文並書，字有茶碗口大；一架冷金箋八小幅，系吳子序撰文，予自書。淳化箋系內府用紙，紙厚如錢，光彩耀目，尋常琉璃廠無有也。昨日偶有之，因買四張。子貞字甚古雅，惜太大，萬不能寄回，奈何奈何！

　　侄兒甲三體日胖而頗蠢，夜間小解知自報，不至於濕床褥。女兒體好，最易扶攜，全不勞大人費心力。

　　今年冬間，賀耦庚先生寄三十金，李雙圃先生寄二十金，其餘尚有小進項。湯海秋又自言借百金與我用，計還清蘭溪、寄雲外，尚可寬裕過年。統計今年除借會館房錢外，僅借百五十金，岱雲則略多些。岱雲言在京已該⑩賬九百餘金，家中亦有此數，將來正不易還。寒士出身，不知何日是了也！我在京該賬尚不過四百金，然苟不得差，則日見日緊矣。

　　書不能盡言，惟諸弟鑒察。兄國藩手草。

　　　　　　　　　　　　道光二十二年十二月二十日

【注釋】

① 漕：通過水道運送糧食。這裡指漕糧，清初自山東、河南、江蘇、安徽、浙江、湖北、湖南、奉天等省征納白米，轉運京師。

② 矜持：拘泥，拘謹。

③ 晏：遲，晚。

④ 姑：指婆婆。

⑤ 洎：到，至。

⑥ 淵藪：人或事物聚集的地方。

⑦ 不逮：不足之處。

⑧破題：八股文的第一股，用一兩句話說破文題的要義。

⑨驟幾：突然接近。幾：接近，達到。

⑩該：欠，欠帳。

【譯文】

　　諸位賢弟足下：

　　十一月十七日寄了第三號信，想必已經收到。父親到縣城繳納漕糧，各位弟弟為什麼不寫封信交縣城轉寄省城呢？以後但凡遇到方便的時候，就一定要寄信，非常緊要。九弟到家後，遍訪各個親戚家，一定有一番盛況，為什麼不詳細地告訴我？

　　四妹小產，以後生育很難，但是這件事最大，絕對不能憑藉人力勉強行事，勸他家只要順其自然，不可過於拘泥世俗。又聽說四妹起床最遲，往往是她婆婆反過來服侍她，這是反常的事情，最容易折福。天下沒有為人媳婦未盡孝道卻可以得到好處的，弟弟們要時常勸導她，用大義曉諭她。

　　弟弟們在家讀書，不知道每天是怎麼用功的？我從十月初一立志自新以來，雖懶惰如舊，但每天用楷書寫日記，讀十頁史書，記一則「茶餘偶談」，這三件事從來沒有中斷過。十月二十一日，發誓永遠戒掉吃水煙，至今已經有兩個月沒有吃了，已經習慣成自然了。我自己設的課程很多，只有記「茶餘偶談」、讀史十頁、寫日記楷本這三件事，發誓終身不間斷。弟弟們每人都自己設立課程，必須天天不間斷用功，即使是行船走路，也都必須帶在身邊。我除這三件事以外，其他課程不一定能有成就，而這三件，將終身實行。

　　以前我立志作一部《曾氏家訓》，曾經與九弟詳細說到過。後來因為採擇經史，如果不是經史爛熟於胸中，就會割裂零碎，毫無線索。至於採擇諸子各家的言論，工作更加浩繁，即使抄幾百卷，還是不能抄全。然後才知道古人作《大學衍義》《衍義補》這些書，胸中自有體例，自有議論，而隨意引用別書來證明，不是翻書遍抄。之後才知道著書的困難，所以暫時不作《曾氏家訓》。如果將來胸中道理多了，議論貫通了，仍然要去作。

　　現在朋友更加多了，講求親身實踐心得的，有鏡海先生、艮峰前

輩、吳竹如、竇蘭泉、馮樹堂；窮究經書體悟道法的，有吳子序、邵蕙西；講詩、文、字而技藝精通於道的，有何子貞；才氣奔放的，有湯海秋；英氣逼人、志向遠大、心思沉靜的，有黃子壽。又有王少鶴（名錫振，廣西主事，二十七歲，張筱浦的妹夫）、朱廉甫（名琦，廣西乙未翰林）、吳莘佘（名尚志，廣東人，吳撫台的世兄）、龐作人（名文壽，浙江人），這四位都是聽到我的名聲而先來拜訪的，雖說他們的學問有深淺，卻都是有志向的人才，不甘居於庸碌的人。京城是人才集中的地方，不去探求就沒有，越探求就越多。近來聽說好朋友很多，我不想先去拜訪別人，擔心他只是標榜虛名。尋求朋友用來匡正自己的不足，這是大有益處的；標榜自己來謀求虛名，是會受大損失的。天下有獲益的事，就有不益的事包含其中，不可不加辨別。黃子壽最近寫了一篇《選將論》，共有六千多字，真是奇才啊。黃子壽戊戌年才開始作破題，而六年間就成就了大學問，這種天分獨一無二，萬萬不是可以學得到的，弟弟們不必震驚。我不希望弟弟們學他，只希望弟弟們學吳世兄、何世兄。吳竹如的世兄，現在也學艮峰先生記日記，言有規矩，行有法則，他的靜氣功夫實在讓人喜愛。何子貞的世兄，每天從早到晚總是溫書，三百六十天，除了作詩文，沒有一刻不在溫書，真可說是有恒心的人了。所以我從前規定你們的功課，近來寫信從不另開課程，只是教導你們要有恒心罷了。因為士人讀書，第一要有志氣，第二要有見識，第三要有恒心。有志氣就決不甘於屈居下游；有見識就明白學無止境，不敢因為有一點成就就自滿自足，如河伯觀海、井蛙窺天，都是沒有見識的；有恒心就絕對沒有不成功的事。這三個方面，缺一不可。弟弟們現在只有見識不是馬上可以達到廣博的境界，至於有志和有恒，弟弟們就自我勉勵吧。我身體很弱，不能苦心思索，苦思就會頭暈；不能久坐，久坐就會疲乏。時刻所期望的，只有幾位弟弟罷了。

明年正月，恭逢祖父大人七十大壽，京城是把滿十作為正慶的。我本來打算在戲園設壽筵的，竇蘭泉和艮峰先生都勸止我，所以就不辦酒席了。因為京城設宴唱戲，名義上是慶壽，實際上是打把戲。蘭泉之所以勸止，就是因為這個。現在作了兩架壽屏，一架是淳化箋四大幅，是何子貞撰文並書寫的，字有茶碗口那麼大；一架冷金箋八小幅，是吳子序撰文，我自己寫的。淳化箋是內府用紙，紙厚如錢幣，光彩奪目，平

常琉璃廠沒有，昨天偶然有了，因而買了四張。子貞的字很古雅，可是字太大，萬不能寄回。可惜可惜！

　　侄兒甲三身體一天天長胖，動作很蠢笨，晚上小解知道自己說了，不至於弄濕床褥。女兒身體很好，最容易攙扶，完全不勞大人費心力。

　　今年冬天，賀耦庚先生寄來三十兩銀子，李雙圃先生寄來二十兩，其餘還有些小進項。另外湯海秋自己說要借一百兩給我用，估計還清蘭溪、寄雲的借款外，還可以寬裕過年。統計今年除了借會館房錢，另外只借了一百五十兩，岱雲就稍微多些。岱雲說在京城已經欠了九百多兩的賬了，家中也有這個數目，將來不容易還。寒士出身，不知哪天是個頭啊！我在京城欠的賬還沒超過四百兩，但是如果沒有得差，那就一天比一天緊張了。

　　信中不能寫完所有的事情，請弟弟鑒察。兄國藩手草。

道光二十二年十二月二十日

致諸弟・講讀經史方法及求師友之注意點

【原文】

　　諸位老弟足下：

　　正月十五日接到四弟、六弟、九弟十二月初五日所發家信。四弟之信三頁，語語平實，責我待人不恕，甚為切當。謂「月月書信，徒以空言責弟輩，卻又不能實有好消息，令堂上閱兄之書，疑弟輩粗俗庸碌，使弟輩無地可容」云云，此數語，兄讀之不覺汗下。

　　我去年曾與九弟閒談，云：「為人子者，若使父母見得我好些，謂諸兄弟俱不及我，這便是不孝；若使族黨稱道我好些，謂諸兄弟俱不如我，這便是不弟。何也？蓋使父母心中有賢愚之分，使族黨口中有賢愚之分，則必其平日有討好底意思，暗用機計，使自己得好名聲，而使兄弟得壞名聲，

必其後日之嫌隙由此而生也。劉大爺、劉三爺兄弟皆想做好人，卒至視如仇讎，因劉三爺得好名聲於父母、族黨之間，而劉大爺得壞名聲故也。」今四弟之所責我者，正是此道理，我所以讀之汗下。但願兄弟五人，各各明白這道理，彼此互相原諒。兄以弟得壞名為憂，弟以兄得好名為快。兄不能使弟盡道得令名，是兄之罪；弟不能使兄盡道得令名，是弟之罪。若各各如此存心，則億萬年無纖芥①之嫌矣。

至於家塾讀書之說，我亦知其甚難，曾與九弟面談及數十次矣。但四弟前次來書，言欲找館出外教書。兄意教館之荒工誤事，較之家塾為尤甚，與其出而教館，不如靜坐家塾。若雲一出家塾便有明師益友，則我境之所謂明師益友者，我皆知之，且已夙夜熟籌②之矣，惟汪覺庵師及陽滄溟先生是兄意中所信為可師者。然衡陽風俗，只有冬學要緊，自五月以後，師弟皆奉行故事③而已。同學之人，類皆庸鄙無志者，又最好訕笑人（其笑法不一，總之不離乎輕薄而已。四弟若到衡陽去，必以翰林之弟相笑，薄俗可惡）。鄉間無朋友，實是第一恨事，不惟無益，且大有損。習俗染人，所謂與鮑魚④處，亦與之俱化也。兄嘗與九弟道及，謂衡陽不可以讀書，漣濱不可以讀書，為損友太多故也。

今四弟意必從覺庵師遊，則千萬聽兄囑咐，但取明師之益，無受損友之損也。接到此信，立即率厚二到覺庵師處受業。其束修，今年謹具錢十掛，兄於八月准付回，不至累及家中，非不欲從豐，實不能耳。兄所最慮者，同學之人無志嬉遊，端節以後放散不事事，恐弟與厚二效尤耳。切戒切戒！凡從師必久而後可以獲益，四弟與季弟今年從覺庵師，若地方相安，則明年仍可從遊。若一年換一處，是即無恒者，見異思遷⑤也，欲求長進，難矣。

此以上答四弟信之大略也。

六弟之信，乃一篇絕妙古文，排奡⑥似昌黎，拗很⑦似半山。予論古文，總須有倔強不馴之氣，愈拗愈深之意，故於太史公外，獨取昌黎、半山兩家。論詩亦取傲兀不群⑧者，論字亦然。每蓄此意而不輕談。近得何子貞意見極相合，偶談一二句，兩人相視而笑。不知六弟乃生成有此一枝妙筆，往時見弟文亦無大奇特者，今觀此信，然後知吾弟真不羈才也。歡喜無極！歡喜無極！凡兄有所志而力不能為者，吾弟皆可為之矣。

信中言兄與諸君子講學，恐其漸成朋黨⑨，所見甚是。然弟盡可放心，兄最怕標榜，常存暗然尚⑩之意，斷不至有所謂門戶自表者也。信中言四弟浮躁不虛心，亦切中四弟之病，四弟當視為良友藥石之言。信中又有「荒蕪已久，甚無紀律」二語，此甚不是。臣子於君親，但當稱揚善美，不可道及過錯；但當諭親於道，不可疵議⑪細節。兄從前常犯此大惡，但尚是腹誹⑫，未曾形之筆墨。如今思之，不孝孰大乎是？常與陽牧雲並九弟言及之，以後願與諸弟痛懲此大罪。六弟接到此信，立即至父親前磕頭，並代我磕頭請罪。

信中又言「弟之牢騷，非小人之熱中，乃志士之惜陰」，讀至此，不勝憫然⑬，恨不得生兩翅忽飛到家，將老弟勸慰一番，縱談數日乃快。然向使諸弟已入學，則謠言必謂學院做情，眾口鑠金⑭，何從辨起？所謂塞翁失馬，安知非福？科名遲早實有前定，雖惜陰念切，正不必以虛名縈懷耳。

來信言看《禮記疏》一本半，浩浩茫茫⑮，苦無所得，今已盡棄，不敢復閱，現讀《朱子綱目》，日十餘頁云云。說到此處，兄不勝悔恨，恨早歲不曾用功，如今雖欲教弟，

譬盲者而欲導人之迷途也，求其不誤，難矣。

然兄最好苦思，又得諸益友相質證⑯，於讀書之道，有必不可易者數端。窮經必專一經，不可泛鶩⑰。讀經以研尋義理為本，考據名物為末。讀經有一耐字訣，一句不通，不看下句；今日不通，明日再讀；今年不精，明年再讀，此所謂耐也。讀史之法，莫妙於設身處地。每看一處，如我便與當時之人酬酢笑語於其間。不必人人皆能記也，但記一人，則恍如接其人；不必事事皆能記也，但記一事，則恍如親其事。經以窮理，史以考事，捨此二者，更別無學矣。

蓋自西漢以至於今，識字之儒約有三途：曰義理之學⑱，曰考據之學，曰詞章之學，各執一途，互相詆毀。兄之私意，以為義理之學最大，義理明，則躬行有要而經濟⑲有本；詞章之學，亦所以發揮義理者也；考據之學，吾無取焉矣。此三途者，皆從事經史，各有門徑。吾以為欲讀經史，但當研究義理，則心一而不紛。是故經則專守一經，史則專熟一代，讀經史則專主義理。此皆守約之道，確乎不可易者也。

若夫經史而外，諸子百家，汗牛充棟⑳。或欲閱之，但當讀一人之專集，不當東翻西閱。如讀《昌黎集》，則目之所見，耳之所聞，無非昌黎，以為天地間除《昌黎集》而外，更無別書也。此一集未讀完，斷斷不換他集，亦專字訣也。六弟謹記之。

讀經，讀史，讀專集，講義理之學，此有志者萬不可易者也。聖人復起，必從吾言矣。然此亦僅為有大志者言之。若夫為科名之學，則要讀四書文，讀試帖律賦，頭緒甚多。四弟、九弟、厚二弟天資較低，必須為科名之學。六弟既有大志，雖不科名可也，但當守一耐字訣耳。觀來信，言讀

《禮記疏》，似不能耐者，勉之勉之！

兄少時天分不甚低，厥後^㉑日與庸鄙者處，全無所聞，竅被茅塞久矣。及乙未到京後，始有志學詩、古文並作字之法，亦苦無良友。近年得一二良友，知有所謂經學者、經濟者，有所謂躬行實踐者，始知范、韓可學而至也，馬遷、韓愈亦可學而至也，程、朱亦可學而至也。慨然思盡滌前日之汙，以為更生之人，以為父母之肖子，以為諸弟之先導。無如^㉒體氣本弱，耳鳴不止，稍稍用心，便覺勞頓。每日思念，天既限我以不能苦思，是天不欲成我之學問也。故近日以來，意頗疏散。計今年若可得一差，能還一切舊債，則將歸田養親，不復戀戀於利祿矣。粗識幾字，不敢為非以蹈大戾^㉓已耳，不復有志於先哲矣。吾人第一以保身為要，我所以無大志願者，恐用心太過，足以疲神也。諸弟亦須時時以保身為念，無忽無忽！

來信又駁我前書，謂「必須博雅有才，而後可明理有用」，所見極是。兄前書之意，蓋以躬行為重，即子夏「賢賢易色章」之意，以為博雅者不足貴，惟明理者乃有用，特其立論過激耳。六弟信中之意，以為不博雅多聞，安能明理有用，立論極精，但弟須力行之，不可徒與兄辯駁見長耳。

來信又言四弟與季弟從遊覺庵師，六弟、九弟仍來京中，或肄業城南云云。兄之欲得老弟共住京中也，其情如孤雁之求曹^㉔也。自九弟辛丑秋思歸，兄百計挽留，九弟當能言之，及至去秋決計南歸，兄實無可如何，只得聽其自便。若九弟今年復來，則一歲之內忽去忽來，不特堂上諸大人不肯，即旁觀亦且笑我兄弟輕舉妄動。且兩弟同來，途費須得八十金，此時實難措辦，六弟言能自為計，則兄竊不信。曹西垣去冬已到京，郭筠仙明年始起程，目下亦無好伴。惟城

南肄業之說,則甚為得計。兄於二月間準付銀二十兩至金竺虔家,以為六弟、九弟省城讀書之用。竺虔於二月起身南旋,其銀四月初可到。

弟接到此信,立即下省肄業。省城中兄相好的如郭筠仙、凌笛舟、孫芝房,皆在別處坐書院;賀蔗農、俞岱青、陳堯農、陳慶覃諸先生皆官場中人,不能伏案用功矣。惟聞有丁君者(名敘忠,號秩臣,長沙廩生),學問切實,踐履篤誠。兄雖未曾見面,而稔[25]知其可師。凡與我相好者,皆極力稱道丁君。兩弟到省,先到城南住齋[26],立即去拜丁君(托陳季牧為介紹),執贄[27]受業。凡人必有師,若無師,則嚴憚之心不生。既以丁君為師,此外擇友則慎之又慎。昌黎曰:「善不吾與,吾強與之附;不善不吾惡,吾強與之拒。」一生之成敗,皆關乎朋友之賢否,不可不慎也。

來信以進京為上策,以肄業城南為次策。兄非不欲從上策,因九弟去來太速,不好寫信稟堂上,不特九弟形跡矛盾,即我稟堂上亦必自相矛盾也。又目下實難辦途費,六弟言能自為計,亦未歷甘苦之言耳。若我今年能得一差,則兩弟今冬與朱嘯山同來甚好。目前且從次策,如六弟不以為然,則再寫信來商議可也。

此答六弟信之大略也。

九弟之信,寫家事詳甚,惜話說太短,兄則每每太長,以後截長補短為妙。堯階若有大事,諸弟隨去一人幫他幾天。牧雲接我長信,何以全無回信?毋乃嫌我話太直乎?扶乩之事,全不足信,九弟總須立志讀書,不必想及此等事。季弟一切皆須聽諸兄話。此次折弁走甚急,不暇鈔日記本,余容後告。馮樹堂聞弟將到省城,寫一薦條,薦兩朋友。弟留心訪之可也。

道光二十三年正月十七日

【注釋】

① 纖芥：細小的嫌隙。

② 熟籌：仔細籌畫。

③ 故事：舊業，原來的課業。

④ 鮑魚：用鹽醃製的魚。

⑤ 見異思遷：看見另一個事物就想改變原來的主意。指意志不堅定，喜愛不專一。

⑥ 排奡（音傲）：剛勁有力。

⑦ 拗很：執拗凌厲。

⑧ 傲兀不群：高傲而不流於俗。

⑨ 朋黨：指士大夫結黨，結成利益集團。

⑩ 尚：錦衣外面再加上麻紗單罩衣，以掩蓋其華麗。比喻不炫耀於人。

⑪ 疵議：非議，指責。

⑫ 腹誹：指內心不滿、有意見卻不說出來，只在心裡嘀咕。

⑬ 惘然：茫然，恍惚不解的樣子。

⑭ 眾口鑠金：指眾人的言論能夠熔化金屬。比喻輿論影響強大。

⑮ 浩浩茫茫：指遼闊曠遠，模糊不清。

⑯ 質證：質疑論證。

⑰ 騖：追求，強求。

⑱ 義理之學：即宋明理學，是講求儒學經義，探究名理的學問。下文的「考據之學」指考注據實古書古義的確鑿出處與含義，「詞章之學」指研究詞賦的學問。

⑲ 經濟：指經世濟民。

⑳ 汗牛充棟：本義是指用牛運書，牛要累得出汗，用屋子放書，要放滿整個屋子。形容藏書很多。

㉑ 厥後：自那以後。

㉒ 無如：無奈。

㉓ 蹈大戾：指犯大罪。

㉔ 曹：班，組。

㉕ 稔：熟悉。

㉖ 齋：指學舍。

㉗ 執贄：古代漢族交際禮儀。「贄」亦寫作「摯」，即禮品，拜謁尊長及串親訪友時必攜見面禮物。

【譯文】

諸位老弟足下：

正月十五接到四弟、六弟、九弟十二月初五所發的家信。四弟的信有三頁，話語句句平實，責備我對人不夠寬容，說得非常在理。說「每月寫信，只是用些空洞的言語來責備弟弟們，卻又不能有實在的好消息，叫堂上大人看了兄長的信，懷疑弟弟們粗俗庸碌，使弟弟們無地自容」等，這幾句話，兄長我看了不覺汗下。

我去年曾經和九弟閒談，說道：「為人子者，如果使父母看見我好些，認為其他兄弟都不如我，這就是不孝；如果使族人都稱讚我好，認為其他兄弟都不如我，這就是兄弟不和睦。為什麼這麼說呢？因為這樣使父母心中有了好與不好的區別，使族人口中有了好與不好的差別，那一定是他平日裡有討好的念頭，在暗中使用計策，使自己得到好名聲，而使其他兄弟得了壞名聲，那以後的嫌隙，一定是從這裡產生的。劉大爺、劉三爺兄弟都想做好人，最後變為仇敵，就是因為劉三爺在父母、族人之中得到了好名聲，而劉大爺得了壞名聲。」現在四弟責備我的，正是這個道理，我因此讀了以後汗顏。但願我們兄弟五個，都明白這個道理，彼此原諒。兄長為弟弟得壞名聲而憂慮，弟弟為兄長得好名聲而快樂。兄長不能讓弟弟盡道義上的責任而得好名聲，這是兄長的罪過；弟弟不能使兄長盡道義上的責任而得好名聲，這是弟弟的罪過。如果各自都這麼想，那億萬年也不會有一絲一毫的嫌隙了。

至於家塾讀書這件事，我也知道很難，曾經和九弟當面談到過幾十次。但四弟上次來信，說想找個學館外出教書。為兄的意思是去學館教書比在家塾更加荒廢功業、耽誤事情，與其出去學館教書，不如在家塾靜心居處。如果說一出家塾就有明師益友，那我們境內所說的明師益友，我都瞭解，而且已經日夜思索籌畫了，只有汪覺庵老師和陽滄溟先生是為兄心中所信任的可以作為老師的人。但是衡陽的風俗，只有冬學是要緊的，自五月以後，老師、弟子都是奉行以往的課業罷了。一起學習的人，都是庸碌鄙俗、沒有志向的，又最喜歡嘲笑別人（他們取笑的方法不獨一，總之離不開輕薄兩個字。四弟如果到衡陽去，他們必定會笑你是翰林的弟弟，真是淺薄可惡）。鄉間沒有朋友，實在是第一件遺憾的事，不僅沒有益處，而且大有害處。習俗可以在人與人之間流傳，

就是說和鹹魚相處，也會慢慢被它同化。為兄曾經和九弟提到，說衡陽不可以讀書，漣濱不可以讀書，就是損友太多的緣故。

現在四弟的意思是一定要跟著覺庵老師學習，那千萬要聽為兄的囑咐，只學明師的好處增益自己，不要受損友的損害。接到這封信，立即帶厚二到覺庵老師那裡接受課業。關於學費，今年我會準備十掛錢，在八月份肯定寄回，不至於連累家裡。不是不想送得豐厚一點，實在是做不到。為兄最憂慮的是，一起學習的人沒有志氣而一味嬉遊，端午節以後就閒散不用功，怕弟弟和厚二也跟著學壞樣子罷了，一定要當心啊！凡是跟從老師學習的，一定要時間久了之後才可以獲益，四弟與季弟今年跟從覺庵老師，如果地方安定，那明年還可以繼續跟著他遊學。如果一年換一個地方，就是沒有恒心，意志不堅，想求得進步就太難了。

以上是答覆四弟來信的大略內容。

六弟的信是一篇絕妙的古文，剛勁有力像韓昌黎，執拗凌厲像王半山。我論古文，總要有倔強不馴的氣質，越拗越深的意思，所以在太史公以外，獨取昌黎、半山兩家。論詩也贊成傲岸不平凡的，論書法也一樣。每每有這種想法卻不輕易談論。近來交了何子貞這位朋友，兩人意見非常相合，偶爾談論一兩句，兩人就相視而笑。不知六弟竟然生成了這樣一支妙筆，過去看你的文章，也沒有什麼出奇的地方，現在看了這封信，才知道弟弟真是一個不受拘束的人才，歡喜得不得了！凡是為兄心有所向而力不從心的，弟弟你都可以做到了。

信中說為兄與諸位君子講學，恐怕漸漸結成了朋黨，所見很對。但是弟弟盡可放心，兄長最怕標榜，常常想著低調不引人注意，決不至於有所謂自誇門戶的意思。信中說四弟浮躁不虛心，也切中了四弟的缺點，四弟應當看作良友藥石。信中又有「學業被荒廢已久，對兒子們沒有什麼管束」二語，這很不對。下臣和兒子對於君主和雙親，只應該讚揚他們的美好之處，不能說到他們的過錯；只應該用道理曉諭他們，而不能指責他們細小的過失。為兄從前經常犯這種大錯，但還只是在心裡嘀咕，不曾用筆寫出來。現在想想，還有什麼不孝是比這更大的呢？曾經與歐陽牧雲及九弟說到過，以後希望和弟弟們一起嚴厲懲戒這種大錯。六弟接到這封信，立即到父親面前磕頭，並代我磕頭請罪。

信中又說「弟弟的牢騷，不是小人的那種熱衷，而是有志之士的愛

惜光陰。」讀到這裡，心裡很是不解，恨不得生兩個翅膀一下飛到家裡，將老弟勸慰一番，縱談幾天才快活。然而即使弟弟都入了學，那些謠言一定會說學院徇了私情，眾人的言論能夠熔化金屬，從哪裡去辯解呢？所謂塞翁失馬，安知非福？科名遲早，實在是早就註定，雖說是愛惜光陰的念頭很迫切，也不必為了虛名而牽掛在心。

來信說看了一本半《禮記疏》，宏大渺茫，沒有什麼收穫，現在已經廢棄，不敢再讀，現讀《朱子綱目》，每天十多頁。說到這裡，為兄悔恨得不得了，恨早年不曾用功，如今雖想教弟弟，卻好比瞎子想引導迷路的人，要求他一點都不出錯，就太難了。

但為兄最喜歡苦思，又得幾位益友相互質疑論證，對於讀書的道理，有必定不會改變的幾個方面。研究經書一定要專心於一經，不能廣泛貪求。讀經以研究、尋找義理為本，以考據名物為末。讀經有一個耐字訣竅，一句不通，不看下句；今天不通，明天再讀；今年不通，明年再讀，這就叫耐心。讀史的方法，最好的辦法是設身處地。每看一處，就像我和當時的人一起在其中應酬談笑。不需要書裡每個人都能記得，只記一人，就好像接觸到了這個人一樣；不需要書裡事事都能記得，只記一事，就好像親自參與了這件事一樣。經，主要是深入研究其中的義理；史，主要是考察其中的事實。離開這兩方面，沒有別的可學了。

從西漢到現在，識字的讀書人大約有三種研究方向：一是義理之學，一是考據之學，一是詞章之學。他們往往各執一門，互相詆毀。為兄自認為義理之學最大，義理明白了，那實踐時就有了主旨，而經世濟民就有了根本；詞章之學，也是用來闡發義理的；考據之學，我覺得沒有可取的。這三種方向，都從事於經史，各有各的門徑。我覺得想讀經史，只應研究義理，那內心就專一而不分散。所以讀經要專守一經，讀史要專熟一代，讀經史就要專注義理。這都是守約的道理，確實不可更改。

說到經史以外，那諸子百家多得數不清。要是弟弟想讀它，只應當讀一人的專集，不應該東翻西閱。比如讀《昌黎集》，那眼睛看的，耳朵聽的，沒有不是昌黎的，認為天地間除了《昌黎集》，再沒有其他書了。這一專集沒有讀完，絕對不更換他集，這也是專字訣竅。六弟要認真記住啊。

讀經，讀史，讀專集，講義理之學，這是有志的人千萬不能改變的。聖人復起，也一定同意我的話。然而，這也只是對有大志的人而言的。假如說到科名之學，就要讀四書文，讀試帖詩，頭緒很多。四弟、九弟、厚二弟天資較低，必須做科名的學問。六弟既然有大志，即使不圖科名也可以，只要守一耐字訣就好。看來信說讀《禮記疏》，似乎不能忍耐，還是要繼續自勉啊！

為兄年少時天分不是很低，之後天天和庸俗的人相處，完全沒有見聞，心竅閉塞了很久。等到乙未年到京城後，才有志學詩、古文和書法，只是沒有良友。近年尋得一兩個良友，才知道有所謂的經學、經濟，有所謂的躬行實踐，才知道范、韓的主張可以學有所成，司馬遷、韓愈的學問也可以學有所成，程、朱的理論也可以學有所成。感慨之餘，便想盡洗過去的污穢，成為重生之人，成為父母的孝子，成為弟弟們的先導。無奈身體太弱，耳鳴不止，稍微一用心，就感到勞累。每天自己思索，老天既然限制我不能苦思，那是上天不想讓我成就學問啊。所以近日以來，意志很疏懶。打算著今年如果可以得到一個外差，能還清一切舊債，那就辭官回歸田園奉養雙親，不再留戀官位利祿了。我只是粗略認識幾個字，不敢做壞事而犯大罪罷了，不再有志於先哲了。人們把保養自身作為第一要務，我之所以沒有大的志向，就是怕用心過度，使得精神疲憊。各位弟弟也一定要時時想著保養自身，不要疏忽！

來信又反駁我前面信裡的內容，說「必須博雅有才，而後才能明理有用」，說得非常對。為兄上次信裡的意思是要重視實踐，就是子夏「賢賢易色章」的意思，認為廣博文雅不可貴，只有明理才有用，只是他提出的觀點過於激進罷了。六弟信中的意思是不博雅多聞，怎麼能明理有用？提出的觀點非常精練，但是弟弟一定要努力實行，不能只是擅長和為兄辯解才好。

來信又說四弟和季弟跟從覺庵老師遊學，六弟、九弟仍然來京，或去城南受業等。為兄想和弟弟們共住京城，這種感情好比孤雁求群。自從九弟辛丑年秋天想著回家，為兄百般挽留，九弟可以證明這一點，等到去年秋天決定南歸，為兄實在沒有辦法，只得聽他自便。如果九弟今年再來，那一年之內忽去忽來，不僅堂上大人不肯，就是旁觀的人也會笑我兄弟舉止輕率。況且兩個弟弟一起來，路費要花八十金，現在實在

難以籌措。六弟說能夠自己解決，我私下裡覺得不可信。曹西垣去年冬天已經到了京城，郭筠仙明年才起程，眼下也沒有好的同伴。只有去城南受業這個想法很合我的心意。為兄在二月間一定寄二十兩銀子到金竺虔家，作為六弟、九弟省城讀書的費用。竺虔於二月動身回南，這筆銀子四月初可到。

弟弟接到這封信，立即去省城受業。省城中和為兄相好的如郭筠仙、凌笛舟、孫芝房，都在別處坐書院；賀蔗農、俞岱青、陳堯農、陳慶覃各位先生都是官場中人，不能靠著桌案用功了。只聽說有個丁君（名敘忠，號秩臣，長沙廩生），學問切合實際，誠篤守信。為兄雖然不曾見過面，卻熟知他可以為師。凡是與我交好的人，都極力稱讚丁君。兩位弟弟到了省城，先到城南的學舍住下，然後立即去拜訪丁君（托陳季牧介紹），帶著禮物去受業。但凡是人必有老師，如果沒有老師，那就不會產生畏懼之心。既然以丁君為師，此外擇友就要謹慎再謹慎。韓昌黎說：「善良的人不依附我，我就強制去依附他；邪惡的人不厭惡我，我就強制拒絕他。」一生的成敗，都與朋友是不是賢德有關，不能不謹慎啊。

來信中把進京作為上策，把去城南受業作為次策。為兄不是不想同意上策，因為九弟來去太快，不好寫信稟告堂上，不僅九弟的形跡前後矛盾，就是我稟告堂上也一定自相矛盾。另外眼下實在難以準備路費，六弟說能自己籌措，也是沒有經歷過甘苦的話。如果我今年能得到一個外差，那兩位弟弟今年冬天和朱嘯山一起來就太好了。目前還是採取次策吧，如果六弟覺得不好，那再寫信來商量也可以。

以上答覆來信的大略內容。

九弟的信，家事寫得很詳細，可惜話說得太短。為兄寫信常常太長，以後截長補短才好。堯階如果有大事，弟弟中跟著去一個，幫他幾天。牧雲接到我的長信，為什麼沒有回信？莫不是嫌我的話太直接了？扶乩的事，完全不可信，九弟總要立志讀書，不要再想這些事。季弟一切都要聽各位哥哥的話。這次通信員走得很急，來不及抄日記本，其餘容我以後再說。馮樹堂聽說弟弟將到省城，寫了一個薦條，推薦了兩個朋友。弟弟留心拜訪他們就好。

道光二十三年正月十七

致諸弟·喜述大考升官

【原文】

諸位老弟足下：

正月間曾寄一信與諸弟，想已收到。二月發家信時甚匆忙，故無信與弟。

三月初六巳刻，奉上諭於初十日大考翰詹。余心甚著急，緣寫作俱生，恐不能完卷。不圖十三日早見等第單，餘名次二等第一，遂得仰荷天恩，賞擢不次①，以翰林院侍講升用。格外之恩，非常之榮，將來何以報稱？惟有時時惶悚，思有補於萬一而已。

茲因金竺虔南旋之便，付回五品補服四付、水晶頂二座、阿膠二封、鹿膠二封、母親耳環一雙。竺虔到省時，老弟照單查收。阿膠系毛寄雲所贈，最為難得之物，家中須慎重用之。竺虔曾借餘銀四十兩，言定到省即還。其銀以二十二兩為六弟、九弟讀書省城之資，以四兩為買書筆之資，以六兩為四弟、季弟衡陽從師束修之資，以四兩為買漆之費，即每歲漆一次之謂也，以四兩為歐陽太岳母奠金。賢弟接到銀後，各項照數分用可也。

此次竺虔到家，大約在五月節後，故一切不詳寫。待折差來時，另寫一詳明信付回，大約四月半可到。賢弟在省如有欠用之物，可寫信到京，要我付回，另付回大考名次及升降一單照收。餘不具述。兄國藩手草。

道光二十三年三月十九日

【注釋】

① 不次：不依尋常次序。猶言超擢，破格。

【譯文】

　　諸位老弟足下：

　　正月間曾寄了一封信給各位弟弟，想必已經收到。二月發家信時很匆忙，所以沒有寫信給弟弟。

　　三月初六巳刻，接到聖旨說在初十大考翰林詹事。我心裡很著急，因為寫作都生疏了，怕不能做完試卷。沒有想到十三日早上看到放榜的等第名單，我的名次排在第二等第一名，於是仰仗皇上的恩典，破格賞賜提拔，擢升為翰林院侍講。得到這種格外的恩惠、非比尋常的榮譽，將來用什麼來報答呢？只有時刻保持惶恐，想著能夠報答萬分之一罷了。

　　現因金竺虔回湖南，請他帶回五品補服四套、水晶頂二座、阿膠二封、鹿膠二封、母親耳環一雙。竺虔到省城時，老弟照清單查收。阿膠是毛寄雲送的，是最難得的藥品，家裡要慎重使用。竺虔曾經借我四十兩銀子，說好到省城便歸還。這四十兩中二十二兩是六弟、九弟在省城讀書的學費，四兩是買書買筆的費用，六兩是四弟、季弟到衡陽從師的禮金，四兩是買漆的費用，就是每年漆一次壽材的費用，四兩是給歐陽太岳母的祭奠禮金。賢弟接到銀子後，按以上各項分配使用就可以了。

　　這次竺虔到家，大約在五月節後，所以一切不詳細寫了。等通信員來時，另外再寫一封詳細的信附回，大約四月半可以到。賢弟在省城如有什麼缺乏的東西，可以寫信到京城，讓我寄回。另外附回大考的名次及升降名單。其餘不具體寫了。兄國藩手草。

　　　　　　　　　　　　　　　　　道光二十三年三月十九日

致六弟・學詩習字之法

【原文】

　　溫甫六弟左右：

　　五月二十九、六月初一連接弟三月初一、四月二十五、五月初一三次所發之信，並四書文二首，筆仗實實可愛。

信中有云「於兄弟則直達其隱，父子祖孫間不得不曲致其情」，此數語有大道理。余之行事，每自以為至誠可質天地，何妨直情徑行。昨接四弟信，始知家人天親之地，亦有時須委曲以行之者。吾過矣！吾過矣！

香海為人最好，吾雖未與久居，而相知頗深，爾以兄事之可也。丁秩臣、王衡臣兩君，吾皆未見，人約可為爾之師。或師之，或友之，在弟自為審擇。若果威儀可則[1]，淳實宏通[2]，師之可也；若僅博雅能文，友之可也。或師或友，皆宜常存敬畏之心，不宜視為等夷[3]，漸至慢褻，則不復能受其益矣。

爾三月之信所定功課太多，多則必不能專，萬萬不可。後信言已向陳季牧借《史記》，此不可不熟看之書。爾既看《史記》，則斷不可看他書。功課無一定呆法，但須專耳。余從前教諸弟，常限以功課，近來覺限人以課程，往往強人以所難，苟其不願，雖日日遵照限程，亦復無益。故近來教弟但有一專字耳。專字之外，又有數語教弟，茲待將冷金箋寫出，弟可貼之座右，時時省覽，並抄一付寄家中三弟。

香海言時文須學《東萊博議》，甚是。爾先須用筆圈點一遍，然後自選幾篇讀熟。即不讀亦可，無論何書，總須從首至尾通看一遍，不然，亂翻幾頁，摘抄幾篇，而此書之大局精處茫然不知也。

學詩從《中州集》入亦好。然吾意讀總集不如讀專集，此事人人意見各殊，嗜好不同。吾之嗜好，於五古則喜讀《文選》，於七古則喜讀《昌黎集》，於五律則喜讀《杜集》，七律亦最喜杜詩，而苦不能步趨[4]，故兼讀《元遺山集》。吾作詩最短於七律，他體皆有心得，惜京都無人可與暢語者。爾要學詩，先須看一家集，不要東翻西閱；先須學一體，不

可各體同學，蓋明一體則皆明也。凌笛舟最善為詩律，若在省，爾可就之求教。

習字臨《千字文》亦可，但須有恆。每日臨帖一百字，萬萬無間斷，則數年必成書家矣。陳季牧最喜談字，且深思善悟。吾見其寄岱雲信，實能知寫字之法，可愛可畏。爾可從之切磋，此等好學之友，愈多愈好。

來信要我寄詩回南，余今年身體不甚壯健，不能用心，故作詩絕少，僅作感春詩七古五章，慷慨悲歌，自謂不讓陳臥子，而語太激烈，不敢示人。餘則僅作應酬詩數首，了無可觀。頃作寄賢弟詩二首，弟觀之以為何如？京筆現在無便可寄，總在秋間寄回。若無筆寫，暫向陳季牧借一支，後日還他可也。兄國藩手草。

道光二十三年六月初六日

【注釋】

① 則：效法。

② 宏通：寬宏通達。

③ 等夷：同等，同輩或地位同等的人。

④ 步趨：追隨，效法。

【譯文】

溫甫六弟左右：

五月二十九日、六月初一接連收到弟弟三月初一、四月二十五日、五月初一三次所發的信，並四書文兩篇，筆力實在讓人喜愛。

信中說道「在兄弟面前可以直接陳述自己內心的想法，父子祖孫之間卻不得不委婉地表達自己的意思」，這幾句話有大道理。我行事，每每認為自己的誠意可問天地，直述實情又何妨呢？昨天接到四弟的信，才知道即使是至親，有時也要委曲行事。這是我的過錯！這是我的過錯！

香海為人很好，我雖然沒能長久和他住在一起，但瞭解很深，你可以用對待兄長的態度對待他。丁秩臣、王衡臣兩位，我都沒有見過，大約可以做你的老師。是把他當作老師，還是當作朋友，弟弟自己仔細選擇。如果真是威儀可為表率，淳樸實在，寬宏通達，當作老師是可以的；如果只是博雅能文，當作朋友就可以。不論當作老師還是朋友，都應該心懷敬畏，不應該把他看作同輩之人，漸漸地怠慢褻瀆他，那就不能受到教益了。

弟弟三月的信，所定的功課太多，多了就不能專心，萬萬不可以。後面的信說已向陳季牧借了《史記》，這是不可不熟讀的書。你既然讀《史記》，那就不能看其他書了。功課沒有一定的呆辦法，只需要專心罷了。我從前教各位弟弟，常常限定功課，近來覺得限定課程是強人所難，如果你們不願意，即使天天遵守限定課程，也沒有益處。所以近來教弟弟，只強調一個「專」字。專字以外，又有幾句話告訴弟弟，現特地用冷金箋寫出來，弟弟可以貼在座右，隨時看看，並抄一份寄給家中的三位弟弟。

香海說學時文要學《東萊博議》，他說得很對。弟弟要先用筆圈點一遍，然後自選幾篇讀熟。即使不讀也可以，無論什麼書，總要從頭到尾通讀一遍。不然，亂翻幾頁，摘抄幾篇，而這本書的整體和精微之處卻完全不知道。

學詩從《中州集》入手也好，但是我的意思是讀總集不如讀專集。這種事情，每個人的看法不同，喜好也不同。我的嗜好是，對於五言古體詩則喜歡《文選》，對於七言古體詩則喜歡讀《昌黎集》，對於五言律詩則喜歡讀《杜集》，七言律詩也最喜歡杜詩，而苦於不能效法他，所以兼讀《元遺山集》。我作詩最不擅長的是七律，其他體裁都有心得。可惜京城裡沒有人可以在一起暢談。弟弟要學詩，先要看一家集，不要東翻西閱；先要學一體，不能各體同時學，因為明白了一體，就都明白了。凌笛舟最擅長詩律，如果在省城，弟弟可以就近求教。

習字臨《千字文》也可以，但要有恒心。每天臨帖一百字，千萬不要間斷，那麼幾年下來就一定能成為書法家。陳季牧最喜歡談論書法，並且深思善悟。我看過他寄給岱雲的信，實在是瞭解書法的訣竅，令人喜愛又敬畏。弟弟可以跟隨他切磋學習，這樣好學的朋友，越多越好。

來信要我寄詩回去，我今年身體不是很壯健，不能用心，所以作詩非常少，只作了感春詩七古五章，慷慨悲歌，自己認為比得上陳臥子，但語辭太激烈，不敢給別人看。其餘就只作了幾首應酬詩，沒有什麼可看的。剛作的寄賢弟詩兩首，弟弟看後認為怎麼樣？京筆現在找不到人帶回，大概會在秋天寄回。如果沒有筆寫，暫時向陳季牧借一支，日後還他就可以了。兄國藩手草。

道光二十三年六月初六

致諸弟・論孝弟之道

【原文】

　　澄侯、叔淳、季洪三弟左右：

　　五月底連接三月初一、四月十八兩次所發家信。四弟之信具見真性情，有困心衡慮①、鬱積思通之象。此事斷不可求速效，求速效必助長，非徒無益，而又害之。只要日積月累，如愚公之移山，終久必有豁然貫通之候，愈欲速則愈錮蔽矣。

　　來書往往詞不達意，我能深諒其苦。今人都將學字看錯了，若細讀「賢賢易色」一章，則絕大學問即在家庭日用之間。於孝弟兩字上，盡一分便是一分學，盡十分便是十分學。今人讀書皆為科名起見，於孝弟倫紀之大，反似與書不相關。殊不知書上所載的，作文時所代聖賢說的，無非要明白這個道理。若果事事做得，即筆下說不出何妨？若事事不能做，並有虧於倫紀之大，即文章說得好，亦只算個名教②中之罪人。賢弟性情真摯，而短於詩文，何不日日在孝弟兩字上用功？《曲禮》、《內則》所說的，句句依他做出，務使祖父母、父母、叔父母無一時不安樂，無一時不順適，下而

兄弟、妻子皆藹然有恩，秩然有序，此真大學問也。若詩文不好，此小事，不足計，即好極，亦不值一錢，不知賢弟肯聽此語否？

科名之所以可貴者，謂其足以承堂上之歡也，謂祿仕可以養親也。今吾已得之矣，即使諸弟不得，亦可以承歡，亦可以養親，何必兄弟盡得哉？賢弟若細思此理，但於孝弟上用功，不於詩文上用功，則詩文不期進而自進矣。

凡作字總須得勢，務使一筆可以走千里。三弟之字，筆筆無勢，是以局促不能遠縱。去年曾與九弟說及，想近來已忘之矣。九弟欲看余白折，余所寫摺子甚少，故不付。大銅尺已經尋得。付筆回南，目前實無妙便，俟秋間定當付還。

去年所寄牧雲信未寄去，但其信前半勸牧雲用功，後半勸凌雲莫看地，實有道理。九弟可將其信抄一遍仍交與他，但將紡棉花一段刪去可也。地仙為人主葬，害人一家，喪良心不少，未有不家敗人亡者，不可不力阻凌雲也。至於紡棉花之說，如直隸之三河縣、靈壽縣，無論貧富男婦，人人紡布為生，如我境之耕田為生也。江南之婦人耕田，猶三河之男人紡布也。湖南如瀏陽之夏布，祁陽之葛布，宜昌之棉布，皆無論貧富男婦，人人依以為業，此並不足為駭異也。第風俗難以遽變，必至駭人聽聞，不如刪去一段為妙。書不盡言。兄國藩手草。

道光二十三年六月初六日

【注釋】

①困心衡慮：心意困苦，思慮阻塞。表示費盡心力，經過艱苦的思考。

②名教：指以正名定分為主的封建禮教。

　　澄侯、叔淳、季洪三弟左右：

　　五月底接連收到三月初一、四月十八日兩次所發的家信。四弟的信，都見真性情，有竭力思考、百思不得其解的情況。這件事絕不可以求快，快了便成了揠苗助長，不僅沒有益處，而且有害。只要日積月累，像愚公移山一樣，終會有豁然貫通的時候，越想快反而會越禁錮閉塞。

　　來信往往詞不達意，我能諒解他的苦衷。現在的人都把學字看錯了，如果仔細讀「賢賢易色」一章，那麼絕大的學問就在家庭日用中間，在孝、悌二字上盡一分就是一分學，盡十分就是十分學。現在的人讀書都是為了科名，對於孝、悌、倫、紀的大義，反而似乎與讀書不相干。竟不知書上所寫的，寫文章時代替聖賢說的，無非是要明白這個道理。如果真的事事做到，就算筆下寫不出來又有什麼關係呢？如果件件事不能做，並且有虧於倫紀的大義，就算文章寫得好，也只能算是一個禮教中的罪人。賢弟性情真摯，而不善詩文，為什麼不時常在孝悌兩字上下功夫呢？《曲禮》《內則》所說的，句句都依照它去做，務必使祖父母、父母、叔父母沒有一時不安樂，沒有一刻不舒適。往下對於兄弟、妻子都和藹有恩，井然有序，這真是大學問啊。如果詩文不好，這是小事，不值得計較，就是好得不得了，也不值一錢。不知道賢弟肯不肯聽這些話？

　　科名之所以可貴，是說它足以迎合堂上大人的歡心，說俸祿可以奉養雙親。現在我已經得到了，即使弟弟們不得，也可以讓堂上大人開心，可以奉養他們，何必各位弟弟都得呢？賢弟如果細想這個道理，只在孝悌上用功，不在詩文上用功，那麼即使對詩文進步不抱希望，它也會自然進步了。

　　但凡寫字總要有些氣勢，一定要使一筆可以走千里。三弟的字，筆筆沒有氣勢，所以拘束不能遠縱。去年曾經和九弟說過，想必近來已經忘記了。九弟想看我的白折，我所寫的摺子很少，所以沒有寄。大銅尺已經找到。寄筆回南，目前實在沒有方便的人，等秋天一定寄回。

　　去年寄給牧雲的信沒寄去，但這封信前半部分勸勉牧雲用功，後半部分勸凌雲不要看地，確實有道理。九弟可將這封信抄一遍仍然交給

他，只將紡棉花一段刪去就好。地仙為人家主持喪事，害人一家，喪良心不少，沒有不家破人亡的，不可不極力阻止凌雲。至於紡棉花的說法，如直隸的三河縣、靈壽縣，無論貧與富、男與女，人人都以紡布為生，好比我們那裡靠耕田為生一樣。江南的婦女耕田，如同三河的男人紡布。湖南如瀏陽的夏布，祁陽的葛布，宜昌的棉布，都是不論貧與富、男與女，人人都以紡布為生，這並不值得大驚小怪。只是風俗難以忽然改變，一定會讓人非常吃驚，不如刪去這段為好。信中難以寫盡所有事情。兄國藩手草。

道光二十三年六月初六

致諸弟・述求師友宜專

【原文】

　　四位老弟左右：

　　正月二十三日接到諸弟信，系臘月十六日在省城發，不勝欣慰。四弟女許朱良四姻伯之孫，蘭姊女許賀孝七之子，人家甚好，可賀。惟蕙妹家頗可慮，亦家運也。

　　六弟、九弟今年仍讀書省城，羅羅山兄處附課甚好。既在此附課，則不必送詩文於他處看，以明有所專主也。凡事皆貴專，求師不專，則受益也不入；求友不專，則博愛而不親。心有所專宗，而博觀他途以擴其識，亦無不可；無所專宗，而見異思遷，此眩彼奪[①]，則大不可。羅山兄甚為劉霞仙、歐曉岑所推服，有楊生任光者，亦能道其梗概，則其可為師表明矣。惜吾不得常與居遊也。在省用錢，可在家中支用（銀三十兩則夠二弟一年之用矣，亦在吾寄一千兩之內），予不能別寄與弟也。

　　我去年十一月二十日到京，彼時無折差回南，至十二月

中旬始發信。乃兩弟之信罵我糊塗，何不檢點②至此？趙子舟與我同行，曾無一信，其糊塗更何如耶？余自去年五月底至臘月初未嘗接一家信，我在蜀可寫信由京寄家，豈家中信不可由京寄蜀耶？又將罵何人糊塗耶？凡動筆不可不檢點。

陳堯農先生信至今未接到。黃仙垣未到京。家中付物，難於費心，以後一切佈線等物，均不必付。

九弟與鄭、陳、馮、曹四信，寫作俱佳，可喜之至。六弟與我信，字太草率，此關乎一生福分，故不能不告汝也。四弟寫信，語太不圓，由於天分，吾不復責。餘容續布，諸惟心照。兄國藩手具。

道光二十四年正月二十六日

【注釋】

① 此眩彼奪：這邊眩目，那邊也光彩奪目，形容貪戀的人欲望沒有止境。

② 檢點：言行謹慎。

【譯文】

四位老弟左右：

正月二十三日接到弟弟們的信，是十二月十六日在省城所發，欣慰得不得了。四弟的女兒許配給朱良四姻伯的孫兒，蘭姐的女兒許配給賀孝七的兒子，人家很好，值得慶賀。只是惠妹家的情況很值得憂慮，這也是家運啊。

六弟、九弟今年仍舊在省城羅羅山處讀書，很好。既然在那裡讀書，就不必送詩文到其他老師處去看，以表明求學有專一的老師。任何事情都貴在專一，求師不專，那受益也不會深入；求友不專，那就會朋友廣博卻沒有至交。心裡有專一的宗旨，而博覽其他門徑來擴大見識也不是不可以；心裡沒有專一的宗旨，而見異思遷，這山望著那山高，那就一定不行。羅山兄很為劉霞仙、歐曉岑他們所推崇，有個叫楊任光

的，也能說出他的大概，那他可以為人師表也是明白的了。可惜我不能常常和他一起交流。在省城的費用，可在家裡支用（三十兩銀子就夠兩個弟弟一年的用度了，也在我寄到家裡的一千兩內），我不能另外再寄給弟弟了。

我去年十一月二十日到京，那時沒有通信員回湖南，到十二月中旬才發信。結果兩個弟弟來信，竟罵我糊塗，為什麼言語不謹慎到了這種地步？趙子舟和我同路，一封信也沒有寫，那他的糊塗更如何？我自去年五月底到十二月初沒有接到一封家信，我在四川可以寫信由京城寄家裡，難道家裡不可以寫信由京城轉寄四川嗎？那又該罵誰糊塗呢？但凡動筆不能不言語謹慎。

陳堯農先生的信至今沒接到。黃仙垣還沒到京城。家中附帶來京的物品，太過費心了，以後一切佈線等物，都不必附帶了。

九弟給鄭、陳、馮、曹的信各一封，寫作都好，值得高興。六弟給我的信，字太潦草，這是關係一生福分的事，所以不能不告訴你。四弟寫信，語言太不圓熟，由於天分，我不再責備他。其餘容我以後再寫，請各位明白。兄國藩手具。

道光二十四年正月二十六

致諸弟·告身健及紀澤婚事

【原文】

四位老弟左右：

正月二十六日發第一號家信。二月初十日黃仙垣來京，接到家信，備悉一切，欣慰之至。所付諸物，已接脯肉一方、鵝肉一邊、雜碎四件、布一包、烘籠二個，餘皆彭雨蒼帶來。

朱嘯山亦於是日到，現與家心齋同居。系兄代伊覓得房子，距餘寓甚近，不過一箭①遠耳。郭筠仙現尚未到，余已

為賃本胡同關帝廟房，使渠在廟中住，在余家火食。馮樹堂正月十六日來余家住，擬會試後再行上學，因小兒春間怕冷故也。樹堂於二月十三考國子監學正，題「而恥惡衣惡食者」「不以天下奉一人策」二句，共五百人入場。樹堂寫作俱佳，應可必得。

陳岱雲於初六日移寓報國寺，其配之柩亦停寺中。岱雲哀傷異常，不可勸止，作祭文一篇，三千餘字。余為作墓誌銘一首，不知陳宅已寄歸否？余懶膽寄也。

四川門生現已到二十餘人。我縣會試者，大約可十五人。甲午同年，大約可二十五六人。然有求於余者，頗不乏人。

余今年應酬更繁，幸身體大好，迥②不似從前光景，面胖而潤，較前稍白矣。耳鳴亦好十之七八，尚有微根未斷，不過月餘可全好也。內人及兒子、兩女兒皆好，陳氏小兒在余家乳養者亦好。

六弟、九弟在城南讀書，得羅羅山為之師，甚妙。然城南課似亦宜應，不應，恐山長③不以為然也。所作詩文及功課，望日內付來。四弟、季弟從覺庵師讀自佳。四弟年已漸長，須每日看史書十頁，無論能得科名與否，總可以稍長見識。季弟每日亦須看史，然溫經更要緊，今年不必急急赴試也。

曾受恬自京南歸，余寄回銀四百兩、高麗參半斤、鹿膠阿膠共五斤、闈墨④二十部，不知家中已收到否？尚有衣一箱，銀五百兩，俟公車南歸帶回。

同鄉湯海秋與杜蘭溪，子女已過門而廢婚，系湯家女兒及父母並不是。餘俱如故。周介夫（鳴鑾）放安徽廬鳳道，其女兒欲許字紀澤。常南陔（大淳）升安徽桌台，其孫女欲

許字紀澤。余俱不甚願。

季仙九師為安徽學政後，升吏部右侍郎。廖老師名鴻荃，去年放欽差至河南塞河決，至今未成功。昨革職，賞七品頂戴，在河工效力贖罪。黃河大工不成，實國家大可憂慮之事，如何如何！餘容後陳。兄國藩手具。

道光二十四年二月十四日

【注釋】

① 一箭：指一箭所能達到的距離。謂相距甚近。

② 迥：差得遠。

③ 山長：古代對書院講學者的稱謂。

④ 闈墨：別稱為「試錄」。明清將鄉、會試中文字符合程式的文章選刻成書，明稱小錄，清稱闈墨。闈：科舉時代的試院。墨：試卷。

【譯文】

四位老弟左右：

正月二十六發了第一號家信。二月初十黃仙垣來京，接到家信，瞭解了一切，非常欣慰。所附帶的各物，已經接到一方幹肉、一邊鵝肉，四件雜碎，一包布，兩個烘籠，其餘都等彭雨蒼帶來。

朱嘯山也在當天到達，現在住心齋那裡，是為兄替他找的房子，離我家很近，不過一箭之地罷了。郭筠仙還沒到，我已經為他租了本胡同關帝廟的房子，讓他在廟裡住，在我家吃飯。馮樹堂正月十六來我家住，因為小兒春間怕冷，打算會試以後再上學。樹堂在二月十三日考國子監學正，題目是「而恥惡衣惡食者」「不以天下奉一人策」兩句，共五百人入場。樹堂寫作俱佳，應該可以考上。

陳岱雲在初六移住報國寺，他夫人的靈柩也停在寺裡。岱雲非常哀痛，不能勸止，作了一篇祭文，三千多字。我為他夫人作了一首墓誌銘，不知陳家已經寄回去了沒？我懶得謄寫寄回了。

四川門生，現在到了二十多個。我縣會試的，大約十五人。甲午同年，大約二十五、六人。然而有求於我的，還真不少。

　　我今年應酬更多，幸虧身體大好，完全不像從前的情形，臉胖而紅潤，比以前稍白些。耳鳴也好了十之七八，還有點兒沒有斷根，不過個把月就能全好了。內人及兒女都好，陳家小兒在我家乳養，也好。

　　六弟、九弟在城南讀書，得羅羅山為老師，這很好。然而城南書院的課業也似乎要應付一下，不然，恐怕山長不同意。所作的詩文及功課，希望最近能寄來，四弟、季弟跟從覺庵老師讀書，自然好。四弟年紀已經逐漸大了，要每天看十頁史書，不管能不能得到科名，總可以稍微長點見識。季弟每天也要看史，但溫習經書更要緊，今年不必急於赴考。

　　曾受恬從京城回湖南，我寄回四百兩銀子、高麗參半斤、鹿膠阿膠共五斤、闈墨二十部，不知道家中收到了沒？還有一箱衣服、五百兩銀子，等舉子南歸時帶回。

　　同鄉湯海秋與杜蘭溪的子女已經過門卻悔婚了，是湯家女兒及其父母的不對。其餘都如舊。周介夫（鳴鸞）外放安徽廬鳳道，他想把女兒許配給紀澤。常南陔（大淳）升任安徽桌台，他想把孫女許配給紀澤。我都不太願意。

　　季仙九老師做了安徽學政後，升任吏部右侍郎。廖老師名叫鴻荃，去年放欽差到河南堵塞黃河的決口，到現在還沒成功。昨日被革去職位，賞了七品頂戴，在河工效力贖罪。黃河的工程不成功，實在是國家最值得憂慮的事，怎麼辦啊！其餘容我以後陳述。兄國藩手具。

道光二十四年二月十四日

致諸弟・述濟戚族之故

【原文】

　　六弟、九弟左右：

　　三月八日接到兩弟二月十五所發信，信面載第二號，則知第一號信未到。比去提塘①追索，渠雲並未到京，恐尚在省未發也。以後信宜交提塘掛號，不宜交折差手，反致差

錯。

來書言自去年五月至十二月，計共發信七八次。兄到京後，家人僅檢出二次，一系五月二十二日發，一系十月十六日發，其餘皆不見。遠信難達，往往似此。

臘月信有「糊塗」字樣，亦情之不能禁者。蓋望眼欲穿之時，疑信雜生，怨怒交至。惟骨肉之情愈摯，則望之愈殷；望之愈殷，則責之愈切。度日如年，居室如環牆，望好音如萬金之獲，聞謠言如風聲鶴唳[2]，又加以堂上之懸思，重以嚴寒之逼人，其不能不出怨言以相詈[3]者，情之至也。然為兄者觀此二字，則雖曲諒其情，亦不能不責之。非責其情，責其字句之不檢點耳，何芥蒂之有哉！

至於回京時有折弁南還，則兄實不知。當到家之際，門幾如市[4]，諸務繁劇，吾弟可想而知。兄意謂家中接榜後所發一信，則萬事可以放心矣，豈尚有懸掛者哉？來書辯論詳明，兄今不復辯。蓋彼此之心雖隔萬里，而赤誠不啻[5]目見，本無纖毫之疑，何必因二字而多費唇舌？以後來信，萬萬不必提起可也。

所寄銀兩，以四百為饋贈族戚之用。來書云「非有未經審量之處，即似稍有近名之心」，此二語推勘[6]入微，兄不能不內省者也。又云「所識窮乏，得我而為之，抑逆知家中必不為此慷慨[7]，而姑為是言」，斯二語者，毋亦擬阿兄不倫乎？兄雖不肖，亦何至鄙且奸至於如此之甚！所以為此者，蓋族戚中有斷不可不一援手之人，而其餘則牽連而及。

兄己亥年至外家，見大舅陶穴[8]而居，種菜而食，為惻然者久之。通十舅送我，謂曰：「外甥做外官，則阿舅來作燒火夫也。」南五舅送至長沙，握手曰：「明年送外甥婦來京。」余曰：「京城苦，舅勿來。」舅曰：「然。然吾終尋汝

任所也。」言已泣下。兄念母舅皆已年高，饑寒之況可想，而十舅且死矣，及今不一援手，則大舅、五舅又能沾我輩之餘潤乎？十舅雖死，兄意猶當恤其妻子，且從俗為之延僧，如所謂道場者，以慰逝者之魂，而盡吾不忍死其舅之心。我弟以為可乎？

蘭姊、蕙妹家運皆舛⑨，兄好為識微⑩之妄談，蘭姊猶可支撐，蕙妹再過數年則不能自存活矣。同胞之愛，縱彼無觖望⑪，吾能不視如一家一身乎？

歐陽滄溟先生夙債甚多，其家之苦況，又有非吾家可比者，故其母喪，不能稍隆厥禮。岳母送余時，亦涕泣而道。兄贈之獨豐，則猶徇世俗之見也。

楚善叔為債主逼迫，搶地無門，二伯祖母嘗為余泣言之，又泣告子植曰：「八兒夜來淚注地，濕圍徑五尺也。」而田貨於我家，價既不昂，事又多磨。常貽書於我，備陳吞聲飲泣之狀。此子植所親見，兄弟常欷歔⑫久之。

丹閣叔與寶田表叔，昔與同硯席⑬十年，豈意今日雲泥隔絕至此。知其窘迫難堪之時，必有飲恨於實命之不猶者矣。丹閣戊戌年曾以錢八千賀我，賢弟諒其景況，豈易辦八千者乎？以為喜極，固可感也；以為釣餌，則亦可憐也。任尊叔見我得官，其歡喜出於至誠，亦可思也。

竟希公一項，當甲午年抽公項三十二千為賀禮，渠兩房頗不悅。祖父曰：「待藩孫得官，第一件先復竟希公項。」此語言之已熟，特各堂叔不敢反唇相譏耳。同為竟希公之嗣，而菀枯⑭懸殊若此，設造物者一日移其菀於彼二房，而移其枯於我房，則無論六百，即六兩亦安可得耶？

六弟、九弟之岳家皆寡婦孤兒，槁餓無策。我家不拯之，則孰拯之者？我家少八兩，未必遂為債戶逼取，渠得八

兩，則舉室回春。賢弟試設身處地，而知其如救水火也。

彭王姑待我甚厚，晚年家貧，見我輒泣。茲王姑已歿，故贈宜仁王姑丈，亦不忍以死視王姑之意也。騰七則姑之子，與我同孩提長養。各舅祖則推祖母之愛而及也。彭舅曾祖則推祖父之愛而及也。陳本七、鄧升六二先生，則因覺庵師而牽連及之者也。其餘饋贈之人，非實有不忍於心者，則皆因人而及。非敢有意討好，沽名釣譽，又安敢以己之豪爽，形⑮祖父之刻嗇，為此奸鄙之心之行也哉？

諸弟生我十年以後，見諸戚族家皆窮，而我家尚好，以為本分如此耳。而不知其初皆與我家同盛者也。兄悉見其盛時氣象，而今日零落如此，則大難為情矣。凡盛衰在氣象，氣象盛則雖饑亦樂，氣象衰則雖飽亦憂。今我家方全盛之時，而賢弟以區區數百金為極少，不足比數⑯。設以賢弟處楚善、寬五之地，或處葛、熊二家之地，賢弟能一日以安乎？凡遇之豐嗇⑰順舛，有數存焉，雖聖人不能自為主張。天可使吾今日處豐亨之境，即可使吾明日處楚善、寬五之境。君子之處順境，兢兢焉常覺天之過厚於我，我當以所餘補人之不足；君子之處嗇境，亦兢兢焉常覺天之厚於我，非果厚也，以為較之尤嗇者，而我固已厚矣。古人所謂境地須看不如我者，此之謂也。

來書有「區區千金」四字，其毋乃不知天之已厚於我兄弟乎？兄嘗觀《易》之道，察盈虛消息⑱之理，而知人不可無缺陷也。日中則昃⑲，月盈則虧，天有孤虛⑳，地闕東南，未有常全而不闕者。《剝》㉑也者，《復》之機㉒也，君子以為可喜也；《夬》也者，《姤》之漸㉓也，君子以為可危也。是故既吉矣，則由吝㉔以趨於凶；既凶矣，則由悔以趨於吉。君子但知有悔耳，悔者，所以守其缺而不敢求全也。小

人則時時求全，全者既得，而吝與凶隨之矣。眾人常缺而一人常全，天道屈伸之故，豈若是不公乎？今吾家椿萱[25]重慶，兄弟無故，京師無比美者，亦可謂至萬全者矣。故兄但求缺陷，名所居曰「求闕齋」，蓋求缺於他事而求全於堂上，此則區區之至願也。家中舊債不能悉清，堂上衣服不能多辦，諸弟所需不能一給，亦求缺陷之義也。內人不明此意，時時欲置辦衣物，兄亦時時教之。今幸未全備，待其全時，則吝與凶隨之矣，此最可畏者也。賢弟夫婦訴怨於房闥[26]之間，此是缺陷。吾弟當思所以彌其缺而不可盡給其求，蓋盡給則漸幾於全矣。吾弟聰明絕人，將來見道有得，必且韙[27]余之言也。

　　至於家中欠債，則兄實有不盡知者。去年二月十六接父親正月四日手諭中云：「年事一切，銀錢敷用有餘，上年所借頭息錢，均已完清。家中極為順遂，故不窘迫。」父親所言如此，兄亦不甚了了，不知所完究系何項？未完尚有何項？兄所知者，僅江孝八外祖百兩、朱嵐暄五十兩而已。其餘如耒陽本家之賬，則兄由京寄還，不與家中相干。甲午冬借添梓坪錢五十千，尚不知作何還法，正擬此次稟問祖父。此外帳目，兄實不知。下次信來，務望詳開一單，使兄得漸次籌畫。如弟所云家中欠債千餘金，若兄早知之，亦斷不肯以四百贈人矣。如今信去已閱[28]三月，饋贈族戚之語，不知鄉黨已傳播否？若已傳播而實不至，則祖父受嗇吝之名，我加一信，亦難免二三其德之誚[29]。此兄讀兩弟來書所為躊躇而無策者也。茲特呈堂上一稟，依九弟之言書之，謂朱嘯山、曾受恬處二百落空，非初意所料。其饋贈之項，聽祖父、叔父裁奪，或以二百為贈，每人減半亦可；或家中十分窘迫，即不贈亦可。戚族來者，家中即以此信示之，庶不悖

於過則歸己之義。賢弟觀之，以為何如也？

　　若祖父、叔父以前信為是，慨然贈之，則此稟不必付歸，兄另有安信付去，恐堂上慷慨持贈，反因接吾書而疑沮㉖。凡仁心之發，必一鼓作氣，盡吾力之所能為，稍有轉念，則疑心生，私心亦生。疑心生則計較多，而出納吝矣；私心生則好惡偏，而輕重乖矣。使家中慷慨樂與，則慎無以吾書生堂上之轉念也。使堂上無轉念，則此舉也，阿兄發之，堂上成之，無論其為是為非，諸弟置之不論可耳。向使去年得雲、貴、廣西等省苦差，並無一錢寄家，家中亦不能責我也。

　　九弟來書，楷法佳妙，余愛之不忍釋手。起筆收筆皆藏鋒，無一筆撒手亂丟，所謂有往皆復也。想與陳季牧講究，彼此各有心得，可喜可喜！然吾所教爾者，尚有二事焉。一曰換筆，古人每筆中間必有一換，如繩索然，第一股在上，一換則第二股在上，再換則第三股在上也。筆尖之著紙者，僅少許耳。此少許者，吾當作四方鐵筆用。起處東方在左，西方向右，一換則東方向右矣。筆尖無所謂方也，我心常覺其方，一換而東，再換而北，三換而西，則筆尖四面有鋒，不僅一面相向矣。二曰結字㉛有法，結字之法無窮，但求胸中有成竹耳。

　　六弟之信文筆拗而勁，九弟文筆婉而達，將來皆必有成。但目下不知各看何書？萬不可徒看考墨卷，汩㉜沒性靈。每日習字不必多，作百字可耳。讀背誦之書不必多，十葉可耳。看涉獵之書不必多，亦十葉可耳。但一部未完，不可換他部，此萬萬不易之理。阿兄數千里外教爾，僅此一語耳。

　　羅羅山兄讀書明大義，極所欽仰，惜不能會面暢談。

余近來讀書無所得，酬應之繁，日不暇給，實實可厭。惟古文各體詩，自覺有進境，將來此事當有成就。恨當世無韓愈、王安石一流人與我相質證耳。賢弟亦宜趁此時學為詩、古文，無論是否，且試拈筆為之，及今不作，將來年長，愈怕醜而不為矣。每月六課，不必其定作時文也。古文、詩、賦、四六無所不作，行之有常，將來百川分流，同歸於海，則通一藝即通眾藝，通於藝即通於道，初不分而二之也。此論雖太高，然不能不為諸弟言之，使知大本大原，則心有定向，而不至於搖搖無著。雖當其應試之時，全無得失之見亂其意中；即其用力舉業^㉝之時，亦於正業不相妨礙。諸弟試靜心領略，亦可徐徐會悟也。

外附碌《五箴》一首、《養身要言》一紙、《求缺齋課程》一紙，詩文不暇錄，惟諒之。兄國藩手草。

道光二十四年三月初十日

【注釋】

① 提塘：指清代掌投遞本省與京師各官署往來文書的官職。

② 風聲鶴唳：形容驚慌失措，或自相驚擾。

③ 詈（音歷）：罵。

④ 門幾如市：即門庭若市，門口和庭院裡熱鬧得像市場一樣。形容交際來往的人很多。

⑤ 不啻：不亞於。

⑥ 推勘：考察，推求。

⑦ 抑：或是，還是。逆知：預知，預料。

⑧ 陶穴：古代鑿地而成的土室。

⑨ 舛（音喘）：指命運不好，事多不順利。

⑩ 識微：指看到事物的苗頭而能察知它的本質和發展勢向。

⑪ 覬望：希望，企圖。

⑫ 欷歔：通「唏噓」，感慨，歎息。

⑬ 硯席：指硯臺與坐席。借指學習。

⑭ 菀枯：榮枯。

⑮ 形：對照，比較。

⑯ 比數：考校計算。

⑰ 豐嗇：豐富與貧乏。

⑱ 消息：指消長。

⑲ 昃：太陽偏西。

⑳ 孤虛：古代方術用語。即計日時，以十天干順次與十二地支相配為一旬，所餘的兩地支稱之為「孤」，與孤相對者為「虛」。古時常用以推算吉凶禍福及事之成敗。

㉑《剝》：與下文的《復》《夬》《姤》均為《周易》中的卦名。

㉒ 機：預兆。

㉓ 漸：事物的開端。

㉔ 吝：麻煩，艱難。

㉕ 椿萱：代指父母。

㉖ 房闥：寢室，閨房。

㉗ 韙：是，對。

㉘ 閱：經歷，經過。

㉙ 二三其德：形容心意不專，反覆無常。出自《詩經‧衛風‧氓》。
　　誚：譏誚，嘲諷。

㉖ 疑沮：懷疑，疑惑。

㉛ 結字：書法用語，指字的點劃安排與形式佈置，也稱為「結體」或「間架」。

㉜ 汩：淹沒，湮滅。

㉝ 舉業：指應科舉考試而準備的詩文，學業、課業、文字。

【譯文】

　　六弟、九弟左右：

　　三月八日接到兩位弟弟二月十五所發的信，信面寫了第二號，就知道第一號信沒到。等我去提塘追索，他們說並沒有到京，恐怕還在省城沒發出。以後信最好交給提塘掛號，不應該交到通信員手上，反倒產生了差錯。

　　來信說自去年五月到十二月，共計發了七、八封信。為兄到京城

後，家裡人只找出兩封，一是五月二十日所發，一是十月十六日所發，其餘都沒有看見。遠程的信件難以到達，往往就像這個樣子。

十二月的信裡有「糊塗」字樣，也是情不自禁寫的。因為望眼欲穿時，懷疑和信賴交錯產生，怨恨和怒氣同至，只有骨肉之情越真摯，盼望的心情才越殷切；盼望得越殷切，責備得就越嚴厲。過一天好比熬過一年，房子好比圍牆，得到好消息就好比得到一萬兩銀子，聽到謠言就好比聽到風聲鶴叫，驚慌失措，又加上堂上大人的掛念，更似嚴寒逼人，所以不能不發出怨言相罵，這是感情達到極點了。但是為兄看到這兩個字，雖說能儘量諒解你們的感情，但也不能不責備你們。不是責備你們的情感，而是責備你們用詞的不謹慎，這有什麼芥蒂呢？

至於回京時就有通信員回湖南，那為兄確實不知道。通信員到家的時候，我那裡門庭若市，事情繁雜，弟弟們可想而知。我的意思是家裡接榜後發了一封信，那萬事就可以放心了，哪裡還會有掛念呢？來信辯論詳細明白，為兄現在不再辯說了。因為我們彼此的心雖然相隔萬里，但赤誠不亞於親眼可見，沒有絲毫的疑慮，何必為了兩個字多費口舌？以後來信，萬萬不要再提了。

所寄銀兩，拿四百兩贈送給親戚族人。來信說：「沒有不經過審慎考慮的地方，就是似乎有好名的心理。」這兩句話考察細緻，為兄不能不自我反省。信中又說：「所知道窮困的人都得我來幫助，還是預料到家裡一定不做這慷慨的舉動，才姑且這麼說的？」這兩句，不也把為兄看成不講倫理的人了嗎？為兄雖然不肖，但是怎麼至於奸猾卑鄙到這種地步！我之所以這麼做，是因為親族中有絕不能不援手幫助的人，其餘的人是牽連到的。

為兄已亥年到外婆家，看見大舅住在地洞裡，種菜為生，心裡長久地感到難過。通十舅送我時說：「外甥在外做官，那舅舅就去給你做伙夫。」南五舅送我到長沙，握著我的手說：「明年送外甥媳婦到京城。」我說：「京城很苦，舅舅不要來。」舅舅說：「好，但我還是會去找你的任所的。」說完流下了眼淚。為兄考慮到母舅們年紀都很高了，饑寒的情況可以想見，而十舅還去世了，現在不去援助他們，那大舅、五舅又能夠沾我們的光嗎？十舅雖然去世了，為兄的意思是還應當撫恤他的妻子兒女，還要順從風俗幫她請和尚，就是所謂的道場，來安

慰逝者的靈魂，盡我們不忍十舅去世的心意。弟弟啊，你們認為可以嗎？

蘭姐、蕙妹的家運都坎坷，為兄喜歡胡亂說些自己的遠見，蘭姐還可支撐，而蕙妹再過幾年就會困苦得過不下去。同胞姐妹，即使她們沒有奢望，我們能不把她們看成一家人嗎？

歐陽滄溟先生的舊債很多，他家的困苦情形，不是我家可以比擬的，所以他母親過世，不能稍微辦得隆重一點而缺了禮數。岳母送我時，也一邊哭一邊跟我說這些。為兄送她的特別豐厚，也是順從世俗的人情世故罷了。

楚善叔被債主逼債，入地無門，二伯祖母曾經對我哭訴。又哭著對子植說：「八兒晚上哭得很厲害，地上濕了一大片。」而他的田又賣給我家，價錢既不貴，事情又多磨。曾經寫信給我，訴說他默默忍受的慘況，這是子植親眼看見的，我們兄弟曾經歎息了很久。

丹閣叔與寶田表叔過去與我一起學習了十年，哪裡想得到現在隔絕到這種地步。我知道他們在窘迫難堪的時候，一定會怨恨命運實在是不同啊。丹閣戊戌年曾經用八千錢來祝賀我，賢弟體諒他的光景，難道置辦八千錢是容易的嗎？如果他是太高興了，那就值得感動；如果是當作釣餌，那也值得可憐。任尊叔看見我得了官，歡喜出自內心，也是不能忘記的。

關於竟希公這筆款項，甲午年抽出公項三十二千為賀禮，他兩房很不高興，祖父說：「等國藩孫兒當了官，第一件事是先還竟希公公款。」這話已講了很久了，只是各堂叔不敢回嘴諷刺罷了。同是竟希公的後人，而枯榮懸殊如此，假設老天爺某一天把榮福轉移到他那兩房，而把困苦轉移到我們這房，那不要說六百兩，就是六兩也哪得到啊！

六弟、九弟的岳家都是寡婦孤兒，忍饑挨餓而束手無策。我家不去救濟，誰去救濟？我家少八兩，不一定就受債主逼迫，他們得八兩，卻可以全家回春。賢弟試著設身處地想想，就知道這如同是救人於水火。

彭王姑對我很寬厚，晚年家貧，看見我就哭。現在王姑已經去世，所以送錢給宜仁王姑丈，也是不忍視王姑已逝的意思。騰七是王姑的兒子，與我從小一起長大。關愛各舅祖是把對祖母的愛推廣到他們身上，關愛彭舅曾祖是把對祖父的愛推廣到他身上。陳本七、鄧升六兩位先

生，則是因為覺庵老師牽連到的。其餘要饋贈的人，不是確實不忍心看著貧困的，就是因為一些人牽繫到的。不敢有意去討好，沽名釣譽，又哪敢用自己的豪爽來對比祖父的吝嗇，做出這種奸猾卑鄙的行徑呢？

弟弟們比我遲生十年，看見這些親族都窮，而我家還好，以為本來就是這樣，卻不知道開始時他們都是和我家一樣興旺的家庭。為兄清楚地看見過他們興盛時的氣象，現在卻敗落成這樣，感到很難為情。大凡盛與衰是在於氣象。氣象盛，即使饑貧也和樂；氣象衰，即使溫飽也憂愁。現在我家正在全盛時期，而賢弟認為這幾百兩銀子太少，不值得計較。假設賢弟處在楚善、寬五的境地，或者處在葛、熊兩家的地位，賢弟能夠有一天安定嗎？大凡人的遭遇是豐盛順遂還是貧乏多災，都有天意在，即使是聖人也不能自作主張。上天可以使我今天處於豐厚的境地，就可以使我明天處於楚善、寬五的境地。君子處於順境的時候，戰戰兢兢，覺得上天對自己太寬厚了，我應該拿自己多餘的去彌補別人的不足；君子處於逆境，也戰戰兢兢，覺得上天對我不是真的豐厚，但比之於那些境遇還要差的人，那對我已經算豐厚了。古人所說的看境遇要看不如自己的，說的就是這個道理。

來信有「區區千金」四字，難道你們不知道上天已經厚待我們兄弟了嗎？為兄曾經研究《易經》的道理，觀察盈虛消長的道理，從而懂得了人不可以沒有缺陷。太陽到了正午就會西落，月亮圓了就會陰缺，天有孤虛的地方，地有東南的缺口，沒有十全而不缺的。《剝》，是《復》的預兆，君子認為值得高興《夬》，是《姤》的開端，君子認為是危險的。所以說，已經吉祥了，就會由麻煩走向兇險；已經兇險了，就會由悔恨走向吉祥。君子只知道有悔字。悔，就是保留缺陷而不敢求全。小人就時刻求全，全字已經獲得，那麻煩與兇險就會跟著來了。眾人常缺而一人常全，這是天道有屈有伸的緣故，哪能像這樣不公平呢？現在我家父母都還健在，兄弟沒有什麼事故，在京城沒有人可以比我們更好的，也可說是到了萬分完美了。所以為兄只求缺陷，給我居住的房間取名叫「求缺齋」，只求在其他事情上有缺陷，而求保全堂上大人，這是我一點小小的心意。家裡舊債不能全部還清，堂上大人的衣服不能多做，弟弟所需不能全給，也是這個求缺的道理。內人不明白這個道理，時刻要添置衣物，為兄也時刻教導她。如今幸好沒有全備，等到全

備時，那麻煩與兇險就跟著來了，這是最可怕的。賢弟夫婦在家裡訴說怨恨，這是缺陷。弟弟應當想著彌補這個缺陷，但不可以滿足一切要求，因為如果儘量滿足，就漸漸接近完了。弟弟聰明過人，將來悟出此中道理，一定會同意我的這番話。

至於家中欠帳，為兄實在不完全知道。去年二月十六日接父親正月四日的手諭，信中說：「一切過年費用，銀錢敷用有餘，上年所借頭息錢，都已還清。家裡很順遂，所以不窘迫。」父親這麼說，為兄也不是很瞭解，不知還的究竟是哪一項？沒有還的還有哪一項？為兄知道的，只有江孝八外祖一百兩、朱嵐暄五十兩罷了。其餘如耒陽本家的賬，則為兄由京寄還，不與家裡相干。甲午冬借添梓坪五十千錢，還不知怎麼還清，正準備這次請示祖父。此外帳目，為兄實在不清楚。下次來信，請務必詳細開列一個單子，使為兄可以慢慢籌畫。如弟弟所說家裡欠債一千多兩，如果兄長早知道，也斷然不肯拿四百兩去送人的了。現在信寄去已經過了三個月，贈送族人親戚的那些話，不知道鄉里人已經傳播出去沒有？如果已經傳播出去，而實際又沒有做到，那祖父便背了吝嗇的名聲，我再加寄一封信，也難以避免德行不一的責備。這是為兄讀兩位弟弟的來信後，感到猶豫不決，沒有辦法解決的事情。現在特呈堂上大人一封信，是依九弟的意思寫的，說朱嘯山、曾受恬兩處的二百兩銀子落空，不是最初料想到的。贈送銀兩的數目，聽祖父、父親、叔父的意思裁決定奪，或者拿二百兩出來送人，每戶人家減半也可以；或者家裡十分困難，不送也可以。親戚族人來了，家裡把這封信給他們看，也許可以不違背「有了過錯就歸自己」的道理。賢弟看了，覺得怎麼樣？

如果祖父、叔父認為前信是對的，慨然贈送，那這封信就不必寄回，為兄另外有信寄去，怕堂上大人本想著慷慨贈送，反而因為接了我的這封信而遲疑。但凡仁義之心產生，一定要一鼓作氣，盡我們的全力去做，稍微有點轉念，那疑心就會產生，私心也會產生。疑心生那計較就多了，錢財出入就吝嗇了；私心生那喜好和厭惡就會發生偏差，輕重也失衡了。假如家裡慷慨樂施，那請千萬謹慎，不要因為我的信而讓堂上大人轉念。如果堂上大人不轉念，那這個舉措由我發起，由堂上大人成全，不管是對是錯，弟弟們可以放在一旁，不去管它。假如去年我得

的是雲南、貴州、廣西等省的苦差，沒有一分錢寄回家，家裡也不會責怪我。

九弟來信，楷體字寫得很好，我愛不釋手。起筆、收筆都藏著筆鋒，沒有一筆撒手亂丟，真所謂有往有復。想必與陳季牧一起研究書法，彼此各有心得，真值得高興。然而我所要教你的，還有兩件事，一是換筆，古人每筆中間必定要一換，如同繩索一樣，第一股在上，一換就第二股在上了，再換就第三股在上了。筆尖著紙處，只有一點點。這一點點，我當作四方鐵筆去用。起處東方在左，西方向右，一換就東方向右了。筆尖沒有所說的方向，我心中時常感覺有方向，一換向東，再換向北，三換向西，那麼筆尖四面有鋒，不僅僅是一面相向了。二是結字有方法，結字的方法無窮無盡，只求胸有成竹。

六弟的信，文筆執拗而剛勁，九弟的文筆婉約而通達，將來一定會有成就。但不知道現在各人在讀什麼書？萬萬不可只看考試題目，埋沒了自己的性靈。每天習字不必多，寫一百個字就可以了。背書也不必多，背十頁就可以了。涉獵其他的書不必多，也唯讀十頁就可以了。但是一部沒有讀完，不可換其他的，這是萬萬不能改變的道理。為兄在幾千里之外教你的，只有這一句罷了。

羅羅山兄讀書明大義，我十分欽佩，可惜不能見面暢談。

我近來讀書沒有收穫，應酬繁雜，一整天都沒有空閒，實在討厭。只有古文各體詩，自己感覺有進步，將來在這方面應當有點成就。只恨如今沒有韓愈、王安石那樣的人，可以和他們相互質疑求證罷了。賢弟也應趁此時學習作詩、古文，無論好不好，姑且試著拿筆寫來，現在不寫，將來年紀大了，越怕醜越不會寫了。每月六課，不一定都作時文。古文、詩、賦、四六，無所不作，長期實行，將來百川分流，同歸於海，那麼一藝通就百藝通了，藝通那麼道法也就通了，開始時不分科而最後自然就分了。這個論點雖然太高，但不能不對你們說，使你們能瞭解根本原則，那內心就有確定的方向，不至於搖擺不定。即使是正當考試的時候，也完全不會有得失的想法來擾亂自己的本意；就是在用功應試的時候，也不會對正業有妨礙。弟弟們試著靜心領會，也可慢慢領悟。

另外附錄一首《五箴》、一張《養身要言》、一張《求缺齋課

程》，詩文沒有時間抄錄，請體諒。兄國藩手草。

道光二十四年三月初十日

致諸弟・告應酬太忙及勿為時文所誤

【原文】

四位老弟足下：

自三月十三日發信後，至今未寄一信。余於三月二十四移寓前門內西邊碾兒胡同，與城外消息不通。四月間到折差一次，余竟不知，迨既知而折差已去矣。惟四月十九歐陽小岑南歸，余寄衣箱銀物並信一件。四月二十四梁菉莊南歸，余寄書卷零物並信一件。兩信皆僅數語，至今想尚未到。四月十三黃仙垣南歸，余寄闈墨，並無書信，想亦未到。茲將三次所寄各物另開清單付回，待三人到時，家中照單查收可也。

內城現住房共二十八間，每月房租京錢三十串，極為寬敞，馮樹堂、郭筠仙所住房皆清潔。甲三於三月二十四日上學，天分不高不低，現已讀四十天，讀至「自修齊，至平治」矣。因其年太小，故不加嚴，已讀者字皆能認。兩女皆平安，陳岱雲之子在余家亦甚好。內人身子如常，現又有喜，大約九月可生。

余體氣較去年略好，近因應酬太繁，天氣漸熱，又有耳鳴之病。今年應酬較往年更增數倍：第一，為人寫對聯條幅，合四川、湖南兩省求書者，幾日不暇給；第二，公車來借錢者甚多，無論有借無借，多借少借，皆須婉言款待；第三則請酒拜客及會館公事；第四則接見門生，頗費精神。又加以散館，殿試則代人料理，考差則自己料理，諸事冗雜，

遂無暇讀書矣。

三月二十八大挑①，甲午科共挑知縣四人，教官十九人，其全單已於梁菉莊所帶信內寄回。四月初八日發會試榜，湖南中七人，四川中八人，去年門生中二人，另有題名錄附寄。十二日新進士複試，十四發一等二十一名，另有單附寄。十六日考差，余在場，二文一詩，皆妥當無弊病，寫亦無錯落，茲將詩稿寄回。十八日散館，一等十九名，本家心齋取一等十二名，陳啟邁取二等第三名，二人俱留館。徐棻因詩內「皴」字誤寫「皺」字，改作知縣，良可惜也。二十二日散館者引見，二十六、七兩日考差者引見，二十八日新進士朝考，三十日發全單附回。二十一日新進士殿試，二十四日點狀元，全榜附回。五月初四、五兩日新進士引見。初一日放雲貴試差，初二日欽派大教習二人，初六日奏派小教習六人，余亦與焉。

初十日奉上諭，翰林侍讀以下、詹事府洗馬以下自十六日起每日召見二員。余名次第六，大約十八日可以召見。從前無逐日分見翰詹之例，自道光十五年始一舉行，足征聖上勤政求才之意。十八年亦如此，今年又如之。此次召見，則今年放差大約奏對②稱旨者居其半，詩文高取者居其半也。

五月十一日接到四月十三家信，內四弟、六弟各文二首，九弟、季弟各文一首。四弟東皋課文甚潔淨，詩亦穩妥，「則何以哉」一篇，亦清順有法。第詞句多不圓足，筆亦平逎③不超脫。平逎最為文家所忌，宜力求痛改此病。六弟筆氣爽利，近亦漸就範圍，然詞意平庸，無才氣崢嶸之處，非吾意中之溫甫也。如六弟之天姿不凡，此時作文，當求議論縱橫，才氣奔放，作如火如荼④之文，將來庶有成就。不然，一挑半剔，意淺調卑，即使獲售⑤，亦當自慚其

文之淺薄不堪；若其不售，則又兩失之矣。今年從羅羅山遊，不知羅山意見如何？吾謂六弟今年入泮固妙，萬一不入，則當盡棄前功，一志從事於先輩大家之文。年過二十，不為少矣，若再扶牆摩壁⑥，役役於考卷截搭小題之中⑦，將來時過而業仍不精，必有悔恨於失計者，不可不早圖也。余當日實見不到此，幸而早得科名，未受其害。向使至今未嘗入泮，則數十年從事於吊渡映帶⑧之間，仍然一無所得，豈不靦顏也哉？此中誤人終身多矣。溫甫以世家之子弟，負過人之姿質，即使終不入泮，尚不至於饑寒，奈何亦以考卷誤終身也。九弟要余改文詳批，余實不善改小考文，當請曹西垣代改，下次折弁付回。季弟文氣清爽異常，喜出望外，意亦層出不窮。以後務求才情橫溢，氣勢充暢，切不可挑剔敷衍，安於庸陋，勉之勉之，初基不可不大也。書法亦有褚字筆意，尤為可喜。總之，吾所望於諸弟者，不在科名之有無，第一則孝弟為端，其次則文章不朽。諸弟若果能自立，當務其大者遠者，毋徒汲汲⑨於進學也。

馮樹堂、郭筠仙在寓看書作文，功無間斷。陳季牧日日習字，亦可畏也。四川門生留京約二十人，用功者頗多。餘不盡言。兄國藩草。

道光二十四年五月十二日

【注釋】

① 大挑：清乾隆十七年（1752）定制，三科（原為四科，嘉慶五年改三科）不中的舉人，由吏部據其形貌及應對加以挑選，一等以知縣用，二等以教職用。每六年舉行一次，意在使舉人出身的士人有較寬的出路，名曰大挑。

② 奏對：指臣屬當面回答皇帝提出的問題。

③ 平遝（音踏）：平實重複。

④如火如荼：像火那樣紅，像荼那樣白。原比喻軍容之盛。現用來形容旺盛、熱烈或激烈。荼：茅草的白花。

⑤獲售：得志。特指科舉考試得中。

⑥扶牆摩壁：撫摸著牆壁。比喻言論主張比較軟弱平庸。

⑦役役：勞苦不息的樣子。截搭：科舉考試時將經書語句截斷牽搭作為題目之意。

⑧吊渡映帶：古人寫八股文章時使用的寫作手法。

⑨汲汲：形容心情急切，努力追求。

【譯文】

　　四位老弟足下：

　　自從三月十三日發了信之後，直到現在也沒有寄一封。我於三月二十四日，搬到了前門內西邊碾兒胡同居住，與城外不通消息。四月間通信員到過一次，我竟然不知道，等到知道時通信員已經走了。只有四月十九日，歐陽小岑回湖南，我托寄衣箱銀物和書信一件；四月二十四日，梁萊莊回湖南，我寄回書卷零物和書信一件。兩封信都只有幾句話，至今想必還沒到。四月十三日黃仙垣回湖南，我寄了試卷，沒有書信，想必也還沒到。現把三次所寄各物，另開清單附回，等三人到時，家裡照單查收就可以。

　　內城現在的住房一共有二十八間，每月房租是三十串京錢，房子很寬敞。馮樹堂、郭筠仙所住的房屋都很乾淨。甲三在三月二十四日上學，天分不高不低，現在已經讀了四十天，讀到「自修齊，至平治」了。因他年齡太小，所以管得不嚴，已讀的字都認得。兩個女兒都平安，陳岱雲的兒子在我家也很好。內人的身體如常，現在又懷孕了，大約九月份能分娩。

　　我的身體比去年略好些。近來因為應酬太繁忙，天氣漸熱，又犯了耳鳴的毛病。今年應酬比往年更多了幾倍：第一是為別人寫對聯、條幅，四川、湖南兩省求字的人加起來，幾乎整天都接待不過來；第二是舉人來借錢的很多，不管有的借沒的借，借多借少，都要婉言接待；第三是請酒拜客和會館的公事；第四是接見門生，很費精神。又加上散館，殿試就讓別人代替料理，考差就自己料理，這麼多事混亂繁雜，就

沒有時間讀書了。

　　三月二十八日舉行大挑，甲午科共挑了知縣四人，教官十九人，完整的清單已經放在梁菜莊所帶信內寄回。四月初八發會試榜，湖南中了七人，四川中了八人，去年門生中了兩人，另外有題名錄附寄。十二日新進士複試，十四日發一等二十一名，另有單附寄。十六日考差，我參加了，寫了兩篇文章、一首詩，都很妥當，沒有弊病，書寫也沒有錯漏，現將詩稿寄回。十八日散館，一等有十九名，本家心齋取得一等第十二名，陳啟邁取得二等第三名，兩人都留館。徐棻因為詩內的「皴」字誤寫成「皺」字，改任了知縣，實在可惜啊。二十二日散館的人引見，二十六、七兩日考差的人引見，二十八日新進士朝考，三十日發全單附回。二十一日新進士殿試，二十四日點狀元，全榜附回。五月初四、五兩日新進士引見。初一外放雲貴試差，初二欽派大教習兩人，初六奏派小教習六人，我也在其中。

　　初十奉皇上聖諭，翰林侍讀以下、詹事府洗馬以下自十六日起每日召見兩名。我排在第六，大約十八日可以被召見。從前沒有逐日分見翰林、詹事的慣例，自道光十五年才開始舉行，足以證明皇上勤政求才的意思。十八年也這樣做，今年又這樣做。這次召見，今年放差大約會有一半是對答符合皇上心意的人，一半會是詩文才華高的人。

　　五月十一日接到四月十三日家信，其中有四弟、六弟文章各兩篇，九弟、季弟文章各一篇。四弟東臯課文很乾淨俐落，詩也穩妥，「則何以哉」一篇，也清順有法。只是詞句不夠充足完全，筆力也平實重疊不超脫。平實重疊是寫文章最忌諱的，要努力痛改這個毛病。六弟筆鋒爽利，近來也漸漸能就範圍不跑題，但詞意平庸，沒有才氣崢嶸之處，不是我想像中的溫甫。像六弟這樣天姿不凡，這時寫文章，當求議論縱橫，才氣奔放，做出激烈旺盛的文章，將來也許有所成就。不然，一挑半剔，意思淺顯，格調低下，就算得志，自己也該為文章淺薄不堪而感到慚愧；如果不得志，那兩方面就都失去了。今年跟從羅羅山學習，不知道羅山的意見是怎樣的？我說六弟今年能進學固然很好，萬一不能進，就應當盡棄前功，一心從事於先輩大家的文章。年過二十，已經不年輕了，如果再沒有創見，熱衷於考試截搭小題，將來時間過去了，而學業仍然不精，一定會悔恨自己失策，不可不早做打算。我當日實在沒

有看到這點，幸虧早得了科名，沒有受到這種害處。如果至今沒有入學，那幾十年從事於吊渡映帶之間，仍然一無所得，那不是太慚愧了嗎？這中間誤人終身的太多。溫甫你是世家子弟，又有過人的姿質，就算不能入學，還不至於忍饑挨餓，為什麼也要在考卷上耽誤終身呢？九弟要我修改他的文章，詳細批註，我實在不會改小考文章，當請曹西垣代改，下次讓通信員附回。季弟文氣清爽異常，喜出望外，意境也層出不窮。以後一定要講求才氣橫溢，氣勢充暢，萬萬不能挑剔敷衍，安於庸陋，努力啊！基礎不能不牢固。書法也有褚體的筆意，尤其值得高興。總之，我所希望於弟弟們的，不在科名有無，而是以下兩點：第一是孝順父母、兄弟和睦，其次就是文章不朽。弟弟們如果真能自立，應當致力於遠大的志向，不要只是急切求取進學。

　　馮樹堂、郭筠仙在京城寓所看書寫文章，不斷用功。陳季牧天天習字，也值得敬畏。四川門生留京的大約有二十人，用功者很多。其餘不一一說了。兄國藩手草。

道光二十四年五月十二日

致諸弟‧論進德修業

【原文】

　　四位老弟左右：

　　昨二十七日接信，快暢之至，以信多而處處詳明也。

　　四弟七夕詩甚佳，已詳批詩後。從此多作詩亦甚好，但須有志有恆，乃有成就耳。余於詩亦有工夫，恨當世無韓昌黎及蘇、黃一輩人可與發吾狂言者。但人事太多，故不常作詩，用心思索，則無時敢忘之耳。

　　吾人只有進德、修業兩事靠得住。進德，則孝弟仁義是也；修業，則詩文作字是也。此二者由我作主，得尺則我之尺也，得寸則我之寸也。今日進一分德，便算積了一升穀；

明日修一分業，又算餘了一文錢。德業並增，則家私[1]日起。至於功名富貴，悉由命定，絲毫不能自主。昔某官有一門生為本省學政，托以兩孫，當面拜為門生。後其兩孫歲考臨場大病，科考丁艱，竟不入學。數年後，兩孫乃皆入，其長者仍得兩榜。此可見早遲之際，時刻皆有前定，盡其在我，聽其在天，萬不可稍生妄想。六弟天分較諸弟更高，今年受黜[2]，未免憤怨，然及此正可困心橫慮，大加臥薪嘗膽之功，切不可因憤廢學。

九弟勸我治家之法，甚有道理，喜甚慰甚！自荊七遣去之後，家中亦甚整齊，待率五歸家便知。《書》曰：「非知之艱，行之維艱。」九弟所言之理，亦我所深知者，但不能莊嚴威厲，使人望若神明耳。自此後，當以九弟言書諸紳[3]而刻刻警省。

季弟信天性篤厚，誠如四弟所云「樂何如之」。求我示讀書之法及進德之道，另紙開示，餘不具。國藩手草。

道光二十四年八月二十九日

【注釋】
① 家私：家產。
② 黜：降職或罷免。
③ 紳：古代士大夫束腰的大帶子。

【譯文】
　　四位老弟左右：
　　昨天二十七日接到來信，非常暢快，因為回信多而且所寫的事處處詳細明白。
　　四弟的七夕詩很好，意見已經詳細批註在詩後。從此多作詩也很好，但要有志有恆，才能有成就。我對於詩也下了功夫，只恨當世沒有韓昌黎和蘇、黃一類的人，可以和我一起研究討論。但人事應酬太多，

所以不常作詩。用心思索，那還是時刻不忘的。

我們這輩人只有進德、修業兩件事靠得住。進德，就是修養孝悌仁義的品德；修業，就是學習寫詩作文寫字的本領。這兩件事都由我們自己做主，能夠進一尺就是我自己的一尺，能夠進一寸就是我自己的一寸。今天進一分德，就算是積了一升穀；明天修一分業，又算多了一文錢。德行和學業都增進，那家業就一天天地興起了。至於功名富貴，都由命運決定，一點也不能自主。過去某官員有一個門生，是本省學政，就把兩個孫兒託付給他照顧，當面拜作門生。後來那兩個孫兒在快年考時大病一場，到了科考又遭遇父母去世，不能入學。幾年後，兩人才都入學，年紀大的仍舊獲得兩榜題名。由此可見入學的早晚、時刻都早有定數，學習盡不盡力在我自身，但考不考得上都要聽從天意，萬萬不要產生妄想。六弟天分比諸位弟弟更高些，今年沒有考取，不免氣憤埋怨。但到了這一步正好可以仔細思考一番，加大勤學苦練的功夫，萬萬不能因氣憤而廢棄學習。

九弟勸我治家的方法，很有道理，我心裡很高興很安慰。自從荊七派出去以後，家裡也還整齊，等率五回來就知道。《尚書》中說：「不是認識事物難，而是實行很難。」九弟所說的道理，也是我久已知道的，只是不能莊嚴威屬，讓人看著像看神一樣罷了。自此以後，當把九弟的話寫在腰帶上，時刻警惕反省。

季弟的信天性誠篤厚道，正像四弟說的「多麼快樂啊」。要求我告知讀書的方法和進德的途徑，我另外開列。其餘不多寫，國藩手草。

道光二十四年八月二十九日

致諸弟·須立志猛進

【原文】

四位老弟足下：

自七月發信後，未接諸弟信，鄉間寄信較省城百倍之難，故余亦不望①也。

九弟前信有意與劉霞仙同伴讀書，此意甚佳。霞仙近來讀朱子書，大有所見，不知其言語容止、規模氣象何如？若果言動有禮，威儀可則，則直②以為師可也，豈特友之哉？然與之同居，亦須真能取益乃佳，無徒浮慕虛名。人苟能自立志，則聖賢毫傑何事不可為？何必借助於人？「我欲仁，斯仁至矣。」我欲為孔孟，則日夜孜孜③，惟孔孟之是學，人誰得而禦我哉？若自己不立志，則雖日與堯、舜、禹、湯同住，亦彼自彼，我自我矣，何與於我哉？去年溫甫欲讀書省城，我以為離卻家門局促之地而與省城諸勝己者處，其長進當不可限量。乃兩年以來，看書亦不甚多：至於詩文，則絕無長進，是不得歸咎於地方之局促也。去年余為擇師丁君敘忠，後以丁君處太遠，不能從，余意中遂無他師可從。今年弟自擇羅羅山改文，而嗣後杳無消息，是又不得歸咎於無良友也。日月逝矣，再過數年則滿三十，不能不趁三十以前立志猛進也。

余受父教，而余不能教弟成名，此余所深愧者。他人與余交，多有受余益者，而獨諸弟不能受余之益，此又余所深恨者也。今寄霞仙信一封，諸弟可抄存信稿而細玩之。此余數年來學思之力，略具大端④。

六弟前囑余將所作詩抄錄寄回。余往年皆未存稿，近年存稿者不過百餘首耳，實無暇抄寫，待明年將全本付回可也。國藩草。

道光二十四年九月十九日

一八〇

【注釋】
①禦：責怪。
②直：即使。
③孜孜：勤勉，不懈怠。

④大端：事情的主要方面。

【譯文】

四位老弟足下：

自從七月發信以後，沒有接到弟弟們的信。鄉里寄信，比省城寄信要難百倍，所以我也不責怪你們。

九弟前次信中說有意與劉霞仙同伴讀書，這個想法很好。霞仙近來讀朱子的書，見解很多，但不知道他的談吐舉止、品格氣度怎樣？如果真的言行有禮，威儀可為表率，那麼即使把他當作老師也可以，哪裡只限於朋友呢？但與他同住，也要真能受益才好，不要只是仰慕別人的虛名。一個人如果自己能立志，那麼聖賢豪傑什麼事情不能做？為什麼一定要借助別人呢？「我想為仁，仁就達到了。」我要做孔孟，那就日夜勤奮，只學孔孟，那又有誰能抵擋我呢？如果自己不立志，那即使天天與堯、舜、禹、湯同住，也是他是他，我是我，又和我有什麼關係？去年溫甫想到省城讀書，我以為離開家門這局促的狹小天地，而與省城那些強過自己的人相處，他的長進一定不可限量。但是兩年以來，看書也不是很多；至於詩文，卻沒有一點進步，這就不能歸咎於地方的狹小局促了。去年我為他選擇丁君敘忠做老師，後來因丁君住得太遠了，不能跟從，我心中就沒有其他老師可以使之跟從了。今年弟弟自己選擇羅羅山改文，而之後卻沒有一點消息，這就又不能歸咎於沒有良友了。時光飛逝，再過幾年，就滿三十了，弟弟不能不趁在三十歲之前立志猛進。

我受父親教育，卻不能教弟弟成名，這是我深感慚愧的。別人和我交往，多有受到我的益處，而唯獨幾位弟弟不能受益，這又是我深切痛恨的。現在寄霞仙的書信一封，各位弟弟可抄下來細細玩味。這是我數年來學習思考的力作，主要方面都談到了。

六弟之前囑咐我把作的詩抄錄寄回。我往年都沒有存稿，近年存了稿的，不過一百多首，實在沒有時間抄寫，等明年把全本附回好了。國藩草。

道光二十四年九月十九日

致諸弟·戒勿恃才傲物

【原文】

四位老弟足下：

前次回信內有四弟詩，想已收到。九月家信有送率五詩五首，想已閱過。

吾人為學最要虛心。嘗見朋友中有美材者，往往恃才傲物，動謂人不如己，見鄉墨[1]則罵鄉墨不通，見會墨則罵會墨不通，既罵房官，又罵主考，未入學者則罵學院。平心而論，己之所為詩文，實亦無勝人之處，不特無勝人之處，而且有不堪對人之處。只為不肯反求諸己，便都見得人家不是，既罵考官，又罵同考而先得者。傲氣既長，終不進功，所以潦倒一生而無寸進也。

余平生科名極為順遂，惟小考七次始售。然每次不進，未嘗敢出一怨言，但深愧自己試場之詩文太醜而已。至今思之，如芒在背。當時之不敢怨言，諸弟問父親、叔父及朱堯階便知。蓋場屋之中，只有文醜而僥倖者，斷無文佳而埋沒者，此一定之理也。

三房十四叔非不勤讀，只為傲氣太勝，自滿自足，遂不能有所成。京城之中，亦多有自滿之人，識者見之，發一冷笑而已。又有當名士者，鄙科名為糞土，或好作古詩，或好講考據，或好談理學，囂囂[2]然自以為壓倒一切矣。自識者觀之，彼其所造，曾無幾何，亦足發一冷笑而已。故吾人用功，力除傲氣，力戒自滿，毋為人所冷笑，乃有進步也。

諸弟平日皆恂恂[3]退讓，第累年小試不售，恐因憤激之久，致生驕惰之心，故特作書戒之，務望細思吾言而深省焉，幸甚幸甚！國藩手草。

道光二十四年十月二十一日

【注釋】

① 鄉墨：在明清科舉考試的鄉試中，被主考和房官選中而刊印出來給考生示範的八股文文集。下文「會墨」即會試卷子文集。

② 囂囂：傲慢的樣子。

③ 恂恂：恭謹溫順的樣子。

【譯文】

四位老弟足下：

前次回信中有四弟的詩，想必已經收到。九月的家信有送給率五的五首詩，想必已經讀過。

我們做學問最要虛心。我曾經見到過朋友中有資質不凡的人才，往往仗著自己的才能傲視一切，動不動就說別人不如自己。見了鄉試卷子就罵鄉試卷子不通，見了會試卷子就罵會試卷子不通。既罵房官，又罵主考，沒有入學的就罵學院。平心靜氣地說，他自己所作的詩文，實在也沒有超過別人的地方，不僅沒有超過別人的地方，而且還有比不上別人的地方。只是因為不肯用對待別人的標準反過來衡量自己，便都看到別人不行，既罵考官，又罵同考而先考取的。傲氣滋長以後，當然不能進步，所以潦倒一生，沒有一點長進。

我平生在科名方面非常順遂，只是小考考了七次才成功。但每次不中，未曾敢說一句怨言，只是為自己考試的詩文寫得太差而感到慚愧罷了。現在想起來，就如同芒刺紮在背上，坐立難安。我那時不敢怨言的情況，弟弟們問父親、叔父和朱堯階就知道了。因為考場裡，只有文章不好而僥倖得中的，絕對沒有文章出色而被埋沒的，這是一定的道理。

三房十四叔不是不勤奮讀書，只因傲氣太盛，自滿自足，所以不能有所成就。京城之中，也有不少自滿的人，有見識的人看到他們，不過冷笑一聲罷了。又有作為名士的，把科名看得和糞土一樣，或者喜歡作點古詩，或者搞點考據，或者好講理學，傲慢得自以為壓倒了一切。有見識的人看到他們，認為他們的造詣也沒有多少，也只不過冷笑一聲罷了。所以我們用功，要努力去掉傲氣，戒除自滿，不為別人所冷笑，這才會有進步。

弟弟們平時都恭謹退讓，但多年小考沒有得中，我恐怕你們因為憤激日久，以致產生驕傲怠慢的心思，所以特意寫信告誡，希望各位務必仔細想想我的話，自我反省一下。國藩手草。

道光二十四年十月二十一日

致諸弟‧看書須有恆

【原文】

四位老弟足下：

前月寄信，想已接到。余蒙祖宗遺澤、祖父教訓，幸得科名，內顧無所憂，外遇無不如意，一無所缺矣。所望者，再得諸弟強立，同心一力，何患令名不顯？何患家運之不興？欲別立課程，多講規條，使諸弟遵而行之，又恐諸弟習見而生厭心；欲默默而不言，又非長兄督責之道。是以往年常示諸弟以課程，近來則只教以有恆二字。所望於諸弟者，但將諸弟每月功課寫明告我，則我心大慰矣。乃①諸弟每次寫信，從不將自己之業寫明，乃好言家事及京中諸事。此時家中重慶，外事又有我照料，諸弟一概不管可也。以後寫信，但將每月作詩幾首，作文幾首，看書幾卷，詳細告我，則我歡喜無量。諸弟或能為科名中人，或能為學問中人，其為父母之令子一也，我之歡喜一也。慎弗以科名稍遲，而遂謂無可自立也。如霞仙今日之身份，則比等閒之秀才高矣。若學問愈進，身份愈高，則等閒之舉人、進士又不足論矣。

學問之道無窮，而總以有恆為主。兄往年極無恆，近年略好，而猶未純熟。自七月初一起，至今則無一日間斷。每日臨帖百字，抄書百字，看書少亦須滿二十頁，多則不論。自七月起，至今已看過《王荊公文集》百卷，《歸震川文集》

四十卷，《詩經大全》二十卷，《後漢書》百卷，皆朱筆加圈批。雖極忙，亦須了本日功課，不以昨日耽擱而今日補做，不以明日有事而今日預做。諸弟若能有恆如此，則雖四弟中等之資，亦當有所成就，況六弟、九弟上等之資乎？

明年肄業之所，不知已有定否？或在家，或在外，無不可者。謂在家不好用功，此巧於卸責者也。吾今在京，日日事務紛冗，而猶可以不間斷，況家中萬萬不及此間之紛冗乎？樹堂、筠仙自十月起，每十日作文一首，每日看書十五頁，亦極有恆。諸弟試將《朱子綱目》過筆圈點，定以有恆，不過數月即圈完矣。若看注疏②，每經不過數月即完，切勿以家中有事而間斷看書之事，又勿以考試將近而間斷看書之課。雖走路之日，到店亦可看；考試之日，出場亦可看也。兄日夜懸望，獨此有恆二字告諸弟，伏願諸弟刻刻留心。兄國藩手草。

道光二十四年十一月二十一日

【注釋】
① 乃：只是。
② 注疏：後人對前代文章典籍所作注解、疏證。

【譯文】
四位老弟足下：

前月寄的信，想必已經接到。我承蒙祖宗留下的福澤、祖父的教導，僥倖得了科名。在內沒有可憂慮的，在外境遇沒有不如意的，算是一無所缺了。所希望的，是再得弟弟們個個自強自立，同心協力，那還怕名聲不顯赫、家運不興旺嗎？我本想另立課程，多講條規，使弟弟們遵行，又怕弟弟們常見而生厭；想默默不說，又怕失了兄長督責的道義。所以往年時常限定弟弟們的功課，近來卻只用「有恆」二字教導弟弟。對弟弟們所希望的，是把每月功課都寫明白告訴我，那我心裡就非

常安慰了。只是弟弟們每次寫信，從不把自己的學業寫明白，只是喜歡說家事和京城中的事。如今，家裡父母長輩都還健在，外面的事又有我照料，弟弟們可以一概不管。以後寫信，只要把每月作詩幾首，寫文章幾篇，看書幾卷，詳細告訴我，那我就非常高興了。各位弟弟或能成為科名中人，或能成為學問中人，但都一樣是父母的好兒子，我都一樣感到高興。要慎重，不要以為科名略微遲了，就說自己沒有什麼可自立的了。如霞仙今天的身份，就比一般的秀才高一些了。如果學問再進步一點，身份就更高，那一般的舉人、進士又不值得去說了。

學問是無窮無盡的，總以有恆為主。為兄往年沒有恆心，近年略好，但還沒有純熟。自七月初一起，至今沒有一天間斷。每天臨帖百字，抄書百字，看書至少滿二十頁，多的就不說了。自七月起，到現在已經看過《王荊公文集》一百卷，《歸震川文集》四十卷，《詩經大全》二十卷，《後漢書》一百卷，都用朱筆加圈點批註。即使忙到極點，也要完成當天的功課，不因昨天耽擱而今天補做，也不因明天有事而今天預先做。弟弟們如果能這樣有恆，那即使是四弟這樣中等的資質，也應當有所成就，何況六弟、九弟這樣上等的資質呢？

明年受業的地方，不知定了沒有？或者在家，或者在外，沒有不可以的。說在家不能好好用功，這是巧妙地推卸責任。我現在在京城，天天事務繁雜，卻還可以不間斷，何況家裡的事務萬萬比不上京城的繁雜呢？樹堂、筠仙從十月起，每十天寫一篇文章，每天看十五頁書，也很有恆心。弟弟們試著把《朱子綱目》過目圈點一遍，堅持有恆，不過幾個月就看完了。如果看注疏，每本經書也不過幾個月就能看完，萬萬不要藉口家中有事而間斷看書，也不要因為考試將近而間斷看書。即使是在路上，到店休息時也可以看；考試那天，出了考場也可以看。為兄日夜掛念的，只有這「有恆」兩字告誡弟弟們，願弟弟們時刻留心。兄國藩手草。

道光二十四年十一月二十一日

致諸弟‧詩之命意。結親之注意點。勸勿管家中事

【原文】

　　諸位老弟足下：

　　十四日發十四號家信，因折弁行急，未作書與諸弟。十六日早接到十一月十二所發信，內父親一信，四位老弟各一件。是日午刻，又接九月十二所寄信，內父親及四、六、九弟各一件，具悉一切，不勝欣喜。

　　曹石樵明府待我家甚為有禮，可感之至，茲寄一信去。西坤①四位，因送項太簡，致生嫌隙，今雖不復形之口角，而其心究不免有觖望，故特作信寄丹閣叔，使知我家光景亦非甚裕者。賢弟將此信呈堂上諸大人，以為開誠佈公②否？如堂上諸大人執意不肯送去，則不送亦可也。

　　四弟之詩，又有長進，第命意不甚高超，聲調不甚響亮。命意之高，須要透過一層。如說考試，則須說科名是身外物，不足介懷，則詩意高矣；若說必以得科名為榮，則意淺矣。舉此一端，餘可類推。腔調則以多讀詩為主，熟則響矣。去年樹堂所寄之筆，亦我親手買者。「春光醉」目前每支大錢五百文，實不能再寄；「漢璧」尚可寄，然必須明年會試後乃有便人回南，春間不能寄也。五十讀書固好，然不宜以此耽擱自己功課。女子無才便是德，此語不誣也。

　　常家欲與我結婚，我所以不願者，因聞常世兄最好恃父勢作威福，衣服鮮明，僕從烜赫③，恐其家女子有宦家驕奢習氣，亂我家規，誘我子弟好侈耳。今渠再三要結婚，發甲五八字去，恐渠家是要與我為親家，非欲與弟為親家，此語不可不明告之。賢弟婚事，我不敢作主，但親家為人何如，亦須向汪三處查明。若吃鴉片煙，則萬不可對；若無此事，

則聽堂上各大人與弟自主之可也。所謂翰堂秀才者,其父子皆不宜親近,我曾見過,想衡陽人亦有知之者。若要對親,或另請媒人亦可。

六弟九月之信,於自己近來弊病頗能自知,正好用功自醫。而猶曰「終日泄泄④」,此則我所不解者也。家中之事,弟不必管。天破了自有女媧管,洪水大了自有禹王管,家事有堂上大人管,外事有我管,弟輩則宜自管功課而已,何必問其他哉?至於宗族姻黨,無論他與我有隙無隙,在弟輩只宜一概愛之敬之。孔子曰:「泛愛眾而親仁。」孟子曰:「愛人不親反其仁,禮人不答反其敬。」此刻未理家事,若便多生嫌怨,將來當家立業,豈不個個都是仇人?古來無與宗族、鄉黨為仇之聖賢,弟輩萬不可專責他人也。

十一月信言現看《莊子》並《史記》,甚善。但作事必須有恆,不可謂考試在即,便將未看完之書丟下,必須從首至尾,句句看完。若能明年將《史記》看完,則以後看書不可限量,不必問進學與否也。賢弟論袁詩、論作字亦皆有所見,然空言無益,須多做詩,多臨帖,乃可談耳。譬如人欲進京,一步不行,而在家空言進京程途,亦何益哉?即言之津津⑤,人誰得而信之哉?

九弟之信,所以規勸我者甚切,余覽之,不覺毛骨悚然!然我用功,實腳踏實地,不敢一毫欺人。若如此做去,不作外官,將來道德文章必粗有成就。上不敢欺天地祖父,下不敢欺諸弟與兒子也。而省城之聞望日隆,即我亦不知其所自來。我在京師,惟恐名浮於實,故不先拜一人,不自詡一言,深以過情之聞為恥耳。

來書寫大場題及榜信,此間九月早已知之,惟縣考案首前列及進學之人,則至今不知。諸弟以後寫信,於此等小事

及近處族戚家光景，務必一一詳載。季弟信亦謙虛可愛，然徒謙亦不好，總要努力前進。此全在為兄者倡率之。余他無可取，惟近來日日有恆，可為諸弟倡率。四弟、六弟縱不欲以有恆自立，獨不怕壞季弟之樣子⑥乎？

　　昨十六日卓秉恬拜大學士，陳官俊得協辦大學士。自王中堂死後，隔三年，大學士始放人，亦一奇也。書不盡宣。兄國藩手具。

道光二十四年十二月十八日

【注釋】

① 西坤：指西南方。古以八卦分配八方，西南為坤。

② 開誠佈公：指以誠心待人，坦白無私。

③ 烜赫：形容氣勢盛大。

④ 泄泄：弛緩，懈怠。

⑤ 津津：興味濃厚的樣子。

⑥ 樣子：供人效法、模仿的榜樣和式樣。

【譯文】

　　諸位老弟足下：

　　十四日發了第十四號家信，因為通信員走得急，沒有寫信給弟弟們。十六日早上接到十一月十二日發的信，裡面有父親寫的一封，四位老弟各一封。這天午時又接到九月十二日所寄的信，裡面有父親及四弟、六弟、九弟的信各一封，瞭解了一切，非常高興。

　　曹石樵明府對待我家非常有禮，讓人很感動，現寄一封信去表示感謝。西南方的四位親戚，因為送的東西太簡單，導致產生了嫌隙，現在雖然不再有口角之爭，但他們內心終究不免有怨恨，所以特意寫封信寄給丹閣叔，讓他知道我家的情況也不是很富裕。賢弟將這封信呈給堂上各位大人看看夠不夠坦誠，如果堂上各位大人執意不肯送去，那不送也可以。

　　四弟的詩又有長進，只是詩的立意不是很高，聲調不是很響亮。立

意要高，就一定要透過表層意思。比如說考試，就應該說科名是身外之物，不值得介意掛懷，那詩意就高了；如果說一定要取得科名才榮耀，那意思就淺薄了。舉這一個例子，其餘可以類推。聲調不響的問題若要解決主要靠多讀詩，熟讀古詩，聲調自然就會響了。

去年樹堂所寄的筆，也是我親自買的。「春光醉」的筆目前每支要五百文大錢，實在不能再寄了；「漢璧」還可以寄，但一定要到明年會試以後才有方便的人回湖南，春間不能寄了。五十讀書固然好，但不應該因此耽誤自己的功課。女子無才便是德，這話是不錯的。

常家想與我結姻親，我之所以不願意，是因為常世兄這個人最喜歡仰仗父親的權勢作威作福，衣服很華麗，僕從前呼後擁，聲勢浩大，恐怕他家的女子有官宦人家的驕奢習氣，這樣會破壞我家的家規，引誘我家子弟喜好驕奢淫逸。現在他再三要結姻，發甲五的八字去，恐怕他家是要與我結為親家，不是想與弟弟結為親家，這話我不能不明白地告訴你們。賢弟家的婚事，我不敢做主，但是親家為人怎麼樣，也要向汪三那邊查問明白。如果吃鴉片煙，那萬萬不能結親；如果沒有這件事，那就聽堂上各位大人與賢弟自己決定好了。那個叫翰堂的秀才，他父子兩人都不宜去親近，我曾經見過，想必衡陽人也有知道他底細的。如果要結親，或者另外請媒人也可以。

六弟九月來的信，對於他自己近來的弊病很有自知之明，正好下功夫把毛病治好。但又說「整天懶怠無事」，這就讓我不太明白了。家中的事務，弟弟不必去管。天破了，自有女媧去補；洪水大了，自有禹王去治。家事有堂上大人管，外邊的事有我管，弟弟只要安心管自己的功課就好了，何必去過問其他事情呢？至於宗族親家，不管他們與我們有沒有嫌隙，你們只要一概去愛他們敬他們。孔子說：「廣施愛心，親近仁義的人。」孟子說：「你愛護別人但人家不親近你，就要反省自己夠不夠仁愛；待人以禮但對方不報答，就要反省自己夠不夠恭敬。」現在還沒管理家事，如果就多生嫌隙怨恨，將來當家立業了，豈不是個個都成了仇人？自古以來，沒有和宗族、鄉黨結仇的聖賢之人，弟弟們千萬不能老是指責別人。

十一月的信中說現在正在看《莊子》和《史記》，這很好。但做事必須有恒心，不能說馬上要考試了，就把沒有看完的書丟下，必須從頭

到尾，句句看完。如果明年能把《史記》看完，那以後看書就不可限量，不必去問是不是進步了。賢弟討論袁詩和書法也都有些見解，但是空說沒有益處，必須多作詩，多臨帖，才可談論體會。比如說有人想進京城，卻一步都不走，只是在家空口說進京的旅程，又有什麼益處呢？即使說得津津有味，又有誰相信呢？

九弟信中對我的規勸非常貼切，我看後，覺得十分恐懼。但我用功，實在是腳踏實地，不敢有一絲一毫欺騙別人。如果這麼做下去，就是不做外官，將來道德文章也一定會有些成就。我上不敢欺騙天地和長輩，下不敢欺騙各位弟弟和兒孫。而我在省城的聲望越來越高，就是我自己也不知道這是從哪裡來的。我在京城，只怕名望超過了實際，所以不先去拜訪任何人，不自誇任何話，深深以超乎情理的名聲而感到可恥。

來信寫的大場題目和放榜的訊息，這邊早在九月間就已經知道了，只是縣考的案首、前列幾名和進學的人，至今還不知道。諸位弟弟以後寫信，對於這些小事，以及附近親戚家的情形，務必一一詳細寫明。季弟的信也謙虛可愛，但只是謙虛也不好，總要努力進步。這全在於做兄長的做出表率，我沒有什麼可取之處，只是近來天天保持恆心，可作為弟弟們的表率。四弟、六弟就算不想以有恆自立，難道不怕壞了季弟的榜樣嗎？

昨十六日卓秉恬拜大學士，陳官俊得協辦大學士。自王中堂死後，隔三年大學士才任人，也是一件奇事。其他事情不能一一寫盡了。兄國藩手具。

道光二十四年十二月十八日

致諸弟・無師無友亦可成第一等人物

【原文】

四位老弟足下：

去年十二月二十二日寄去書函，諒已收到。頃接四弟

信，謂前信小注中誤寫二字，其詩比即付還，今亦忘其所誤謂何矣。

　諸弟寫信，總云倉忙。六弟去年曾言城南寄信之難，每次至撫院齋奏廳打聽云云，是何其蠢也！靜坐書院三百六十日，日日皆可寫信，何必打聽折差行期而後動筆哉？或送至提塘，或送至岱雲家，皆萬無一失，何必問了無涉之齋奏廳哉？若弟等倉忙，則兄之倉忙殆過十倍，將終歲無一字寄家矣。

　送王五詩第二首，弟不能解，數千里致書來問，此極虛心，余得信甚喜。若事事勤思善問，何患不一日千里？茲另紙寫明寄回。家塾讀書，余明知非諸弟所甚願，然近處實無名師可從。省城如陳堯農、羅羅山皆可謂明師，而六弟、九弟又不善求益，且住省二年，詩文與字皆無大長進。如今我雖欲再言，堂上大人亦必不肯聽。不如安分耐煩，寂處里閭，無師無友，挺然特立，作第一等人物，此則我之所期於諸弟者也。

　昔婺源汪雙池先生，一貧如洗，三十以前以在窯上為人傭工畫碗，三十以後讀書，訓蒙①到老，終身不應科舉，卒著書百餘卷，為本朝有數名儒。彼何嘗有師友哉？又何嘗出裡閭哉？余所望於諸弟者，如是而已，然總不出乎「立志有恆」四字之外也。

　買筆付回，刻下實無妙便，須公車歸乃可帶回。大約府試、院試可得到，縣試則趕不到也。諸弟在家作文，若能按月付至京，則餘請樹堂看。隨到隨改，不過兩月，家中又可收到。書不詳盡，餘俟續具。兄國藩手草。

　　　　　　　　　　　　　道光二十五年二月初一日

【注釋】

①訓蒙：教幼童。

【譯文】

　　四位老弟足下：

　　去年十二月二十二日寄了一封信，想必已經收到。剛接到四弟的信，說前信小注中寫錯了兩個字，那首詩當即就寄回了，但現在也忘記錯誤的是什麼了。

　　諸位弟弟寫信，總說忙碌。六弟去年曾說南城寄信很難，每次到撫院齋奏廳去打聽，真是太蠢了！靜坐書院三百六十天，天天都能寫信，何必打聽通信員的行期再動筆呢？或者送到提塘，或者送到岱雲家，都萬無一失，何必去問沒有任何關係的齋奏廳呢？如果弟弟們很忙，那為兄的繁忙比你們多出十倍，那就一年也沒有一個字寄回家了。

　　送王五詩第二首，弟弟不能理解，幾千里寫信來問，這很虛心，我讀了信很高興。如果件件事都勤思善問，還怕不一日千里嗎？現另外用紙寫明寄回。在家塾讀書，我知道弟弟們不是很願意，但附近實在沒有名師可以跟從。省城如陳堯農、羅羅山都可說是名師，而六弟、九弟又不善於求學。而且在省城住了兩年，詩文與字都沒有大長進。如今即使我想再說，堂上大人也一定不肯聽。不如安分忍耐，寂處鄉里，沒有老師沒有朋友，挺拔獨立，作第一等人物，這就是我對弟弟們的期待。過去婺源汪雙池先生，一貧如洗，三十歲以前在窯上為別人打工畫碗，三十歲以後才開始讀書，之後教育孩子一直到老，終身未參加科舉考試，最後著書一百多卷，成為本朝為數不多的名儒。他何曾有過師友啊？又何曾走出鄉里一步？我對弟弟們的期待，就是像這樣罷了，總不出於「立志有恆」四字之外。

　　買筆附回，眼下實在不方便，要等舉人回南時才能帶回。大約府試院試時可以到，縣試就趕不上了。各位弟弟在家寫文章，如能按月寄到京城，那我請樹堂看。隨到隨改，不過兩個月，家中又可以收到。信寫得不詳盡，其餘等以後再寫。兄國藩手草。

　　　　　　　　　　　　　　　　　　道光二十五年二月初一

致諸弟・論中表為婚之不當

【原文】

四位老弟足下：

二月有折差到京，余因眼蒙，故未寫信。三月初三接到正月二十四所發家信，無事不詳悉，欣喜之至。此次眼尚微紅，不敢多作字，故未另稟堂上，一切詳此書中，煩弟等代稟告焉。

去年所寄銀，余有分饋親族之意，厥後屢次信問，總未詳明示悉。頃奉父親示諭，云皆已周到，酌量減半。然以余所聞，亦有過於半者，亦有不及一半者。下次信來，務求九弟開一單告我為幸。

受恬之錢，既專使去取，余又有京信去，想必可以取回，則可以還江岷山、東海之項矣。岷山、東海之銀，本有利息，余擬送他高麗參共半斤，掛屏、對聯各一付，或者可少減利錢，待公車歸時帶回。父親手諭要寄銀百兩回家，亦待公車帶回。有此一項，則可以還率五之錢矣。率五想已到家，渠是好體面之人，不必時時責備他，惟以體面待他，渠亦自然學好。蘭姊買田，可喜之至。惟與人同居，小事要看鬆些，不可在在①討人惱。

歐陽牧雲要與我重訂婚姻，我非不願，但渠與其妹是同胞所生，兄妹之子女，猶然骨肉也。古者婚姻之道，所以厚別②也，故同姓不婚。中表③為婚，此俗禮之大失。譬如嫁女而號泣，奠禮而三獻④，喪事而用樂，此皆俗禮之失，我輩不可不力辨之。四弟以此義告牧雲，吾徐當作信覆告也。

羅芸皋於二月十八日到京，路上備嘗辛苦，為從來進京者所未有。於二十七日在圓明園正大光明殿補行複試，湖南

補複試者四人，余在園送考，四人皆平安，感餘之情。今年新科複試，正場取一等三十七人，二三等人數甚多，四等十三人，罰停會試二科。補複者一等十人，二三等共百六十人，四等五人，亦罰停二科。立法之初，無革職者，可謂寬大。湘鄉共到十人。鄧鐵松因病不能進場。渠吐血是老病，或者可保無虞。

芸皋所帶小菜、布匹、茶葉俱已收到，但不知付物甚多，何以並無家信？四弟去年所寄詩已圈批寄還，不知收到否？汪覺庵師壽文，大約在八月前付到。五十已納徵⑤禮成，可賀可賀！朱家氣象甚好，但勸其少學官款，我家亦然。嘯山接到訃文⑥，上有「祖母已歿」字樣，甚為哀痛，歸思極迫。余再三勸解，場後即來余寓同住。我家共住三人。郭二於二月初八日到京，複試二等第八。上下闔家皆清吉。余耳仍鳴，無他恙，內人及子女皆平安。樹堂榜後要南歸，將來擇師尚未定。

六弟信中言功課在廉讓之間，此語殊不可解。所需書籍，惟《子史精華》家中現有，准托公車帶歸。《漢魏六朝百三家》京城甚貴，余已托人在揚州買，尚未接到。《稗海》及《綏寇紀略》亦貴，且寄此書與人，則必幫人車價，因此書尚非吾弟所宜急務者，故不買寄。元明名古文尚無選本，近來邵蕙西已選元文，渠勸我選明文，我因無暇，尚未選。古文選本惟姚姬傳先生所選本最好，吾近來圈過一遍，可於公車帶回，六弟用墨筆加圈一遍可也。

九弟詩大進，讀之為之距躍三百⑦，即和四章寄回。樹堂、筠仙、意誠三君，皆各有和章。詩之為道，各人門徑不同，難執一己之成見以概論。吾前教四弟學袁簡齋，以四弟筆情與袁相近也。今觀九弟筆情，則與元遺山相近，吾教諸

弟學詩無別法，但須看一家之專集，不可讀選本以汩沒性靈，至要至要！吾於五七古學杜、韓，五七律學杜，此二家無一字不細看。外此則古詩學蘇、黃，律詩學義山，此三家亦無一字不看。五家之外，則用功淺矣。我之門徑如此，諸弟或從我行，或別尋門徑，隨人性之所近而為之可耳。

余近來事極繁，然無日不看書，今年已批韓詩一部，正月十八批畢。現在批《史記》，已三分之二，大約四月可批完。諸弟所看書望詳示。鄰里有事，亦望示知。國藩手草。

道光二十五年三月初五日

【注釋】

① 在在：處處，各方面。

② 厚別：指嚴禁同宗通婚，以免紊亂綱常。厚：看重。

③ 中表：指與祖父、父親的姐妹之子女的親戚關係，或與祖母、母親的兄弟姐妹之子女的親戚關係。

④ 三獻：古代祭祀時獻酒三次，即初獻爵、亞獻爵、終獻爵，一般合稱「三獻」。

⑤ 納徵：古代漢族婚姻風俗「六禮」中的第四禮，亦稱「納成」。即男家納吉往女家送聘禮。

⑥ 諮文：舊時公文的一種，多用於同級官署或同級官階之間。

⑦ 距躍三百：指歡欣至極。

【譯文】

四位老弟兄下：

二月份有通信員到京，我因為眼睛迷糊，所以沒有寫信。三月初三接到正月二十四所發家信，沒有事情不詳知，非常欣喜。這次眼還有些紅，不敢多寫字，所以沒有另外寫信稟告堂上大人，一切詳寫在這封信裡，煩弟弟們代為稟告。

去年所寄的銀子，我有分送親戚族人的意思，以後多次寫信詢問，都沒有得到詳細明白的回示。剛接到父親示諭，說都已周到辦理，考慮

具體情況減少一半。然而據我聽說的，也有超過一半的，也有不到一半的。下次來信，務求九弟列個單子告訴我。

受恬的錢，既然派專人去取了，我又有信去催，想必可以取回，那就可以還清江岷山、東海的賬了。岷山、東海的銀子，本來有利息，我打算送他半斤高麗參，掛屏、對聯各一副，或許可以減少一點利息，等舉人回南時帶回。父親手諭說要寄一百兩回家，也等舉人帶回。有這一筆錢，那就可以還率五的錢了。率五想必已到家，他是好體面的人，不要時刻責備他，只以體面對待他，他也自然會學好。蘭姐買田，值得高興。只是與別人同住，小事情要看輕鬆點，不可處處討人嫌。

歐陽牧雲要與我家重訂婚姻，我不是不願意，但他與他妹妹是同胞所生，兄妹的子女，好比骨肉親人。古人的婚姻觀念，非常注重同宗區別，所以同姓之間不通婚。親中表結婚，是世俗禮儀的大忌。如同嫁女時大哭，奠禮時敬酒三次，喪事時用樂器，都是習俗所不允許的，我們不可以不加明辨。四弟把這個意思告訴牧雲，我過些時候也會給他回信說明。

羅芸皋於二月十八日到京。路上受盡了艱苦磨難，是進京城的人從來沒有遭遇過的。二十七日，在圓明園正大光明殿補行複試，湖南補複試的有四人，我在圓明園送考，四人都平安，他們都感謝我的情意。今年新科複試，正場取一等三十七人，二、三等人數很多，四等十三人，罰停會試兩科。補複試的一等十人，二、三等共一百六十人，四等五人，也罰停兩科。立法之初，沒有革職的，可以說寬大為懷了。湘鄉共到了十人。鄧鐵松因病不能進場。他吐血是老病，或許可以太平無事。

芸皋所帶的小菜、布匹、茶葉都已收到，但不知寄這麼多東西，為什麼沒有家信呢？四弟去年所寄的詩已圈批寄回，不知收到沒有？汪覺庵師的壽文，大約在八月前寄到。五十已經完成納徵禮，真是可喜可賀。朱家氣象很好，只是要勸他少學官家架子，我家也一樣。嘯山接到訃文，上有「祖母已歿」的字樣，非常哀痛，急著想回家。我再三勸他，考試以後就到我家同住。我家共住三人。郭二於二月初八到京，複試中了二等第八名。全家上下都清平吉祥。我仍舊有耳鳴，沒有其他的病痛。內人和子女都平安。樹堂放榜後要回湖南，將來選擇誰當老師還沒有定。

六弟信中說功課在廉讓之間，這句話真不好理解。所需書籍，只《子史精華》家裡現有，準備托舉人帶回。《漢魏六朝百三家》，京城很貴，我已托人到揚州買，還沒有接到。《稗海》和《綏寇紀略》也貴，而且托寄這兩本書，一定要付人家車費，因為這本書還不是弟弟現在所急需讀的，所以不買了。元明名古文還沒有選本，近來邵蕙西已經選了元文，他勸我選明文，我因為沒有空閒，還沒選。古文選本只有姚姬傳先生所選的本子最好，我近來圈過一遍，可托舉人帶回，六弟用墨筆加圈一遍也可以。

九弟寫詩有進步，讀了為他高興得不得了，馬上和了四章寄回。樹堂、筠仙、意誠三君，都各有和詩。詩這一門學問，各人的方法不同，難以用一個人的見解去概括議論。我從前教四弟學袁簡齋，是因為四弟的詩情與袁相近。現在看九弟的風格，則和元遺山相近。我教弟弟們學詩沒有別的方法，只要看一家的專集，不可以讀選本，以致把自己的性靈埋沒了，這至為重要啊。我五、七言古體學的是杜甫、韓愈，五、七言律詩學的是杜甫，這兩家的詩集沒有一個字不仔細察看。除了這些，古詩學的是蘇、黃，律詩學的是義山，這三家的詩集也沒有一個字不看的。五家之外，用的工夫就淺了。我的方法就是這樣，弟弟們或者跟著我走，或者另外找方法，隨自己性情相近的去做就好了。

我近來事情繁多，但沒有一天不看書的，今年已經批註了一部韓詩，正月十八批完。現在批註《史記》，已經批了三分之二，大約四月可批完。弟弟們所看的書，希望詳細告訴我。鄰里間有事，也希望告知。國藩手草。

道光二十五年三月初五

致諸弟・帶物歸家

【原文】

四位老弟左右：

四月十六日曾寫信交折弁帶回，想已收到。十七日朱嘯

山南歸，托帶紋銀百兩，高麗參一斤半，書一包，計九套。

　　茲因馮樹堂南還，又托帶壽屏一架，狼兼毫筆二十枝，鹿膠二斤，對聯、堂幅①一包（內金年伯耀南四條，朱嵐暄四條，蕭辛五對一幅，江岷山母舅四條，東海舅父四條，父親橫批一個，叔父摺扇一柄），乞照單查收。前信言送江岷山、東海高麗參六兩，送金耀南年伯參二兩，皆必不可不送之物，惟諸弟稟告父親大人送之可也。

　　樹堂歸後，我家先生尚未定。諸弟若在省得見樹堂，不可不殷勤親近。親近愈久，獲益愈多。

　　今年湖南蕭史樓得狀元，可謂極盛。八進士皆在長沙府。黃琴塢之胞兄及令嗣皆中，亦長沙人也。餘續具。兄國藩手草。

　　　　　　　　　　　　　道光二十五年四月二十四日

【注釋】

① 堂幅：指懸掛在堂屋牆壁上的畫，也稱「中堂」。

【譯文】

　　四位老弟左右：

　　四月十六日曾寫信交通信員帶回，想必已經收到。十七日朱嘯山回湖南，托他帶了一百兩紋銀、一斤半高麗參，還有一包書，共九套。

　　現在因馮樹堂回湖南，又托他帶了一架壽屏，二十支狼兼毫筆，兩斤鹿膠，對聯、堂幅一包（其中金年伯耀南四條，朱嵐暄四條，蕭辛五對一副，江岷山母舅四條，東海舅父四條，父親橫批一個，叔父摺扇一柄），請照單查收。上次的信中說送江岷山、東海六兩高麗參，送金耀南年伯二兩參，都是一定不可不送的，只要弟弟們稟告父親大人送了就好。

　　樹堂回去後，我家老師還沒有定。弟弟們如果在省城遇見樹堂，不可不殷勤親近。親近越久，得益越多。

今年湖南蕭史樓得了狀元，可說極盛。八個進士都在長沙。黃琴塢的胞兄及其兒子都考中，也是長沙人。其餘以後再寫，兄國藩手草。

道光二十五年四月二十四日

致諸弟・喜述升詹事府右春坊右庶子

【原文】

四位老弟足下：

四月十六日，余寄第三號交折差，備述進場閱卷及收門生諸事，內附會試題名錄一紙。十七日朱嘯山南旋，余寄第四號信，外銀一百兩，書一包計九函，高麗參一斤半。二十五日馮樹堂南旋，余寄第五號家信，外壽屏一架，鹿膠二斤一包，對聯、條幅、扇子及筆共一布包。想此三信皆於六月可接到。

樹堂去後，余於五月初二日新請李竹塢先生（名如箎，永順府龍山縣人，丁酉拔貢①，庚子舉人）教書，其人端方和順，有志性理之學②，雖不能如樹堂之篤誠照人，而亦為同輩所最難得者。

初二早，皇上御門辦事。余蒙天恩，得升詹事府右春坊右庶子。次日具折謝恩，蒙召見於勤政殿，天語垂問共四十餘句。是日同升官者：李菡升都察院左副都御史，羅惇衍升通政司副使，及余共三人。余蒙祖父餘澤，頻叨③非分之榮，此次升官，尤出意外，日夜恐懼修省，實無德足以當之。諸弟遠隔數千里外，必須匡我之不逮，時時寄書規我之過。務使累世積德不自我一人而墮，則庶幾持盈保泰，得免速致顛危。諸弟能常進箴規，則弟即吾之良師益友也。而諸弟亦宜常存敬畏，勿謂家有人作官，而遂敢於侮人；勿謂已

有文學，而遂敢於恃才傲人。常存此心，則是載福之道也。

今年新進士善書者甚多，而湖南尤甚。蕭史樓既得狀元，而周荇農（壽昌）去歲中南元，孫芝房（鼎臣）又取朝元，可謂極盛。現在同鄉諸人講求詞章之學者固多，講求性理之學者亦不少，將來省運必大盛。

余身體平安，惟應酬太繁，日不暇給。自三月進闈以來，至今已滿兩月未得看書。內人身體極弱，而無病痛，醫者云必須服大補劑乃可回元。現在所服之藥與母親大人十五年前所服之白朮黑薑方略同，差④有效驗。兒女四人皆平順，婢僕輩亦如常。

去年寄家之銀兩，屢次寫信求將分給戚族之數目詳實告我，而至今無一字見示，殊不可解。以後務求四弟將帳目開出寄京，以釋我之疑。又余所欲問家鄉之事甚多，茲另開一單，煩弟逐條對是禱⑤。兄國藩草。

道光二十五年五月初五日

【注釋】

① 拔貢：科舉制度中選拔貢生入國子監生員的一種。清制，初定六年一次，乾隆七年改為每十二年（即逢酉歲）一次，由各省學政選拔文行兼優的生員，貢入京師，稱為拔貢生，簡稱拔貢。

② 性理之學：指關於人性與天理的學問。

③ 叨：承受。

④ 差：略微。

⑤ 禱：舊時書信裡表示希望、祈求的意思。

【譯文】

四位老弟足下：

四月十六日，我寄了第三號信交給通信員，詳細地說了進場閱卷及收門生等事，內附會試題名錄一張。十七日朱嘯山回湖南，我寄了第四

號信，外加一百兩銀子，一包書，共九盒，一斤半高麗參。二十五日馮樹堂回湖南，我寄了第五號家信，外加一架壽屏，一包兩斤的鹿膠，對聯、條幅、扇子及筆共一布包。想必這三封書信都在六月份可接到。

樹堂去後，我於五月初二新請了李竹塢先生（名如篦，永順府龍山縣人，丁酉拔貢，庚子舉人）教書，這個人端正和善，對性理之學有些研究，雖然不能像樹堂那樣誠篤厚道，但也是同輩中最難得的了。

初二早上，皇上在宮門聽政辦事，我承蒙天恩，得以升任詹事右春坊右庶子。第二天寫了摺子謝恩，承蒙皇上在勤政殿召見，開口下問，總共說了四十多句。當天一起升官的還有李菡升都察院左副都御史，羅惇衍升通政司副使，連我共三人。我蒙祖父餘澤，頻頻承受過分的榮譽，這次升官，尤其出乎意料，日夜恐懼反省，實在沒有德行足以當此大任。弟弟們遠隔幾千里之外，一定要匡正我的不足之處，時刻寄信來規勸我的過失，務必使我家世代積累的德行不因為我一人而墮落，希望可以持盈保泰，能夠避免快速顛覆的危險。弟弟們能夠時常進言規勸我，那弟弟們就是為兄的良師益友。而弟弟們也要時刻存著敬畏之心，不要認為家裡有人做官，就敢於欺侮別人；不要認為自己有點才學，就敢於恃才傲人。時常記住這一點，就是獲得福氣的方法了。

今年新進士擅長書法的很多，特別是湖南。既有蕭史樓得狀元，又有周荇農（壽昌）去年得南元，孫芝房（鼎臣）又得朝元，可說是興盛到了極點。現在同鄉各人中，講求詞章學問的人固然多，講求性理學問的也不少，將來湖南省的運數一定會大盛。

我身體平安，只是應酬太多，整天都接待不過來，自從三月進考場以來，到現在已經兩個月，沒有看書的時間。內人身體很弱，但沒有病痛，醫生說必須吃大補藥，才能復原。現在吃的藥，與母親大人十五年前所吃的白朮黑薑方子大體相同，稍微有點效果。兒女四人都平安，僕人婢女也都如舊。

去年寄往家裡的銀兩，幾次寫信請求把分給族人的數目詳細告訴我，但至今沒有一個字寫來，實在不能理解。以後務求四弟將帳目開出寄來，以解除我的疑慮。另外我想問家鄉的事很多，現另開一個單子，麻煩弟弟逐條回答，拜託了。兄國藩手草。

道光二十五年五月初五

致諸弟・評論文章及書法

【原文】

　　子植、季洪兩弟左右：

　　四月十四日接子植二月、三月兩次手書，又接季洪信一函，子植何其詳，季洪何其略也！今年以來，京中已發信七號，不審俱收到否？第六號、第七號，余皆有稟呈堂上，言今年恐不考差。彼時身體雖平安，而癬疥之疾未癒，頭上、面上、頸上並斑剝陸離[①]，恐不便於陛見，故情願不考差。恐堂上諸大人不放心，故特作白折楷信，以安慰老親之念。

　　三月初，有直隸張姓醫生，言最善治癬，貼膏藥於癬上，三日一換，貼三次即可拔出膿水，貼七次即痊癒矣。初十日，令於左脅試貼一處，果有效驗。二十日即令貼頭面頸上，至四月八日而七次皆已貼畢，將膏藥揭去，僅餘紅暈，向之厚皮頑癬，今已蕩然平矣。十五六日即貼遍身，計不過半月即可畢事，至五月初旬考差而通身已全好矣。現在仍寫白折，一定赴試。雖得不得自有一定，斷不敢妄想，而苟能赴考，亦可上慰高堂諸大人期望之心。寓中大小安吉，惟溫甫前月底偶感冒風寒，遂痛左膝，服藥二三帖不效，請外科開一針而癒。

　　澄弟去年習柳字，殊不足觀。今年改習趙字，而參以李北海《雲麾碑》之筆意，大為長進。溫弟時文已才華橫溢，長安諸友多稱賞之。書法以命意太高，筆不足以赴其所見，故在溫弟自不稱意，而人亦無由稱之。故論文則溫高於澄，澄難為兄；論書則澄高於溫，溫難為弟。子植書法駕滌、澄、溫而上之，可愛之至！可愛之至！但不知家中舊有《和尚碑》（徐浩書）及《郭家廟碑》（顏真卿書）否？若能參以

二帖之沉著，則直追古人不難矣。狼兼毫四枝既不合用，可以二枝送莘田叔，以二枝送莁庵表叔。正月間曾在岱雲處寄羊毫二枝，不知已收到否？至五月，鍾子賓（名音鴻，戊戌同年，放辰州府知府）太守往湖南，又可再寄二枝。以後兩弟需用之物，隨時寫信至京可也。

　　祖父大人囑買四川漆，現在四川門生留京者僅二人（敖冊賢，陳世鑣），皆極寒之士。由京至渠家有五千餘里，由四川至湖南有四千餘里，彼此路皆太遠。此二人在京常半年不能得家信，即令彼寄信至渠家，渠家亦萬無便可附湖南。九弟須詳稟祖父大人，不如在省以重價購頂上川漆為便。做直牌匾，祖父大人係封②中憲大夫，父親係誥封中憲大夫，祖母封恭人，母親誥封恭人。京官加一級請封，侍講學士是從四品，故堂上皆正四品也。藍頂是暗藍，餘正月已寄回二頂矣。

　　書不宣盡，諸詳澄、溫書中。今日身上敷藥，不及為楷，堂上諸大人兩弟代為稟告可也。

　　　　　　　　　　　　道光二十六年四月十六日

【注釋】

①斑剝陸離：雜亂而有剝落。

②封：舊時官員以自身所受的封爵名號呈請朝廷移授給其親族尊長。

【譯文】

　　子植、季洪兩弟左右：

　　四月十四日接到子植二月、三月的兩封手寫信，另外又接到季洪的一封信。子植寫得多麼詳細，季洪寫得多麼簡略！今年以來，從京城已經寄出了七號信，不知都收到了沒？第六號、第七號信中，我都有稟呈堂上大人，說今年恐怕不考差。那時身體雖平安，但癬疾沒有好，頭

上、臉上、脖子上都斑駁陸離，恐怕不便去拜見皇上，所以情願不考差。擔心堂上大人不放心，所以特地寫了白摺楷字信，以安慰雙親的掛念之情。

三月初，有個直隸的張醫生，說最會治癬，貼了膏藥在癬上，三天一換，貼三次就可以拔出膿水，貼七次就痊癒了。初十，讓他在左脅試著貼了一個地方，果然有效。二十日就叫他貼頭、臉和脖子，到四月八日，七次都已貼完，將膏藥揭掉，只剩了紅暈，之前的厚皮頑癬，現在已經完全平整了。十五、六日就貼滿全身，總共不過半個月就能完畢，到五月初旬考差，全身都已經好了。現在仍然寫白摺，一定赴試。雖說考不考得上自有定數，斷然不敢妄想，但是如果能赴考，也可寬慰堂上各位大人期待的心情了。

家中大小平安，只有溫甫前月底偶感風寒，所以左膝犯痛，吃了兩三帖藥沒有效果，請外科打了一針就好了。澄弟去年學寫柳體，寫得很不好看。今年改學趙體字，參考李北海《雲麾碑》的筆意，進步了很多。溫弟的時文已經寫得才華橫溢，長安各位朋友都稱讚。書法因為命意太高，筆力不足以表現完全，所以溫弟自己也不滿意，別人也自然沒理由來稱讚。所以論文，則溫弟高於澄弟，澄弟難以作為兄長；論書法，則澄弟高於溫弟，溫弟難以為弟。子植的書法凌駕於滌、澄、溫三弟之上，讓人喜愛得不得了！但是不知道家中還有《和尚碑》（徐浩書）及《郭家廟碑》（顏真卿書）嗎？如能參考這兩帖的沉著筆意，那直接趕上古人也不難了。那四支狼兼毫筆既然不合用，可以送兩支給莘田叔，送兩支給荪庵表叔。正月間曾經在岱雲那裡寄了兩支羊毫筆，不知已收到沒有？到五月，鍾子賓（名音鴻，戊戌同年，放辰州府知府）太守去往湖南，又可以再寄兩支。以後兩位弟弟要用的東西，可以隨時寫信到京城。

祖父大人囑咐我買四川漆，現在四川門生留京的只有兩個人（敖冊賢、陳世鑣），都是非常貧寒的士人。由京城到他們家鄉有五千多里，由四川到湖南有四千多里，彼此路途都太遙遠。這兩人在京城，半年都不能收到家信，就是叫他寄信到他家，他家也萬萬沒有方便的人可以帶到湖南。九弟要詳細稟告高祖父大人，不如在省城用高價購買上等四川漆方便。做直牌匾，祖父大人是封中憲大夫，父親是誥封中憲大夫，祖母

封恭人，母親誥封恭人。京官加一級請求封賞，侍講學士是從四品，所以堂上大人都是正四品。藍頂是暗藍，我正月已經寄回了兩頂。

這封信不能寫完所有事，其他都詳細地寫在給澄弟、溫弟的信中。今日身上敷了藥，不能寫楷體，堂上各位大人那兒兩弟代我稟告就好了。

道光二十六年四月十六日

致諸弟·升內閣學士

【原文】

澄侯、子植、季洪三位老弟足下：

五月寄去一信，內有大考賦稿，想已收到。

六月二日蒙皇上天恩及祖父德澤，予得超升內閣學士，顧影捫心，實深慚悚。湖南三十七歲至二品者，本朝尚無一人，予之德薄才劣，何以堪此？近來中進士十年得閣學者，惟壬辰季仙九師、乙未張小浦及予三人，而予之才地，實不及彼二人遠甚，以是尤深愧仄①。

馮樹堂就易念園館，系予所薦，以書啟②兼教讀，每年得百六十金。李竹屋出京後，已來信四封。在保定，訥制台贈以三十金③，且留干館④與他。在江蘇，陸立夫先生亦薦干俸館與他，渠甚感激我。考教習，余為總裁，而同鄉寒士如蔡貞齋等皆不得取，余實抱愧。

寄回祖父、父親袍褂二付，祖父系夾的，宜好好收拾，每月一看，數月一曬。百歲之後，即以此為斂服，以其為天恩所賜，其材料外間買不出也。父親做棉的，則不妨長著，不必為深遠之計，蓋父親年未六十，將來或更有君恩賜服，亦未可知。

　　祖母大人葬後，家中諸事順遂。祖父之病已好，予之癬疾亦愈，且驟升至二品，則風水之好可知，萬萬不可改葬。若再改葬，則謂之不祥，且大不孝矣。然其地予究嫌其面前不甚寬敞，不便立牌坊，起誥封碑亭，亦不便起享堂，立神道碑。予意乃欲求堯階相一吉地，為祖父大人將來壽藏。弟可將此意稟告祖父，不知可見允否。蓋誥封碑亭斷不可不修，而祖母又斷不可改葬，將來勢不能合葬。乞稟告祖父，總以祖父之意為定。

　　前問長女對袁家，次女對陳家，不知堂上之意如何？現在陳家信來，謂我家一定對，渠甚歡喜。餘容後具。兄國藩草。

　　　　　　　　　　　道光二十七年六月十八日

【注釋】

① 愧仄：愧疚。

② 書啟：舊時官署裡專管起草書信等事的人。

③ 訥：疑通「納」，繳納，貢獻。制台：明清時在官場中，通稱總督為「制軍」或「制台」。

④ 干館：指掛名不工作而領取薪水的教席。與下文「干俸館」同。

【譯文】

　　澄侯、子植、季洪三位老弟足下：

　　五月寄去一封信，裡面有大考賦稿，想必已經收到。

　　六月二日，承蒙皇上的天恩及祖父的德澤，我得以越級升為內閣學士。回頭看看自己捫心自問，實在深感慚愧。湖南三十七歲的人做官做到二品的，本朝一個都沒有。我的德行淺薄、才能低劣，憑什麼擔任這樣的重任呢？近來中了進士後十年內得以升到內閣學士的，只有壬辰年的季仙九老師、乙未年的張小浦，和我共三人。而我的資質，實在遠遠趕不上他們兩個，因此感到特別愧疚。

　　馮樹堂接受到易念園家教書，是我推薦的，做的是起草書信兼教書的工作，每年得到一百六十兩銀子。李竹屋離開京城後，已經寄來了四封信。在保定時，捐納制台送了三十兩銀子，並且留他做一個掛名的教席。在江蘇時，陸立夫先生也薦了個掛名的教席給他，他很感謝我。考教習時，我是總裁判，而同鄉寒士如蔡貞齋等人都沒有錄取，我實在心懷愧疚。

　　寄回給祖父、父親袍褂兩套，祖父的是夾的，要好好收拾，每月看一看，隔幾個月曬一曬。等祖父百年之後，就用這套衣服當作殮服。因為它是皇上賞賜的，這種材料外面買不到。父親的是棉的，就不妨時常穿著，不必考慮著要穿很久。因為父親還不到六十，將來或許再有皇上賞賜的衣服，也不一定。

　　祖母大人安葬後，家中的事情都順遂。祖父的病已經好了，我的癬疾也痊癒了，而且一下子升到二品，這就可以看出那裡風水的好處，萬萬不可以改葬了。如果再改葬，那就叫不祥，而且是大不孝。但是那塊墳地我終究還是嫌它前面不太寬敞，不方便樹立牌坊，建造誥封碑亭，也不方便建享堂，立神道碑。我的意思還是想求堯階選擇一塊吉地，做祖父大人將來的安葬之地。弟弟們可以把我的意思稟告祖父，不知道會不會被允許？因為誥封碑亭絕對不可以不修，而祖母又絕對不能改葬，將來勢必不能合葬。求你們稟告祖父，總以他的意思為准。

　　前次信中問長女和袁家配婚，次女和陳家配婚，不知堂上大人的意思怎麼樣？現在陳家來信，說我家一定和他們婚配，他很高興。其餘以後再寫。兄國藩手草。

道光二十七年六月十八日

致諸弟・勿占人便宜。兒女姻事勿太急

【原文】

　　澄侯、子植、季洪老弟足下：

　　自四月二十七日得大考諭旨以後，二十九日發家信，五

月十八又發一信，二十九又發一信，六月十八又發一信，不審俱收到否？二十五日接到澄弟六月一日所發信，具悉一切，欣慰之至。

發卷①所走各家，一半系余舊友，惟屢次擾人，心殊不安。我自從己亥年在外把戲②，至今以為恨事。將來萬一作外官，或督撫，或學政，從前施情於我者，或數百，或數千，皆釣餌也。渠若到任上來，不應則失之刻薄，應之則施一報十，尚不足以滿其欲。故兄自庚子到京以來，於今八年，不肯輕受人惠。情願人占我的便益，斷不肯我占人的便益。將來若作外官，京城以內無責報③於我者。澄弟在京年餘，亦得略見其概矣。此次澄弟所受各家之情，成事不說，以後凡事不可占人半點便益，不可輕取人財，切記切記！

彭十九家姻事，兄意彭家發洩將盡，不能久於蘊蓄，此時以女對渠家，亦若從前之以蕙妹定王家也。目前非不華麗，而十年之外，局面亦必一變。澄弟一男二女，不知何以急急訂婚若此？豈少緩須臾，即恐無親家耶？賢弟行事，多躁而少靜，以後尚期三思。兒女姻緣前生註定，我不敢阻，亦不敢勸，但囑賢弟少安無躁而已。

成忍齋府學教授系正七品，封贈一代，敕命二軸。朱心泉縣學教諭系正八品，僅封本身，父母則無封。心翁之父母乃封也。家中現有《縉紳》，何不一翻閱？牧雲一等，汪三入學，皆為可喜。嘯山教習，容當托曹西垣一查。

京寓中大小平安。紀澤讀書已至「宗族稱孝焉」，大女兒讀書已至「吾十有五」。前三月買驢子一頭，頃趙炳堃又送一頭。二品本應坐綠呢車，兄一切向來儉樸，故仍坐藍呢車。寓中用度比前較大，每年進項亦較多（每年俸銀三百兩，飯銀一百兩）。其他外間進項尚與從前相似。

同鄉諸人皆如舊。李竹屋在蘇寄信來，立夫先生許以干館。餘不一一。兄國藩手草。

道光二十七年六月二十七日

【注釋】

① 發卷：即「發解」，泛指鄉試考中舉人。

② 把戲：方言詞，這裡是做官的謙稱。

③ 責報：求取報答。

【譯文】

澄侯、子植、季洪三弟足下：

自四月二十七日得到大考諭旨以後，二十九日發出家信，五月十八日又發了一封，二十九日又發了一封，六月十八日又發了一封，不知都收到了沒？二十五日接到澄弟六月一日所發的信，知道了一切，非常欣慰。

考中舉人後來往的各家，一半是我的老朋友，只是多次去打擾別人，心裡很不安。我自從己亥年到外面做官，到今天仍然感到遺憾。將來萬一做外官，或做督撫，或做學政，以前施與過我恩惠的人，或者幾百，或者幾千，都像釣魚的食餌。他們如果到我的任所來，不答應他們的要求就顯得太刻薄，答應了他們的要求，那麼給出十倍的報償也還不能滿足他們的欲望。所以為兄自從庚子年調到京城以來，到現在八年，不肯輕易接受別人的恩惠。情願別人占我的便宜，決不肯去占別人的便宜。將來如果做外官，京城中沒有人會向我求取報償。澄弟在京城一年多，也能略微知道些大概了。這次澄弟所受的各家人情，已經做了就不去說了，以後凡事不能占人半點便宜，不能輕易受人錢財，務必牢記。

關於彭十九家的婚事，為兄的意思是彭家的家運已經快揮霍完了，不能長久積聚，這個時候把女兒許配給他家，也好比以前把惠妹許配給王家一樣。眼下他家也不是不華麗，但十年之後，這種局面一定會改變。澄弟只有一個兒子兩個女兒，不知道為什麼要這麼急著訂婚呢？難道稍微遲一刻，就怕找不到親家了嗎？賢弟做事，太急躁，不夠冷靜，

以後還是希望你能再三考慮。兒女姻緣是前世註定的，我不敢阻止，也不敢勸說，只是囑咐賢弟稍微耐心點，不要急躁罷了。

成忍齋府學教授是正七品，封贈了父母一代，兩軸敕命。朱心泉縣學教諭是正八品，只封了自身，父母則沒有封賞。心翁的父母是封的。家中現有《縉紳》，為什麼不翻閱一下？牧雲得了一等，汪三入了學，都值得高興。嘯山教習，容我托曹西垣查一查。

京城寓所大小平安。紀澤讀書已經讀到「宗族稱孝焉」，大女兒讀書已經讀到「吾十有五」。三個月前買了一頭驢子，剛剛趙炳塈又送來一頭。二品官本應坐綠呢車，為兄一切向來儉樸，所以仍舊坐藍呢車。家中用度比過去多了，每年收入也多了些（每年俸銀三百兩，飯銀一百兩），其他外面的收入還和以前一樣。

同鄉各人都照舊。李竹屋在江蘇寄信來，說宋立夫先生答應他做掛名教席。其餘不一一寫了。兄國藩手草。

道光二十七年六月二十七日

致諸弟・溫弟館事。述思歸省親之計

【原文】

澄侯、子植、季洪足下：

正月十一日發第一號家信，是日予極不得閒，又見溫甫在外未歸，心中懊惱，故僅寫信與諸弟，未嘗為書稟堂上大人，不知此書近已接到否？

溫弟近定黃正齋家館，每月俸銀五兩。溫弟自去歲以來，時存牢騷抑鬱之意。太史公所謂「居則忽忽[1]若有所亡，出則不知其所往」者，溫甫頗有此象。舉業工夫大為拋荒，間或思一振奮，而興致不能鼓舞。餘深以為慮，每勸其痛著祖鞭[2]，並心一往，溫弟輒言思得一館，使身有管束，庶心有維繫。余思自為京官，光景尚不十分窘迫，焉有不能

養一胞弟而必與寒士爭館地？向人求薦，實難啟口，是以久不為之謀館。

自去歲秋冬以來，聞溫弟婦有疾。溫弟羈留日久，牢落[3]無偶。而叔父抱孫之念甚切，不能不思溫弟南歸。且余既官二品，明年順天主考亦在可簡放之列，恐溫弟留京三年，又告回避。念此數者，欲勸溫弟南旋，故上次通道及此層，欲諸弟細心斟酌。不料發信之後不過數日，溫弟即定得黃正齋館地。現在既已定館，身有所管束，心亦有所系屬，舉業工夫又可漸漸整理，待今年下半年再看光景。如我或聖眷略好，有明年主考之望，則到四五月再與溫弟商入南闈或北闈行止[4]。如我今年聖眷平常，或別有外放意外之事，則溫弟仍留京師，一定觀北闈，不必議南旋之說也。坐館以羈束身心，自是最好事，然正齋家澄弟所深知者，萬一不合，溫弟亦難久坐。見可而留，知難而退，但能不得罪東家，好來好去，即無不可耳。

余自去歲以來，日日想歸省親，所以不能者，一則京賬將近一千，歸家途費又須數百，甚難措辦；二則二品歸籍，必須具折，折中難於措辭。私心所願者，得一學差，三年任滿，歸家省親，上也。若其不能，或明年得一外省主考，能辦途費，後年必歸，次也。若二者不能，只望六弟、九弟明年得中一人，後年得一京官，支持門面，余則告養歸家，他日再定行止。如三者皆不得，則直待六年之後，至母親七十之年，余誓具折告養，雖負債累萬，歸無儲粟，亦斷斷不顧矣。然此實不得已之計，若能於前三者之中得其一者，則後年可見堂上各大人，乃如天之福也。不審祖宗默佑否？

現在寓中一切平安。癬疾上半身全好，惟腰下尚有纖痕。家門之福，可謂全盛，而余心歸省之情，難以自慰。固

偶書及，遂備陳之。毅然伯之項，去年已至余寓，余始覓便寄南。家中可將書封好，即行送去。餘不詳盡，諸惟心照。兄國藩手草。

道光二十八年正月二十一日

【注釋】
① 忽忽：失意的樣子。
② 祖鞭：即祖生鞭，語出《世說新語·賞譽下》「劉琨稱祖車騎為朗詣」，劉孝標注引晉虞預《晉書》：「劉琨與親舊書曰：『吾枕戈待旦，志梟逆虜，常恐祖生（指祖逖）先吾著鞭耳。』」後因以「祖生鞭」指勉人努力進取。
③ 牢落：孤寂，無聊。
④ 行止：指行動，活動。

【譯文】
澄侯、子植、季洪足下：

正月十一發了第一號家信，那天我很忙，又見溫甫外出沒有回來，心裡很懊惱，所以只寫了信給弟弟們，沒有寫信稟告堂上大人。不知道這封信近日收到了沒？

溫弟最近定了去黃正齋家做教席，每月五兩俸銀。溫弟從去年以來，時常存著一肚子牢騷和抑鬱不得志的情緒。溫弟很有太史公所說的「在家就好像丟失了什麼一樣恍惚失落，出門則不知道自己要去哪裡」這種情況，科舉學問大加拋棄和荒廢，有時或許也想振作一番，但興致總是鼓不起來。我感到深切憂慮，每次勸他痛下決心爭取進步，一心一意奔赴前程，溫弟就說想去做教席，使自身有約束，內心有牽繫。我想自己自從做京官，光景還不是很窘迫，哪裡會養不起一個同胞弟弟，而讓他必須與貧寒的士人去爭奪一個教席呢？向別人請求薦一差事，實在很難說出口，因此許久都沒有替他去找館地。

自去年秋冬以來，聽說溫弟媳婦生了病。溫弟在京城待得太久，孤身一人，而叔父抱孫子的心情很迫切，不能不想著溫弟回湖南。況且我

既然做了二品官員，明年順天主考，我也在可能被選擇在外放的範圍之內，恐怕溫弟留在京城三年，有需要回避的問題。想到這幾點，想勸溫弟回湖南，所以上次信中談到這一層，想讓各位弟弟細心斟酌。不料發信之後沒過幾天，溫弟就定了黃正齋的教館。現在既然已經定了館，自身有所管束，心裡也有了牽繫，應考的工夫又可以漸漸整理，等今年下半年再看情況。如果聖上對我的眷顧略好些，那明年就有當主考的希望，到了四五月，再與溫弟商量是參加江南鄉試或者順天鄉考的事情；如果聖上對我的眷顧一般，或者有意想不到的外放的事，那麼溫弟仍舊留在京城，一定參加順天鄉試，不必再考慮回湖南了。用坐館來管束自己的身心，自然是最好的事，但正齋家是澄弟最瞭解的，萬一不合，溫弟也難久留。看到可以就留下，知道不行就退出，只要不得罪東家，好來好去，也沒有什麼不可以。

　　我自從去年以來，天天想回家探親，之所以不能回：一是因為京城欠的債將近一千，回家路費又要幾百，很難籌辦；二是因為二品官回籍，必須寫奏摺，奏摺難以措辭。我自己內心所想的，是得一個學差，三年任滿，回家探親，這是上策。如果不行，或者明年得到一個外省主考，能籌辦路費，後年必定回家，這是中策。如果兩條都不可能，只希望六弟、九弟明年能有一人考中，後年得一個京官，支持門面，我就告養回家，以後再定去處。如果三條都不順利，那就只能等六年之後，到母親七十歲時，我勢必要寫奏摺告養回家。即使欠債上萬，回家沒有一點餘糧，也斷然不顧了。但是這實在是不得已的計畫，如果能在前面三條中成功一條，那後年就可以見到堂上各位大人，真是天大的福氣了。不知道祖宗有沒有暗中保佑我？

　　現在京城寓所一切平安。上半身的癬疾都好了，只是腰下面還有一點痕跡。我家的福氣，可說是全盛了，但我回家探親的心情，難以自我寬慰。因而偶然寫到這裡，就詳細地說了一番。毅然伯那筆錢，去年已經到了我這裡，現在才乘便寄回湖南。家中可將信封好，馬上送去。其餘不詳細說了，彼此心照不宣。兄國藩手草。

　　　　　　　　　　　　　　　　　　道光二十八年正月二十一

致諸弟·指導考試。勸勿告官

【原文】

澄侯、子植、季洪三弟左右：

澄侯在廣東前後共發信七封，至郴州、耒陽又發二信，三月十一到家以後又發二信，皆已收到。植、洪二弟今年所發三信，亦均收到。

澄弟在廣東處置一切，甚有道理。易退念園、莊生各處程儀①，尤為可取。其辦朱家事，亦為謀甚忠，雖無濟於事，而朱家必可無怨。《論語》曰：「言忠信，行篤敬，雖蠻貊②之邦行矣。」吾弟出外，一切如此，吾何慮哉！賀八爺、馮樹堂、梁儷裳三處，吾當寫信去謝，澄弟亦宜各寄一書。即易念園處，渠既送有程儀，弟雖未受，亦當寫一謝信寄去。其信即交易宅，由渠家書匯封可也。若易宅不便，即託岱雲覓寄。

季洪考試不利，區區得失，無足介懷。補發之案有名，不去複試，甚為得體。今年院試若能得意，固為大幸；即使不遽獲售，去年家中既雋③一人，則今歲小挫，亦盈虛自然之理，不必抑鬱。植弟書法甚佳，然向例未經過歲考者不合選拔，弟若去考拔，則同人必指而目之。及其不得，人不以為不合例而失，且以為寫作不佳而黜。吾明知其不合例，何必受人一番指目④乎？弟書問我去考與否，吾意以科考正場為斷。若正場能取一等補廩⑤，則考拔之時，已是廩生入場矣；若不能補廩，則附生考拔，殊可不必，徒招人妒忌也。

我縣新官加賦，我家不必答言，任他加多少，我家依而行之。如有告官者，我家不必入場。凡大員之家，無半字涉公庭，乃為得體。為民除害之說，為所轄之屬言之，非謂去

本地方官也。

排山之事尚未查出，待下次折弁付回。歐陽之二十千及柳衙叔之錢，望澄弟先找一項墊出，待彭大生還來即行歸款。彭山屺之業師任千總（名占魁）現在京引見，六月即可回到省。九弟及牧雲所需之筆，及叔父所囑之膏藥、眼藥，均托任君帶回。曹西垣教習報滿引見，以知縣用，七月動身還家。母親及叔父之衣並阿膠等項，均托西垣帶回。

去年內賜衣料袍褂，皆可裁三件，後因我進闈考教習，家中叫裁縫做，渠裁之不得法，又竊去整料，遂僅裁祖父、父親兩套。本思另辦好料為母親制衣寄回，因母親尚在制中⑥，故未遽寄。叔父去年四十晉一，本思制衣寄祝，亦因在制，未遽寄也。茲准擬托西垣帶回，大約九月可以到家。臘月服闋，即可著矣。

紀梁讀書，每日百餘字，與澤兒正是一樣，只要有恆，不必貪多。澄弟亦須常看《五種遺規》及《呻吟語》。洗盡浮華，樸實諳練，上承祖父，下型子弟，吾於澄弟實有厚望焉。兄國藩手草。

道光二十八年五月初十日

【注釋】
① 程儀：亦稱「程敬」，舊時贈送出門遠遊之人的路費。
② 蠻貊：古代稱南方和北方落後部族。亦泛指四方落後部族。
③ 雋：科舉時代喻稱考中。
④ 指目：手指而目視之，指被眾人注視或指責。
⑤ 補廩：明清科舉制度，生員經歲、科兩試成績優秀者，增生可依次升廩生，謂之「補廩」。
⑥ 制中：指居喪期間。

【譯文】

澄侯、子植、季洪三弟左右：

澄侯在廣東，前後一共發了七封信，到了郴州、耒陽，又發了兩封。三月十一日到家以後又發了兩封，都已經收到。植、洪兩位弟弟今年所發的三封信，也都收到了。

澄弟在廣東處置一切事務都很有道理。退還易念園、莊生幾處的路費，尤其辦得好。辦理朱家的事，謀劃也很忠誠可靠，雖然沒有解決問題，但朱家必定不會有怨言。《論語》中說：「言語忠誠老實，行為忠厚嚴肅，即使到了野蠻國度，也行得通。」弟弟在外面，能這樣處理一切，我還有什麼好顧慮的呢！賀八爺、馮樹堂、梁儷裳三人那裡，我會寫信去道謝，澄弟也應該各寄一封信去。就是易念園處，他既送了路費，弟弟雖然沒有接受，也應該寄封信去致謝。信交到易家住宅，由他家一起寄去也可以。如果易家不方便，就托岱雲設法寄去。

季洪考試失利，小小的得失，不值得介懷。補發的名單上有名，但沒有去複試，很是得體。今年院試如果考中了，固然是大好事；就是沒有考中，去年家裡既然已考上一人，那今年有點小挫折，也是有盈有虧的自然道理，不必抑鬱苦悶。植弟書法很好，但向來的慣例，沒有經過年考的不符合選拔條件。弟弟如果去考，那一起考的人必然會指責輕視你。等到考不上，別人不會認為你是不合慣例而未錄取，而是說你寫作不好而落榜。我們明知不合慣例，何必去受別人的一番指責呢？弟弟信中問我去不去考，我的意見是根據科場正場的情況來決定。如果正場能考取一等增補廩生，那考拔時，就已經是以廩生的身份入場了；如果不能增補廩生，那麼作為附生去考就不必了，若去，只是徒然招人妒忌罷了。

我縣的新官要增加賦稅，我家不要去干預，隨他加多少，我家都依著去做。如果有告狀的人，我家不要摻合進去。凡是大官的家庭，要做到沒有半個字涉及到朝廷官府，才是得體的。為民除害的說法，是指除掉地方官管轄地域內的壞人，不是說要除去本地的地方官。

排山那件事還未查出結果，等下次通信員來再附回。歐陽的二十千錢及柳衙叔的錢，希望澄弟先找一筆墊出，等彭大生還來就馬上歸還這筆款項。彭山屺的老師任千總（名占魁）現在在京城等待引見，六月就

可以回到省城。九弟及牧雲所需要的筆，及叔父所囑咐要買的膏藥、眼藥，都托任君帶回。曹西垣教習期滿，被引見之後，任命為知縣，七月動身回家。母親和叔父的衣服、阿膠等，都托他帶回。

去年皇上賜的衣料袍褂，都可以裁成三件。後來因為我進闈場考教習，家裡叫裁縫做，他裁的方法不對，又偷去了整塊衣料，所以只裁得祖父、父親兩套。本想另外買好衣料，為母親做套衣服寄回。因母親還在守孝，所以沒有馬上寄回。叔父去年滿四十一歲，本想做套衣服寄回祝壽，也因在守孝，沒有馬上寄。現在打算托西垣帶回，大約九月可以到家。十二月守孝期滿，就可以穿了。

紀梁讀書，每天一百多字，與澤兒正好一樣，只要有恒心，沒有必要貪多。澄弟也要常看《五種遺規》和《呻吟語》，洗掉浮華的習氣，樸實幹練，上可繼承祖風，下可為子弟做榜樣，我對於澄弟實在是寄予了厚望。兄國藩手草。

道光二十八年五月初十

致諸弟・述改屋之意見。留心辦賊之態度

【原文】

澄侯、溫甫、子植、季洪四弟左右：

十一月十四發第十四號家信，不知收到否？十二月初九接到家中十月十二日一信，十一月初一日一信、初十日一信，具悉一切。

家中改屋，有與我意見相同之處。我於前次信內曾將全屋畫圖寄歸，想已收到。家中既已改妥，則不必依我之圖矣。但三角丘之路，必須改於檀山嘴下，而於三角丘密種竹木，此我畫圖之要囑，望諸弟稟告堂上，急急行之。家中改房，亦有不與我合意者，已成則不必再改。但六弟房改在爐子內，此系內外往來之屋，欲其通氣，不欲其悶塞，余意以

為必不可，不若以長橫屋上半節間斷作房為妥（連間兩隔，下半節作橫屋客坐，中間一節作過道，上半節作房）。內茅房在石柱屋後，亦嫌太遠，不如於季洪房外高坎打進七八尺（即舊茅房溝對過之坎，若打進丈餘，則與上首栗樹處同寬），既可起茅房、澡堂，而後邊地面寬宏，家有喜事，碗盞菜貨亦有地安置，不至局促，不知可否？

家中高麗參已完，明春得便即寄，彭十九之壽屏，亦准明春寄到。此間事務甚多，我更多病，是以遲遲。

澄弟辦賊，甚快人心。然必使其親房人等知我家是圖地方安靜，不是為一家逞勢張威，庶①人人畏我之威，而不恨我之太惡。賊既辦後，不特面上不可露得意之聲色，即心中亦必存一番哀矜②的意思，諸弟人人當留心也。

征一表叔在我家教讀，甚好。此次未寫信請安，諸弟為我轉達。同鄉周荇農家之鮑石卿，前與六弟交遊。近因在妓家飲酒，提督府捉交刑部，革去供事。而荇農、荻舟尚遊蕩不畏法，真可怪也。

余近日常有目疾，餘俱康泰。內人及二兒四女皆平安，小兒甚胖大。西席龐公擬十一回家，正月半來，將請筆峰代館。宋薌賓在道上撲跌斷腿，五十餘天始抵樊城，大可憫也。餘不一一。國藩手草。

道光二十八年十二月初十日

【注釋】

① 庶：但願，希冀。

② 哀矜：哀憐，憐憫。

　　澄侯、溫甫、子植、季洪四弟左右：

　　十一月十四日發了第十四號家信，不知收到了沒？十二月初九接到家中十月十二日的一封信，十一月初一的一封信、初十的一封信，知道了一切。

　　家裡改建房屋，有和我意見相同的地方。我在前次信裡，曾經將房屋的圖紙寄回，想必已經收到了。家中既然已經改好了，就不必依照我的圖紙再改了。但是三角丘的路，必須改在檀山嘴下面，在三角丘上密密地種上竹子，這是我畫圖最主要的目的，希望各位弟弟稟告堂上大人，快速實行。家中改建房屋，也有與我意見不合的地方，已經改好了的就不要再改。只是六弟的房間改在爐子裡，這是內外往來的屋子，要用它來通氣，不能閉塞，我認為一定不能這麼做，不如把長橫屋上半節隔斷做成房間為好（連間隔斷成三部分，下半節作橫屋客坐，中間一節作過道，上半節作房）。內茅房在石柱屋後面，也嫌太遠，不如在季洪房間外面的高坎上打進去七八尺（即舊茅房溝對面的坎，如果打進去幾丈，就與上首栗樹那裡同寬），既可以起茅房和澡堂，而後面地面寬大，家裡有喜事，碗盞菜貨也有地方安放，不至於局促。不知可不可以？

　　家中高麗參已經用完，明年春天有方便的機會就寄回。彭十九的壽屏，也准在明年春天寄到。這邊事務很多，我的病也多，所以什麼事情都遲了這麼久才辦。

　　澄弟懲治土匪，大快人心。但必須使那些土匪的親朋好友知道我家這麼做是圖地方上的安寧，不是為自家逞威風、顯權勢，希望能使人人都敬畏我們的威勢，而又不恨我們做得太惡毒。懲治土匪之後，不僅表面上不能露出得意的神色，就是心裡也要存一份同情的心思，各位弟弟人人都要留心啊。

　　征一表叔在我家教書很好，這次沒有寫信請安，弟弟們代我轉達。同鄉周荇農家的鮑石卿，之前與六弟交往過。近來因為在妓院喝酒作樂，提督府把他捉了交到刑部，革掉了職務。但荇農、荻舟還在外遊蕩玩樂，一點也不怕王法，真是奇怪。

　　我近來常常犯眼病，其餘都康泰。內人和兩個兒子四個女兒都平

安。小兒子長得很肥胖。西席老師龐公打算十一月回家，正月半再來，準備請李筆峰代教。宋藹賓在路上摔了一跤，把腿摔斷了，五十多天才到樊城，真是可憐。其他不一一說了。國藩手草。

道光二十八年十二月初十

致諸弟·喜述補侍郎缺

【原文】

澄侯、溫甫、子植、季洪四位老弟左右：

正月十日曾寄家信，甚為詳備。二月初三接到澄弟十一月二十夜之信，領悉一切。

今年大京察①，侍郎中休致②者二人，德遠村（厚）、馮吾園（芝）兩先生也，余即補吾園先生之缺。向來三載考績，外官謂之大計，京官謂之京察。京察分三項：一、二品大員及三品之副都御史，皇上皆能記憶，其人不必引見，御筆自下朱諭，以為彰癉③，此一項也。自宗人府丞以下，凡三、四、五品京官，皆引見，有黜而無陟④。前丙午在碾兒胡同時，間壁學士奎光，即引見休致者也，此一項也。自五品而下，如翰林、內閣、御史、六部，由各堂官考察，分別一、二、三等，一等則放府道，從前如勞辛階、易念園，今年如陳竹伯，皆京察一等也，此一項也。

余自到禮部，比從前較忙冗，恨不得有人幫辦寓中瑣雜事。然以家中祖父之病，父、叔勤苦已極，諸弟萬無來京之理。且如溫弟在京，余方再三勸誘，令之南歸，今豈肯再蹈覆轍，令之北來？

江岷樵以揀發⑤之官浙江，補缺不知何時。余因溫弟臨別叮囑之言，薦鄧星階偕岷樵往浙，岷樵即應允矣。適徐芸

渠請星階教書，星階即就徐館，言定秋間仍往浙依江，江亦
應允。鄒墨林自河南來京，意欲捐教，現寓圓通觀，其為人
實誠篤君子也。袁漱六新正初旬忽吐血數天，現已痊癒。黃
正齋竟為本部司員，頗難為情。余一切循謙恭之道，欲破除
藩籬，而黃總不免拘謹。

　　余現尚未換綠呢車，惟添一騾，蓋八日一赴園，不能不
養三牲口也。書不一一。兄國藩草。

道光二十九年二月初六日

【注釋】

① 京察：明代吏部考核京官的一種制度。洪武時規定三年一考，後改為
　　十年一考。弘治年間規定六年舉行一次，清代改為三年，以「四格」
　　「八法」為升降標準。

② 休致：官員年老退休去職。清制，因衰老不能勝任而自請去職，稱自
　　請休致；朝廷亦常對衰老不能勝任的官員給予「原品休致」。如因總
　　不稱職，因而被命令退休或加以處分，稱勒令休致，皇帝有時命令禦
　　試成績低下官員「罰俸休致」。

③ 彰癉（音旦）：即彰善癉惡，表揚好的，斥責惡的。癉：憎恨。

④ 陟：晉升。

⑤ 揀發：清制，各省總督、巡撫、提督、總兵，如部下出缺，可奏請皇
　　帝於候選人員之中，擇其人地相宜者，分佈若干員，歸其補用，稱為
　　揀發。

【譯文】

　　澄侯、溫甫、子植、季洪四位老弟左右：

　　正月初十曾寄去家信，寫得很詳細。二月初三接到澄弟十一月二十
日晚上的信，知道了一切。

　　今年吏部考核京官，侍郎中退休辭職的有兩個，即德遠村、馮吾園
兩位先生，我就是補吾園先生的缺額。向來三年一次考察政績，外官叫
作大計，京官叫作京察。京察分三項：一、二品大員及三品副都御史，

皇上都記得這些人，不必引見，由皇上御筆親自下朱諭，決定哪些要表彰，哪些要懲治，這是一項。自宗人府丞以下，凡三、四、五品京官，皆須引見，只有罷免沒有升遷。之前丙午年在碾兒胡同時，隔壁學士奎光，就是引見之後退休辭職的，這是一項。自五品以下，如翰林、內閣、御史、六部，由各堂官考察，分為一、二、三等，一等的就外放府道，從前如勞辛階、易念園，今年如陳竹伯，都是京察一等，這是一項。

我自從到了禮部，比以前要忙些，恨不得有人幫忙辦理寓所中的瑣碎雜務。然而因為家中祖父的病，父親、叔父都非常辛苦，弟弟們萬沒有來京城的道理。況且像溫弟在京城，我剛再三勸說誘導，讓他回湖南，現在哪肯重蹈覆轍，叫他北上呢？

江岷樵通過揀發去浙江做官，不知道什麼時候能補上官缺。我因為溫弟臨別叮囑，薦鄧星階同岷樵一起去浙江，岷樵馬上就答應了。恰好徐芸渠請星階教書，星階就答應去徐家了，說好秋天仍然去浙江投靠江岷樵，岷樵也答應了。鄒墨林從河南來京城，意思是想捐個教習，現在住在圓通觀，他為人實在是個忠厚老實的君子。袁漱六新年正月初旬，忽然吐了幾天的血，現在已經好了。黃正齋竟然做了禮部司員，我覺得很不好意思。我一切遵循恭謹相待的態度，想破除隔閡，但他總免不了拘謹。

我現在還沒有換綠呢車，只添了一匹騾子，因為每八天要去一次圓明園，不能不養三匹牲口。其他不一一寫了。兄國藩手草。

道光二十九年二月初六

致諸弟・計畫設置義田

【原文】

澄侯、溫甫、子植、季洪四位老弟足下：

七月十三日接到澄弟六月初七所發第九號家信，具悉一切。吾於六月共發四次信，不知俱收到否？今年陸費中丞丁

憂，閏四月無折差到，故自四月十七發信後，直至五月中旬始再發信，宜家中懸望也。

祖父大人之病，日見增加，遠人聞之，實深憂懼。前六月二十日所付之鹿茸片，不知何日可到，亦未知可有微功否。予之癬病，多年沉痼，賴鄒墨林舉黃芪附片方，竟得痊癒。內人六月之病亦極沉重，幸墨林診治，遂得化險為夷，變危為安。同鄉找墨林看病者甚多，皆隨手立效。墨林之弟岳屏四兄今年曾到京，寓圓通觀，其醫道甚好，現已歸家。予此次以書附墨林家書內，求岳屏至我家診治祖父大人，或者挽回萬一，亦未可知。岳屏人最誠實而又精明，即周旋不到，必不見怪。家中只須打發轎夫大錢二千，不必別有所贈送。渠若不來，家中亦不必去請他。

鄉間之穀貴至三千五百，此亙古未有者，小民何以聊生[1]！吾自入官以來，即思為曾氏置一義田，以贍救孟學公以下貧民；為本境置義田，以贍救二十四都貧民。不料世道日苦，予之處境未裕。無論為京官者自治不暇，即使外放，或為學政，或為督撫，而如今年三江兩湖之大水災，幾於鴻嗷[2]半天下，為大官者，更何忍於廉俸之外多取半文乎？是義田之願，恐終不能償。然予之定計，苟仕宦所入，每年除供奉堂上甘旨[3]外，或稍有贏餘，吾斷不肯買一畝田，積一文錢，必皆留為義田之用。此我之定計，望諸弟體諒之。

今年我在京用度較大，借賬不少。八月當為希六及陳體元捐從九品，九月榜後可付照回，十月可到家。十一月可向渠兩家索銀，大約共須三百金。我付此項回家，此外不另附銀也。率五在永豐有人爭請，予聞之甚喜。特書手信與渠，亦望其忠信成立耳。

紀鴻已能行走，體甚壯實。同鄉各家如常。同年毛寄雲

於六月二十八日丁內艱。陳偉堂相國於七月初二仙逝，病系中痰，不過片刻即歿。河南、浙江、湖北皆展④於九月舉行鄉試。聞江南水災尤甚，恐須再展至十月。各省大災，皇上焦勞，臣子更宜憂惕，故一切外差，皆絕不萌妄想，家中亦不必懸盼。書不詳盡。兄國藩手草。

道光二十九年七月十五日

【注釋】

① 聊生：賴以生活。

② 鴻嗷：鴻雁哀鳴。比喻在天災人禍中到處都是流離失所、呻吟呼號的饑民。

③ 甘旨：指對雙親的奉養。

④ 展：延緩，放寬期限。

【譯文】

澄侯、溫甫、子植、季洪四位老弟足下：

七月十三日接到澄弟六月初七所發的第九號家信，知道了一切。我在六月份共發了四次信，不知都收到了沒？今年陸費中丞的母親逝世，閏四月沒有通信員到，所以自四月十七日發信後，直到五月中旬才又發信，家裡應該掛念很久了。

祖父大人的病，日見加重，遠方遊子聽了，實在深感憂懼。之前六月二十日所寄的鹿茸片，不知何日可到，也不知有沒有一點功效。我的癬疾是多年舊病，靠鄒墨林的黃芪附片方子，竟然全部治好了。內人六月生的病也很沉重，幸虧墨林診治，才能化險為夷，轉危為安。同鄉找墨林看病的人很多，都是隨手就見效果。墨林的弟弟岳屏四兄今年曾經到過京城，住在圓通觀，他的醫術很好，現在已經回家。我這次寫了一封信附在墨林的家信裡，求岳屏到我家診治祖父大人，或許能僥倖挽回也不一定。岳屏為人最誠實，又精明，就是照顧不周，也一定不會怪罪。家裡只要打發轎夫兩千大錢，不必另外送東西了。他如果不來，家中也不必去請他。

鄉間的穀子貴到三千五百，這是自古以來沒有的，老百姓靠什麼生活啊！我自從當官以來，就想為曾氏置辦一處義田，來救助孟學公以下的貧民；為本地置辦義田，來救助二十四都的貧民。不料世道日漸貧苦，我的處境也不富裕。不要說京官供養自身還來不及，就是外放當官，或做學政，或做督撫，而像今年三江兩湖都發生了大水災，幾乎大半個天下的百姓都在呻吟呼號，那些做大官的，又怎麼忍心在俸祿之外多拿半文呢？所以這置辦義田的願望，恐怕終究不能實現。但是我決定，如果拿到俸祿收入，每年除供奉堂上大人的衣食之外，或許稍有些盈餘，我絕不買一畝田，積蓄一文錢，一定都留著做置辦義田的資金。這是我的決定，希望弟弟們都能體諒。

　　今年我在京城的花費比較大，借了不少錢。八月要為希六和陳體元捐一個從九品官，九月放榜後可把執照寄回，十月可到家。十一月可向他兩家去要錢，大約共需三百兩銀子。我付這筆錢回家，此外不另寄錢了。率五在永豐有人爭著聘請，我聽了很高興。特意寫了一封信給他，也希望他忠信自立。

　　紀鴻已經會走路了，身體壯實。同鄉各家如常。同年毛寄雲的母親在六月二十八日去世了。陳偉堂相國在七月初二去世，得了中痰病，不過一會兒就死了。江南、浙江、湖北都延遲到九月舉行鄉試。聽說江南水災尤其厲害，恐怕要再延期到十月。各省都有大災，皇上焦急勞苦，正是臣子應該憂慮的時候，所以如今對一切外差都絕對不生妄想，希望家裡也不必掛念盼望。信寫得不詳盡。兄國藩手草。

道光二十九年七月十五日

致諸弟·述派較射大臣

【原文】

　　澄侯、溫甫、子植、季洪四位老弟足下：

　　八月十二日發第十五號家信，九月二十二日發第十六號家信，想次第收到。十月初二日接到澄弟八月二十六一書，

具悉一切。

是日又從岱雲書內見南省題名錄，三弟皆不與選，為之悵悒。吾家累世積德，祖父及父、叔二人，皆孝友仁厚，食其報者，宜不止我一人，此理之可信者。吾邑從前鄧、羅諸家官階較大，其昆季子孫皆無相繼而起之人，此又事之不可必者。

吾近於宦場，頗厭其繁俗而無補於國計民生。惟勢之所處，求退不能。但願得諸弟稍有進步，家中略有仰事之資，即思決志歸養，以行吾素。今諸弟科策略遲，而吾在此間，公私萬事叢集，無人幫照，每一思之，未嘗不作茫無畔岸之想也。吾現已定計於明年八月乞假歸省，後年二月還京，專待家中回信，詳明見示。今年父親六十大壽，吾竟不克在家叩祝，悚疚之至。

十月初四日，奉旨派作較射大臣。順天武闈鄉試，於初五、六馬箭，初七、八步箭，初九、十技勇，十一放榜，十二覆命。此八日皆入武闈，不克回寓，父親壽辰，並不能如往年辦面席以宴客也。然予既定計明年還家慶壽，則今年在京即不稱觴①，猶與吾鄉「重逢一不重晉十」之例相合。

家中分贈親族之錢，吾恐銀到太遲，難於換錢，故前次為書寄德六七叔祖，並辦百折裙送叔曾祖母。現在廷芳宇尚未起行，大約年底乃可到湖南。若曾希六、陳體元二家必待照到乃送錢來，則我家今年窘矣。二家捐項，我在京共去京平足紋二百四十一兩六錢，若合南中曹平，則當二百三十六兩五錢。渠送錢若略少幾千，我家不必與之爭，蓋丁酉之冬，非渠煤壟則萬不能進京也。明年春間應寄家用之錢，乞暫以曾、陳捐項用之。我上半年只能寄鹿茸，下半年乃再寄銀耳。

《皇清經解》一書，不知取回否？若未取回，可專人去取。蓋此等書諸弟略一涉獵，即擴見識，不宜輕以贈人也。明年小考須送十千，大場又須送十千。此等錢家中有人分領，便是一家之祥瑞。但澄弟須於在省城時張羅此項付各考者，乃為及時。

京寓大小平安。紀澤兒已病兩月，近日痊癒，今日已上書館矣。紀鴻兒極結實，聲音洪亮異常。僕婢輩皆守舊。同鄉各家亦皆無恙。鄒墨林尚在我家，張雨農之子闈藝甚佳而不得售，近又已作文數首，其勇往可畏，愛也。書不詳盡，寫此畢，即赴武闈，十二始歸寓。餘俟後報。國藩手草。

道光二十九年十月初四日

【譯文】

澄侯、溫甫、子植、季洪四位老弟足下：

八月十二日發了第十五號家信，九月二十二日發了第十六號家信，想必陸續收到了。十月初二接到澄弟八月二十六日的一封信，知道了一切。

當天又從岱雲的信中看到了湖南省題名錄，三位弟弟都沒有考上，真為你們感到歎息。我家歷代積德，祖父和父親、叔父二人都孝順父母、友愛兄弟、仁厚待人，得到回報的，應當不只我一個，這個道理是可信的。我們家鄉從前鄧、羅各家，官都做得比較大，他的兄弟子孫，都沒有相繼而起的人，這又是事情不一定的一方面。我在官場，很討厭官場的繁瑣世俗而對國計民生沒有補益。只是處在這個位置上，想退出來也不行。但願弟弟們稍有進步，家中略微有一點侍奉父母的資本，我就決定辭官回家休養，做我自己想做的事。現在弟弟們科舉得志稍晚，而我在這裡，公私事務繁多，沒有人幫忙，每次想到這裡，都有茫茫大

海看不見岸邊的感覺。我現在已決定在明年八月請假探親，後年二月回京城，就等家中回信詳細指示。今年父親六十大壽，我竟不能在家叩頭祝壽，真是愧疚得不得了。

十月初四，奉了聖旨指派我為較射大臣。順天武考鄉試，於初五、初六考騎馬射箭，初七、初八考步行射箭，初九、初十考武力勇氣，十一日放榜，十二日向皇上覆命。這八天都在考武場內，不能回家。父親的壽辰，並不能如往年一樣辦面席宴請客人了。然而我既然已經決定明年回家祝壽，那今年在京城即使不擺宴席，還是和我們家鄉「重視逢一不重視晉十」的慣例相吻合。

家裡分送親戚族人的錢，我怕銀子到得太遲，難以換錢，所以前次寫信給德六七叔祖，並且置辦了一件百折裙送叔曾祖母。現在廷芳宇還沒有動身，大約年底才可到湖南。如果曾希六、陳體元兩家一定要等到拿到執照才送銀子來，那我家今年就窘迫了。兩家捐官的款項，我在京城共支出京平足紋銀二百四十一兩六錢，如果折算成南中曹平銀，就是二百三十六兩五錢。他們送來的錢如果略少了幾千，我家不必和他爭，因為丁西那年冬天，沒有他的煤鹽資助，我是萬萬不能進到京城的。明年春天應該寄家裡用度的錢，請暫且先用曾、陳兩家的捐官款項。我上半年只能寄鹿茸，下半年才能再寄銀耳。

《皇清經解》一書，不知道拿回來了沒？如果沒有拿回，可以派專人去取，因為這類書弟弟們稍微涉獵一點，就能增長見識，不應該輕易送給別人。明年小考要送十千錢，大場又要送十千。這種錢家裡有人分領，就是一家的祥瑞。但澄弟要在身處省城時張羅這筆錢，付給各位考生，才算及時。

京城家裡大小平安。紀澤兒病了兩個月，近日好了，今天已經上學館了。紀鴻兒身體很結實，聲音非常洪亮。僕婢們都和以前一樣。同鄉各家也都平安。鄒墨林還住在我家。張雨農的兒子考試各科都學得很好，卻沒有考中，近來又已經寫了幾篇文章，這種勇往直前的精神值得敬畏，我很喜歡他。信寫得不詳細，寫完就去武考場，十二日才回家。其餘下次再寫。國藩手草。

道光二十九年十月初四

致諸弟・寄物。告在闈較射。及江岷樵家遭難事

澄侯、溫甫、子植、季洪四弟左右：

十月初四日發第十七號家信，由折弁帶交。十七日發十八號信，由廷芳宇（桂）明府帶交。便寄曾希六、陳體元從九品執照各一紙，歐陽滄溟先生、陳開煦換執照並批回各二張，添梓坪叔庶曾祖母百折裙一條，曾、陳二人九品補服各一副，母親大人耳帽一件（以上共一包），膏藥一千張，眼藥各種，阿膠二斤，朝珠二掛，筆五枝，針底子六十個（以上共一木匣），曾、陳二人各對一付，滄溟先生橫幅篆字一副（以上共一卷）。計十二月中旬應可到省，存陳岱雲宅，家中於小除夕前二日遣人至省走領可也。芳宇在漢口須見上司，恐難早到，然遇順風，則臘月初亦可到，家中或著人早去亦可。

余於十月初五起至十一止在闈較射，十七出榜。四闈共中百六十四人，餘闈內分中五十二人。向例武舉人、武進士複試，如有弓力不符者，則原閱之王大臣，每一人各罰俸年半。今年僅張字闈不符者三名，王大臣各罰俸一年半。餘闈幸無不符之人，不然，則罰俸年半，去銀近五百金，在京官已視為切膚之痛矣。

寓中大小平安，紀澤兒體已全復，紀鴻兒甚壯實。鄒墨林近由廟內移至我家住，擬明年再行南歸。袁漱六由會館移至虎坊橋，屋好而賤。貞齋榜後本擬南旋，因憤懣不甘，仍寓漱六處教讀。劉鏡清教習已傳到，因丁艱而竟不能補，不知命途之舛何至於此！凌荻舟近病內傷，醫者言其甚難奏效。黃恕皆在陝差旋，述其與陝撫殊為冰炭①。江岷樵在浙

署秀水縣事，百姓感戴，編為歌謠。署內一貧如洗，藩台聞之，使人私借千金以為日食之資，其為上司器重如此。其辦賑務，辦保甲，無一不合於古。頃湖南報到，新寧被齋匪餘孽煽亂，殺前令李公之闔家，署令萬公亦被戕②，焚掠無算，則岷樵之父母家屬不知消息若何，可為酸鼻。余於明日當飛報岷樵，令其即行言旋，以赴家難。

余近日忙亂如常，幸身體平安。惟八月家書曾言及明年假歸省親之事，至今未奉堂上手諭。而九月諸弟未中，想不無抑鬱之懷，不知尚能自為排遣否？此二端時時掛念，望澄侯詳寫告我。祖父大人之病，不知日內如何？余歸心箭急，實為此也。

母親大人昨日生日，寓中早麵五席，晚飯三席。母親牙痛之疾，近來家信未嘗提及，斷根與否？望下次示知。書不一一，餘俟續具。兄國藩手草。

道光二十九年十一月初五日

【注釋】

① 冰炭：冰塊和炭火。比喻性質相反，不能相容。
② 戕（音強）：殺害。

【譯文】

澄侯、溫甫、子植、季洪四弟左右：

十月初四發了第十七號家信，由通信員帶回。十七日發了第十八號家信，由廷芳宇（桂）明府帶回。趁便寄回曾希六、陳體元從九品執照各一張，歐陽滄溟先生、陳開煦換執照及批回各兩張，添梓坪叔庶曾祖母百折裙一條，曾、陳兩人九品補服各一套，母親大人耳帽一件（以上共一包），膏藥一千張，眼藥幾種，阿膠兩斤，朝珠兩掛，筆五支，針底子六十個（以上共一木匣），曾、陳兩人的對子各一副，滄溟先生橫幅篆字一副（以上共一卷）。預計十二月中旬應該可以到省城，放在陳

岱雲家，家裡在小除夕前兩天派人到省城去領回就好了。芳宇在漢口要見上司，恐怕難以早到，但遇到順風，那臘月初也可以到，家裡或者早派人去也可以。

我從十月初五起到十一日止，在考場較射，十七日出榜。四個考場一共考中一百六十四人，我的考場內中了五十二個人。按照慣例武舉人、武進士複試，如果有弓力達不到標準的，那原來監考的王大臣每人各罰俸祿一年半。今年只有張字考場內有三名不達標的人，各位監考的王大臣各自都罰俸祿一年半。幸好我的考場內沒有不達標的人，不然就要罰俸一年半，去掉近五百兩銀子，這對京官來說已經是切膚之痛了。

家裡大小平安。紀澤兒的身體已經完全康復，紀鴻兒很壯實。鄒墨林最近從廟裡搬到我家裡住了，打算明年再回南方。袁漱六從會館搬到虎坊橋，房屋好而且便宜。貞齋落榜以後本來打算回南方，但因氣憤不甘心，仍舊住在漱六處讀書。劉鏡清教習朝廷已經傳他報到，因為守喪竟然不能補官，不知道為什麼一個人的命運會曲折艱難到這種地步！凌荻舟近來得了內臟裡的疾病，醫生說很難治好。黃恕皆在陝西出差回來，說他與陝西巡撫水火不容。江岷樵在浙江署理秀水縣知事，百姓感激擁戴他，還編了歌謠。府署裡一貧如洗，藩台聽說後，私下派人借了千金給他做每天的伙食費，可見他是多麼被上司器重。他辦理賑濟事務，辦理保甲，沒有一處不符合古法。剛剛湖南有消息來報，新寧被齋匪的餘孽煽動暴亂，殺了前縣令李公的全家，現任署令萬公也被殺，遭火燒、搶劫的不知有多少，不知道岷樵的父母、家屬情況怎麼樣，真令人傷心。我明天會派人火速去告訴岷樵，叫他馬上提出回家，趕回去處理這場災禍。

我近來還是一樣忙亂，幸好身體平安。只是八月的家信中曾經說到明年請假回家探親的事，至今沒有奉到堂上大人親手寫來的指示。而九月份弟弟們都沒有考中，想必心裡都感到壓抑鬱悶，不知道還能不能自己排遣？這兩件事時時掛念，希望澄侯寫信詳細告訴我。祖父大人的病，不知道近來怎麼樣？我歸心似箭，實在是因為這些事情。

母親大人昨天生日，我在京城家裡擺了五桌早麵，三桌晚席。母親牙痛的毛病，近來信中沒有提到，不知道斷根了沒？希望下次告訴我。信中不一一寫了，其餘的下次再稟告。兄國藩手具。

道光二十九年十一月初五

致諸弟・迎養父母叔父

【原文】

澄侯、溫甫、子植、季洪四位老弟足下：

正月初六日接到家信三函：一系十一月初三所發，有父親手諭，溫弟代書者；一系十一月十八所發，有父親手諭，植弟代書者；一系十二月初三澄弟在縣城所發一書，甚為詳明，使遊子在外，巨細了然。

廟山上金叔不知為何事而可取騰七之數？若非道義可得者，則不可輕易受此。要做好人，第一要在此處下手。能令鬼服神欽，則自然識日進，氣日剛；否則不覺墜入卑污一流，必有被人看不起之日，不可不慎。諸弟現處極好之時，家事有我一人擔當，正當做個光明磊落、神欽鬼服之人。名聲既出，信義既著，隨便答言，無事不成，不必愛此小便宜也。

父親兩次手諭，皆不欲予乞假歸家，而予之意，甚思日侍父母之側，不得不為迎養①之計。去冬家書曾以歸省、迎養二事與諸弟相商，今父親手示不許歸省，則迎養之計更不可緩。所難者，堂上有四位老人，若專迎父母而不迎叔父母，不特予心中不安，即父母心中亦必不安；若四位並迎，則叔母病未全好，遠道跋涉尤艱。予意欲於今年八月初旬，迎父親、母親、叔父三位老人來京，留叔母在家，諸弟婦細心伺侯。明年正月元宵節後，即送叔父回南，我得與叔父相聚數月，則我之心安；父母得與叔父同行數千里到京，則父母之心安；叔母在家半年，專雇一人服侍，諸弟婦又細心奉養，則叔父亦可放心；叔父在家抑鬱數十年，今出外瀟灑半年，又得觀京師之壯麗，又得與侄兒、侄婦、侄孫團聚，則

叔父亦可快暢。在家坐轎至湘潭，澄侯先至潭雇定好船，伺侯老人開船後，澄弟即可回家。船至漢口，予遣荊七在漢口迎接，由漢口坐三乘轎子到京，行李婢僕則用小車，甚為易辦。求諸弟細商堂上老人，春間即賜回信，至要至要！

李澤顯、李英燦進京，余必加意庇護。八斗沖地，望繪圖與我看。諸弟自侍病至葬事，十分勞苦，我不克幫忙，心甚歉愧！

京師大小平安。皇太后大喪②已於正月七日、二十七日滿，脫去孝衣。初八日系祖父冥誕，我作文致祭，即於是日亦脫白孝，以後照常當差。心中萬緒，不及盡書，統容續布。兄國藩手草。

道光三十年正月初九日

【注釋】

① 迎養：指迎接父母尊長同居在一起，以便孝養。

② 大喪：指帝王、皇后、世子之喪。

【譯文】

澄侯、溫甫、子植、季洪四位老弟兄下：

正月初六接到三封家信：一封是十一月初三發的，有父親手諭，是溫弟代寫的；一封是十一月十八日發的，有父親手諭，是植弟代寫的；另一封是十二月初三澄弟在縣城發的，寫得詳細明白，使我這個在外的遊子，都明瞭了家中的大小事情。

廟山上的金叔，不知道為了什麼事拿了騰七的那筆錢？如果不符合道義的，那就不能輕易接受。要做好人，首先就要在這個地方入手。能使鬼神欽佩順服，那自然見識一天天增廣，正氣一天天剛強；不然的話，就會不知不覺墮落為卑鄙齷齪的一類人，必定有被人看不起的一天，不可以不謹慎。諸位弟弟現在處在極好的時候，家裡事有我一個人擔當，正應該做一個光明磊落、鬼神欽佩的人。名聲一旦傳了出去，信

義一旦確立，那以後隨便說句話，沒有事會辦不成，不必貪圖這點小便宜。

父親兩次手諭，都說不想讓我請假探親，而我的意思是想天天侍奉在父母身邊，這點做不到，就不得不實行迎養的計畫了。去年冬天我寫信曾經與你們商量回家探親和迎養這兩件事，現在父親既然不許我回家探親，那迎養的計畫就不可以再推遲了。所為難的地方，是堂上有四位老人，如果只迎接父母，而不迎接叔父母，不僅我心裡不安，就是父母親心裡也一定不安；如果四位都接來，又考慮到叔母的病還沒有全好，這麼遠的路程，跋山涉水尤其艱苦。我的意思是想在今年八月初旬，接父母親和叔父三位老人來京城，留叔母在家，各位弟媳婦細心伺候。明年正月元宵節以後，就送叔父回南，我能夠和叔父相聚幾個月，那我就心安了；父母能夠與叔父同行幾千里到京城，那父母也心安；叔母在家半年，專門請一個人服侍，各位弟媳婦又細心奉養，那叔父也可以放心；叔父在家抑鬱了幾十年，現在出外瀟灑半年，又可以觀賞到京師的壯麗景色，又能與侄兒、侄媳婦、侄孫團聚，那叔父也可快樂舒暢。在家坐轎到湘潭，澄侯先去，雇好船隻，伺候老人開船之後，澄弟就可以回家。船到漢口，我派荊七在那裡迎接，父母、叔父由漢口坐三乘轎子到京城。行李和婢女、僕人就坐小車，很容易辦理。請各位弟弟和堂上老人細細商量，春間就回信給我，這事很重要！

李澤顯、李英燦進京，我一定加倍注意照顧他們。八斗沖那塊地，希望能畫個圖給我看。各位弟弟從服侍老人疾病直到辦葬事，十分辛苦，我不能幫忙，心裡很抱歉很慚愧。

京城家裡大小都平安。皇太后的喪期到正月初七已經滿二十七天了，可以脫掉孝服。初八是祖父的冥誕，我寫了篇文章致祭，就在這天也脫掉了白孝，以後照常當差。心緒萬千，不能一一寫出，等以後繼續再寫。兄國藩手草。

道光三十年正月初九

致諸弟‧具奏言兵餉事

【原文】

澄、溫、植、洪四弟左右：

三月初四發第三號家信，其後初九日予上一折言兵餉事，適於是日皇上以粵西事棘①，恐現在彼中者不堪寄此重托，特放賽中堂前往。以予折所言甚是，但目前難以遽行，命將折封存軍機處，待粵西定後再行辦理。賽中堂清廉公正，名望素著，此行應可迅奏膚功②。但湖南逼近粵西，兵差過境，恐州縣不免借此生端，不無一番蹂躪耳。

魏亞農以三月十三日出都，向予借銀二十兩。既系姻親，又系黃生之侄，不能不借與渠。渠言到家後即行送交予家，未知果然否？叔父前信要鵝毛管眼藥並硇砂③膏藥，茲付回眼藥百筒，膏藥千張，交魏亞農帶回，呈叔父收存，為時行方便之用。其折底付回查收。

澄弟在保定想有信交劉午峰處，昨劉有書寄子彥，而澄弟書未到，不解何故。已有信往保定去查矣。澄弟去後，吾極思念，偶自外歸，輒至其房，早起輒尋其室，夜或遣人往呼。想弟在路途彌思我也。書不一一，餘俟續具。兄國藩手草。

咸豐元年三月十二日

【注釋】

① 棘：棘手。比喻事情難辦或難以對付。
② 奏膚功：取得成功。膚：偉大。
③ 硇（音鐃）砂：中藥名，主要用於消積軟堅，破瘀散結。

【譯文】

　　澄、溫、植、洪四弟左右：

　　三月初四發了第三號家信，之後初九，我上了一個奏摺講軍餉的事，恰巧皇上在這天因為粵西的事情棘手，擔心現在在那裡主事的官員難以擔當重任，特地外放賽中堂前往那裡。皇上認為我奏摺中所說的很對，但是目前難以馬上實行，下令把奏摺封存在軍機處，等粵西的事情平定後再來辦理。賽中堂清廉公正，名聲威望素來很高，他這次去一定可以迅速取得成功。但是湖南逼近粵西，兵差過境，恐怕州官、縣官會借此生出事端，不免有一番欺壓蹂躪。

　　魏亞農在三月十三日離開京城，向我借了二十兩銀子。既是姻親，又是黃生的侄兒，我不得不借給他。他說到家後就把銀子送到家裡，不知道還了沒有？叔父前次信中要鵝毛管眼藥和硇砂膏藥，現寄回眼藥一百筒、膏藥一千張，交給魏亞農帶回，送呈叔父收存，可以在方便時使用，奏摺底稿也寄回，請查收。

　　澄弟在保定，想必有信交到劉午峰那裡，昨天劉有信寄給子彥，而澄弟的信沒到，不知道什麼緣故。已經寫了信到保定去查了。澄弟去後，我很想念。偶爾從外面回來，就走到他房間，早晨起來也到他房間去找，晚上有時還派人去喊他，想必弟弟在路上更加想念我。信中不一一寫了，其餘的以後再寫。兄國藩手草。

咸豐元年三月十二日

致諸弟・折奏直諫

【原文】

　　澄侯、溫甫、子植、季洪四位老弟足下：

　　四月初三日發第五號家信，厥後折差久不來，是以月餘無家書。五月十二折弁來，接到家中四號信，乃四月一日所發者，具悉一切。植弟大癒，此最可喜。

　　京寓一切平安。癬疾又大癒，比去年六月更無形跡。去

年六月之瘀，已為五年來所未有，今又過之，或者從此日退，不復能為惡矣。皮毛之疾，究不甚足慮，久而彌可信也。

四月十四日考差，題「樂民之樂者，民亦樂其樂」，經文題「必有忍，其乃有濟，有容德乃大」，賦得「濂溪樂處，得『焉』字」。

二十六日余又進一諫疏，敬陳聖德三端，預防流弊①，其言頗過激切，而聖量如海，尚能容納，豈漢唐以下之英主所可及哉？余之意，蓋以受恩深重，官至二品，不為不尊；堂上則誥封三代，兒子則蔭任六品，不為不榮。若於此時再不盡忠直言，更待何時乃可建言？而皇上聖德之美，出於天亶②自然，滿廷臣工遂不敢以片言逆耳。將來恐一念驕矜，遂至惡直而好諛，則此日臣工不得辭其咎。是以趁此元年新政，即將此驕矜之機關③說破，使聖心日就兢業而絕自是之萌，此余區區之本意也。現在人才不振，皆謹小而忽於大，人人皆習脂韋唯阿之風④，欲以此疏稍挽風氣，冀在廷皆趨於骨鯁⑤，而遇事不敢退縮，此余區區之餘意也。

摺子初上之時，余意恐犯不測之威，業將得失禍福置之度外。不意聖慈含容，曲賜矜全。自是以後，余益當盡忠報國，不得複顧身家之私。然此後折奏雖多，亦斷無有似此折之激直者。此折尚蒙優容，則以後奏摺必不致或觸聖怒可知。諸弟可將吾意細告堂上大人，無以余奏摺不慎，或以戀直干天威為慮也⑥。

父親每次家書，皆教我盡忠圖報，不必繫念家事。余敬體吾父之教訓，是以公爾忘私，國爾忘家。計此後但略寄數百金償家中舊債，即一心以國事為主，一切升官得差之念，毫不掛於意中。故昨五月初七大京堂考差，余即未往赴考。

侍郎之得差不得差，原不關乎與考不與考。上年己酉科，侍郎考差而得者三人：瑞常、花沙納、張芾是也。未考而得者亦三人：靈桂、福濟、王廣蔭是也。今年侍郎考差者五人，不考者三人。是日題「以義制事以禮制心論」，詩題「樓觀滄海日，得『濤』字」。五月初一放雲貴差，十二放兩廣、福建三省，名見京報內，茲不另錄。袁漱六考差頗為得意，詩亦工妥，應可一得，以救積困。

朱石翹明府初政甚好，自是我邑之福，余下次當寫信與之。霞仙得縣首，亦見其猶能拔取真士。劉繼振既系水口近鄰，又送錢至我家求請封典，義不可辭，但渠三十年四月選授訓導，已在正月二十六恩詔之後，不知尚可辦否，當再向吏部查明。如不可辦，則當俟明年四月升⑦恩詔乃可呈請；若並升之時，推恩不能及於外官，則當以錢退還。家中須於近日詳告劉家，言目前不克呈請，須待明年六月乃有的信耳。

澄弟河南、漢口之信皆已接到，行路之難，乃至於此。自漢口以後，想一路戴福星矣。劉午峰、張星垣、陳穀堂之銀皆可收，劉、陳尤宜受之，不受反似拘泥。然交際之道，與其失之濫，不若失之隘⑧，吾弟能如此，乃吾之所欣慰者也。西垣四月二十九到京，住余宅內，大約八月可出都。

此次所寄折底，如歐陽家、汪家及諸親族，不妨抄送共閱。見余忝竊高位，亦欲忠直圖報，不敢唯阿取容，懼其玷辱宗族，辜負期望也。餘不一一。兄國藩手草。

咸豐元年五月十四日

【注釋】
① 流弊：指某事引起的壞作用，也指相沿下來的弊端。
② 天亶：《尚書·泰誓上》：「亶聰明，作元後。元後作民父母。」蔡

沉集傳：「亶，誠實無妄之謂。言聰明出於天性然也。」後因謂帝王的天性為「天亶」。

③機關：關鍵。

④脂韋：油脂和軟皮。比喻世故圓滑、阿諛逢迎。唯阿：指唯唯諾諾，人云亦云。

⑤骨鯁：比喻剛直或剛直的人。

⑥戇直：迂愚剛直。干：冒犯。

⑦升祔：升入祖廟附祭於先祖。

⑧與其失之濫，不若失之隘：比喻交朋友不宜氾濫，應該少而精。

【譯文】

澄侯、溫甫、子植、季洪四位老弟足下：

四月初三寄出第五號家信，之後通信員很久沒來，因此一個多月都沒有家信。正月十二通信員來，接到家中第四號信，是四月初一發的，看後知道了一切。植弟的病好了，這最值得高興。

京城家裡一切平安。為兄癬疾又大有好轉，比去年六月，更加好得乾淨。去年六月的好轉，已經是五年來所沒有過的，現在又超過了那時，或許從現在開始天天消退，不會再為害了。皮毛上的病，終究不值得太憂慮，這句話時間越久越值得相信。

四月十四日考差，題目是「樂民之樂者，民亦樂其樂」，經文題目是「必有忍，其乃有濟，有容德乃大」，賦題是「濂溪樂處，押『焉』字韻」。

二十六日，我又上了一個進諫奏摺，恭敬地陳述了皇上應該具備的三種德行，預防流傳下來的弊病，言辭過於激烈，但皇上的氣量像大海一樣，還能容納得下，哪裡是漢唐以來的英明君主所能趕上的呢？我的意思是，自己所受的恩澤太深重了，官位做到了二品，不能不算尊貴；堂上三代都受到了誥封，兒子則受到餘蔭擔任六品官，不能不算榮耀。假如在這種時候，再不盡忠直言，那還等什麼時候才能進言勸諫呢？而皇上的美德是出於他自然的天性，所以滿朝大臣不敢說一句違背他的話。為兄害怕皇上將來恐怕會產生驕傲自大的念頭，進而發展到厭惡直言而喜歡阿諛奉承的地步，那麼現在的臣子們都將不能推卸自己的罪

責。因此趁著咸豐元年實行新政的機會，我就把這個驕傲自大的關鍵說破，使皇上心裡每天都能小心謹慎，斷絕自以為是的思想萌芽，這是我小小的一點用心。現在國家的人才不夠有氣魄，都在小處謹慎而在大處疏忽大意，人人都習慣於唯唯諾諾、阿諛奉承，我想通過這個摺子稍微挽回一下風氣，希望他們在朝廷裡變得剛直不阿，遇事不敢退縮，這是我小小的一點用意。

摺子剛呈上時，我擔心可能會觸犯天威，已經把得失禍福置之度外。沒想到皇上海涵，盡力保全。自此以後，我更加應該盡忠報國，不再去顧慮身家性命這些私事。然而以後折奏雖多，也絕不會像這次這麼激烈直言了。這個摺子還能得到皇上寬容，那以後的奏摺一定不至於觸犯天威。各位弟弟可以把我的意思詳細告知堂上大人，不要因為我上奏摺不謹慎，或者因為我耿直冒犯天威而憂慮。

父親每次寫信來，都教育我要盡忠報國，不必掛念家裡。我恭敬地領會父親的教訓，所以公而忘私，國而忘家。打算此後只略寄幾百兩銀子，還家裡的舊債，就一心以國家大事為主，一切升官得差使的念頭，絲毫不掛在心上了。所以之前五月初七大京堂考差，我就沒有赴考。侍郎能不能得到外差，本來就和考不考無關。去年己酉科考，侍郎考差而得差使的有三個，就是瑞常、花沙納、張芾。沒有考差而得差使的也是三個，就是靈桂、福濟、王廣蔭。今年侍郎考差得差使的有五個，不考而得差使的有三個。那天的題目是「以義制事以禮制心論」，詩題是「樓觀滄海日，押『濤』字韻」。五月初一，外放雲南、貴州的差事，十二日外放廣東、廣西、福建三省的差事，名字登在京報上，現不另外抄了。袁漱六考差寫得很滿意，詩也作得工整妥帖，應該可以得一差使，救他走出長期積累下來的困苦。

朱石翹明府開始上任以來政事處理得很好，這自然是我們家鄉的福氣，我下次應該寫信給他道謝。霞仙考中縣試第一，也可見他還能選拔真正的士人。劉繼振既然是水口的近鄰，又送錢到我家，他請求封典，義不容辭，但他三十年四月被選拔當了訓導，已經在正月二十六日恩詔以後，不知道還能不能辦，應當再去吏部查明。如果不能辦，那應當等明年四月升祔大禮的恩詔下來才能呈請；如若升祔的時候，恩德不能推及外官，那應當把錢退還給他。家裡要在近日詳細告訴劉家，說目前不

能呈請，要等明年六月才有確切消息。

澄弟在河南、漢口寄的信都已接到，行路的艱難竟然達到這種程度。從漢口開始，想必是一路福星高照了。劉午峰、張星垣、陳穀堂的銀子都可以收，劉、陳的尤其應該收受，不受反而好像太見外。然而和人交往的道理，與其交得過多，不如交得少一點。弟弟能夠這樣，是我最欣慰的。西垣四月二十九日到京城，住在我家，大約八月份可以離開京城。

這次所寄的奏摺底稿，不妨抄送給歐陽家、汪家及各家親族一起看看。使他們知道我愧居高位，也想忠誠報國，不敢通過唯諾阿諛來容身，怕那樣會玷辱宗族，辜負族人的期望。其餘不一一寫了。兄國藩手草。

咸豐元年五月十四日

致諸弟·詳述辦理巨盜及公議糧餉事

【原文】

澄侯、溫甫、子植、季洪四位老弟足下：

八月十四日發第九號信，至十七日接到家信第七、第八二號，欣悉一切。

左光八為吾鄉巨盜，能除其根株，掃其巢穴，則我境長享其利，自是莫大陰功。第湖南會匪所在勾結，往往牽一髮而全身皆動。現在制軍程公特至湖南，即是奉旨查辦此事，蓋恐粵西匪徒窮竄，一入湖南境內，則楚之會匪因而竊發也。左光八一起，想尚非巨夥入會者流，然我境辦之，不可過激而生變。現聞其請正紳保舉，改行為良，且可捉賊自效，此是一好機會。萬一不然，亦須相機圖之，不可用力太猛，易發難收也。

公議糧餉一事，果出通邑之願，則造福無量。至於幫錢

墊官之虧空，則我家萬不可出力。蓋虧空萬六千兩，須大錢三萬餘千，每都畿^①須派千吊。現在為此說者，不過數大紳士一時豪氣，為此急公好義^②之言。將來各處分派，仍是巧者強者少出而討好於官之前，拙者弱者多出而不免受人之勒。窮鄉殷實小戶，必有怨聲載道^③者。且此風一開，則下次他官來此，既引師令之借錢辦公為證，又引朱令之民幫墊虧為證，或亦分派民間出錢幫他，反覺無辭以謝。若相援^④為例，來一官幫一官，吾邑自此無安息之日。凡行公事，須深謀遠慮。此事若各紳有意，吾家不必攔阻；若吾家倡議，萬萬不可。

且官之補缺皆有呆法^⑤，何缺出輪何班^⑥補，雖撫藩不能稍為變動。澄弟在外多年，豈此等亦未知耶？朱公若不輪到班，則雖幫墊虧空，通邑挽留，而格^⑦於成例，亦不可行；若已輪到班，則雖不墊虧空，亦自不能不補此缺。間有特為變通者，督撫專折奏請，亦不敢大違成例。季弟來書，若以朱公之實授與否，全視乎虧空之能墊與否，恐亦不儘然也。曾儀齋若系革職，則不復能穿補子，若系大計^⑧休致，則尚可穿。

季弟有志於道義身心之學，余閱其書，不勝欣喜。凡人無不可為聖賢，絕不繫乎讀書之多寡。吾弟誠有志於此，須熟讀《小學》及《五種遺規》二書，此外各書能讀固佳，不讀亦初無所損。可以為天地之完人，可以為父母之肖子，不必因讀書而後有所加於毫末也。匪^⑨但四六古詩可以不看，即古文為吾弟所願學者，而不看亦是無妨。但守《小學》《遺規》二書，行一句算一句，行十句算十句，賢於記誦詞章之學萬萬矣。季弟又言願盡孝道，惟親命是聽，此尤足補我之缺憾。我在京十餘年，定省^⑩有闕，色笑^⑪遠違，寸心之疚，

無刻或釋。若諸弟在家能婉愉孝養，視無形，聽無聲，則余能盡忠，弟能盡孝，豈非一門之祥瑞哉？願諸弟堅持此志，日日勿忘，則兄之疢可以稍釋，幸甚幸甚！書不一一，餘俟續具。兄國藩手草。

咸豐元年八月十九日

【注釋】

① 畿：古代稱靠近國都的地方。

② 急公好義：形容熱心公益事業，愛幫助人。急：關注，熱心。

③ 怨聲載道：怨恨的聲音充滿道路。形容人民群眾普遍強烈不滿。

④ 援：引用。

⑤ 呆法：固定的成法。

⑥ 班：職位等次，位次。

⑦ 格：法式，標準。

⑧ 大計：官吏每三年一次的考績。

⑨ 匪：通「非」。

⑩ 定省：子女早晚向親長問安。

⑪ 色笑：逗笑取悅。

【譯文】

　　澄侯、溫甫、子植、季洪四位老弟足下：

　　八月十四日發了第九號家信，到十七日接到第七、第八號兩封家信，高興地知道了一切。

　　左光八是我們家鄉的大盜，能夠斬草除根，搗毀他的巢穴，那我家境內就能長享太平，也是積了很大的陰德，只是湖南的幫會匪徒互相勾結，往往是牽一髮而動全身。現在制軍程公特地到湖南，就是奉了聖命查辦這件事，因為怕粵西的匪徒逃竄，一旦流入湖南境內，那麼楚地的會黨可能也會因此而發動。左光八這一股勢力，我想還不是大團夥，然而我們家鄉去懲辦他，不可以太過激，以免產生變數。聽說他們現在請了正直的紳士出面保舉，去惡從善，而且可以為朝廷效力捉賊，這自然

是一個極好的時機。萬一不行，也要看準時機謀劃，不可用力太猛。因為發動攻擊容易，收回攻勢很困難。

眾人捐獻糧餉這件事，如果真的是整個家鄉百姓的要求，那麼帶來的福利是不可估量的。至於出錢去墊官府的虧空，那我家萬萬不能去做。因為虧空一萬六千兩，要大錢三萬多千，京城地區每戶都要攤派上千吊。現在這麼主張，不過是幾個大鄉紳一時的豪氣，才說出這樣急公好義的話。將來各處分派銀錢，仍舊是取巧的、強勢的人出得少，卻能在官府面前討好賣乖，而笨拙的、弱小的人出得多，還不能避免受別人的勒索。窮鄉僻壤的殷實小戶，一定會怨聲載道的。況且這種風氣一開，那下次其他官員來了，既會引用師令借錢辦公為例證，又會引用朱令百姓出錢墊付官府虧空為例證，或許也分派民間出錢幫他，那時反而沒有話好拒絕人家。如果這樣相互援引，來一個官員就幫一個官員，那我們家鄉從此不會有安靜的日子了。

凡是辦理公事，要深謀遠慮。這件事如果鄉紳們有意要去做，我家不必阻止；如果我家出面倡議，那萬萬不可以。況且官員的補缺都有固定的法度，哪個官職出缺，輪到哪個位次去補，即使是撫藩衙門也不能稍微變動。澄弟在外多年，難道這些事也不知道嗎？朱公如果沒有輪到，那即使幫他墊了虧空，全縣的人挽留，但受到慣例的約束，也是行不通的；如果已經輪到，那即使不墊虧空，也自然不能不補這個缺。除了有特別需要變通辦理的，督撫會專門寫奏摺請示，其他的也不敢大大違反慣例。季弟來信中說，朱公能不能接受實缺，完全要看他能不能墊上虧空，我想恐怕也不完全是這樣。曾儀齋如果是革職，那不能再穿補服了；如果是因為考核休致的，那還可以穿。

季弟有志於仁義道德、修身養性的學問，我看了信，非常高興。凡是人都可以做聖賢，絕不在於讀書的多少。弟弟真的有這樣的志向，就要熟讀《小學》及《五種遺規》兩本書，除此之外的其他各書能讀也固然好，不讀也沒有什麼損失。可以成為天地間的一個完人，可以成為父母的孝子，不必因為讀了書之後有一些其他的想法。非但四六古詩可以不看，就是弟弟願意學的古文，不看也無妨。只研究《小學》《遺規》兩本書，實行一句算一句，實行十句算十句，這樣要比背誦詞章的學問好上萬倍。季弟又說願意盡孝道，只聽從父母雙親的話，這尤其可以彌

補我的缺憾。我在京城十多年，不能時時向雙親請安，不能在父母身邊逗笑取悅，心裡的內疚沒有一刻可以釋懷。如果弟弟們在家能夠和悅地孝順雙親，看到他們無形的狀態，聽到他們無聲的想法，那麼我能盡忠，弟弟能盡孝，難道不是我家的祥瑞氣象嗎？希望弟弟們堅守這個志向，每天都不忘，那為兄的內疚就可以稍稍釋懷。其他不一一寫了，以後再寫。兄國藩手草。

咸豐元年八月十九日

致諸弟‧宜注重勤敬和更宜注意清潔。戒怠惰

【原文】

澄侯、溫甫、子植、季洪四弟足下：

久未遣人回家，家中自唐二、維五等到後亦無信來，想平安也。余於二十九日自新堤移營，八月初一日至嘉魚縣。初五日自坐小舟至牌洲看閱地勢，初七日即將大營移駐牌洲，水師前營、左營、中營自閏七月二十三日駐紮金口。二十七日賊匪水陸上犯，我陸軍未到，水軍兩路堵之，搶賊船二隻，殺賊數十人，得一勝仗。羅山於十八、二十三、二十四、二十六等日得四勝仗。初四發折俱詳敘之，茲付回。

初三日接上諭廷寄①，余得賞三品頂戴，現具折謝恩，寄諭並折寄回。余居母喪，並未在家守制，清夜自思，踧踖②不安。若仗皇上天威，江面漸次肅清，即當奏明回籍，事父祭母，稍盡人子之心。諸弟及兒姪輩務宜體我寸心，於父親飲食起居十分檢點，無稍疏忽；於母親祭品禮儀必潔必誠；於叔父處敬愛兼至，無稍隔閡。兄弟姒娣③，總不可有半點不和之氣。凡一家之中，勤敬二字能守得幾分，未有不興；若全無一分，無有不敗。和字能守得幾分，未有不興，

不和未有不敗者。諸弟試在鄉間將此三字於族戚人家歷歷驗之，必以吾言為不謬也。

諸弟不好收拾潔淨，比我尤甚，此是敗家氣象。嗣後務宜細心收拾，即一紙一縷，竹頭木屑④，皆宜撿拾伶俐，以為兒姪之榜樣。一代疏懶，二代淫佚，則必有晝睡夜坐、吸食鴉片之漸⑤矣。四弟、九弟較勤，六弟、季弟較懶，以後勤者愈勤，懶者痛改，莫使子姪學得怠惰樣子，至要至要！子姪除讀書外，教之掃屋、抹桌凳、收糞、鋤草，是極好之事，切不可以為有損架子而不為也。

咸豐四年八月十一日

【注釋】

① 廷寄：清代皇帝授命內廷寄發的一種諭旨。

② 踽踦（音局奇）：局促不安。

③ 姒娣：妯娌。

④ 竹頭木屑：比喻可利用的廢物。

⑤ 漸：事物的開端，苗頭。

【譯文】

澄侯、溫甫、子植、季洪四弟足下：

許久沒有派人回家，家中自從唐二、維五到後，也沒有信來，想必平安吧。

我在二十九日從新堤移駐他處，八月初一到嘉魚縣。初五自己坐小船到牌洲察看地勢，初七就把大營移駐到牌洲，水師的前營、左營、中營從閏七月二十三日起駐紮金口。二十七日賊人分水陸兩路進犯，我們的陸軍沒到，水師分兩路堵擊，搶到敵船兩隻，殺賊幾十人，打了個勝仗。羅山在十八日、二十三日、二十四日、二十六日等幾天中打了四個勝仗。初四發了奏摺，詳細敘述經過，現在寄回。

初三接皇上廷寄，我得到三品頂戴的賞賜，現在寫奏摺謝恩，隨信

把寄諭和奏摺寄回去。我服母喪，並沒有在家守孝，夜深人靜時自己想起來，真是局促不安。如果仰仗皇上的天威，江面上的敵人逐漸肅清，我就向皇上奏請回鄉，侍奉父親，祭奠母親，稍微盡一點為人子的孝心。各位弟弟和兒侄們務必體諒我這一點心意，在父親飲食起居方面要十分細心，不要有一點疏忽；在母親的祭品、禮儀方面，一定要清潔誠心；在叔父那裡要做到敬愛雙全，不應有一點隔閡。兄弟妯娌之間，總不能有半點不和氣。但凡在一家中，「勤敬」兩個字若能遵守幾分，那就沒有不興旺的；如果一分都不遵守，那就沒有不敗落的。和字能遵守幾分，那就沒有不興旺的，不和就沒有不敗落的。弟弟們試著在鄉里把這三個字到家族親戚中一個個去驗證，一定會覺得我說的沒有錯。

弟弟們不愛收拾乾淨，這一點比我還厲害，這是敗家的氣象。今後一定要細心收拾，就算是一張紙一根線、竹頭木屑這些還能利用的廢物，都應該撿拾乾淨，為兒侄們樹個榜樣。第一代人如果疏忽懶怠，第二代就會驕奢淫逸，那一定會出現白天睡覺、晚上閑坐、吃鴉片煙這些情況了。四弟、九弟比較勤快，六弟、季弟比較懶散，以後勤快的要更勤快，懶散的要下決心痛改，不要讓子侄們學到懶惰的樣子，這個至關重要。關於子侄們，除了讀書，還要教他們打掃房屋、抹桌椅、拾糞鋤草，這些都是很好的事，千萬不要認為有損於自己的形象而不願去做。

咸豐四年八月十一日

致諸弟・自述不願受官。注意勿使子侄驕佚

【原文】

澄、溫、沅、季四位老弟左右：

二十五日著胡二等送家信，報收復武漢之喜。二十七日具折奏捷。初一日制台楊慰農（霈）到鄂相會，是日又奏二十四夜焚襄河賊舟之捷。初七日奏三路進兵之折。其日酉刻，楊載福、彭玉麟等率水師六十餘船前往下游剿賊。初九日，前次謝恩折奉朱批到鄂。初十日彭四、劉四等來營，進

攻武漢三路進剿之折奉朱批到鄂。十一日，武漢克復之折奉朱批、廷寄、諭旨等件，兄署湖北巡撫，並賞戴花翎。兄意母喪未除，斷不敢受官職。若一經受職，則二年來之苦心孤詣[1]，似全為博取高官美職，何以對吾母於地下？何以對宗族鄉黨？方寸之地[2]，何以自安？是以決計具折辭謝，想諸弟亦必以為然也。

功名之地，自古難居。兄以在籍之官，募勇造船，成此一番事業，名震一時。人之好名，誰不如我？我有美名，則人必有受不美之名者，相形之際，蓋難為情。兄惟謹慎謙虛，時時省惕而已。若仗聖主之威福，能速將江面肅清，蕩平此賊，兄決意奏請回籍，事奉吾父，改葬吾母。久或三年，暫或一年，亦足稍慰區區之心，但未知聖意果能俯從否。

諸弟在家，總宜教子姪守勤敬。吾在外既有權勢，則家中子姪最易流於驕，流於佚[3]，二字皆敗家之道也。萬望諸弟刻刻留心，勿使後輩近于此二字，至要至要。

羅羅山於十二日拔營，智亭於十三日拔營，余十五六亦拔營東下也。餘不一一。乞稟告父親大人、叔父大人萬福金安。

咸豐四年九月十三日

【注釋】

①苦心孤詣：指苦心鑽研，到了別人所達不到的地步。

②方寸之地：指內心。

③佚：放蕩，放縱。

【譯文】

澄、溫、沅、季四位老弟左右：

二十五日打發胡二等送家信，報告收復武漢的喜訊。二十七日寫奏摺稟告勝利的消息。初一制台楊慰農到湖北相會，當天又上奏稟告二十四日晚上火燒襄河敵船的捷報。初七上奏三路進兵的摺子，這天酉時，楊載福、彭玉麟等統率水師六十多隻戰船，前往下游殺敵。初九，上次謝恩的摺子已奉皇上朱批送到湖北。初十，彭四、劉四等來軍營，分三路進攻武漢的摺子朱批到了湖北。十一日收到武漢收復的摺子朱批、廷寄、諭旨等信件，皇上任命為兄署理湖北巡撫，並且賞了頂戴花翎。為兄的意思是，母喪守孝期還沒滿，絕對不敢接受官職。一旦接受了，那麼兩年來苦心謀劃戰事，好像都是為了博取高官厚祿，那我將來拿什麼面對九泉之下的母親？拿什麼面對宗族鄉黨？又拿什麼讓自己內心安定？所以決定寫奏摺向皇上辭謝，我想弟弟們也一定是這麼認為的吧。

官場這個地方，從古至今，都是一個難待的地方。為兄作為在籍的官員，招募勇士，修造戰船，成就了這一番功業，使得名聲震動一時。人的好名思想，有誰不一樣？我有美名，那別人必有得到不好名聲的，對比之下，我覺得很難為情。為兄只有謙虛謹慎，時刻警醒自己。如果仰仗皇上的威福，能夠迅速將江面上的敵人掃蕩肅清，為兄決心奏請皇上允許回家，侍奉父親，改葬母親。時間久的話或者三年，短的話或者一年，也可使我心裡稍微得到點安慰，但不知道皇上是不是果真能應允。

弟弟們在家，總應該教育子侄們遵守「勤敬」二字。我在外，既然有了權勢，那家裡的子侄最容易流於驕奢放蕩。「驕佚」二字都是敗家之道，萬望弟弟們時刻留心，不要讓子侄們接近這兩個字，這件事至關緊要啊。

羅羅山在十二日拔營，智亭在十三日拔營，我十五、六日也拔營向東行進。其餘不一一寫了。請稟告父親大人、叔父大人，祝他們萬福金安。

咸豐四年九月十三日

致諸弟‧告戰事情況及聘請明師

【原文】

　　澄侯、溫甫、子植、季洪四位老弟左右：

　　胡二等初一日到營，接奉父大人手諭及諸弟信，具悉一切。

　　兄於二十日自漢口起行，二十一日至黃州，二十二日至堵城，以羊一豕[①]一，為文祭吳甄甫師。二十三日過江至武昌縣。二十四日在巴河唔郭雨三之弟，知其兄觀亭在山西，因屬邑失守革職，雨三現署兩淮鹽運使。二十九日至蘄州，是日水師大戰獲勝。初一、初四、初五陸軍在田家鎮之對岸半壁山大戰獲勝。初九、初十水師在蘄州開仗小勝。十三日水師大破田家鎮賊防，燒賊船四千餘號。自有此軍以來，陸路殺賊之多，無有過於初四之戰；水路燒船之多，無有過於十三之役。現在前幫已至九江，吾尚駐田家鎮，離九江百五十里。陸路之賊均在廣濟、黃梅一帶，塔、羅於二十三日起行往剿。一切軍事之詳，均具奏報之中，茲並抄錄寄回，祈敬呈父親大人、叔父大人一覽。

　　劉一、良五於二十日到田家鎮，得悉家中老幼均安，甚慰甚慰！魏蔭亭先生既來軍中，父大人命九弟教子姪讀書，而九弟書來，堅執不肯，欲余另請明師。余意中實乏明師可以聘請，日內與霞仙及幕中諸君子熟商，近處惟羅研生兄是我心中佩仰之人。其學問俱有本原，於《說文》、音學、輿地[②]尤其所長，而詩、古文辭及行楷書法亦皆講求[③]有年。吾鄉通經學古之士，以鄒叔績為最，而研生次之。其世兄現在余幕中，故請其寫家信，聘研生至吾鄉教讀。研兄之繼配陳氏，與耦庚先生為聯襟[④]，渠又明於風水之說，並可在吾鄉

選擇吉地，但不知其果肯來否。渠現館徐方伯處，未知能辭彼就此否。若果能來，足開吾邑小學之風，於溫甫、子植亦不無裨益。若研兄不能來，則吾心中別無他人。植弟堅不肯教，則乞諸弟為訪擇一師而延聘焉為要。甲三、甲五可同一師，不可分開。科一、科三、科四亦可同師。餘不一一，諸俟續布。

咸豐四年十月二十二日

【注釋】
① 豕：豬。
② 輿地：地理。
③ 講求：修習研究。
④ 聯襟：亦作「聯衿」，夫婿間的相互稱呼。

【譯文】
　　澄侯、溫甫、子植、季洪四位老弟左右：
　　胡二等在初一到營地，接到父親大人手諭和各位弟弟的信，知道了一切。
　　為兄二十日從漢口起程，二十一日到黃州，二十二日到堵城，用一頭豬和一頭羊做祭品，並作祭文一篇祭奠吳甄甫老師。二十三日過江到武昌縣。二十四日在巴河會見郭雨三的弟弟，知道他兄長觀亭在山西，因為所屬邑城失守被革了職務，雨三現在署理兩淮鹽運使。二十九日到蘄州，這天水師大戰取勝。初一、初四、初五，陸軍在田家鎮對岸的半壁山大戰取勝。初九、初十，水師在蘄州開戰取得小勝。十三日，水師大破田家鎮敵人防線，燒敵船四千多艘。自從有了這支軍隊以來，陸路殺敵之多，沒有超過初四那一戰的；水路燒船之多，沒有超過十三日一仗的。現在前鋒已到九江，我還駐紮在田家鎮，離九江一百五十里。陸路的賊人都在廣濟、黃梅一帶，塔、羅在二十三日起程去圍剿。一切軍事的詳情，都寫明在奏報中。現在一併抄錄寄回，希望敬呈父親大人、叔父大人一看。

劉一、良五在二十日到田家鎮，我知道家中老幼都平安，十分欣慰。魏蔭亭先生已經來到軍中，父親大人命九弟教子侄讀書，可九弟寫信來說堅決不肯，想讓我另外請個名師。我心裡實在沒有名師可以聘請，日內與霞仙及幕府中各君子反覆商量，近處只有羅研生兄是我心中敬佩的人。他的學問都有本源，《說文》、音學、輿地更是他所擅長的，而詩、古文辭及行楷書法也修習研究多年了。我們鄉間通經學古的士人，鄒叔績是最好的，而研生排第二。他的世兄現在在我幕中，所以請他寫家信，聘請研生到我鄉教書。研兄的繼室陳氏，和耦庚先生是聯襟，他又懂得風水，還能幫我們在鄉間選擇一塊吉地，只是不知道他是不是真的肯來。他現在在徐方伯處教館，不知道能不能辭去那裡的教職而到我們這裡。如果真的能來，那就足以開啟我鄉的小學風氣，對溫甫、子植也不無好處。如果研生兄不能來，那我心中沒有別的人選了。植弟堅決不肯教，那求弟弟們再去訪尋一老師聘請過來才好。甲三、甲五可以同師，不能分開。科一、科二、科四也可以同師。其餘不一一寫了，以後再寫。

咸豐四年十月二十二日

致諸弟‧帶歸卒歲之資及告軍中聲名極好

【原文】

澄侯、溫甫、子植、季洪四位老弟足下：

二十五日遣春二、維五歸家，曾寄一函並諭旨、奏摺二冊。

二十六日水師在九江開仗獲勝。陸路塔、羅之軍在江北蘄州之蓮花橋大獲勝仗，殺賊千餘人，二十八日克復廣濟縣城。初一日在大河埔大獲勝仗，初四日在黃梅城外大獲勝仗，初五日克復黃梅縣城。該匪數萬現屯踞江岸之小池口，與九江府城相對。塔、羅之軍即日追至江岸，即可水陸夾

擊，能將北岸掃除，然後可渡江以剿九江府之賊。自至九江後，即可專夫由武寧以達平江、長沙。

茲因魏蔭亭親家還鄉之便，付去銀一百兩，為家中卒歲之資，以三分計之。新屋人多，取其二以供用；老屋人少，取其一以供用。外五十兩一封，以送親族各家，即往年在京寄回之舊例也。以後我家光景略好，此項斷不可缺，家中卻不可過於寬裕。因處亂世，愈窮愈好。

我現在軍中聲名極好，所過之處，百姓爆竹焚香跪迎，送錢米豬羊來犒軍者，絡繹不絕。以祖宗累世之厚德，使我一人食此隆報，享此榮名，寸心兢兢，且愧且慎。現在但願官階不再進，虛名不再張，常葆此以無咎[1]，即是持家守身之道。至軍事之成敗利鈍[2]，此關乎國家之福，吾惟力盡人事，不敢存絲毫僥倖之心。諸弟稟告堂上大人，不必懸念。

馮樹堂前有信來，要功牌[3]百張，茲亦交蔭亭帶歸，望澄弟專差送至寶慶，妥交樹堂為要。衡州所捐之部照[4]，已交朱峻明帶去，外帶照千張交郭筠仙，從原奏之所指也。朱于初二日起行，江隆三亦同歸，給渠錢已四十千，今年送親族者，不必送隆三可也。餘不一一。

　　　　　　　咸豐四年十一月初七日書於武穴舟中

【注釋】

① 咎：過失，罪過。

② 利鈍：順利與困難。

③ 功牌：清朝用以賞給八旗軍功人員的獎牌。清朝後期，也會因為捐輸錢糧、有功於朝廷的原因，象徵性地頒發給漢人。

④ 部照：舊時中央各部發給的憑證。曾國藩為了募集餉銀，向朝廷申請兩千張空白部照，按銀兩多少，發給捐銀者相應品銜的部照，鼓勵他們踴躍捐助。

【譯文】

澄侯、溫甫、子植、季洪四位老弟足下：

二十五日派春二、維五回家，曾經寄了一封信和兩冊諭旨、奏摺。

二十六日水師在九江開戰獲勝。陸路塔、羅的軍隊在江北蘄州的蓮花橋大獲全勝，殺敵一千多人，二十八日收復廣濟縣城。初一在大河埔打了大勝仗，初四在黃梅縣城外也打了大勝仗，初五收復黃梅縣城。這夥賊匪幾萬人，現在屯踞在江岸的小池口，和九江府城相對。塔、羅的軍隊近日可追到江岸，那就可以水陸夾擊，將北岸的賊人掃除，然後可以渡江去圍剿九江府的賊匪。自到九江後，就能派專人由武寧到達平江、長沙。

現在趁魏蔭亭親家回鄉，帶去一百兩銀子，作為家中年底的用度，分成三份來用。新屋人多，拿出兩份供他們用；老屋人少，取出一份給他們用。另外封五十兩，送給各家的親戚族人，可按往年我在京城寄回銀兩贈送的舊例。以後我家情況稍微好一點，這個事情絕對不能缺少，家中卻不可過於寬裕。因為處在動亂年代，越窮越好。

我現在在軍隊中的名聲很好，所經過的地方，百姓都放爆竹焚香，跪著迎接，送錢、米、豬、羊來犒賞軍隊的人絡繹不絕。憑藉祖宗幾代積累下來的厚德，使我一個人得到這樣隆重的回報，享這麼大的榮耀名聲，心裡真是戰戰兢兢，又慚愧又謹慎。現在只希望官位不要再晉升，虛名不要再擴大，保持現狀，不要犯錯，就是持家守身的道理。至於軍事的成與敗、順利與困難，這是關乎國家的福澤，我只能竭盡全力，不敢存一點僥倖的心理。弟弟們請稟告堂上大人，不要掛念。

馮樹堂之前有信來，說要功牌一百張，現在也交給蔭亭親家帶回。希望澄弟派專人送到寶慶，穩妥地交給樹堂才好。衡州所捐的部照，已經交給朱峻明帶去。此外又帶了上千張部照交給郭筠仙，滿足他原來奏摺中所說的要求。朱峻明在初二起程，江隆三也一起回去，給他的錢已經有四十千，今年贈送親戚族人銀兩時，隆三可以不必送了。其他不一一寫了。

咸豐四年十一月初七寫於武穴船中

致諸弟·營中需才孔亟

【原文】

澄、溫、沅、季四位賢弟左右：

十六日在南康府，接父親手諭及澄、沅兩弟、紀澤兒之信，系劉一送來，二十日接澄弟一信，系林福秀由縣送來，具悉一切。

余於十三日自吳城進紮南康，水師右營、後營、嚮導營於十三日進紮青山。十九日，賊帶炮船五六十號、小划船百六十號前來撲營，鏖戰①二時，未分勝負。該匪以小划二十餘號又自山後攢②出，襲我老營。老營戰船業已全數出隊，僅坐船水手數人及所雇民船水手，皆逃上岸。各戰船哨官見坐船③已失，遂爾慌亂，以致敗挫。幸戰舟炮位毫無損傷，猶為不幸中之大幸。且左營、定湘營尚在南康，中營尚在吳城，是日未與其事，士氣依然振作。現在六營三千人同泊南康，與陸勇平江營三千人相依護，或可速振軍威。

現在余所統之陸軍，塔公帶五千人在九江，羅山帶三千五百人在廣信一帶，次青帶平江營三千人在南康，業已成為三枝，人數亦不少。趙玉班帶五百湘勇來此，若獨成一枝，則不足以自立；若依附塔軍，依附羅軍，則去我仍隔數百里之遠；若依附平江營，則氣類不合，且近日口糧實難接濟，玉班之勇可不必來。玉班一人獨來，則營中需才孔亟④，必有以位置之也。

蔣益澧之事，唐公如此辦理甚好。密傳其家人，詳明開導，勒令繳出銀兩，足以允服人心，面面俱圓，請蘋翁即行速辦。但使探驪得珠⑤，即輕輕著筆，亦可以速辦矣。

此間自水師小挫後，急須多辦小划以勝之，但乏能管帶

小划之人。若有實能帶小划者，打仗時並不靠他沖陣，只要開仗時在江邊攢出攢入，眩賊之眼，助我之勢，即屬大有裨益。吾弟若見有此等人，或趙玉班能薦此等人，即可招募善駕小划之水手一百餘人來營。馮玉珂所繳水勇之槍銀，及各項應繳之銀，可酌用為途費也。

余在營平安，惟癬疾未癒，精神不足，諸事未能一一照管。小心謹慎，冀盡人事，以聽天命。諸不詳盡，統俟續布。

頃與魏蔭亭談及招小划水勇一事，渠可回家與蕭可卿商辦。大約每划五人，五划立一哨官，每百人四哨官，十餘哨即立一營官。此不難於招勇，而難於選求哨官營官。澄弟若見有可當哨官者，或令其來營，或薦與蔭亭。勇則不必招，聽蕭、魏辦理可也。

咸豐五年四月二十日書於南康城外水營

【注釋】

① 鏖戰：激烈地戰鬥，竭力苦戰。

② 攢：疑通「竄」，敵軍小規模進犯。

③ 坐船：邊營陸寨的帥幕。據《南船記》所載，全稱「戰座船」，其功用是「戰船曰座，即邊營陸寨之帥幕也，號令之所以整齊者也」。

④ 孔亟：很急切。孔：甚，非常。亟：趕快，急切。

⑤ 但使：只要。探驪得珠：在驪龍的頷下取得寶珠。原指冒大險得大利。後常比喻文章含義深刻，措辭扼要，得到要領。驪：指黑龍。

【譯文】

澄、溫、沅、季四位賢弟左右：

十六日在南康府接到父親手諭，以及澄、沅兩位弟弟、紀澤兒的信，是劉一送來的，二十日接到澄弟一封信，是林福秀從縣裡送來的，知道了一切。

我在十三號從吳城進駐南康，水師右營、後營、嚮導營在十三號進駐青山。十九日，敵人帶著五六十艘炮船、一百六十艘小划船前來攻營，激戰了兩個時辰，不分勝負。這些賊人又用二十多艘小划船從山後竄了出來，襲擊我們的老營。老營戰船已經全部出戰，只有坐船的幾個水手以及雇用的民船水手，都逃上了岸。各個戰船的哨官看到坐船已經丟失，於是慌亂起來，以至於吃了敗仗。幸虧戰船炮位沒有一點損傷，這真是不幸中的大幸。況且左營、定湘營還在南康，中營還在吳城，那天沒有參與戰鬥，士氣仍然振作。現在六營三千人一同停靠在南康，與陸軍平江管三千人互相依護，或許可以迅速振興軍威。

現在我所統率的陸軍，塔公帶五千人在九江，羅山帶三千五百人在廣信一帶，次青帶平江營三千人在南康，已經成了三支部隊，人數也不少。趙玉班帶了五百個湖南的勇士來到這裡，如果單獨組成一支隊伍，那還不足以自立；如果依附塔軍，依附羅軍，那離我這裡還隔著幾百里；如果依附平江營，那他們的意氣不合，而且近來口糧實在難以接濟。所以玉班的勇士，可以不用來。玉班一個人來，那軍營中急切需要人才，一定有適合他的位置。

蔣益澧的事，唐公這麼辦理很好。秘密傳召他的家人，詳細明白地加以開導，勒令他們繳出銀兩，那就足以使人信服，面面俱到，請蘋翁馬上辦理。只要能抓住要領，就是輕輕下手，也可以很快辦成。

這邊自從水師小敗以後，急需多多置辦小划船去戰勝敵人，只是缺乏能管理帶領小划船的人。如果有實實在在可以帶領小划船的人，打仗時並不靠他沖陣，只要開戰時帶領小划船在江邊竄入竄出，迷惑敵人的眼睛，助長我水師的聲勢，就是大有益處。弟弟如果看到有這樣的人才，或者趙玉班能推薦這種人，就可以招募一百多個會駕小划船的水手來軍營。馮玉珂所繳水軍的槍支銀兩，以及各項應該繳納的銀子，可以考慮作為路費使用。

我在軍營很平安，只是癬疾還沒好，精神不足，許多事情不能一一照看。我小心謹慎，希望能夠竭盡人事，而聽從天命。寫得不詳細，等以後再稟告。

剛剛與魏蔭亭談到招募小划船水軍一事，他可以回家和蕭可卿商量辦理。大約每條划船五個人，五條划船設立一名哨官，每一百人有四個

哨官，十多哨就設立一個營官。這件事不是難在招募士兵，而是難在選求哨官、營官上。澄弟如果見到有可以當哨官的人，要麼讓他來軍營，要麼推薦給蔭亭。士兵就不用招募了，讓蕭、魏辦理就可以。

咸豐五年四月二十日書於南康城外水營

致諸弟‧調彭雪琴來江

【原文】

　　澄侯、溫甫、子植、季洪四位老弟左右：

　　劉朝相來營，得植弟手書，具悉一切。

　　內湖水師自六月十五日開仗後，至今平安。本擬令李次青帶平江勇渡鄱陽湖之東，與水師會攻湖口。奈自六月底至今，十日大風，不克東渡。初四日風力稍息，平江勇登舟。甫①經解纜，狂飆大作，旋即折回，弁勇②衣被帳棚寸縷皆濕。天意茫茫，正未可知，不知湖口之賊，運數不宜遽滅乎？抑此勇渡湖宜致敗挫，故特阻其行以保全此軍乎？現擬俟月半後請塔軍渡湖會剿。

　　羅山進攻義寧，聞初四日可至界上，初五六日當可開仗。湖南三面用兵，駱中丞請羅山帶兵回湘，業經入奏。如義寧能攻破，恐羅山須回湖南保全桑梓③，則此間又少一枝勁旅矣。內湖水師船炮俱精，特少得力營官，現調彭雪琴來江，當有起色。

　　鹽務充餉是一大好事，惟浙中官商多思專利。邵位西來江會議，已有頭緒，不知渠回浙後，彼中任事人能允行否。舍此一籌，則餉源已竭，實有坐困之勢。

　　東安土匪，不知近日如何？若不犯邵陽界，則吾邑尚可不至震驚。帶兵之事，千難萬難，澄弟帶勇至衡陽，溫弟帶

勇至新橋，幸託平安，嗣後總以不帶勇為妙。吾閱歷二年，知此中構怨之事、造孽之端，不一而足④，恨不得與諸弟當面一一縷述之也。諸弟在家侍奉父親，和睦族黨，盡其力之所能為，至於練團帶勇卻不宜。澄弟在外已久，諒知吾言之具有苦衷也。

寬二去年下世，未寄奠分，至今歉然於心。茲付回銀二十兩為寬二弟奠金，望送交任尊叔夫婦手收。植弟前信言身體不健，吾謂讀書不求強記，此亦養身之道。凡求強記者，尚有好名之心橫亙於方寸，故愈不能記；若全無名心，記亦可，不記亦可，此心寬然無累，反覺安舒，或反能記一二處亦未可知。此余閱歷語也，植弟試一體驗行之。餘不一一，即問近好⑤。

咸豐五年七月初八日

【注釋】

① 甫：剛剛，才。
② 弁勇：軍隊中的低級軍官和士兵。
③ 桑梓：代指故鄉。
④ 不一而足：指同類的事物不止一個而是很多，無法列舉齊全。
⑤ 即問近好：傳統書信的結尾語，是書信往來中的常用語。意為祝你時時吉祥或身體時時健康的意思。

【譯文】

澄侯、溫甫、子植、季洪四位老弟左右：

劉朝相來軍營，接到植弟的信，瞭解了一切。

內湖水師從六月十五日開戰後，到現在都平安。本來打算讓李次青帶平江軍東渡到鄱陽湖東邊，與水師一起攻打湖口。無奈從六月底到現在，十天內都刮大風，不能東渡。初四風力稍微有點停歇下來，平江軍上船。剛解了纜繩準備出發，突然狂風大作，就馬上折回，兵士們的衣

服被褥和帳棚，全部都被打濕了。老天的意思渺茫不可知曉，不知道是因為湖口賊人的運數還沒到馬上被殲滅的地步呢，還是因為這支隊伍渡過鄱陽湖會招致失敗，所以特意颳風阻止他們前進來保全這支隊伍？現在打算等半個月後，請塔軍渡湖一起圍剿。

羅山進攻義寧，聽說初四可到界上，初五、初六可以開戰。湖南三面用兵，駱中丞請羅山帶兵回湖南，已經向朝廷上奏了。如果義寧能攻破，恐怕羅山要回湖南保全家鄉，那這邊又少了一支善戰的部隊了。內湖水師，船炮都好，只是缺少得力的營官，現在調彭雪琴來，應當有起色。

鹽稅用來充軍餉是一件大好事，只是浙中的官商都想著私占利益。邵位西來江西共同商議，已經有些頭緒，不知他回浙後，他們那裡任事的人能不能答應。除了這個辦法，軍餉的來源已經枯竭，著實有坐等被困的形勢。

東安的土匪，不知道近來的情況怎麼樣？如果不犯邵陽地界，那我們家鄉還不至於受到震動。帶兵的事，千難萬難。澄弟帶兵到衡陽，溫弟帶兵到新橋，幸好平安無事，以後總是不帶兵最好。我經歷了兩年，知道這裡面結怨的、造孽的事情，列舉都列舉不過來，恨不得與弟弟們一樁樁詳細地述說。弟弟們在家侍奉父親，與族人和睦相處，盡力去做能做的事情。至於練團帶兵這些事卻不適宜去參與。澄弟在外已久，想必懂得我說這句話的苦衷。

寬二弟去年逝世，我沒寄奠儀，至今心懷歉疚。現寄回二十兩銀子，作為寬二弟的奠禮，希望送交任尊叔夫婦的手上。植弟前次信中說身體不好，我說讀書不要求強記，這也是養身之道。凡是要求強記的人，還有一種好名的思想在他心裡，所以更加不能記住；如果完全沒有好名的心思，記住也可以，不記住也可以，這種思想就寬鬆沒有負累，心裡反而覺得安靜舒暢，或許反而能記住一兩點也不一定。這是我的經驗之談，植弟試著體驗一番。其餘不一一寫了，祝身體安好。

咸豐五年七月初八

致諸弟・喜九弟得優貢

【原文】

澄侯、溫甫、子植、季洪四位老弟足下：

二十六日王如一、朱梁七至營，接九月初二日家書，二十九日劉一、彭四至營，又接十六日家書，具悉一切。

沅弟優貢①喜信，此間二十三日彭山屺接家信，即已聞之。二十七日得左季高書，始知其實，二十九日得家書乃詳也。沅弟在省，寄書來江西大營甚便，何以無一字報平安耶？十月初當可回家為父親叩祝大喜。各省優貢朝考，向例在明年五月，沅弟可於明年春間進京。若由浙江一途，可便道由江西至大營兄處聚會。吾有書數十箱在京，無人照管，沅弟此去可經理一番。

自七月以來，吾得聞家中事有數件可為欣慰者：溫弟妻妾皆有夢熊之兆，足慰祖父母於九泉，一也；家中婦女大小皆紡紗織布，聞已成六七機，諸子侄讀書尚不懶惰，內外各有職業，二也；闔境豐收，遠近無警②，此間兵事平順，足安堂上老人之心，三也。今又聞沅弟喜音，意吾家高曾以來積澤甚長，後人食報，更當綿綿不盡。吾兄弟年富力強，尤宜時時內省，處處反躬自責，勤儉忠厚，以承先而啟後，互相勉勵可也。

內湖水師久未開仗，日日操練，夜夜防守，頗為認真。周鳳山統領九江陸軍亦尚平安。李次青帶平江勇三千在蘇官渡，去湖口縣十里，頗得該處士民之歡心。茶陵州土匪，聞竄擾江西之蓮花廳永新縣境內，吉安人心震動。頃已調平江勇六百五十人前往剿辦，又派水師千人往吉防堵河道，或可保全。

餘癬疾迄未大癒，幸精神尚可支援。王如一等來，二十四日始到。余怒其太遲，令其即歸，發途費九百六十文，家中不必加補，以為懶惰者戒。寬十在營住一個月，打發銀六兩，途資四千。羅山於十四日克復崇陽後，尚無信來。羅研生兄於今日到營。紀澤、紀梁登九峰山詩，文氣俱順，且無猥瑣③之氣，將來或皆可冀有成立也。餘不一一。

　　　　　　　咸豐五年九月三十日書於屏風水營

【注釋】

① 優貢：科舉制度中由地方貢入國子監的生員之一種。

② 警：需要戒備的事件或消息。

③ 猥瑣：庸俗卑下。

【譯文】

　　澄侯、溫甫、子植、季洪四位老弟足下：

　　二十六日，王如一、朱梁七抵達軍營，接到九月初二的家信。二十九日，劉一、彭四抵達軍營，又接到十六日的家信，知道了一切。

　　沅弟優貢的喜訊，這邊二十三日彭山屺接到家信時，就已經聽說了。二十七日得到左宗棠的信，才知道實在的情形，二十九日得到家信才有了詳細的瞭解。沅弟在省城，寄信到江西大營很方便，為什麼沒有一個字寫來報平安呢？我十月初應當可以回家，向父親叩頭慶祝大壽。各省優貢朝考，慣例在明年五月，沅弟可在明年春間到京城。如果從浙江走，可以順便由江西到軍營，來為兄處相會。我有幾十箱書在京城，沒有人照看，沅弟這次去可以整理一番。

　　自七月以來，我聽到家裡好幾件令人欣慰的事：溫弟的妻和妾都有生男的喜兆，足以安慰九泉之下的祖父母了，這是一喜；家中婦女，大小都紡紗織布，聽說已完成六、七機，子姪們讀書還不懶惰，內外各有職司，這是二喜；家鄉豐收，遠近沒有盜賊，這邊戰事平順，足以安慰堂上大人的心，這是三喜。現在又聽到沅弟的喜訊，想必是我家從高、曾祖以來積的德澤長久，後人得到的報償就更加綿綿不斷。我們兄弟年

富力強，尤其應該時刻反省自己，處處反躬自責，勤儉忠厚，承先啟後，互相勉勵才好。

內湖水師，許久沒有打仗，天天操練，夜夜防守，很是認真。周鳳山統領九江陸軍也還平安。李次青帶平江軍三千人在蘇官渡，離湖口縣十里，很受那裡士民的歡迎。茶陵州的土匪，聽說逃竄到江西蓮花廳永新縣境內，吉安人心震動。剛剛已經調平江軍六百五十人前去圍剿了，又派了水師一千人前往吉安堵截防守河道，或許可以保全。

我的癬疾還沒好，幸虧精神還可以支援。王如一等人過來，二十四日才到。我發怒說他太遲了，叫他馬上回去，給了路費九百六十文，家裡不必加錢給他，作為對懶惰之人的懲戒。寬十在軍營裡住了一個月，我打發給他六兩銀子，路費四千。羅山在十四日收復崇陽後，還沒有信來。羅研生兄在今日到達軍營。紀澤、紀梁登九峰山詩，文氣都順當，並且沒有庸俗卑下的氣息，將來或許都有希望成才。其餘不一一寫了。

咸豐五年九月三十日書於屏風水營

致四弟・自謂宦途風波。思抽身免咎

【原文】

澄侯四弟左右：

頃接來緘，又得所寄吉安一緘，具悉一切。朱太守來我縣，王、劉、蔣、唐往陪，而弟不往，宜其見怪。嗣後弟於縣城、省城均不宜多去。處茲大亂未平之際，惟當藏身匿跡，不可稍露圭角①於外，至要至要！

吾年來飽閱世態，實畏宦途風波之險，常思及早抽身，以免咎戾②。家中一切，有關係衙門者，以不與聞為妙。

咸豐六年九月初十日

【注釋】

① 圭角：頭角鋒芒。

② 咎戾：罪過，災禍。

【譯文】

澄侯四弟左右：

剛接到來信，又收到所寄的吉安一信，知道了一切。朱太守來我縣，王、劉、蔣、唐去作陪，而弟弟不去，難怪他見怪了。以後弟弟對縣城、省城都不應該多去。處在現在大亂未平的時侯，應當藏身匿跡，不可以在外面稍露頭角，這點非常重要！

我這一年來經歷了世間百態，實在害怕官場風波帶來的危險，經常想著要及早抽身，以免惹禍。家中一切，有關係到衙門的，以不參與為好。

咸豐六年九月初十

致九弟・催周鳳山速來

【原文】

沅甫九弟足下：

十七日李觀察處遞到家信，系沅甫弟在省城所發者。黃南兄勸捐募勇，規復吉安，此豪傑之舉也。南路又出此一枝勁兵，則賊勢萬不能支。

金田老賊，癸、甲兩年北犯者，既已只輪不返；而曾天養、羅大綱之流，亦頻遭誅殛①；現存悍賊惟石達開、韋俊、陳玉成數人奔命於各處，實有日就衰落之勢。所患江西民風柔弱，見各屬並陷，遂靡然以為天覆地圻②，不復作反正③之想。不待其迫脅以從，而甘心蓄發助賊，希圖充當軍師、旅帥，以訛索其鄉人，擄掠郡縣村鎮，以各肥其私橐。

是以每戰動盈數萬人，我軍為之震駭。若果能數道出師，擒斬以千萬計，始則江西從逆之民有悔心，繼則廣東新附之賊生疑貳，而江西之局勢必轉，粵賊之衰象亦愈見矣。

南兄能於吉安一路出師，合瑞、袁已列為三路，是此間官紳士民所禱祀以求者也。即日當先行具奏。沅弟能隨南翁以出料理戎事，亦足增長識力。南翁能以赤手空拳幹大事而不甚著聲色，弟當留心仿而效之。夏懇兄前亦欲辦援江之師，不知可與南兄同辦一路否？渠係簪纓巨族④，民望所歸，又奉特旨援江，自不能不速圖集事。惟與南兄共辦一枝，則眾擎易舉⑤；若另籌一路，則獨力難成。沅弟若見懇翁，或先將鄙意道及，余續有信奉達也。

周鳳山現在省城，余飛札調之來江。蓋欲令渠統一軍，峙衡統一軍，一紮老營，一作遊兵。不知渠已接札否？望沅弟催之速來，其現在袁州之伍化蛟、黃三清，本係渠部曲，可令渠帶來也。

咸豐六年九月十七日

【注釋】

① 誅殛：致命打擊的意思。

② 靡然：草木順風而倒的樣子。比喻望風回應，聞風而動。天覆地坼：即天翻地覆，天崩地裂。

③ 反正：敵人投誠。

④ 簪纓巨族：古時達官貴人用簪和纓把冠固著在頭上。代指世代做官的人家。

⑤ 眾擎易舉：許多人一齊用力，容易把東西舉起來。比喻大家同心協力就容易把事情辦成。

沅甫九弟足下：

十七日李觀察那裡收到家信，是沅甫弟在省城所發的。黃南兄勸捐募兵，規劃收復吉安，這是豪傑的舉動。南路又多一支強悍的軍隊，那賊人的勢力萬萬不能支持了。

金田老敵，癸、甲兩年北犯的那一股，已經全軍覆沒，一隻船也沒有返回；而曾天養、羅大綱之流，也連連遭到致命打擊；現存的悍匪，只有石達開、韋俊、陳玉成幾個還在各地奔走逃命，著實有一天天衰落的勢頭。我所擔心的是江西民風柔弱，看到所在的一些地方被敵人攻陷，就跟風似的認為天翻地覆了，不再有讓敵軍投降的思想，不等他們來脅迫，就甘心去幫助敵人作戰，希望能弄個軍長、師長、旅長、元帥來當當，以便去訛詐勒索鄉下人，搶劫郡縣村鎮，來填滿他們的腰包。所以每次一打仗就有幾萬人，我軍感到很震驚。如果真的能從幾路一起出兵攻打，那擒獲斬殺的敵人就能有上千萬，開始使江西那些依附敵人的民眾有所悔悟，後來則使廣東新附的敵人生出二心，那江西的局勢一定可以扭轉，廣東賊人的衰落勢頭也更加明顯可見了。

南兄能夠在吉安一路出師，會合瑞、袁已經列為三路，這是此地官紳士民所祈求的，當天就先向皇上奏報。沅弟能隨南翁一起出兵，料理軍事，也可以增長見識。南翁能夠赤手空拳幹大事，而不太露聲色，弟弟應當留心學習效仿。夏憩兄前不久也想辦理援助長江的軍事，不知道可不可以和南兄一起辦？他是軍事世家，又在民眾中有威望，又奉旨援助長江，自然不能不迅速圖謀成事。只有與南兄共同辦理一支隊伍，那各路人馬才容易齊心舉事；如果另外籌辦一支，那就力量單薄難以成功。沅弟如果見到憩翁，或許可以把我的意見先告訴他，我接著有信寄給他。

周鳳山現在在省城，我用急件把他調來長江。因為想讓他統領一支部隊，峙衡統領一支部隊，一隊駐紮在老營，一隊作遊兵。不知道他接到信件了沒？希望沅弟催他快來。現在在袁州的伍化蛟、黃三清本來是他的部下，可讓他一起帶來。

咸豐六年九月十七日

致四弟・宜常在家侍父並延師事

【原文】

澄侯四弟左右：

胡二等來，知弟不在家，出看本縣團練。吾兄弟五人，溫、沅皆出外帶勇，季居三十里外，弟又常常他出，遂無一人侍奉父親膝下。溫亦不克遄①歸侍奉叔父，實於《論語》「遠遊」「喜懼」二章之訓相違。現余令九弟速來瑞州與溫並軍，庶二人可以更番歸省。澄弟宜時常在家，以盡溫清②之職，不宜干預外事，至囑至囑。

李次青自撫州退保崇仁，尚屬安靜。惟敗勇之自撫回省者，日內在中丞署中鬧請口糧，與三年艾一村之局相似，實為可慮。

明年延師，父大人意欲請曾香海，甚好甚好。此君品學兼優，吾所素佩，弟可專人作書往聘。稍遲旬日，吾再手緘請之。其館金豐儉，則父大人酌定，吾自營寄歸可也。

咸豐六年十月初三

【注釋】

①遄：迅速。
②溫清：冬天使被子溫暖，夏日讓室內清涼。形容對父母盡心侍奉，噓寒問暖。

【譯文】

澄侯四弟左右：

胡二等人來到軍營後，我才知道弟弟不在家，外出去看本縣的團練了。我們兄弟五個，溫弟、沅弟都在外帶兵，季弟住在三十里以外，你又經常外出，這樣就沒有一個侍奉在父親大人膝下。溫弟也不能馬上回

家侍奉叔父，實在和《論語》中「遠遊」「喜懼」兩章的訓示相違背。現在我叫九弟馬上到瑞州，與溫弟在一個軍營，也許兩個人可以輪番回家探親。澄弟你應該時常在家裡，以盡人子問寒問暖的職責，不應該去干預外面的事情，這是我最要囑咐你的。

李次青從撫州撤退去保衛崇仁，還算安靜無事。只是打了敗仗從撫州回省的一些士兵這幾天在中丞署裡鬧著要口糧，與三年前艾一村的局面一樣，實在值得憂慮。

明年請老師，父親大人的意思是想請曾香海，很好。這個人品學兼優，我一向佩服，弟弟可以派專人寫信去請。稍過幾天，我再寫信去請。他教館的報酬多少，由父親大人決定，我從軍營寄回來就好了。

咸豐六年十月初三

致四弟・不宜常常出門。聯姻不必富室名門

【原文】

澄侯四弟左右：

初六，俊四等來營，奉到父大人諭帖並各信件，得悉一切。

弟在各鄉看團閱操，日內計已歸家。家中無人，田園荒蕪，堂上定省多闕，弟以後總不宜常常出門，至囑至囑。羅家姻事，暫可緩議。近世人家一入宦途，即習於驕奢，吾深以為戒。三女許字，意欲擇一儉樸耕讀之家，不必定富室名門也。

楊子春之弟四人捐官者，吾於二月二十一日具奏，聞部中已議准，部照概交南撫。子春曾有函寄雪琴，似已領到執照者，請查明再行布聞。

長夫在大營，不善抬轎。余每月出門不過五六次，每出則搖擺戰慄，不合腳步。茲僅留劉一、胡二、盛四及新到之

俊四、聲六在此，余俱遣之歸籍。以後即雇江西本地轎夫，家中不必添派也。

　　此間軍務，建昌府之閩兵昨又敗挫，而袁州克復，大局已轉，盡可放心。十月內，餉項亦略寬裕矣。

咸豐六年十一月初七日

【譯文】

　　澄侯四弟左右：

　　初六，俊四等來到軍營，奉了父親大人的諭帖，及各封信件，知道了一切。

　　弟弟在各鄉觀看團練，近日預計已經回家了。家裡沒有人，田園荒蕪，堂上大人面前缺少問安，弟弟以後總不應該常常出門，這是我最要囑咐的。羅家的婚事，暫時可以緩一下。近來人家一旦當了官，就習慣驕奢淫逸，我常常以此為戒。三個女兒嫁人，我想選擇一個節儉質樸的耕讀人家，不必一定是富家名門。

　　楊子春的弟弟有四人要捐官的，我在二月二十一日已經上了奏摺，聽說部裡已經討論批准，部照都交給南撫。子春曾經有信寄給雪琴，似乎已經領到執照了，請查明白了再傳播出去。

　　長夫在大營，不會抬轎子。我每月出門不過五、六次，每次出去轎子都搖擺顛簸，抬轎的人腳步不合。現在只留下劉一、胡二、盛四和新來的俊四、聲六在這裡，其餘的都遣送回原籍了。以後就雇江西本地的轎夫，家裡不必派人來了。

　　這邊的軍務，建昌府的福建兵，昨日又打了敗仗，但袁州收復，大局已經開始扭轉，盡可放心。十月內的軍餉也略為寬裕些了。

咸豐六年十一月初七

致四弟・看書不必一一求熟

【原文】

　　澄侯四弟左右：

　　二十八日，由瑞州營遞到父大人手諭並弟與澤兒等信，具悉一切。

　　六弟在瑞州辦理一應事宜尚屬妥善，識見本好，氣質近亦和平。九弟治軍嚴明，名望極振。吾得兩弟為幫手，大局或有轉機。次青在貴溪尚平安，惟久缺口糧，又敗挫之後，至今尚未克整頓完好。雪琴在吳城名聲尚好，惟水淺不宜舟戰，時時可慮。

　　余身體平安，癬疾雖發，較之往在京師則已大減。幕府乏好幫手，凡奏摺、書信、批稟均須親手為之，以是不免有延閣耳。余性喜讀書，每日仍看數十頁，亦不免拋荒軍務，然非此則更無以自怡也。

　　紀澤看《漢書》，須以勤敏行之。每日至少亦須看二十頁。不必惑於「在精不在多」之說。今日半頁，明日數頁，又明日耽擱間斷，或數年而不能畢一部。如煮飯然，歇火則冷，小火則不熟，須用大柴大火乃易成也。甲五經書已讀畢否？須速點速讀，不必一一求熟，恐因求熟之一字，而終身未能讀完經書。吾鄉子弟，未讀完經書者甚多，此後當力戒之。諸外甥如未讀完經書，當速補之，至囑至囑！

　　　　　　　　　　　　咸豐六年十一月二十九日

【譯文】

　　澄侯四弟左右：

　　二十八日，由瑞州營遞送到父親大人手諭和弟弟、澤兒等的信件，

知道了一切。

六弟在瑞州辦理的一切事宜，還算妥當，見識本來就好，氣質近來也平和了些。九弟管理軍隊嚴肅公正，名聲很響。我得到兩位弟弟做幫手，大局或許會有轉機。次青在貴溪還算平安，只是長久地缺少糧食，又因為打敗仗之後，至今部隊還沒有整頓好。雪琴在吳城的名聲還好，只是那兒水淺不適宜水戰，時刻都值得憂慮。

我身體平安，癬疾雖然發作了，但和在京城時相比，還是大大減輕了。幕府缺乏好的幫手，凡是奏摺、書信、批稟都要我親手去寫，所以不免延擱了時日。我本性喜歡讀書，每天仍舊看幾十頁，也不免將軍務拋卻荒廢了，但不這樣就沒有什麼能使自己愉悅了。

紀澤看《漢書》，必須遵守勤、敏二字，每天至少要看二十頁，不必受「在精不在多」這種說法的迷惑。今天讀半頁，明天讀幾頁，再明天耽擱、間斷，或者幾年還不能讀完一部書。如同煮飯那樣，歇了火就冷，火小了就不能熟，要用大柴大火才容易成功。甲五經書已經讀完了沒？必須快點快讀，不必要求所有的都熟悉，恐怕因為求熟一個字，而終生不能讀完經書。我們鄉下的子弟，沒有讀完經書的很多，以後要努力引以為戒。各位外甥如果沒有讀完經書，應當馬上補讀。這是我最要囑咐的事。

咸豐六年十一月二十九日

致九弟・交人料理文案

【原文】

沅甫九弟左右：

十一月初二日，春二、甲四歸，接二十四夜來書，具悉一切。弟營中事機尚順，家中大小欣慰。

帥逸齋之叔號小舟者，余初二日來，攜有張六琴太守書緘，具告逸齋死事之慘。余具奠金五十兩交小舟，為渠赴江西之旅資。又作書寄雪琴，囑其備戰船至廣信，迎護逸齋之

眷口由浙來江。又備舟至省城，迎護逸齋與其姪之靈柩，於南康會齊，同出湖口。由湖口段窯至黃梅帥宅，不過數十里耳。前此仙舟先生墓門被賊掘毀，余曾寄書潤芝中丞、蓮舫員外，籌銀三四百兩為修葺之資。此次小舟歸里，可一併妥為安厝①。少有餘資，即以贍濟逸齋之眷口，然亦極薄，難以自存矣。

東鄉敗挫之後，李鎮軍、周副將均退守武陽渡。聞耆中丞緘致長沙，請夏憩亭募勇數千赴江應援，不知確否？自洪、楊內亂以來，賊中大綱紊亂。石達開下顧金陵，上顧安慶，未必能再至江西。即使果來赴援，亦不過多裹烏合之卒，悍賊實已無幾。我軍但稍能立腳，不特吉安力能勝之，即臨江蕭軍亦自可勝之也。

胡蔚之將於初十日回省，家中以後不必請書啟朋友。韓升告假回家，余文案尚繁，不可無一人料理，望弟飭王福於臘月初回家交代後，即令韓升回省度歲。韓於正初赴吉營，計弟處有四十日無人經營文案，即交彭椿年一手料理，決無疏失。韓升與王福二人皆精細勤敏，無所軒輊②。凌蔭庭於日內赴雪琴處，若弟處再須好手，亦可令凌赴吉也。

咸豐七年十一月初五日

【注釋】
① 安厝：停放靈柩待葬。
② 軒輊：車前高後低為軒，車前低後高為輊，喻指高低輕重。

【譯文】
　　沅甫九弟左右：
　　十一月初二，春二、甲四回來，接到二十四日晚上的來信，知道了一切。弟弟軍營裡的事情還算順利，家中大小都高興。

帥逸齋的叔叔叫小舟的，在初二那天過來，帶了張六琴太守的信，詳細地說了逸齋死難的慘況。我備了五十兩奠金交給小舟，作為他去江西的路費。又寫了信給雪琴，囑咐他準備戰船到廣西，迎接護送逸齋的家眷從浙江來江西；又準備船隻到省城，迎接護送逸齋和他侄兒的棺木，到南康聚齊，一起出湖口。從湖口段窯到黃梅帥宅，不過幾十里罷了。前不久仙舟先生的墳墓被賊人掘毀了，我曾經寫信給潤芝中丞，蓮舫員外，籌集了三四百兩銀子作為修葺的費用。這次小舟回家，可以一起將其妥善安葬。如果略有餘錢，就用於周濟贍養逸齋的家眷，但也很少，難以養活這家人。

東鄉打了敗仗之後，李鎮軍、周副將都退守到武陽渡。聽說耆中丞寫信到長沙，請夏憩亭招募幾千士兵到長江增援，不知道確不確實？自從洪（秀全）、楊（秀清）動亂以來，敵軍中的法紀混亂。石達開下顧金陵，上顧安慶，不一定能再到江西。就算他真的過來增援，也不過是烏合之眾，強悍的敵人其實已經沒有多少了。我軍只要能夠稍微立住腳，不但吉安能打勝仗，就是臨江蕭軍也可以打勝仗。

胡蔚之將在初十回省，家中以後不必請書啟朋友。韓升請假回家，我這裡文案工作還很繁重，不能沒有一個人料理，希望弟弟讓王福在十二月初回家交代完事情後，就叫韓升回省過年。韓在正月初到吉安營中，估計弟弟那兒有四十天沒有人管理文案，就交給彭椿年一手料理，絕不會有疏忽錯失。韓升與王福兩人辦事都精細勤敏，沒有高下之分。凌蔭庭近日去了雪琴那裡，如果弟弟那裡再需要好手，也可讓凌萌庭去吉安。

咸豐七年十一月初五

致九弟·述無恒的弊病及帶勇之法

【原文】

沅甫九弟左右：

十二日正七、有十歸，接弟信，備悉一切。定湘營既至

三曲灘，其營官成章鑒亦武弁中之不可多得者，弟可與之款接。

來書謂「意趣不在此，則興會索然」，此卻大不可。凡人作一事，便須全副精神注在此一事，首尾不懈，不可見異思遷，做這樣想那樣，坐這山望那山。人而無恒[①]，終身一無所成。我生平坐犯無恒的弊病，實在受害不小。當翰林時，應留心詩字，則好涉獵他書，以紛其志；讀性理書時，則雜以詩文各集，以歧其趨；在六部時，又不甚實力講求公事；在外帶兵，又不能竭力專治軍事，或讀書寫字以亂其志意。坐是垂老而百無一成。即水軍一事，亦掘井九仞而不及泉。弟當以為鑒戒。現在帶勇，即埋頭盡力以求帶勇之法，早夜孳孳[②]，日所思，夜所夢，捨帶勇以外則一概不管。不可又想讀書，又想中舉，又想作州縣，紛紛擾擾，千頭萬緒，將來又蹈我之覆轍，百無一成，悔之晚矣。

帶勇之法，以體察人才為第一，整頓營規、講求戰守次之。《得勝歌》中各條，一一皆宜詳求。至於口糧一事，不宜過於憂慮，不可時常發稟。弟營既得楚局每月六千，又得江局每月二三千，便是極好境遇。李希庵十二來家，言迪庵意欲幫弟餉萬金。又余有浙鹽贏餘萬五千兩在江省，昨鹽局專丁前來稟詢，余囑其解交藩庫充餉。將來此款或可酌解弟營，但弟不宜指請耳。餉項既不勞心，全副精神講求前者數事，行有餘力則聯絡各營，款接紳士。身體雖弱，卻不宜過於愛惜。精神愈用則愈出，陽氣愈提則愈盛。每日作事愈多，則夜間臨睡愈快活。若存一愛惜精神的意思，將前將卻，奄奄無氣，決難成事。凡此皆因弟興會索然之言而切戒之者也。弟宜以李迪庵為法，不慌不忙，盈科後進，到八九個月後，必有一番回甘滋味出來。余生平坐無恒，流弊極

大，今老矣，不能不教誡吾弟吾子。

鄧先生品學極好，甲三八股文有長進，亦山先生亦請鄧改文。亦山教書嚴肅，學生甚為畏憚。吾家戲言戲動積習，明年當與兩先生盡改之。

下游鎮江、瓜洲同日克復，金陵指日可克。厚庵放閩中提督，已赴金陵會剿，准其專折奏事。九江亦即日可復。大約軍事在吉安、撫、建等府結局，賢弟勉之。吾為其始，弟善其終，實有厚望。若稍參以客氣，將以敦志，則不能為我增氣也。營中哨隊諸人，氣尚完固否？下次祈書及。

咸豐七年十二月十四日

【注釋】

① 恒：即恒心。

② 孳孳：勤勉，努力不懈的樣子。

【譯文】

沅甫九弟左右：

十二日，正七、有十回家，接到弟弟的信，知道了一切。定湘營既然到了三曲灘，那裡的營官成章鑒也是行伍中不可多得的人才，弟弟可以與他結交。

來信說你的志向不在這裡，所以做事沒有興趣，這是大大不行的。但凡人做一件事，就要全神貫注在這件事上，自始至終不鬆懈，不能見異思遷，做這件事想那件事，坐這山望那山。人沒有恒心，一生都不會有成就。我生平犯了沒有恒心的毛病，實在受害不小。當翰林時，本應該關注詩文書法，卻喜歡涉獵其他書籍，分散了心志；讀性理方面的書時，又夾雜著讀詩文各集，使學習的路上有了分歧；在六部時，又不太用實際行動去做公事；在外帶兵時，又不能竭力專心治理軍事，有時讀書寫字反而亂了意志。因此年紀老了，還百無一成。就是治理水軍這件事，也是掘井九仞而不及泉，半途而廢。弟弟應當把我作為借鑒。現在

帶兵，就是埋頭苦幹，盡心盡力尋求帶兵的方法，日夜勤勉，白天思考，晚上夢見，除了帶兵一件事，其他的一概不管。不可以又想讀書，又想中舉，又想做州官縣令，紛紛擾擾，千頭萬緒，將來又走我的老路，百無一成，那時後悔就晚了。

帶兵的方法，第一就是要考察人才，其次就是整頓營規，講求進攻防守的策略。《得勝歌》裡說的各條，都要一一講求。至於口糧一事，不要過於憂慮，不能時常開倉放糧。弟弟營中既得湖北局每月的六千兩，又得江西局每月的二三千兩，這就是最好的境況了。李希庵十二日來到我家，說迪庵想資助弟弟萬兩軍餉。另外我有浙鹽盈餘一萬五千兩在江西省，昨天鹽局專門派人前來稟報詢問，我囑咐他解交藩庫充當軍餉。將來這筆錢，或許可以酌情解送到弟弟軍營，但弟弟不應該專門指望請求這筆款。軍餉的事既然不用操心了，那就要全神貫注講求前面幾件事，還有剩餘的精力就去聯絡各營，結交紳士。身體雖然虛弱，卻不應該過分愛惜。精神越用越有，陽氣越提越盛。每天做事越多，晚上睡覺時越快活。如果心懷著愛惜精神的念頭，想進又想退，氣息微弱，肯定很難成事。這些都是因為弟弟一句索然寡興而引發出來的必須避免的情況。弟弟應該效法李迪庵，不慌不忙，腳踏實地，到八九個月以後，肯定有一番甜美的滋味出來。我生平因為沒有恒心而留下來的弊端很大，如今老了，不能不告誡我的弟弟和兒子。

鄧先生品學很好，甲三八股文有進步，亦山先生也請鄧先生批改文章。亦山教書嚴肅，學生很怕他。我家有說話行為都隨便的老習慣，明年應當讓兩位老師幫忙把這些都改正過來。

下游的鎮江、瓜洲在同一天收復，攻克金陵指日可待。厚庵外放為閩中提督，已經去金陵圍剿，皇上准許他用專門的摺子上奏。九江也馬上可以收復。戰事大概在吉安、撫、建等府結束，賢弟好好加油啊。我開了頭，讓弟弟來結束，實在是寄予了願望。如果稍微參雜一點意氣，將會敗壞志氣，就不能為我爭氣了。營中哨隊那些人，士氣還穩固嗎？請在下次信中提到。

咸豐七年十二月十四日

致九弟‧待人注意真意與文飾。順便周濟百姓

【原文】

　　沅甫九弟左右：

　　十二日安五來營，寄第二號家信，諒已收到。

　　治軍總須腳踏實地，克勤小物，乃可日起而有功。凡與人晉接①周旋，若無真意，則不足以感人；然徒有真意而無文飾以將之②，則真意亦無所托之以出。《禮》所稱「無文不行」也。余生平不講文飾，到處行不動，近來大悟前非。弟在外辦事，宜隨時斟酌也。

　　聞我水師糧台銀兩尚有贏餘，弟營此時不缺銀用，不必解往。若紳民中實在流離困苦者，亦可隨便周濟。兄往日在營艱苦異常，當初不能放手作一事，至今追憾。若弟有宜周濟之處，水師糧台尚可解銀二千兩前往。應酬亦須放手辦，在紳士百姓身上，尤宜放手也。

　　　　　　　　　　　　　　　咸豐八年正月十四日

【注釋】

① 晉接：接觸。

② 文飾：文辭修飾。將：傳達，表達。

【譯文】

　　沅甫九弟左右：

　　十二日安五來營，寄了第二號家信，想必已經收到。

　　治理軍隊總要腳踏實地，從小事做起，才能一天天積累起來進而成功。凡是與別人接觸周旋，如果不真誠，那就不足以感動別人；但是只有誠意，而沒有華麗的語言修飾它，那誠意也無法表達。這就是《禮記》中所說的「沒有文辭就不能通行」。我生平不講究華麗的文辭，結

果到處都行不通，近來大悟以前的過失。弟弟在外辦事，應該處處考慮清楚。

聽說水師糧台的銀兩還有盈餘，弟弟軍營現在不缺銀錢，不必往那裡解送。如果士紳民眾中實在有流離困苦的人，也可以在方便時周濟一下。為兄過去在軍營非常艱苦，當初不能放手做這件事，至今想起來還是感到遺憾。如果弟弟有適宜周濟的地方，水師糧台還可以解送二千兩銀子前往。應酬也要放手辦理，在紳士百姓身上，尤其應該放手。

咸豐八年正月十四

致九弟・周濟受害紳民

【原文】

沅甫九弟左右：

二十七日接弟信，並《二十二史》七十二套，此書十七史系汲古閣本，《宋》《遼》《金》《元》系《宏簡錄》，《明史》系殿本，較之兄丙申年所購者多《明史》一種，餘略相類，在吾鄉已極為難得矣。吾前在京，亦未另買全史，僅添買《遼》《金》《元》《明》四史及《史》《漢》各佳本而已，《宋史》至今未辦，蓋闕典①也。

吉賊決志不竄，將來必與潯賊同一辦法，想非夏末秋初不能得手，弟當堅耐以待之。迪庵去歲在潯，於開濠守邏之外，間以讀書習字。弟處所掘長濠，如果十分可靠，將來亦有閑隙可以偷看書籍，目前則須極力講求壕工、巡邏也。

周濟受害紳民，非泛愛博施之謂，但偶遇一家之中殺害數口者、流轉遷徙歸來無食者、房屋被焚棲止靡定者，或與之數十金以周其急。先星岡公云「濟人須濟急時無」，又云「隨緣佈施，專以目之所觸為主」，即孟子所稱「是乃仁術

也」。若目無所觸，而泛求被害之家而濟之，與造冊發賑一例，則帶兵者專行沽名②之事，必為地方官所譏，且有挂一漏萬③之慮。弟之所見，深為切中事理。余系因昔年湖口紳士受害之慘，無力濟之，故推而及於吉安，非欲弟無故而為沽名之舉也。

咸豐八年正月二十九日

【注釋】
① 闕典：指史料記載上的缺漏。
② 沽名：獵取名譽。
③ 挂一漏萬：形容列舉不周，選了一個，但遺漏很多。

【譯文】
　　沅甫九弟左右：
　　二十七日接到弟弟的信，以及《二十二史》二十七套，這套書中，十七史是汲古閣印的版本，《宋》《遼》《金》《元》是《宏簡錄》的版本，《明史》是武英殿官刻本。比為兄丙申年所買的那一套多了《明史》一種，其餘略微相似，在我們家鄉已經是非常難得的書了。我以前在京城，也沒有另外買過全史，只加買了《遼》《金》《元》《明》四史及《史》《漢》各個佳本罷了。《宋史》至今沒有買，也許是史料記載上的缺漏。
　　吉安的賊人堅決不逃跑，將來必然與潯陽賊人採取同一個辦法，想必不到夏末秋初不能成功，弟弟要堅持耐心地等著。迪庵去年在潯陽，在開壕溝、守城巡邏之外，有時也讀書習字。弟弟那邊所挖的壕溝，如果十分可靠，將來也有空閒可以偷偷看書，目前卻要極力講求開壕、巡邏。
　　周濟受害的士紳、百姓，說的不是廣泛地施與，只是偶然碰到一家之中有幾口人被殺害的、流轉遷徙後回來沒有食物的、房屋被燒而無處居住的，或者給個幾十兩銀子去周濟他們。先祖星岡公說「救人要救急難中缺錢少物的人」，又說「隨緣分佈施，專以親眼目睹的為主」，這

就是孟子所說的「這才是施行仁義的方法」。如果沒有親眼看見，而廣泛地尋求受害家庭去救濟，這就和登記造冊派發賑濟一樣了，那就會讓人以為帶兵的人專幹獲取名聲的事，一定會為地方官所嘲笑，並且有遺漏很多的憂慮。弟弟的見解，切中事理。我是因為過去目睹湖口紳士受害的慘況，沒有力量救濟，所以推廣到吉安，不是叫弟弟無緣無故去做沽名釣譽的事情。

咸豐八年正月二十九

致九弟‧勉其帶勇須耐煩

【原文】

　　沅甫九弟左右：

　　十四日接弟初七夜信，得知一切。

　　貴溪緊急之說確否？近日消息何如？次青非常之才，帶勇雖非所長，然亦有百折不回之氣。其在兄處，尤為肝膽照人，始終可感。兄在外數年，獨慚無以對渠。去臘遣韓升至李家，省視其家，略送儀物，又與次青約成婚姻，以申①永好。目下兒女兩家無相當者，將來渠或三索得男，弟之次女、三女可與訂婚，兄信已許之矣。在吉安，望常常與之通信，專人往返，想十餘日可歸也。但得次青生還與兄相見，則同甘苦患難諸人中，尚不至留莫大之抱歉②耳。

　　昔耿恭簡公謂居官以耐煩為第一要義，帶勇亦然。兄之短處在此，屢次諄諄教弟亦在此。二十七日來書有云「仰鼻息於傀儡膻腥③之輩，又豈吾心之所樂」，此已露出不耐煩之端倪，將來恐不免於齟齬④。去歲握別時，曾以懲餘之短相箴⑤，乞無忘也。

　　李雨蒼於十七日起行赴鄂。渠長處在精力堅強，聰明過

人，短處即在舉止輕佻，言語易傷，恐潤公亦未能十分垂青
⑥。溫甫弟於十一日起程，大約三月半可至吉安也。

咸豐八年二月十七日

【注釋】
① 申：說明。
② 抱歉：愧疚。
③ 膻腥：比喻利祿或世俗的生活。
④ 齟齬：不相投合，抵觸。
⑤ 箴：勸告，勸誡。
⑥ 垂青：表示重視或喜愛。

【譯文】
沅甫九弟左右：

十四日接到弟弟初七晚上的信，知道了一切。

貴溪情況緊急的說法確實嗎？近日有什麼消息？次青是個不一般的人才，帶兵雖然不是他的長處，但是他也有百折不回的氣概。他在為兄這裡，尤其是肝膽照人，始終叫人感佩。為兄在外幾年，僅僅對他心懷愧疚，不敢面對他。去年冬天派韓升到李家探視，稍微送了一點禮品，又與次青約定結為親家，來表明永遠通好的意思。眼下兩家兒女中沒有相當的人，將來他再生第三個兒子，弟弟的二女兒、三女兒都可以與他家訂婚，為兄在信裡已經答應了。希望你在吉安時，能與他常常通信，派專人往返，想必十多天可以回來。只要次青能夠活著回來，與為兄相見，那麼當初同甘共苦的幾個人中，還不至於留下莫大的愧疚。

過去耿恭簡公說做官要把耐煩作為第一個要點，帶兵也一樣。為兄的短處就在這點上，多次諄諄教導弟弟們的也是這一點。二十七日的來信中說「要我在那些受制於功名利祿的人手下做事，這哪裡是我心裡所樂意的」，這裡已經暴露了不耐煩的苗頭，將來恐怕難免發生摩擦。去年握手道別時，曾經以戒止我的短處來互相告誡，希望不要忘記。

李雨蒼於十七日起程去湖北。他的長處是精神剛強，聰明過人，短

處就是舉止輕佻，容易言語傷人，恐怕潤公也未必能非常看重他。溫甫弟於二十一日起程，大約三月半可到吉安。

咸豐八年二月十七日

致九弟・注重平和二字

【原文】

沅甫九弟左右：

春二、安五歸，接手書，知營中一切平善，至為欣慰。

次青二月以後無信寄我，其眷屬至江西，不知果得一面否？接到弟寄胡中丞奏伊入浙之稿，未知是否成行？頃得耆中丞十三日書，言浙省江山、蘭溪兩縣失守，次青前往會剿。是次青近日聲光，亦漸漸膾炙人口^①。廣信、衢州兩府不失，似浙中終無可慮，未審近事究複如何？廣東探報，言逆夷有船至上海，亦恐其為金陵餘孽所攀援。若無此等意外波折，則洪、楊股匪不患今歲不平耳。

九江竟尚未克，林啟榮之堅忍實不可及。聞麻城防兵於三月十日小挫一次，未知確否？弟於次青、迪庵、雪琴等處須多通音問，俾^②余亦略有見聞也。

兄病體已癒十之七八，日內並未服藥，夜間亦能熟睡。至子丑以後則醒，是中年後人常態，不足異也。湘陰吳貞階司馬於二十六日來鄉，是厚庵囑其來一省視，次日歸去。

余所奏報銷大概規模一折，奉朱批「該部議奏」。戶部旋於二月初九日復奏，言「曾國藩所擬尚屬妥協」云云。至將來需用部費^③，不下數萬。聞楊、彭在華陽鎮抽厘，每月可得二萬，系雪琴督同凌蔭庭、劉國斌經紀其事，其銀歸水營楊、彭兩大股份用。余偶言可從此項下設法籌出部費，貞

階力贊其議，想楊、彭亦必允從。此款有著，則余心又少一牽掛矣。

溫弟豐神毅峻④，與兄之伉直簡澹⑤雖微有不同，而其難於諧世，則殊途而同歸，餘常用為慮。大抵胸中抑鬱，怨天尤人，不特不可以涉世，亦非所以養德；不特無以養德，亦非所以保身。中年以後，則肝腎交受其病。蓋鬱而不暢則傷木，心火上爍則傷水。余今日之目疾及夜不成寐，其由來不外乎此。故於兩弟時時以平和二字相勖⑥，幸勿視為老生常談，至要至囑！

親族往弟營者人數不少，廣廈萬間⑦，本弟素志。第善覘⑧國者，睹賢哲在位，則卜其將興；見冗員浮雜，則知其將替。善覘軍營亦然。似宜略為分別，其極無用者，或厚給途費遣之歸里，或酌賃民房令住營外，不使軍中有惰漫喧雜之象，庶為得宜。至頓兵城下為日太久，恐軍氣漸懈，如雨後已弛之弓，三日已腐之饌⑨，而主者宴然⑩，不知其不可用，此宜深察者也。附近百姓果有騷擾情事否？此亦宜深察者也。

咸豐八年三月三十日

【注釋】

① 膾炙人口：意指切細的烤肉人人都愛吃。比喻好的詩文或事物為眾人所稱讚。

② 俾：使。

③ 部費：清時官員任實缺時，向吏部人員賄賂的運動款項。

④ 豐神毅峻：神氣十足，嚴肅莊重。

⑤ 伉直簡澹：剛直不阿、簡樸淡泊。

⑥ 勖：勉勵。

⑦ 廣廈萬間：有很多寬敞的屋子。形容受到保護、得到周濟的人很多。

⑧ 覘：暗中察看。

⑨ 饌：食物。

⑩ 宴然：安定的樣子。

【譯文】

沅甫九弟左右：

春二、安五回來，接到你的手書，知道營中一切平安，非常欣慰。

次青二月以後沒有寫信寄給我，他的家眷到了江西，不知道他們見過面沒有？接到弟弟寄來的胡中丞奏請他入浙的文稿，不知道是不是真的去了？剛接到耆中丞十三日的信，說浙江省江山、蘭溪兩縣失守，調次青前去圍剿。這是次青近來的名聲遠播，也漸漸被人稱頌了。廣信、衢州兩府沒有丟失，似乎浙中地區最終可以無慮，不知道近來情形究竟怎麼樣？廣東的探報說洋人有船到上海，只怕那是金陵餘孽拉來的援兵。如果沒有這些意外的波折，那洪、楊這股賊匪不愁今年不平定。

九江竟然還沒有攻克，林啟榮的堅忍，實在是一般人比不上的。聽說麻城的防守兵在三月十日小敗了一次，不知道是不是真的？弟弟對於次青、迪庵、雪琴等處的情況，要多通信去問問，使我也略微知道些。

為兄的病已經好了七八分，近來並沒有吃藥，晚上也可以熟睡，到子丑時以後就醒來，這是中老年人的常態，不值得奇怪。湘陰吳貞階司馬在二十六日來到我家，是厚庵囑咐他來看望的，第二天就回去了。

我關於報銷的大概規模寫了一封奏摺，奉朱批「由戶部議奏」。戶部隨即在二月初九復奏，說「曾國藩所擬的還算妥當」等，到將來需要花費的活動資金，不少於幾萬兩。聽說楊、彭在華陽鎮抽釐金，每月可得兩萬兩，是雪琴督責凌蔭庭、劉國斌經理這件事，這些錢歸水營楊、彭兩軍分用。我偶然說到可以從這個項目下設法籌出活動經費，貞階很贊成，我想楊、彭也一定會允許的。這筆錢有了著落，那我心裡又少了一些牽掛。

溫弟的風采神氣比較外露，與為兄的剛正直言、簡樸淡泊雖然有些區別，但就難以與世俗和諧共處來說，那是殊途而同歸的，我常常為此感到焦慮。大概心裡抑鬱、怨天尤人的人，不僅不可以涉世，也不利於修養品德；不僅不利於修養品德，也不利於保養身體。進入中年以後，肝和腎就交替犯病。大概是因為抑鬱不暢就傷木，心火旺盛就傷水。我

現在的眼病，以及晚上睡不著，都是從這裡派生出來的。所以兩位弟弟要時刻用「平和」兩個字互相勉勵，希望不要看作老生常談，這點非常重要。

親戚族人去弟弟軍營的，人數不少，有萬間廣廈去庇護別人，這本是弟弟的志願。但是，善於觀測國運的人，看見賢人在掌權，就占卜說國家會興旺；看見過多的官員煩雜相處，就知道國家將會被取代。善於觀測軍隊的人也是這樣。似乎應該區別對待這些人，對於非常無能的人，或者多送點路費，遣送他回家，或者租個民房，讓他們住在軍營外面。不要使軍營裡出現散漫喧鬧的現象，也許更適宜。至於屯兵城下，日子太久，擔心士氣會鬆懈，像雨後受潮鬆弛的弓箭，像過了三天已經腐爛的飯菜，但是帶兵的人卻很安閒，不知道士兵已經不能用了，這應該要深察。真有附近百姓來騷擾的情況嗎？這也是要深察的。

咸豐八年三月三十日

致九弟・宜以求才為急

【原文】

沅甫九弟左右：

四月初五日得一等歸，接弟信，得悉一切。

兄回憶往事，時形悔艾，想六弟必備述之。弟所勸譬之語，深中機要，「素位而行」一章，比亦常以自警。只以陰分素虧，血不養肝，即一無所思，已覺心慌腸空，如極餓思食之狀。再加以憧擾①之思，益覺心無主宰，怔悸②不安。

今年有得意之事兩端：一則弟在吉安聲名極好，兩省大府及各營員弁、江省紳民交口稱頌，不絕於吾之耳；各處寄弟書及弟與各處稟牘信緘俱詳實妥善，犁然有當③，不絕於吾之目。一則家中所請鄧、葛二師品學俱優，勤嚴並著。鄧師終日端坐，有威可畏，文有根柢又曲合時趨，講書極明正

義而又易於聽受。葛師志趣方正，學規謹嚴，小兒等畏之如神明。此二者，皆余所深慰。雖愁悶之際，足以自寬解者也。第聲聞之美，可恃而不可恃。兄昔在京中頗著清望，近在軍營亦獲虛譽。善始者不必善終，行百里者半九十里。譽望一損，遠近滋疑。弟目下名望正隆，務宜力持不懈，有始有卒。

治軍之道，總以能戰為第一義。倘圍攻半歲，一旦被賊衝突，不克抵禦，或致小挫，則令望隳④於一朝。故探驪之法，以善戰為得珠，能愛民為第二義，能和協上下官紳為第三義。願吾弟兢兢業業，日慎一日，到底不懈，則不特為兄補救前非，亦可為吾父增光於泉壤矣。精神愈用而愈出，不可因身體素弱過於保惜；智慧愈苦而愈明，不可因境遇偶拂遽爾摧沮⑤。此次軍務，如楊、彭、二李、次青輩，皆系磨煉出來，即潤翁、羅翁，亦大有長進，幾於一日千里。獨余素有微抱，此次殊乏長進。弟當趁此增番識見，力求長進也。

求人自輔，時時不可忘此意。人才至難，往時在余幕府者，余亦平等相看，不甚欽敬。洎今思之，何可多得？弟當常以求才為急，其冗⑥者，雖至親密友，不宜久留，恐賢者不願共事一方也。

余自四月來，眠興較好。近讀杜佑《通典》，每日二卷，薄者三卷。惟目力極劣，餘尚足支持。

再，迪庵囑六弟不必進京，厚意可感！弟於迪、厚、潤、雪、次青五處，宜常通問。憚廉訪處，弟亦可寄信數次，為釋前怨。《歐陽文忠集》吉安若能覓得，望先寄回。

咸豐八年四月初九日

【注釋】

①憧擾：紛亂不安。

②忄聳忄聳：煩躁不安。

③犁然有當：井然有序的意思。

④隳（音揮）：毀壞，墜毀。

⑤拂：違背，不順。摧沮：沮喪。

⑥闒冗（音踏茸）：亦作「闒宂」，庸碌低劣。

【譯文】

　　沅甫九弟左右：

　　四月初五，得一等人回來，接到弟弟的信，知道了一切。

　　為兄回憶過去，時常感到後悔，想必六弟一定都跟你說了。弟弟勸導我的話，深刻地說中要害，「素位而行」一章，我眼下也常引來警醒自己。只是陰分向來虧損，血不能養肝，就是一點事都不想，還是會覺得心裡慌、腸裡空，好像非常饑餓想吃東西的樣子，再加上憂心忡忡不勝紛亂，更加覺得心裡沒有了主宰，躁動不安。

　　今年有兩件得意的事：一是弟弟在吉安的名聲很好，兩省的總督和各營的將士、江西省的紳士都交口稱讚，我經常能聽到；各處寄給弟弟的信，以及弟弟給各處的書札信牘都詳實妥善，清楚明白，我經常能看到。一是家裡所請的鄧、葛兩位老師，品學兼優，又勤奮又嚴屬。鄧老師整天都端正地坐堂，威儀讓人敬畏，文章有根底而且又能盡力迎合時代的變化，講課很能闡明正義，又容易讓人接受。葛老師的志趣方正，教學規矩嚴謹，小孩們怕他如同怕神明一樣。這兩件事，都是我深感欣慰的。即使是憂愁鬱悶的時候，也足夠用來自我寬解了。只是聲望雖然很美好，但是有時可依靠，有時又不可以依靠。為兄過去在京城也很有聲望，近來在軍隊也有些虛名。但有一個好的開頭也不一定就會有好的結局，一百里的路程，走了九十里也只能算走了一半。聲望一旦有損傷，遠近的人都會產生懷疑。弟弟你目前名望正高，務必要堅持不懈，有始有終。

　　治理軍隊，總是把能打仗當作第一要緊的事。如果圍攻半年，一旦被敵人突圍而不能抵擋，或者受到了小挫折，那你的名聲一下子就會毀

了。所以取得成功的方法，最主要的就是會戰鬥；能愛護百姓，這是第二要緊的事；能使上下官紳和諧互助，這是第三要緊的事。希望弟弟能兢兢業業，一天比一天謹慎，一直到底絕不鬆懈，那不僅為我補救了從前的過失，也可為九泉之下的父親增光了。精神這個東西越用越多，不能因為身體虛弱而過分愛惜；智慧這個東西越困苦越明朗，不能因為偶然遇到挫折，就馬上沮喪失望。這次軍事行動中，如楊、彭、二李、次青等人，都是磨練出來的，就是潤翁、羅翁也大有進步，幾乎是一日千里。只有我向來有些抱負，這次卻太缺少進步了。弟弟應該趁這次軍務增長些見識，努力尋求進步。

要尋求別人來輔佐自己，時刻不能忘記這一點。人才最難得，過去在我幕府中的人，我只是平等相待，不是很欽佩尊敬他們，現在想起來，哪裡還能多得這些人才啊！弟弟應當常常把訪求人才當作最要緊的事，軍營中那些庸碌多餘的人，就算是至親密友，也不宜久留，因為恐怕真正的賢者不肯前來與之共事。

我從四月以來，睡眠較好。近日讀杜佑的《通典》，每天讀兩卷，薄的讀三卷。只是眼力很差，其餘還能夠支持。

另外，迪庵囑咐六弟不必進京，深情厚意讓人感動！弟弟對於迪、厚、潤、雪、次青五人那裡的情況，應該經常通信去詢問。惲廉訪那裡，弟弟也可以寄幾封信去，消除以前的仇怨。在吉安如果能找到《歐陽文忠集》，希望能先寄回來。

咸豐八年四月初九

致九弟·述憑濠對擊之法及捐銀作祭費

【原文】

沅甫九弟左右：

十四日胡二等歸，接弟初七夜信，具悉一切。

初五日城賊猛撲，憑濠對擊，堅忍不出，最為合法。凡撲人之牆，撲人之濠，撲者，客也，應者，主也。我若越濠

而應之，則是反主為客，所謂致於人①者也；我不越濠，則我常為主，所謂致人而不致於人也。穩守穩打，彼自意興索然。峙衡好越濠擊賊，吾常不以為然。凡此等處，悉心推求，皆有一定之理。迪庵善戰，其得訣在「不輕進、不輕退」六字，弟以類求之可也。

夷船至上海、天津，亦系恫喝之常態。彼所長者，船炮也；其所短者，路極遠，人極少。若辦理得宜，終不足患。

報銷奏稿及戶部復奏，當日即緘致諸公。依弟來書之意，將來開局時，擬即在湖口水次蓋銀錢所。張小山、魏召亭、李復生諸公，多年親依該所，現存銀萬餘兩，即可為開局諸公用費及部中使費。六君子不必皆到此局，但得伯符、小泉二人入場，即可了辦。若六弟在潯較久，則可至局中照護周旋；若六弟不在潯陽，則弟克吉後回家一行，仍須往該局為我照護周旋也。至戶部承書說定費貲，目下筠仙在京似可辦理，將來胡蓮舫進京亦可幫助。

筠仙頃有書來，言弟名遠震京師。盛名之下，其實難副②，弟須慎之又慎。茲將原書鈔送一閱。

家中四宅大小平安。兄夜來漸能成寐。先大父、先太夫人尚未有祭祀之費，溫弟臨行捐銀百兩，余以劉國斌之贈亦捐銀百兩，弟可設法捐貲否？四弟、季弟則以弟昨寄之銀兩內提百金為二人捐款，合當業二處，每年可得穀六七十石，起祠堂，樹墓表，尚屬易辦。

吾精力日衰，心好古文，頗知其意而不能多作。日內思為三代考妣③作三墓表，慮不克工，亦尚憚於動手也。先考妣祠宇若不能另起，或另買二宅作住屋，即以腰里新屋為祠亦無不可。其天家賜物及宗器、祭器等概藏於祠堂，庶④有所歸宿，將來京中運回之書籍及家中先後置書亦貯於祠中。

吾生平不善收拾，為咎甚巨，所得諸物隨手散去，至今追悔不已。然趁此收拾，亦尚有可為。弟收拾佳物較善於諸昆從，此益當細心檢點，凡有用之物不宜拋散也。

咸豐八年四月十七日

【注釋】

① 致於人：被別人調動。致：招致，引申為調動。
② 盛名之下，其實難副：名望很大的人，實際的才德常常是很難跟名聲相符。指名聲可能常常大於實際。用來表示謙虛或自我警戒。
③ 考妣：古代稱已死的父母。
④ 庶：但願，希冀。

【譯文】

沅甫九弟左右：

十四日胡二等人回來，接到弟弟初七晚上寫的信，知道了一切。

初五，城敵猛烈攻擊，靠著壕溝與之對攻，堅忍不出，這最符合兵法。凡是攻打別人的城牆和壕溝的，是客；應戰的，是主。我軍如果越過壕溝去應戰，就是反主為客，就是所說的被別人制約。我軍不越過壕溝，那我們還是主，就是所說的制約別人而不被別人制約。穩守穩打，他們自然覺得沒有意思。峙衡喜歡越過壕溝去攻敵，我常常表示不贊同。這些事仔細考究，都有一定道理。迪庵善於作戰，他的秘訣在於「不輕易進攻、不輕易後退」，弟弟可以類推尋求自己的方法。

洋人的船到上海、天津，也是恫嚇的常態。他們的長處是船上的火炮，他們的短處是離自己的國家太遠，人也很少。如果辦理得恰當，終究不值得憂慮。

報銷奏稿和戶部復奏，當天就要寄給各位長官。依照弟弟來信的意思，將來開局時，準備就在湖口水次蓋個銀錢所。張小山、魏召亭、李復生等人，多年依附銀錢所，現在存了一萬多兩銀子，剛好可以用作開局各人的費用和部裡的使用資金。六位君子不必都到這個局，只要伯符、小泉兩人入場就可以辦理了。如果六弟在潯陽比較久，就可以到局

中去照顧周旋；如果六弟不在潯陽，那弟弟收復吉安後回家走一趟，仍然要前往該局替我去照顧周旋。至於戶部承書說要確定資費，眼下筠仙在京城，似乎可以辦理，將來胡蓮舫進京也可以幫助他。

筠仙剛剛有信寄來，說弟弟的名聲遠震京師。名望很大時，實際的才德卻很難跟名聲相符，弟弟要慎之又慎。現將原信抄送給你看一看。

家中四宅大小都平安。為兄近來晚上慢慢可以睡著了。先大父、先太夫人的祭祀費用還沒有準備好，溫弟臨走時捐了一百兩銀子，我用劉國斌送的銀子也捐了一百兩，弟弟可以想辦法捐點錢財嗎？四弟、季弟則從弟弟之前寄的銀兩中拿出一百兩作為他兩人的捐款，合計當業的兩個地方，每年可以得到六七十石穀子，建祠堂，樹墓表，還容易辦。

我精力一天不如一天，心裡喜歡古文，很有些心得卻不能多寫。近日想為三代考妣作三個墓表，擔心寫不好，也還害怕動筆。先考妣的祠堂如果不能另外建，或許可以另外買兩個宅子作為住屋，就把腰里新屋作為祠堂也沒有什麼不可以的。那些皇上賞賜的物品及宗器、祭器等，一概藏在祠堂，希望它們有個歸宿，將來京城運回的書籍，及家裡先後買的書也藏在裡面。我生平因為不會收拾，犯了很多過錯，所得的各種東西隨手就丟了，至今後悔不已。趁這個機會收拾，也還可以有些作為。弟弟收拾東西比其他幾個弟弟強，今後更應細心檢點，凡是有用的東西都不該拋棄。

咸豐八年四月十七日

致九弟‧勸捐銀修祠堂

【原文】

沅甫九弟左右：

五月二日接四月二十三寄信，藉悉一切。

城賊於十七早、二十日、二十二夜均來撲我濠，如飛蛾之撲燭，多撲幾次，受創愈甚，成功愈易。惟日夜巡守，刻不可懈，若攻圍日久而仍令其逃竄，則咎責匪輕。弟既有統

領之名，自須認真查察，比他人尤為辛苦，乃足以資董率^①。九江克復，聞撫州亦已收復，建昌想亦於日內可復。吉賊無路可走，收功當在秋間，較各處獨為遲滯。弟不必慌忙，但當穩圍穩守，雖遲至冬間克復亦可，只求不使一名漏洩耳。若似瑞、臨之有賊外竄，或似武昌之半夜潛竄，則雖速亦為人所詬病。如九江之斬刈^②殆盡，則雖遲亦無後患。願弟忍耐謹慎，勉卒此功，至要至要！

余病體漸好，尚未全癒，夜間總不能酣睡。心中糾纏，時憶往事，愧悔憧擾，不能擺脫。四月底作先大夫祭費記一首，茲送賢弟一閱，不知尚可用否？此事溫弟極為認真，望弟另謄一本寄溫弟閱看，此本仍便中寄回。蓋家中抄手太少，別無副本也。

弟在營所寄銀回，先後均照數收到。其隨處留心，數目多寡，斟酌妥善。余在外未付銀寄家，實因初出之時，默立此誓，又於發州縣信中以「不要錢、不怕死」六字自明，明不欲自欺之志，而令老父在家受盡窘迫，百計經營，至今以為深痛。弟之取與，與塔、羅、楊、彭、二李諸公相仿，有其不及，無或過也，盡可如此辦理，不必多疑。

頃與叔父各捐銀五十兩，積為星岡公。余又捐二十兩於輔臣公，三十兩於竟希公矣。若弟能於竟公、星公、竹公三世各捐少許，使修立三代祠堂，即於三年內可以興工，是弟有功於先人，可以蓋阿兄之愆^③矣。修祠或即用腰里新宅，或於利見齋另修，或另買田地，弟意如何，便中覆示。公費則各力經營，祠堂則三代共之，此余之意也。

初二日接溫弟信，系在湖北撫署所發。九江一案，楊、李皆賞黃馬褂，官、胡皆加太子少保，想弟處亦已聞之。溫弟至黃安與迪庵相會後，或留營，或進京，尚未可知。

弟素體弱，比來天熱，尚耐勞苦否？至念至念。羞餌滋補較善於藥，良方甚多，較善於專服水藥也。

咸豐八年五月初五日

【注釋】
① 董率：亦作「董帥」，統率，領導。
② 刈（音易）：殺。
③ 愆：罪過，過失。

【譯文】

沅甫九弟左右：

五月二日，接到四月二十三日寄出的信，藉以知道了一切。

城敵於十七日早上、二十、二十二日晚上都來攻打我軍的壕溝，就像飛蛾撲蠟燭，多撲一次，受的創傷就越厲害，成功就越容易。只是要日夜巡守，一刻也不能鬆懈，如果圍攻了很久卻仍然讓他逃走了，那過失就不輕了。弟弟既然掛了統領的官職，自然要認真考察，比別人更要辛苦，才有資格做統帥。九江收復後，聽說撫州也已經收復了，那想必建昌也可以在近日內收復。吉安的敵人無路可走，收功應當在秋天，比其他各處要晚一點。弟弟不必著急，只要穩圍穩守，即使遲到冬天收復也可以，只求不讓一個敵人漏網。如果像在瑞、臨時那樣有敵人外逃，或者像在武昌那樣半夜潛逃，那即使迅速也還是被人家指責。像在九江那樣斬殺殆盡，那即使遲一點也不會有後患。希望弟弟能夠忍耐謹慎，勉力把這場仗打到底，這點非常重要。

我的病逐漸好了，還沒有痊癒，晚上還是不能熟睡。心裡糾纏不清，時常回憶往事，悔恨煩躁，不能擺脫。四月底寫了先大夫祭費記一文，現在送給賢弟看看，不知道還能用嗎？這事溫弟非常認真，希望弟弟另外謄寫一份寄給溫弟看看，這本在方便時仍舊寄回。因為家裡的抄手太少，沒有副本。

弟弟在軍營裡寄回的銀兩，先後都如數收到。要隨處留心，數目多少，都要考慮妥當。我在外沒有寄錢回家，實在是因為剛出門時暗中立

過誓言；又在發給州縣的信中，用「不要錢，不怕死」六個字來表明自己，不想自己欺騙自己的志向，卻讓老父在家受盡了窘迫，千方百計出去經營，我至今都深為痛心。弟弟取予銀兩，與塔、羅、楊、彭、二李等人差不多，可以不及他們，不能超過他們，這樣就可盡量去做，不必多疑。

之前我與叔父各捐五十兩銀子，積累起來為星岡公修祠堂。之後我又捐了二十兩給輔臣公、三十兩給竟希公修祠堂。如果弟弟能給竟公、星公、竹公三代各捐一些銀兩，使後人能修立三代祠堂，那就能在三年內開工，這是弟弟有功於先人，可以掩蓋為兄我的罪過了。修祠或者就用腰里新宅，或者在利見齋另外修建，或者另買田地，弟弟的意見是怎樣的，方便時請回信告知。公費就各自經營管理，祠堂則三代共有，這是我的意見。

初二，接到溫弟的信，是在湖北撫署所發的。九江一案，楊、李都被賞了黃馬褂，官、胡都加官太子少保，想必弟弟那邊已經聽說了。溫弟到黃安，與迪庵相會後，或者留在營中，或者進京，還不知道。

弟弟身體向來虛弱，眼下天熱，還能忍耐每日的辛勞嗎？我非常掛念。吃點滋補的食物，比吃藥強；好的方子很多，比專吃水藥強。

咸豐八年五月初五

致九弟·喜保同知花翎

【原文】

沅弟左右：

昨信書就未發，初五夜王六等歸，又接弟信，報撫州之復。他郡易而吉安難，余固恐弟之焦灼也。一經焦躁，則心趣少佳，辦事不能妥善。余前年所以廢馳，亦以焦躁故爾。總宜平心靜氣，穩穩辦去。

余前言弟之職以能戰為第一義，愛民第二，聯絡各營將

士、各省官紳為第三。今此天暑困人，弟體素弱，如不能兼顧，則將聯絡一層稍為放鬆。即第二層亦可不必認真，惟能戰一層，則刻不可懈。目下濠溝究有幾道？其不甚可靠者尚有幾段？下次詳細見告。九江修濠六道，寬深各二丈，吉安可仿為之否？

弟保同知花翎，甚好甚好。將來克復府城，自可保升太守。吾不以弟得官階為喜，喜弟之吏才更優於將才，將來或可勉作循吏①，切實做幾件施澤於民之事，門戶之光也，阿兄之幸也。

咸豐八年五月初六日

【譯文】

沅弟左右：

昨天的信寫好了沒有發，初五晚上王六等人回來，又接到你的信，報告撫州收復的消息。收復其他郡容易而收復吉安很難，我本來就怕弟弟焦急。人一焦躁，心情就不好，辦事就不能妥當。我前年之所以那麼荒廢懈怠，也是因為焦躁。人呢總要平心靜氣，才能穩妥辦事。

我上次說弟弟的職責，要把能戰鬥作為第一要緊的事，愛護百姓是第二要緊的事，聯絡各營將士、各省官紳是第三要緊的事。現在天氣酷熱使人困乏，弟弟身體向來虛弱，如果不能兼顧，那就把聯絡這一點略微放鬆些。就是愛護百姓這一點也可不必太認真，只有能戰鬥這一點，那是時刻不能放鬆的。現在壕溝究竟有幾道？其中不可靠的還有幾段？下次來信詳細告訴我。九江修了六道壕溝，寬深各兩丈，吉安可以照著修建嗎？

弟弟保了同知花翎，很好很好。將來收復了府城，自然還可以保升太守。我不是因為弟弟得官階而高興，而是為弟弟做官的才能比帶兵的

才能好而高興，將來或許可以做一個剛正廉明的官長，切實做幾件施恩於百姓的事情，那是我曾家門戶的光榮，也是為兄的幸運啊。

咸豐八年五月初六

致九弟‧克終為貴

【原文】

沅甫九弟左右：

正七歸，接一信。啟五等歸，又接一信。正七以瘲故，不能遽回營。啟五求於嘗新①後始去，茲另遣人送信至營，以慰遠廑②。

三代祠堂或分或合，或在新宅，或另立規模，統俟弟復吉後歸家料理。造祠之法，亦聽弟與諸弟為之，落成後，我作一碑而已。

余意欲王父母、父母改葬後，將神道碑立畢，然後或出或處，乃可惟余所欲。目下在家，意緒極不佳，回思往事，無一不慚愧，無一不褊淺③。幸弟去秋一出，而江西、湖南物望頗隆，家聲將自弟振之，茲可欣慰。「靡不有初，鮮克有終」，望弟慎之又慎，總以克終為貴。

家中四宅大小平安。二十三四大水，縣城、永豐受害頗甚，我境幸平安無恙。

弟寄歸之書皆善本，林氏《續選古文雅正》，雖向不知名，亦通才也。如有《大學衍義》《衍義補》二書可買者，望買之。學問之道，能讀經史者為根柢，如兩《通》（杜氏《通典》、馬氏《通考》），兩《衍義》及本朝《兩通》（徐乾學《讀禮通考》、秦蕙田《五禮通考》），皆萃六經諸史之精，該內聖外王之要④。若能熟此六書，或熟其一二，即為

有本有末之學。家中現有四《通》而無兩《衍義》，祈弟留心。

　　弟目下在營不可看書，致荒廢正務。天氣炎熱，精神有限，宜全用於營事也。余近作《賓興堂記》，抄稿寄閱。久荒筆墨，但有間架，全無精意，愧甚愧甚。

咸豐八年五月三十日

【注釋】

①嘗新：稱第一次吃當年產出的大米、小麥等糧食，原川東等地區的一種習俗。

②廑（音僅）：通「勤」，懷念。

③褊淺：心地、見識等狹隘短淺。

④該：包含。內聖外王：指內裡具有聖人的才德，對外施行王道。

【譯文】

　　沅甫九弟左右：

　　正七回來，我接到你的一封信。啟五等人回來，又接到一封。正七因為得了瘧疾，不能馬上回軍營。啟五請求新穀上市嘗新之後才去，現另派人送信到你營裡，以安慰遠方親人的懷念之情。

　　三代祠堂，或者分，或者合，或者在新住宅，或者另外選地建造，一概等九弟收復吉安之後回家料理。建造祠堂的方法，也聽九弟與各位弟弟決定，落成以後，我做一塊碑就好了。我的意思是想祖父母、父母改葬後，把神道碑立起來，然後或出外做官或輕閒在家，才能隨自己的喜好去做。

　　現在我在家，情緒很不好。回想過去，沒有一件事不慚愧，沒有一件事考慮不短淺。幸虧弟弟去年秋天一出山，在江西、湖南的聲望很高，我家的聲望將從弟弟開始振興，真值得欣慰。「事情都有個開頭，但很少能到終了」，希望弟弟慎之又慎，總還是以有始有終為貴。

　　家中四宅大小平安，二十三、四日發大水，縣城、永豐受災很嚴重，我家幸好平安無事。

弟弟寄回的書都是善本，林氏《續選古文雅正》，雖然向來不知名，也是一個通才。如果有《大學衍義》《衍義補》兩本書可以買的，希望能買來。學問之道，能讀經史的才有根底，如兩《通》（杜氏《通典》、馬氏《通考》），兩《衍義》和本朝兩《通》（徐乾學《讀禮通考》、秦蕙田《五禮通考》），都聚集了六經、諸史的精華，包含內修聖賢之道、外施王道的要旨。如果能熟讀這六本書，或者熟悉其中一兩本，就是有本有末的學問。家中現在有四《通》，沒有兩《衍義》，請弟弟留心購買。

弟弟現在在軍營，不可以看書，以致荒廢了正務。天氣炎熱，精神有限，應該把所有精力都用到軍務上去。我近來寫了《賓興堂記》，抄稿寄給你看。筆墨功夫荒廢很久了，只有一個框架，沒有一點精深的思想，慚愧慚愧。

咸豐八年五月三十日

致四弟季弟·注重種蔬養魚豬等事

【原文】

澄、季兩弟左右：

兄於十二日到湖口曾發一信，不知何時可到。胡蔚之奉江西耆中丞之命接我晉省，余因於二十日自湖口開船入省，楊厚庵送至南康，彭雪琴徑送至省，諸君子用情之厚，罕有倫比。浙中之賊，聞已全省肅清，余到江與耆中丞商定，大約由湖口入閩。

家中種蔬一事，千萬不可忽忽。屋門首塘中養魚，亦有一種生機，養豬亦內政之要者。下首臺上新竹，過伏天後有枯者否？此四者可以觇人家興衰氣象，望時時與朱見四兄熟商。見四在我家，每年可送束修錢十六千。余在家時曾面許以如延師課讀之例，但未言明數目耳。季弟生意頗好，然此

後不宜再做，不宜多做，仍以看書為上。

　　余在湖口臥病三日，近已痊癒，但微咳嗽。癬疾久未愈，心血亦虧甚，頗焦急也。久不接九弟之信，極為懸繫。見其初九日與雪琴一信，言病後元氣未復，想必已痊癒矣。

咸豐八年七月二十一日自江西省河下發

【譯文】

　　澄、季兩弟左右：

　　為兄在十二日到達湖口，曾經寄了一封信，不知道什麼時候能到。胡蔚之奉了江西耆中丞的命令，接我到江西省。我於是在二十日從湖口開船入省，楊厚庵送到南康，彭雪琴一直送到省城，各位君子對我的情意深厚，很少有人可以比擬。浙中的敵人，聽說已經全省肅清，我到江西後，與耆中丞商量決定，大約是從湖口進入福建。

　　家中種菜這件事，萬萬不可以疏忽。屋門口塘裡養魚，也有一種生機。養豬也是家務中重要的內容。下首臺上新種的竹子，過夏天以後有枯死的嗎？從這四件事中可以看出一戶人家的興衰氣象，希望能時常與朱見四兄反覆商量。見四在我家，每年能送他十六千束修銀。我在家裡時，曾經當面答應按照請老師教課的慣例給他報酬，但沒有講明多少錢。季弟的生意很好，然而今後不適宜再做，不適宜多做，仍舊應以讀書為上。

　　我在湖口病了三天，近來已經痊癒了，但還有點咳嗽。癬疾許久沒有好，心血也虧損，心裡很焦急。很久沒有接到九弟的信，非常掛念。我看了他初九寫給雪琴的一封信，說病後元氣還沒有恢復，想必現在已經好了。

咸豐八年七月二十一日江西省河下發

致九弟·擬優保李次青

【原文】

沅甫九弟左右：

八月初一日羅逢元專丁歸，接得二十四日信，知弟病漸痊癒復元。自長沙開船後，四十一日不接弟手書，至是始一快慰。而弟信中所云先一日曾專人送信來兄處者，則至今尚未到，不知何以耽擱若是。

余二十五日自江西開船，二十六日至瑞洪，二十八日就謝弁之便寄信與弟。八月初二日至安仁，初四日至貴溪，王人瑞、張凱章及蕭浚川之弟蕭啟源均在此相候。初六七可至湖口，沈幼丹、李次青良覿①不遠矣。

閩省浦城之賊於七月上旬、中旬出犯江西，圍廣豐、玉山兩城。次青以一軍分守兩縣，各力戰五六日夜，逆賊大創，解圍以去。現在廣信地方，次青勳名大著，民望亦孚②。浙撫晏公於全浙肅清案內③，保舉次青以道員記名，遇有江西道員缺出，請旨簡放。將來玉山守城案內，余亦當優保之。苦盡回甘，次青今日得蔗境④矣。

玉山之賊竄至德興、婺源一帶，將歸併於皖南蕪湖。余至湖口，擬留蕭軍守湖口，而自率張、王、朱（品隆）、吳（國佐）進剿圍之。崇安賊勢日亂，或尚易於得手。

咸豐八年八月初四日

【注釋】

① 良覿（音迪）：欣喜相見的意思。覿：相見。
② 孚：為人所信服，使信任。
③ 案內：指報告。

④蔗境：典故名，典出《晉書・文苑傳・顧愷之》：「愷之每食甘蔗，恒自尾至本。人或怪之，云：漸入佳境。」後因以「蔗境」喻先苦後樂，有後福。常用來比喻人晚年生活逐漸轉好。

【譯文】

沅甫九弟左右：

八月初一，羅逢元派的專人回來，接到弟弟二十四日的信，知道弟弟的病已經漸漸痊癒，身體也漸漸復原了。自從長沙開船以後，四十一天沒有接到弟弟的信，到現在才感到快慰。而弟弟信中所說的早一天曾經派專人送信到為兄這裡，但到現在也還沒到，不知道為什麼耽擱這麼久。

我二十五日從江西開船，二十六日到瑞洪，二十八日趁著通信兵的方便寄信給弟弟。八月初二到安仁，初四到貴溪，王人瑞、張凱章及蕭浚川的弟弟蕭啟源都在這裡等候。初六、七可到湖口，與沈幼丹、李次清歡聚的日子都不遠了。

福建浦城的敵人在七月上旬、中旬侵犯江西，圍攻廣豐、玉山兩座城，李次青憑藉一支軍隊分別防守兩個縣，兩地各自奮戰了五六個日夜，敵人受到重創，解除了對兩城的圍困離去。現在廣信地區，李次青的功名很大，很被百姓信任。浙江巡撫晏公在全浙肅清的報告中，保舉李次青以道員之職在吏部記名，遇到江西道員出缺，就請求聖旨選擇放任他。將來玉山守城報告中，我也會優先保舉他。苦盡甘來，李次青現在的境遇慢慢好了。

玉山的敵人竄到德興、婺源一帶，將歸併於皖南蕪湖。我到湖口，準備留下蕭軍守湖口，而自己親率張、王、朱（品隆）、吳（國佐）進攻圍剿福建的崇安。敵人的陣勢越來越亂，或者還容易得手。

咸豐八年八月初四

致諸弟·宜兄弟和睦貴行孝道又實行勤儉二字

【原文】

　　澄侯、季洪、沅甫老弟左右：

　　十七日接澄弟初二日信，十八日接澄弟初五日信，敬悉一切。三河敗挫之信，初五日家中尚無確耗，且縣城之內毫無所聞，亦極奇矣。

　　九弟於二十二日在湖口發信，至今未再接信，實深懸喜繫。幸接希庵信，言九弟至漢口後有書與渠，且專人至桐城、三河訪尋下落，余始知沅甫弟安抵漢口，而久無來信，則不解何故。豈余近日別有過失，沅弟心不以為然耶？當初聞三河凶報、手足急難之際，即有微失，亦當將皖中各事詳細示我。

　　今年四月，劉昌儲在我家請乩^①。乩初到，即判曰：「賦得偃武修文，得『閑』字。」字謎敗字，余方訝敗字不知何指。乩判曰：「為九江言之也，不可喜也。」余又訝九江初克，氣機正盛，不知何所為而云然。乩又判曰：「為天下，即為曾宅言之。」由今觀之，三河之挫，六弟之變，正與「不可喜也」四字相應，豈非數皆前定耶？然禍福由天主之，善惡由人主之。由天主者無可如何，只得聽之；由人主者，盡得一分算一分，撐得一日算一日。吾兄弟斷不可不洗心滌慮，以求力挽家運。

　　第一，貴兄弟和睦。去年兄弟不知，以致今冬三河之變。嗣後兄弟當以去年為戒，凡吾有過失，澄、沅、洪三弟各進箴規之言，余必力為懲改。三弟有過，亦當互相箴規而懲改之。

第二，貴體孝道。推祖父母之愛以愛叔父，推父母之愛以愛溫弟之妻妾兒女，及蘭、蕙二家。又父母墳域必須改葬，請沅弟作主，澄弟不必過執。

第三，要實行勤儉二字。內間姙娌不可多講鋪張，後輩諸兒須走路，不可坐轎騎馬，諸女莫太懶，宜學燒茶煮飯。書、蔬、魚、豬，一家之生氣；少睡多做，一人之生氣。勤者生動之氣，儉者收斂之氣。有此二字，家運斷無不興之理。余去年在家，未將此二字切實做工夫，至今愧憾，是以諄諄②言之。

　　　　　　　　　咸豐八年十一月二十三日

【注釋】

①乩：占卜，一種迷信的活動。

②諄諄：反覆告誡、再三叮嚀的樣子。

【譯文】

澄侯、季洪、沅甫老弟左右：

十七日接到澄弟初二的信，十八日接到澄弟初五的信，知道了一切。三河失敗的消息，初五家裡還沒有確切的消息傳來，而且縣城裡也一點都不知道，這也太奇怪了。

自九弟於二十二日在湖口發信後，我至今沒有再接到他的信，實在是深切掛念。幸虧接了希庵的信，說九弟到漢口以後有信寄給他，並且派專人到桐城、三河去尋找下落，我才知道沅甫弟已經安全抵達漢口，但許久不來信，就不知道是什麼緣故了。難道是我近來有什麼過失，沅弟的心裡不同意嗎？當初聽到三河的噩耗、兄弟陷於危難之時，即使我有小的過失，也應該把安徽的情況詳細告訴我。

今年四月，劉昌儲在我家扶乩。一開始，乩就下判詞說：「賦得偃武修文，得『閑』字。」這個字謎的謎底是一個「敗」字，我正驚訝「敗」字不知道指的什麼。那乩又有判詞說：「為九江言之也，不可喜

也。」我又驚訝，九江才收復，氣象正旺盛，不知道因為什麼這麼說。那乩又有判詞說：「為天下，即為曾宅言之。」現在看來，三河的失利，六弟的變故，正和「不可喜也」四字相對應。這難道不是人的命運早就註定了嗎？然而禍福由上天做主，善惡卻由人做主。由天做主的，我們不能改變，只好聽他；由人做主的，做得一分算一分，撐得一天算一天。我們兄弟絕對不能不洗心革面，以求努力將家運挽回。

第一貴，在兄弟和睦。去年兄弟不知，導致今年冬天有三河之變數。今後兄弟應當以去年為戒。凡是我有過失，澄、沅、洪三位弟弟可各自向我提出規勸的言論，我必定努力改正；三位弟弟有過失，也應該互相規勸而痛改。

第二貴，在遵行孝道。推及祖父母的愛而去愛叔父，推及父母的愛而去愛溫弟的妻妾兒女以及蘭、蕙兩家。另外父母的墳地必須改葬，請沅弟做主，澄弟不要過於固執己見。

第三要，實行勤儉兩字。家裡妯娌不能多鋪張浪費；後輩子侄要走路，不可以坐轎、騎馬；各個女兒不要太懶，要學習燒茶煮飯。讀書、種菜、養魚、餵豬，是一戶人家有生機的表現；少睡覺，多做事，是一個人有生氣的表現。勤字是生動之氣，儉字是收斂之氣。有這兩個字，家運絕對沒有不興旺的道理。我去年在家裡，沒有把這兩個字切實實行，至今感到慚愧，所以反覆地叮嚀你們。

咸豐八年十一月二十三日

致諸弟・述溫弟事變及家庭不可說利害話

【原文】

澄侯、沅甫、季洪老弟左右：

十五日接澄、沅冬月二十九、三十兩函，得悉叔父大人於二十七日患病，有似中風之象。

吾家自道光元年即處順境，歷三十餘年，均極平安。自咸豐年來，每遇得意之時，即有失意之事相隨而至。壬子

科，余典試①江西，請假歸省，即聞先太夫人之訃②。甲寅冬，余克武漢田家鎮，聲名鼎盛，臘月二十五甫奉黃馬褂之賞，是夜即大敗，衣服文卷蕩然無存。六年之冬、七年之春，兄弟三人督師於外，瑞州合圍之時，氣象甚好，旋即遭先大夫之喪。今年九弟克復吉安，譽望極隆，十月初七接到知府道銜③諭旨，初十即有溫弟三河之變。此四事，皆吉凶同域，憂喜並時，殊不可解。現在家中尚未妄動，妥慎之至。余之意，則不免皇皇④。所寄各處之信，皆言溫弟業經殉節矣，究欠妥慎，幸尚未入奏。將來擬俟湖北奏報後，再行具疏也。家中亦俟奏報到日，乃有舉動，諸弟老成之見，賢於我矣。

叔父大人之病，不知近狀如何？茲專法六歸，送鹿茸一架，即沅弟前次送我者。此物補精血遠勝他藥，或者有濟。

迪公、筱石之屍，業經收覓，而六弟無之，尚有一線生理。若其同盡，則六弟遺骸必去迪不遠也。沅弟信言「家庭不可說利害話」，此言精當之至，足抵萬金。余生平在家在外，行事尚不十分悖謬，惟說些利害話，至今愧悔無極。

咸豐八年十二月十六日

【注釋】

① 典試：主持考試。典：主持，主管。

② 訃：報喪。

③ 道銜：道一級的官銜。

④ 皇皇：惶恐的樣子，彷徨不安的樣子。皇：通「惶」。

【譯文】

澄侯、沅甫、季洪老弟左右：

十五日接到澄侯、沅甫十一月二十九日、三十日的兩封信，知道了

叔父大人于二十七日生病，有中風的跡象。

我家從道光元年開始就處在順境之中，經歷了三十多年，都非常平安。從咸豐年開始，每每碰到得意的事，就有不得意的事隨之而來。壬子年科考，我在江西主持考試，請假回家探親，就聽到先太夫人的訃告。甲寅年冬季，我收復武漢田家鎮，名聲到達頂點，十二月二十五日正奉旨賞我黃馬褂，當天晚上就遭遇大敗，連衣服、文卷都丟光了。道光六年冬天、七年春天，兄弟三人在外面統率軍隊，瑞州合圍的時候，光景很好，馬上又遭遇先大夫的喪事。今年九弟收復吉安，榮譽和名聲非常隆盛，十月初七接到知府道銜諭旨，初十就發生溫弟在三河的變故。這四件事，都是吉凶同時發生，憂喜同時來到，非常不能理解。現在家裡還沒有妄動，妥當慎重得很。我的內心卻免不了惶惶不安。寄到各處的信，都說溫弟已經犧牲了，這麼說終究是有欠妥當的，幸虧還沒有上奏皇上。以後打算等湖北奏報之後，再寫奏摺上報。家裡也等奏報到達那天才能有舉動，各位弟弟老成的見解比我高明。

叔父大人的病，不知道近來怎樣？現在專門派法六回鄉，送回一架鹿茸，就是沅弟上次送我的。鹿茸補精益血遠遠勝過其他藥物，或者有點效果。

迪公、筱石的屍體，已經找到，但六弟的卻沒有，還有一線生還的希望。如果一同犧牲，那六弟的屍體肯定離迪公不遠。沅弟信中說家裡不可以說利害話，這句話非常精闢正確，可以抵得一萬金。我生平在家裡或在外面，辦事還不是非常違反常情，只是說些利害話，至今感到十分後悔。

咸豐八年十二月十六日

致諸弟‧述六弟遺骸未尋得

【原文】

澄侯、沅甫、季洪老弟閣下：

十五日接叔父患病之信，十六日專王法六送鹿茸回家，

限年內趕到。十七早接澄弟兩信、沅弟一信，叔父病勢已愈，大幸大幸！溫弟之事，日內計已說破，不知叔父與溫弟婦能少節哀否？溫弟婦治家最賢，而賦命①最苦，不知天理何以全不可憑？

十八夜接希庵信，知沅弟所派六弁②已回，皆未尋得，而迪庵遺骨於初一日已搬至霍山縣。同一殉節，而又有幸有不幸若此。餘又專五人去尋，中有二人系賊中逃出者，言必可至三河故壘③，其三人則楊名聲、楊鎮南、張淦也。能尋得遺蛻④，尚是不幸中之一幸，否則吾何面目見祖考妣⑤及考妣於地下哉？

咸豐八年十二月二十日

【注釋】
① 賦命：上天賦予人的命運。
② 弁：古時指武官，因武官戴皮製的弁（帽子）。後專指低級武官。
③ 壘：軍壁，防護軍營的牆壁或建築物。
④ 遺蛻：指屍骸。
⑤ 考妣：古代稱已死的父母。父死後稱「考」，母死後稱「妣」。

【譯文】
澄侯、沅甫、季洪老弟閣下：

十五日接到叔父生病的信，十六日專派王法六送鹿茸回家，限定年內趕到。十七日早上接到澄弟兩封信、沅弟一封信，叔父的病已經痊癒了，真是幸運！溫弟的事，近幾天內估計要公開了，不知叔父與溫弟媳婦能不能節制哀痛？溫弟媳婦治家最為賢慧，但上天給予她的命運最苦，不知道天理為什麼都不可憑信？

十八日晚上接到希庵的信，知道沅弟派的六個士兵都已返回，都沒有尋到六弟的屍骨，而迪庵的遺骨在初一日已經搬到霍山縣。同樣是犧牲，但有幸與不幸竟然這麼不同。我又專派五個人去尋，其中有兩個是

從敵方逃出來的，說一定可以到三河原來的陣地，其餘三個是楊名聲、楊鎮南、張淦。能尋到屍骨，還算是不幸中的萬幸，不然，我有什麼臉面去見九泉之下的祖父母和父母啊？

咸豐八年十二月二十日

致諸弟・述起屋造祠堂及改葬之注意點
又述寫字之法

【原文】

　　澄侯、沅甫、季洪三弟左右：

　　王四等來，得知叔父大人病勢稍加，得十三日憂恤之旨，不知何如。頃又接十九日來函，知叔父病已略癒，欣慰欣慰。然溫弟靈柩到家之時，我家祖宗有靈，能保得叔父不添病，六弟婦不過節烈[1]，猶為不幸中之一幸耳。

　　此間兵事，凱章在景德鎮相持如故，所添調之平江三營、寶勇一營均已到防，或可隱紮。浚川在南康之新城墟打一勝仗，奪偽印四十三顆，偽旗五百餘面，皆解至建昌，甚為快慰！惟石達開尚在南安一帶，悍賊亦多，不知究竟掃蕩否。吉中營以後常不離余左右，沅弟盡可放心。

　　起屋造祠堂，沅弟言外間訾議[2]，沅弟自任之。余則謂外間之訾議不足畏，而亂世之兵變不可不慮。如江西近歲，凡富貴大屋無一不焚，可為殷鑒[3]。吾鄉僻陋，眼界甚淺，稍有修造，已駭聽聞。若太閎麗，則傳播招尤。苟為一方首屈一指，則亂世恐難倖免。望弟再斟酌，於豐儉之間妥善行之。改葬先人之事，須將求富求貴之念消除淨盡，但求免水、蟻以妥先靈，免凶煞以安後嗣而已。若存一絲求富求貴之念，則必為造物鬼神所忌。以吾所見所聞，凡已發之家，

未有續尋得大地者。沅弟主持此事，務望將此意拿得穩，把得定，至要至要！

紀澤姻事，以古禮言之，則大祥④後可以成婚（再期為大祥）；以吾鄉舊俗言之，則除靈道場後可以成婚。吾因近日賊勢尚旺，時事難測，頗有早辦之意。紀澤前兩稟請心壺抄奏摺，盡可行之。吾每月送修金二兩。應抄之奏，不知家中有底稿否？抄一篇，可寄目錄來一查，注明月日。紀澤之字，較之七年二三月間遠不能逮，大約握筆宜高，能握至管頂者為上，握至管頂之下寸許者次之，握至毫以上寸許者亦尚可習。若握近毫根，則雖寫好字，亦不久必退，且斷不能寫好字。吾驗之於已身，驗之於朋友，皆歷歷可征。紀澤以後宜握管略高，縱低亦須隔毫根寸餘，又須用油紙摹帖，較之臨帖勝十倍。

沅弟之字不可拋荒，如溫弟哀辭、墓誌及王考妣、考妣神道碑之類，余作就後，均須沅弟認真書寫。《賓興堂記》首段未愜⑤，待日內改就，亦須沅弟寫之。沅弟雖憂危忙亂之中，不可廢習字工夫。親戚中雖有漱六、筠仙善書，余因家中碑版，不擬請外人書也。

　　　　　　　　　　　　咸豐九年正月十一日

【注釋】

① 節烈：指貞節剛烈。

② 訾議：非議。

③ 殷鑒：意思是殷人滅夏，殷人的子孫，應該以夏的滅亡作為鑒戒。後泛指可以作為後人鑒戒的前人失敗之事。

④ 大祥：周朝形成的漢族喪禮儀式之一。父、母喪後一周年（即第十三個月）舉行的祭禮叫「小祥」，兩周年（即第二十五個月）舉行的祭禮，叫「大祥」。

⑤ 愜：滿意，滿足。

【譯文】

　　澄侯、沅甫、季洪三弟左右：

　　王四等人來到我這裡，聽說叔父大人病勢加重，得到十三日皇上體恤的聖旨之後，不知道情形怎麼樣。剛才又接到十九日的來信，知道叔父的病已經略好些，感到很欣慰。然而溫弟靈柩到家的時候，希望我家祖宗有靈，保佑叔父不會因此加重病情，六弟媳婦不過於貞節剛烈，仍然算是不幸中的大幸。

　　這邊的戰事，凱章在景德鎮與敵人相持，沒有變化。所加調的平江三營、寶勇一營都已經到防地，或者可以隱蔽駐紮。浚川在南康的新城壚打了一個大勝仗，奪得偽印四十三顆，偽旗五百多面，都已解送到建昌，心裡很暢快。只是石達開還在南安一帶，強悍的敵軍也多，不曉得究竟能不能掃蕩乾淨。吉中營以後不離我的左右，沅弟儘管放心。

　　起屋建祠堂，沅弟說外面有非議，他自己承擔了。我卻覺得外面的非議不可怕，而動亂年月的兵變不能不憂慮。如江西近年來，凡是富貴人家的大房子，沒有一家不被燒掉的，這可以作為借鑒。我們家鄉偏僻簡陋，那裡的人眼界很小，稍微修建點什麼，就已經會使人很震驚，如果太宏偉華麗了，那就會被到處傳播招人怨恨。如果是一個地區首屈一指的建築，那在動亂年代，恐怕是難以倖免的。希望弟弟反復斟酌一下，在豐裕和儉樸之間選擇一個比較妥當的方案去實行。改葬先人的事，要把求富求貴的念頭消除乾淨，只求免受水淹蟻蛀使先人之靈安定，免除凶煞使後人安定就好了。如果有一絲一毫求富求貴的念頭，那一定會為造物的鬼神所譏諱。以我的所見所聞，凡是已經發達的家庭，沒有一家是因為繼承尋得好地的福祉。沅弟主持這件事，一定要把這個主意拿得穩當，把定不動搖，這點非常重要！

　　紀澤的婚事，從古禮來說，大祥以後就可以成親（祭禮滿兩周年叫大祥）；從我們鄉里的舊俗來說，撤除靈位、做完道場以後就可以成婚。我因為近日以來敵勢還很旺盛，時事難以預測，很有早辦的想法。紀澤之前的兩封信中說，請心壺抄奏摺，這儘管去做，我每月送他辛苦費二兩。應該抄的奏摺，不知道家裡有沒有底稿？抄一遍以後，可以寄目錄來查一查，要注明年月日。紀澤的字，遠遠比不上七年二三月間的。大概寫字時握筆要高，能握到管頂的最好，握到管頂下面一寸左右

的次之，握到毫以上一寸左右的也還可以練習。如果握到近毫根處，那即使能寫好字，不久也一定會退步，而且絕對寫不好字。我自己試驗過，也找朋友試驗過，都清楚可證。紀澤以後握管應該略微高些，縱使低也要離毫根一寸多，還應該用油紙摹帖，比臨帖強十倍。

沅弟的字不可以荒廢，如溫弟哀辭、墓誌以及祖父母、父母的神道碑之類，我寫好之後，都要沅弟認真書寫上去。《賓興堂記》第一段不滿意，等近日改好，也要沅弟書寫。沅弟雖然在憂危忙亂之中，也不可以廢棄習字的工夫。親戚裡雖有漱六、筠仙擅長寫字，因為是家裡人的碑文版子，我不準備請外面的人書寫。

咸豐九年正月十一

致四弟·述近況

【原文】

澄侯四弟左右：

今年以來，賢弟實在勞苦，較之我在軍營殆^①過十倍，萬望加意保養。祁陽之賊或可不竄湘鄉，萬一竄入，亦系定數，余已不復懸繫。

余自去年六月再出，無不批之稟，無不復之信。往年之嫌隙尤悔，業已消去十分之七八。惟辦理軍務，仍不能十分盡職，蓋精神不足也。賢弟聞我近日在外尚有錯處，不妨寫信告我。余派委員伍華瀚在衡州坐探^②，每二日送信一次。家中若有軍情報營，可由衡州交伍轉送也。

咸豐九年五月初六日

【注釋】

① 殆：恐怕。
② 坐探：專在某處探聽消息、收集情報的人。

【譯文】

澄侯四弟左右：

今年以來，賢弟實在勞苦，比我在軍營恐怕要辛苦十倍，千萬要注意保養身體。祁陽的敵人或許可能不會流竄到湖南，萬一竄入，也是定數，我已經不去擔心它了。

我從去年六月再度出山，沒有一件不批覆的稟告，沒有一封不回覆的信件。對過去由於往來結下的嫌隙尤其覺得很後悔，現在已經消除十之七八。只是辦理軍務上，我仍然不能十分盡職盡力，因為精神不足。賢弟如果聽說我近日在外還有過錯，不妨寫信告訴我。我委派伍華瀚在衡州充當坐探，每兩天送一次信。家中如果有軍情報告到軍營中，可以由衡州交給伍華瀚轉送。

咸豐九年五月初六

致四弟・責晏起

【原文】

澄侯四弟左右：

賀常四到營，接弟信，言早起太晏①，誠所不免。吾去年住營盤，各營皆畏慎早起。自臘月二十七移寓公館，至撫州亦住公館，早間稍晏，各營皆隨而漸晏。未有主帥晏而將弁能早者也，猶之一家之中，未能家長晏而子弟能早者也。

沅弟在景德鎮，辦事甚為穩靠，可愛之至。惟據稱悍賊甚多，一時恐難克復。官兵有勁旅萬餘，決可無礙。季弟在湖北，已來一信，胡詠帥待之甚厚，家中盡可放心。家中讀書事，弟宜常常留心。如甲五、科三等皆須讀書，不失大家子弟風範，不可太疏忽也。

正封緘間，接奉寄諭，飭令赴蜀剿賊。此時欲去，則景德鎮之官兵實難遽行抽調，欲不去，則四川亦系要地。尚未

定計覆奏，茲先將廷寄付回一閱。

咸豐九年六月初四

【注釋】

①晏：晚，遲。

【譯文】

澄侯四弟左右：

賀常四到軍營，我接到了你的信，信中說早上起得太晚，實在不能避免。我去年住在營盤，各營都怕早起。自十二月二十七日移住公館，到撫州也住公館，早上稍微晚起了點，各營都隨著漸漸晚起了。沒有主帥晚起而將士能早起的，好比一家之中，沒有家長晚起而子弟能早起的。

沅弟在景德鎮，辦事很穩妥可靠，非常讓人喜愛。只是據說強悍的敵人很多，一時恐怕難以收復。官兵有一萬多勁旅，絕對可以沒有阻礙。季弟在湖北已經寄來了一封信，胡詠帥待他很好，家裡儘管放心。家裡讀書的事，弟弟要時刻留心。如甲五、科三等人都要讀書，才不失大家子弟的風範，不要太疏忽了。

正在封書信時，接到皇上寄來的聖諭，命令我去四川圍剿賊人。這時想去，景德鎮的官兵實在難以馬上抽調；想不去，可四川也是重要地區。還沒決定怎麼回覆上奏，現在先將廷寄附回給你看看。

咸豐九年六月初四

致九弟四弟・論進補藥及必須起早

【原文】

澄侯、沅甫兩弟左右：

接家信，知叔父大人已於三月二日安厝馬公塘。兩弟於

家中兩代老人養生送死之事，備極誠敬，將來必食報於子孫。聞馬公塘山勢平衍^①，可決其無水蟻凶災，尤以為慰。

澄弟服補劑而大愈，甚幸甚幸。吾平生頗講求惜福二字之義，送來補藥不斷，且蔬菜亦較奢，自愧享用太過，然亦體氣太弱，不得不爾。胡潤帥、李希庵常服遼參，則其享受更有過於余者。家中後輩子體弱弟，學射最足保養，起早尤千金妙方，長壽金丹也。

咸豐十年三月二十四日

致諸弟

【注釋】

① 平衍：指平坦寬廣。

【譯文】

澄侯、沅甫兩弟左右：

接到家信，知道叔父大人已經於三月二日安葬在馬公塘。兩位弟弟對於家中兩代老人養老送終的事，辦理得非常誠敬，將來你們的後代一定會得到回報。聽說馬公塘山勢平坦寬廣，可見絕對不會有水淹蟻蛀的災禍，我感到甚是欣慰。

澄弟吃補藥而病大好，非常幸運。我平生很講求「惜福」兩個字的意義，送來的補藥不斷，而且食用蔬菜也比較過度，自己覺得享用得太過了，感到很慚愧。然而體質中氣太弱，不得不這樣食用。胡潤帥、李希庵時常服用遼參，他們享受的更有超過我的地方。家中後輩子弟身體弱的，學射擊是保養身體的最好辦法，早起更是可值千金的妙方、可使之長壽的金丹啊！

咸豐十年三月二十四日

致四弟‧治家八字訣

【原文】

澄侯四弟左右：

二十七日接弟信，欣悉闔家平安。沅弟是日申刻到，又得詳問一切，敬知叔父臨終毫無抑鬱之情，至為慰念。

余與沅弟論治家之道，一切以星岡公為法，大約有八字訣。其四字即上年所稱「書、蔬、魚、豬」也；又四字則曰「早、掃、考、寶」。早者，起早也；掃者，掃屋也；考者，祖先祭祀，敬奉顯考、王考、曾祖考^①，言考而妣可該也；寶者，親族鄰里，時時周旋，賀喜弔喪，問疾濟急，星岡公常曰：「人待人，無價之寶也。」星岡公生平於此數端最為認真，故余戲述為八字訣曰「書、蔬、魚、豬、早、掃、考、寶」也。此言雖涉諧謔^②，而擬即寫屏上，以祝賢弟夫婦壽辰，使後世子孫知吾兄弟家教，亦知吾兄弟風趣也。弟以為然否？

咸豐十年閏三月二十九日

【注釋】

① 顯考：即「先考」，指已故的父親。王考：對已故祖父的敬稱。
② 諧謔：言語或行為有趣。

【譯文】

澄侯四弟左右：

二十七日接到弟弟的信，高興地知道全家都平安。沅弟當天申時到我這裡，我又得以詳細詢問一切，恭敬地知道叔父臨終時沒有一點壓抑憂鬱的情緒，心裡感到很安慰。

我和沅弟討論治家的方略，一切以星岡公為準繩，大約有八字訣。

其中四個字就是去年所說的「書、蔬、魚、豬」，還有四個字就是「早、掃、考、寶」。「早」字，是指黎明早起；「掃」字，是指灑掃房屋；「考」字，是指祭祀祖先，恭敬地供奉先父、先祖父、先曾祖父，說「考」，「妣」也包括進去了；「寶」字，是指與親戚鄰居時時往來，賀喜弔喪，問候疾病，救濟急難，星岡公經常說：「人與人相待，那是不能用價值來計算的寶貝。」星岡公生平對這幾點執行得最認真，所以我戲說編為八字決，叫作：「書、蔬、魚、豬、早、掃、考、寶。」這似乎是開玩笑的話，但我打算馬上寫在屏上，用來祝賀賢弟夫婦的壽辰，使後世子孫懂得我們兄弟的家教，也知道我們兄弟的風趣。不知弟弟認為怎麼樣？

咸豐十年閏三月二十九

致四弟・述營中諸務叢集

【原文】

澄弟左右：

五月四日接弟緘，「書、蔬、魚、豬、早、掃、考、寶」橫寫八字，下用小字注出，此法最好，余必遵辦，其次序則改為「考、寶、早、掃、書、蔬、魚、豬」。目下因拔營南渡，諸務叢集，實有未能。

蘇州之賊已破嘉興，淳安之賊已至績溪，杭州、徽州十分危急，江西亦可危之至。余赴江南，先駐徽郡之祁門，內顧江西之饒州，催張凱章速來饒州會合。又札[1]王梅春募三千人紮撫州，保江西即所以保湖南也。又札王人樹仍來辦營務處，不知七月間可趕到否。若此次能保全江西、兩湖，則將來仍可以克復蘇、常，大局安危，所爭只在六、七、八、九數月。

澤兒不知已起行來營否？弟為余照料家事，總以儉字為主。情意宜厚，用度宜儉，此居家鄉之要訣也。

咸豐十年五月十四日

【注釋】

① 札：古代公文的泛稱。

【譯文】

澄弟左右：

五月四日接到弟弟的信，「書、蔬、魚、豬、早、掃、考、寶」八個字橫寫，下面用小字注解，這個辦法最好，我一定遵照辦理，但八個字的次序改為「考、寶、早、掃、書、蔬、魚、豬」。現在因為軍隊要拔營南渡，許多事情集中在一起，實在不能辦理。

蘇州的敵軍已經攻破嘉興，淳安的敵軍已經到績溪，杭州、徽州十分危急，江西也危險到極點。我去江南，首先駐紮在徽郡的祁門，顧念江西的饒州，催促張凱章趕快來饒州會合。又寫信讓王梅春招募三千人進駐撫州，保衛江西就是保衛湖南。我寫信讓王人樹仍舊來辦理營務處的事務，不知道七月間能不能趕到。如果這次能夠保全江西、湖南、湖北，那將來仍舊可以都收復，大局是安是危，關鍵是爭六、七、八、九這幾個月。

不知道紀澤兒已經動身來軍營沒有？弟弟為我照料家事，總以勤儉為主。情意要厚重，生活要節儉，這是居家的重要訣竅。

咸豐十年五月十四日

致九弟季弟・述楊光宗不馴

【原文】

沅、季弟左右：

出隊以護百姓收穫，甚好，與吉安散耕牛籽種用意相似。吾輩不幸生當亂世，又不幸而帶兵，日以殺人為事，可為寒心，惟時時存一愛民之念，庶幾留心田亦飯子孫耳。楊鎮南之哨官楊光宗，頭髮橫而盤^①，吾早慮其不馴。楊鎮南不善看人，又不善斷事。弟若看有不妥洽之意，即飭令仍回兄處，另撥一營與弟換可耳。

吾於初十日至歷口，十一日擬行六十里趕到祁門縣。十二日先太夫人忌辰，不欲紛紛迎接應酬也。寧國府一軍緊急之至，吾不能撥兵往援，而擬少濟之以餉，亦地主之道耳。

咸豐十年六月初十日

【注釋】

① 橫而盤：指雜亂彎曲。

【譯文】

沅弟、季弟左右：

出動軍隊去保護百姓收穫糧食，這個舉動很好，與在吉安時散耕牛籽種的用意差不多。我們這代人不幸生在亂世，又不幸出外帶兵，每天把殺人當作事業，讓人寒心，只有時刻存著愛護百姓的念頭，或許留心田地也能養育子孫了。楊鎮南的哨官楊光宗，頭髮錯雜彎曲，我早就料到他不容易被馴服。楊鎮南不擅長看人，又不擅長決斷。弟弟如果看到有什麼不妥當的地方，馬上叫他仍舊回到我這裡，我另外撥一個營和弟弟交換就好了。

我初十到達歷口，十一日準備走六十里趕到祁門縣。十二日是先太夫人的忌辰，實在不想忙亂地迎接應酬。寧國府一軍處境非常緊急，我無法調兵去救援，準備稍微接濟他一點軍餉，也算是盡地主之誼吧。

咸豐十年六月初十

致沅弟季弟・囑文輔卿二語

【原文】

沅、季弟左右：

探報閱悉。此路並無步撥^①，即由東流、建德驛夫送祁。建德令已死，代理者新到，故文遞遲延。弟以後要事須專勇送來，三日可到，或逢三、八專人來一次，每月六次。其不要緊者，仍由驛發來，則兄弟之消息常通矣。

文輔卿辦厘金^②甚好。現在江西厘務，經手者皆不免官氣太重，此外則不知誰何之人。如輔卿者，能多得幾人，則厘務必有起色。吾批二李詳文^③云：「須冗員少而能事者多，入款多而坐支者少。」又批云：「力除官氣，嚴裁浮費。」弟須囑輔卿二語「無官氣，有條理」，守此行之，雖至封疆，不可改也。有似輔卿其人者，弟多薦幾人更好。甲三起行時，溫弟婦甚好，此後來之變態也。

咸豐十年六月二十八日

【注釋】

① 步撥：指送信的人。

② 厘金：清代徵收的一種商業稅，因其初定稅率為1厘，故名厘金。又稱厘捐、厘金稅。

③ 詳文：舊時官吏向上級官署陳報請示的文書。

【譯文】

沅弟、季弟左右：

探報已經看過了。這一路沒有送信的人，就讓東流、建德驛站的驛夫送到祁門。建德縣令已經死了，代理的人新到，所以檔傳遞就延遲了。弟弟以後有要事，要派專門的人送來，三天可以到，或者逢三、八

派專人來一次，每月六次。那些不要緊的文書，仍然由驛站發來，那我們兄弟之間就可以消息常通了。

文輔卿辦理釐金很好。現在江西釐務，經手的人都不免官氣太重了，除此以外不知還有誰可以擔任。像輔卿這樣的人，能夠多幾個，那釐務一定有起色。我批覆的關於二李的請示文書中說：「要減少多餘的官員，增加能幹的官員；要保證收入的錢多，支出的錢少。」又說：「要努力戒除官氣，嚴格裁削不應開支的費用。」弟弟要囑咐輔卿兩句話，就是「沒有官氣，卻有條理」，遵照這標準執行，即使是當了封疆大吏也不能改變。有類似輔卿這樣的人才，弟弟多推薦幾個更好。甲三起程時，溫弟媳婦很好，這是後來的事態變化了。

咸豐十年六月二十八日

致沅弟季弟‧隨時推薦正人

【原文】

沅、季弟左右：

輔卿而外，又薦意卿、柳南二人，甚好。柳南之篤慎，余深知之，意卿亮亦不凡。余告筱輔觀人之法，以「有操守而無官氣，多條理而少大言」為主，又囑其求潤帥、左、郭及沅薦人。以後兩弟如有所見，隨時推薦，將其人長處、短處一一告知阿兄，或告筱荃，尤以習勞苦為辦事之本。引用[①]一班能耐勞苦之正人，日久自有大效。季弟言，出色之人，斷非有心所能做得，此語確不可易。名位大小，萬般由命不由人，特父兄之教家，將帥之訓士，不能如此立言耳。季弟天分絕高，見道甚早，可喜可愛。然辦理營中小事，教訓弁勇，仍宜以勤字作主，不宜以命字諭眾。

潤帥先幾陳奏以釋群疑之說，亦有函來余處矣。昨奉六月二十四日諭旨，實授兩江總督，兼授欽差大臣，恩眷方渥

②，盡可不必陳明。所慮者，蘇、常、淮、揚無一支勁兵前往。位高非福，恐徒為物議之張本③耳。余好出汗，沅弟亦好出汗，似不宜過勞。

咸豐十年七月初八日

【注釋】

① 引用：引薦任用。
② 恩眷方渥：指皇上的恩典如此優厚、隆重。渥：濃，厚。
③ 張本：緣由，依據。

【譯文】

　　沅弟、季弟左右：

　　除了輔卿，又推薦了意卿、柳南兩人，很好。柳南的誠篤謹慎，我很瞭解，意卿想必也不平凡。我告訴筱輔觀察人的方法，主要是有操守而沒有官氣，辦事有條理而不說大話，又囑咐他求潤帥、左、郭以及沅弟推薦人才。以後兩位弟弟如果有所發現，隨時可以推薦，把這個人的長處短處一五一十告訴為兄，或者告訴筱荃，尤其要把習慣於勞苦辦事作為根本。引薦任用一班能吃苦耐勞的正人君子，日子久了自然會有大效應。季弟說，出色的人，絕不是有心就能做得出來的，這話很正確，不可更改。名位的大小，萬般都是由上天決定，不由人自己決定，只是父兄教育家人時，將帥訓導士兵時，不能這麼說罷了。季弟天分很高，悟道很早，讓人喜愛。然而辦理軍營中小事，教訓士兵，仍然應該以勤奮為主，不適宜用命令的口吻來訓諭眾人。

　　潤帥之前幾次上奏陳述來消除大家有疑問的說法，也有信到我這裡。昨天接到六月二十四日的諭旨，實授兩江總督，兼授欽差大臣，皇上的恩典這麼隆重，盡可以不必陳明。所憂慮的是，蘇、常、淮、揚各地沒有一支強勁的部隊過去。官位高不一定是福澤，恐怕只是成為外人非議的緣由罷了。我容易出汗，弟弟也容易出汗，似乎不適宜過分勞累。

咸豐十年七月初八

致九弟季弟‧以勤字報君以愛民二字報親

【原文】

　　沅、季弟左右：

　　兄膺[1]此巨任，深以為懼。若如陸、何二公之前轍，則貽[2]我父母羞辱，即兄弟子侄亦將為人所侮。禍福倚伏之幾[3]，竟不知何者為可喜也。默觀近日之吏治人心，及各省之督撫將帥，天下似無戡定[4]之理。吾惟以一勤字報吾君，以愛民二字報吾親。才識平常，斷難立功，但守一勤字，終日勞苦，以少分宵旰[5]之憂。行軍本擾民之事，但刻刻存愛民之心，不使先人積累自我一人耗盡。此兄之所自矢[6]者，不知兩弟以為然否？願我兩弟亦常常存此念也。

　　沅弟「多置好官，遴選將才」二語，極為扼要。然好人實難多得，弟為留心採訪，凡有一長一技者，兄斷不敢輕視。

　　謝恩折今日拜發。寧國日內無信，聞池州楊七麻子將往攻寧，可危之至！

　　　　　　　　　　　　　　　　　　咸豐十年七月十二日

【注釋】

①膺：接受，承當。

②貽：遺留。這裡指連累。

③幾：接近。

④戡定：能定，克定。

⑤宵旰：指皇上。

⑥自矢：猶自誓，立志不移。

沅弟、季弟左右；

為兄承擔這個重任，深切地感到恐懼。如果走陸、何二人的老路，那會給父母帶來羞辱，就是兄弟子侄，也將受到別人的侮辱。禍福相依相近，竟然不明白什麼是值得高興的。暗暗觀察近來官員治理人心的方法，以及各省督撫將帥的行為，天下似乎並沒有一個固定不變的道理。我只有用一個「勤」字報答皇上，用「愛民」二字報答父母。我的才能和見識都平常，絕對難以立功，只有守著一個勤字，終日勞苦，以求能為皇上分憂。行軍本來就是騷擾百姓的事，但時刻存一顆愛民之心，不讓祖先積累的德澤從我一人手中消耗殆盡。這是為兄自己的決心，不知兩位弟弟認為對嗎？願兩位弟弟也能時常存有這種想法。

沅弟「多設好官，挑選將才」兩句話，非常扼要。但是好的人才實在難以多得，弟弟們也代為留心採訪，凡有一技之長的，為兄絕不敢輕視。

謝恩的摺子今天拜發了，寧國日內沒有信來，聽說池州楊七麻子將會進攻寧國，非常危險。

咸豐十年七月十二日

致九弟季弟・問軍中柴米足否

【原文】

沅、季弟左右：

接專丁來信，下游之賊漸漸蠢動，九月當有大仗開。此賊慣技，好於營盤遠遠包圍，斷我糧道。弟處有水師接濟，或可無礙，不知多、李二營何如？有米有柴可濟十日半月否？賊雖多，善戰者究不甚多，禮、希或可禦之。

弟既掘長濠，切不可過濠打仗。勝則不能多殺賊，敗則不能收隊也。營中柴尚多否？煤已開出否？紅單船[①]下去

後，吾擬札陳舫仙辦大通厘金，以便弟就近稽查。聞該處每月可得二萬餘串也。魏柳南宜辦厘乎？宜作吏乎？弟密告我。潘意卿何時可到？此間需才極急。浙事岌岌②，請援之書如麻。次青今日到祁門，其部下十四五可到。

　　季弟所言諸枉③，聆悉④，定當一一錯⑤之，不姑息⑥也。

咸豐十年八月初七日

【注釋】

① 紅單船：廣東商人造船需稟報海關，海關給予紅單以備稽查，故所造船名「紅單船」。這種船體大堅實，行駛快速，每艘可安炮二三十門。在太平天國時期，清政府把紅單船武裝調至長江流域鎮壓農民起義，起到了很大的破壞作用。

② 岌岌：危險的樣子。

③ 枉：彎曲，不正。

④ 聆悉：清楚地知道。

⑤ 錯：疑通「措」，處置。

⑥ 姑息：無原則地寬恕別人。

【譯文】

　　沅弟、季弟左右：

　　接到專人帶來的信，下游賊人漸漸有所行動，九月應該會有場大戰。這是敵人慣用的伎倆，喜歡在營盤外面遠遠包圍，切斷我軍的糧道。弟弟那裡有水師接濟，或許可以無礙，不知道多、李兩個營地情況怎麼樣？有米和柴可以接濟十天半個月嗎？賊人雖然多，但善長作戰的人終究不是很多，禮、希或許可以抵禦他們。

　　弟弟已經挖了壕溝，切不可以越過壕溝去打仗。因為打勝了不能多殺敵人，打敗了不能撤回隊伍。軍營中的柴還多嗎？煤已經開出了嗎？紅單船下去以後，我準備寫信讓陳舫仙辦理大通的厘金，以便弟弟就近稽查。聽說他那裡每月可以收兩萬多串錢。魏柳南是適合辦理厘金，還是適合做官吏？弟弟請秘密告訴我。潘意卿什麼時候可以到？這裡急切

需要人才。浙江省的戰事岌岌可危，請求援救的信多如亂麻。次青今日到祁門，他的部下十四、五日可到。季弟所說的種種問題，我已經知道了，一定會一個個處理，不會姑息。

咸豐十年八月初七

致九弟季弟·告軍事失利

【原文】

沅弟、季弟左右：

接信，知北岸日內尚未開仗。此間鮑、張於十五日獲勝，破萬安街賊巢。十七日獲勝，破休寧東門外二壘，鮑軍亦受傷百餘人。正在攻剿得手之際，不料十九日未刻，石埭之賊破羊棧嶺而入，新嶺、桐林嶺同時被破。張軍前後受敵，全域大震，比之徽州之失，更有甚焉。余於十一日親登羊棧嶺，為大霧所迷，目無所睹。十二日登桐林嶺，為大雪所阻。今失事恰在此二嶺，豈果有天意哉？目下張軍最可危慮，其次則祁門老營，距賊僅八十里，朝發夕至，毫無遮阻。現講求守壘之法，賊來則堅守以待援師，倘有疏虞，則志有素定，斷不臨難苟免。

回首生年五十，除學問未成尚有遺憾外，餘差可免於大戾①。賢弟教訓後輩子弟，總當以勤苦為體②，謙遜為用③，以藥驕佚之積習，餘無他囑。

咸豐十年十月二十日

【注釋】

①戾：罪過，過錯。
②體：事物的主要部分。
③用：行事，行動。

【譯文】

沅、季弟左右：

接到來信，知道北岸近日還沒有開戰。這邊鮑、張在十五日打了勝仗，破了萬安街的敵巢。十七日打勝仗，破了休寧東門外兩個堡壘，鮑軍也有一百多人受傷。正在進攻連連得手的時候，不料十九日未時，石埭的敵人破了羊棧嶺而攻入我軍，新嶺、桐林嶺同時被攻破，張軍前後受敵，使整個戰局大大震動，比徽州的失敗還要嚴重。我在十一日親自登上羊棧嶺，被大霧擋住了視線，什麼都看不見。十二日登上桐林嶺，被大雪阻斷了道路。如今失敗恰好在這兩個嶺，難道果真有天意嗎？眼下張軍最值得憂慮，其次是祁門老營，距離敵軍只有八十里，早晨發兵，晚上就能到，一點遮掩阻攔都沒有。現在只有講求防守的辦法，敵人來了就堅守，等待援軍。即使有疏忽，反正我早就下了決心，絕對不會臨難苟且偷生。

回憶自出生以來五十多年，除了學問沒有完成還有點遺憾，其餘都差不多可以免於大錯。賢弟教訓後輩子弟，總應當以勤苦為主要方針，以謙遜為實用方法，來醫治驕奢淫逸這些積存下來的壞習慣，其餘沒有什麼囑託的了。

咸豐十年十月二十日

致四弟·述剿賊情形及憂心子弟驕奢逸

【原文】

澄侯四弟左右：

此間於十九日忽被大股賊匪竄入羊棧嶺，去祁門老營僅六十里，人心大震。幸鮑、張兩軍於二十日、二十一日大戰獲勝，克復黟縣，追賊出嶺，轉危為安。此次之險，倍於八月二十五徽州失守時也。現賊中偽侍王李世賢、偽忠王李秀成、偽輔王楊輔清，皆在徽境與兄作對。偽英王陳玉成在安

慶境與多、禮、沅、季作對。軍事之能否支持，總在十月、十一月內見大分曉。

甲三十月初六之武穴，此時計將抵家。余在外無他慮，總怕子侄習於驕、奢、逸三字。家敗，離不得個奢字；人敗，離不得個逸字；討人謙，離不得個驕字。弟切戒之！

咸豐十年十月二十四日

【譯文】

澄侯四弟左右：

這裡在十九日忽然被大股敵軍竄進羊棧嶺，離祁門老營只有六十里，人心大大震動。幸虧鮑、張兩支部隊在二十和二十一日打了大勝仗，收復了黟縣，追殺敵人把他們趕出了羊棧嶺，才轉危為安。這次的險情，比八月二十五日徽州失守時還要危險一倍。現在敵軍裡的偽侍王李世賢、偽忠王李秀成、偽輔王楊輔清，都在徽州境內與我作對。偽英王陳玉成在安慶境內，與多、禮、沅、季作對。戰事能不能支撐下去，總在十月、十一月內見大分曉。

甲三十月初六到武穴，現在估計要到家了。我在外面沒有其他顧慮，總是擔心子侄們染上「驕、奢、逸」這三種壞習慣。家庭敗落，離不開一個「奢」字；個人失敗，離不開一個「逸」字；討人謙，離不開一個「驕」字。弟弟要切實告誡他們。

咸豐十年十月二十四日

致四弟・述戰事並教子侄以謙勤

【原文】

澄侯四弟左右：

自十一月來，奇險萬狀，風波迭起。文報不通者五日，餉道^①不通者二十餘日。自十七日唐桂生克復建德，而皖北

沅、季之文報始通。自鮑鎮二十八日至景德鎮，賊退九十里，而江西饒州之餉道①始通。若左、鮑二公能將浮梁、鄱陽等處之賊逐出江西境外，仍從建德竄出，則風波漸平，而祁門可慶安穩矣。

　　余身體平安。此一月之驚恐危急，實較之八月徽、寧失守時險難數倍。余近年在外，問心無愧，死生禍福，不甚介意。惟接到英、法、美各國通商條款，大局已壞，令人心灰。茲付回二本，與弟一閱。時事日非，吾家子侄輩總以謙勤二字為主。戒傲戒惰，保家之道也。

咸豐十年十二月初四日

【注釋】

① 餉道：運輸給養的通道。

【譯文】

　　澄侯四弟左右：

　　自從十一月以來，戰事奇險萬狀，風波一個接一個。有五天消息不通，糧餉運輸不通達二十多天。自十七日唐桂生收復建德，而安徽北部沅、季兩位弟弟的消息才開始通行。自從鮑鎮二十八日到景德鎮，敵軍退了九十里，而江西饒州的糧餉運輸才開始暢通。如果左、鮑兩位能把浮梁、鄱陽等處的敵軍都趕出江西境外，仍舊從建德流竄出來，那麼風波逐漸可以平息，而祁門就可以保證安穩了。

　　我身體平安。這一個月中的驚恐危急，實在比八月徽、寧失守時要危險困難幾倍。我近年在外面，問心無愧，死生禍福，都不是很介意了。只是接到英、法、美各國通商條款，知道國家大局已經被破壞，覺得很灰心。現在寄回兩本，給你看看。形勢一天不如一天，我家的子侄們，總要以「謙、勤」兩個字為主。戒掉驕傲懶惰，這是保全家族的辦法。

咸豐十年十二月初四

致四弟・不信醫藥僧巫和地師

【原文】

澄侯四弟左右：

十六日接弟手書，具悉弟病日就痊癒。至慰至幸。惟弟服藥過多，又堅囑澤兒請醫調治，余頗不以為然。

吾祖星岡公在時，不信醫藥，不信僧巫，不信地師①。此三者，弟必能一一記憶。今我輩兄弟亦宜略法②此意，以紹③家風。今年做道場二次，禱祀之事，聞亦常有，是不信僧巫一節，已失家風矣。買地至數千金之多，是不信地師一節，又與家風相背。至醫藥，則闔家大小老幼，幾於無人不藥，無藥不貴。迨④至補藥吃出毛病，則又服涼藥攻伐之，陽藥吃出毛病，則服陰藥清潤之，輾轉差誤，不至大病大弱不止。弟今年春間多服補劑，夏末多服涼劑，冬間又多服清潤之劑。余意欲勸弟少停藥物，專用飲食調養。澤兒雖體弱，而保養之法亦惟在慎飲食、節嗜欲，斷不在多服藥也。

洪家地契，洪秋浦未到場押字，將來恐仍有口舌。地師、僧巫二者，弟向來不甚深信，近日亦不免為習俗所移，以後尚祈卓識堅定，略存祖父家風為要。天下信地信僧之人，曾見有一家不敗者乎？北果公屋，余無銀可捐。己亥冬，余登山踏勘，覺其渺茫也。

咸豐十年十二月二十四日

【注釋】

①地師：風水先生。
②法：效法。
③紹：連續，繼承。
④迨：到，及。

【譯文】

　　澄侯四弟左右：

　　十六日接到弟弟的親筆信，知道弟弟的病馬上就要痊癒了，非常欣慰。只是弟弟吃藥過多，又反覆囑咐澤兒為你請醫調治，我不能完全同意。

　　我們的祖父星岡公在世時，不迷信醫藥，不迷信和尚、巫師，不迷信風水先生。這三不信，弟弟一定都記得。現在我們弟兄也應該效法這個訓示，來承繼我家的家風。家裡今年做道場兩次，禱祀的事，聽說也經常有，不信和尚、巫師這一條，已經有失家風了。花錢買地多到幾千兩銀子，不信風水先生這一條，也與家風相違背了。至於醫藥，全家大小老幼，幾乎沒有人不吃藥，沒有藥不貴。甚至有吃補藥吃出毛病，就又用涼藥去壓制；陽藥吃出毛病，就又用陰藥去清潤的。這樣反覆出錯，不到生大病不曾停止。弟弟今年春間多吃補藥，夏末多吃涼藥，冬天又多吃清潤的藥。我的意思是想勸弟弟稍微停用藥物，專門用飲食來調養。澤兒雖說體質弱，但保養的方法，只在於飲食謹慎，節制嗜欲，而不在於多服藥。

　　洪家地契，洪秋浦沒有到場簽字，將來恐怕仍舊有口舌之爭。風水先生、和尚、巫師，弟弟向來不是很相信，近來也不免為鄉俗所改變，以後還望堅持自己的卓見，稍微保存一點祖父的家風。天下信風水先生、和尚的人，你曾見過有一戶人家不敗落的嗎？北果公屋，我沒有銀子可以捐。己亥冬天，我登山勘察，覺得太渺茫了。

　　　　　　　　　　　　　　　　　咸豐十年十二月二十四日

致四弟・教去驕惰

【原文】

　　澄侯四弟左右：

　　臘底由九弟處寄到弟信，具悉一切。

　　弟於世事閱歷漸深，而信中不免有一種驕氣。天地間惟

謙謹是載福之道，驕則滿，滿則傾矣。凡動口動筆，厭人之俗，嫌人之鄙，議人之短，發人之覆①，皆驕也。無論所指未必果當，即使一一切當，已為天道所不許。吾家子弟滿腔驕傲之氣，開口便道人短長，笑人鄙陋，均非好氣象。賢弟欲戒子侄之驕，先須將自己好議人短、好發人覆之習氣痛改一番，然後令後輩事事警改。欲去驕字，總以不輕非笑人為第一義；欲去惰字，總以不晏起為第一義。弟若能謹守星岡公之八字（考、寶、早、掃、書、蔬、魚、豬），三不信（不信僧巫、不信醫藥、不信地師），又謹記愚兄之去驕去惰，則家中子弟日趨於恭謹而不自覺矣。

咸豐十一年正月初四日

【注釋】

① 發人之覆：揭發人家的失敗。

【譯文】

澄侯四弟左右：

十二月底從九弟處寄來你的信，知道了一切。

弟弟對於世事，閱歷逐漸加深了，信裡不免有一種驕氣。天地之間，只有謙虛謹慎才是通向幸福的道路，一驕傲就容易滿足，一滿足就會傾倒了。凡是動口動筆時，總討厭人家太俗氣，嫌棄人家太鄙陋，議論人家的短處，揭發人家的失敗，這些都是驕傲。無論所指責的是不是一定正確，就算是都切中要害，也已經為天道所不允許了。我家的子弟，滿口傲氣，開口就說別人的長短，譏笑別人的鄙陋，都不是好現象。賢弟想要戒除子弟的驕傲之氣，先要把自己喜歡議論別人短處、揭發別人失敗的習氣痛加改正，然後才可叫子弟們事事警惕改正。想要去掉「驕」字，總把不輕易非議譏笑別人作為第一要緊事；想要去掉「惰」字，總把早起床作為第一要緊的事。弟弟如果能謹慎遵守星岡公的八字訣（考、寶、早、掃、書、蔬、魚、豬）和三不信（不信和尚巫

師、不信醫藥、不信風水先生），又記住愚兄去驕去惰的言辭，那家裡的子弟就會不知不覺一天天變得恭敬、謹慎了。

咸豐十一年正月初四

致四弟・戒不輕非笑人

【原文】

　　澄侯四弟左右：

　　弟言家中子弟無不謙者，此卻未然。凡畏人不敢妄議論者，謙謹者也；凡好譏評人短者，驕傲者也。諺云：「富家子弟多驕，貴家子弟多傲。」非必錦衣玉食，動手打人，而後謂之驕傲也，但使志得意滿，毫無畏忌，開口議人短長，即是極驕極傲耳。

　　余正月初四日信中言戒驕字，以不輕非笑人為第一義；戒惰字，以不晏起為第一義。望弟常常猛省，並戒子侄也。

咸豐十一年二月初四日

【譯文】

　　澄侯四弟左右：

　　弟弟說家裡子弟沒有不謙和的，這點是不對的。凡是因為懼怕別人而不敢胡亂議論別人的，屬於謹慎謙和的人；凡是喜歡諷刺批評別人短處的人，屬於驕傲的人。諺語說：「富家子弟多驕，貴家子弟多傲。」不是一定要錦衣玉食，動手打人，之後才叫驕傲。只要是志得意滿，沒有顧忌，開口議論別人的長短，就叫極驕極傲了。我正月初四的信裡說了去掉「驕」字，要把不輕易非議譏笑別人作為第一要緊的事；去掉「惰」字，要把早起床作為第一要緊的事。希望弟弟常常自我反省，並且告誡子侄們。

咸豐十一年二月初四

致四弟・教子弟以三不信及八本

【原文】

澄侯四弟左右：

上次送家信者三十五日即到，此次專人四十日未到，蓋因樂平、饒州一帶有賊，恐中途繞道也。

自十二日克復休寧後，左軍分出八營在於甲路地方小挫，退紮景鎮。賊幸未跟蹤追犯，左公得以整頓數日，銳氣尚未大減。目下左軍進剿樂平、鄱陽之賊。鮑公一軍，因撫、建吃緊，本調渠赴江西省，先顧根本，次援撫、建。因近日鄱陽有警，景鎮可危，又暫留鮑軍不遽赴省。胡宮保恐狗逆由黃州下犯安慶沅弟之軍，又調鮑軍救援北岸。其祁門附近各嶺，二十三日又被賊破兩處。數月以來，實屬應接不暇，危險迭見。而洋人又縱橫①出入於安慶、湖口、湖北、江西等處，並有欲來祁門之說。看此光景，今年殆萬難支持。然余自咸豐三年冬以來，久已以身許國，願死疆場，不願死牖②下，本其素志。近年在軍辦事，盡心竭力，毫無愧怍，死即瞑目，毫無悔憾。

家中兄弟子姪，惟當記祖父這八個字，曰「考、寶、早、掃，書、蔬、魚、豬」，又謹記祖父之三不信，曰「不信地仙，不信醫藥，不信僧巫」。余日記冊中又有八本之說，曰「讀書以訓詁③為本，作詩文以聲調為本，事親以得歡心為本，養身以戒惱怒為本，立身以不妄語為本，居家以不晏起為本，作官以不要錢為本，行軍以不擾民為本。」此八本者，皆余閱歷而確有把握之論，弟亦當教諸子姪謹記之。無論世之治亂，家之貧富，但能守星岡公之八字與余八本，總不失為上等人家。余每次寫家信，必諄諄囑咐，蓋

因軍事危急，故預告一切也。

　　余身體平安。營中雖欠餉四月，而軍心不甚渙散，或尚能支持亦未可知。家中不必懸念。

咸豐十一年二月二十四日

【注釋】

① 縱橫：放肆，無所顧忌。

② 牖：開在牆壁上的窗。

③ 訓詁：對古代漢語典籍中的字句所作的解釋。

【譯文】

　　澄侯四弟左右：

　　上次送家信的人，三十五天就能到達，這次派專人送，四十天還沒到，大概是因為樂平、饒州一帶有敵軍，恐怕是途中繞了路。

　　自從十二日收復休寧以後，左公的軍隊分成八個營，在甲路地方受了小挫折，退到景德鎮駐紮。幸虧敵人沒有跟蹤追擊，左公得到了幾天整頓時間，士氣還沒有大大減少。眼下左軍進攻樂平、鄱陽的敵軍，鮑公一軍因為撫、建戰事緊張，本是調他趕到江西省，先顧及根本，然後再支援撫、建。因為近日鄱陽有警報，景德鎮又危險，只好又暫時留下鮑軍，不急著趕到省城。胡宮保擔心逆賊由黃州向下進犯安慶的沅弟一軍，又調鮑軍救援北岸。祁門附近各嶺，二十三日又被敵人攻破兩處。幾個月來，實在是應接不暇，危險一個接一個出現。而洋人又肆意出入安慶、湖口、湖北、江西等地，並有來祁門的想法。看這種情形，今年恐怕很難支持。然而我從咸豐三年冬天以來，就已經決定以身許國，願意戰死沙場，不願死在書窗之下，這本就是我素來的志向。近年在軍營辦事，盡心竭力，沒有一點慚愧後悔之心，即便死了也可瞑目，不會有絲毫後悔和遺憾。

　　家裡兄弟子姪，應當記住祖父的八個字，就是「考、寶、早、掃、書、蔬、魚、豬」；又要謹記祖父的三不信，就是「不信風水先生，不信藥物，不信和尚、巫師」。我的日記裡，還有「八本」的說法，就是

「讀書以訓詁為本，作詩文以聲調為本，侍奉雙親以得其歡心為本，養身以戒惱怒為本，立身以不胡說為本，居家以不晚起為本，做官以不要錢為本，行軍以不擾民為本」。這個「八本」，都是從我經歷的事情中歸納出來的很有把握的理論，弟弟也應當教子姪們謹記在心。不管世道是治是亂，家庭是富是貧，只要能夠守住星岡公的八個字和我的「八本」，總不會失掉上等人家的地位。我每次寫家信，必然諄諄囑咐，是因為戰事危急，才要事先告訴你們一切。

我身體平安。營中雖然欠了四個月的軍餉，但軍心不是很渙散，或者還可以支援下去，也不一定。家裡不必掛念。

咸豐十一年二月二十四日

致九弟・暫緩奏祀望溪

【原文】

沅弟左右：

望溪先生之事，公私均不甚愜。

公牘中須有一事實冊，將生平履歷，某年中舉中進士、某年升官降官、某年得罪、某年昭雪及生平所著書名，與列祖褒贊其學問品行之語，一一臚列①，不作影響約略②之詞，乃合定例。望溪兩次獲罪，一為戴名世《南山集》序，入刑部獄；一為其族人方某掛名逆案，將方氏通族編入旗籍，雍正間始准赦宥③，免隸旗籍，望溪文中所云「因臣而宥及合族」者也。今欲請從祀孔廟，須將兩案歷奉諭旨一一查出，尤須將國史本傳查出，恐有嚴旨礙眼者，易於駁詰④。從前入祀兩廡⑤之案，數十年而不一見，近年層見迭出，幾於無歲無之。去年大學士九卿等議復陸秀夫從祀之案，聲明以後外間不得率請從祀。茲甫及一年，若遽違新例而入奏，必駁無疑。右三者，公事之不甚愜者也。

望溪經學勇於自信，而國朝巨儒，多不甚推服。《四庫書目》中於望溪每有貶詞，《皇清經解》中並未收其一冊一句。姬傳先生最推崇方氏，亦不稱其經說。其古文號為一代正宗，國藩少年好之，近十餘年亦別有宗尚⑥矣。國藩於本朝大儒，學問則宗顧亭林、王懷祖兩先生，經濟則宗陳文恭公，若奏請從祀，須自三公始。李厚庵與望溪，不得不置之後圖。右，私志之不甚愜者也。

咸豐十一年六月二十九日

【注釋】

① 臚列：羅列，列舉。

② 約略：大致，大體上。

③ 赦宥：寬恕，赦免。

④ 駁詰：駁訴詰責。

⑤ 兩廡：大成殿東西兩側的房子叫「兩廡」，是後世供奉先賢先儒的地方。

⑥ 宗尚：推崇，效法。

【譯文】

沅弟左右：

方望溪先生的事，於公於私我都不是很滿意。

公文中要有一本事實冊，把生平履歷，某年中舉中進士、某年升職降職、某年獲罪、某年昭雪以及生平所著的書名，以及先人表揚稱讚他學問品行的評語，一一羅列，不寫一句影響主體的話，才符合慣例。望溪兩次獲罪，一次是為戴名世的《南山集》作序，被送入刑部牢獄；一次是他的族人方某被牽連進逆反的案件中，將方氏全族都編入了旗譜，到雍正時才准予寬赦，免於隸屬旗籍，這就是望溪文中所說的「因為我而赦免全族」。現在想請求將他陳列於孔廟與孔子一起被祭祀，要將兩案歷來所奉的諭旨一一查出來，尤其要把國史中他的本傳查出來，恐怕有嚴厲的聖旨礙眼，容易招來駁斥責問。從前入祀兩廡的案子，幾十年

難見一次，近年來層出不窮，幾乎沒有一年是沒有的。去年大學士九卿等人商議陸秀夫隨從祭祀的案子，聲明以後外面不得帶頭申請隨從祭祀。這才過去一年，如果急著違反新規定而上奏，會受到駁斥是毫無疑問的。這三點是公事不令人滿意的地方。

望溪對自己闡釋義理的學問很自信，而本朝的大儒大多不太推崇佩服他。《四庫書目》中對於望溪常常有貶低的言辭，《皇清經解》中並沒有收錄他一本書一句話。姬傳先生最推崇方先生，也不稱引他的經學。他的古文號稱一代正宗，我少年時喜歡，近十多年來也有了別的師從。我對於本朝大儒，學問方面推崇顧亭林、王懷祖兩位先生，經濟方面推崇陳文恭公。如果奏請隨從祭祀，要從這三位先生開始。李厚庵與方望溪，不得不放在後面再考慮。這是我私心感到不滿意的地方。

咸豐十一年六月二十九日

致九弟・述挽胡潤帥聯

【原文】

沅弟左右：

調巡湖營由劉家渡拖入白湖之札，今日辦好，即派人送去。吾所慮者，水師不能由大江入白湖，白湖不能通巢湖耳。今僅拖七八丈寬堤即入白湖，斯大幸矣。若白湖能通巢湖，則更幸矣。

余昨日作挽潤帥一聯云：「捕寇在吳中，是先帝與藎①臣臨終憾事；薦賢滿天下，願後人補我公未竟勳名。」

咸豐十一年九月十四日

【注釋】

① 藎（音盡）：忠誠。

【譯文】

沅弟左右：

調遣巡湖營由劉家渡進入白湖的公文，今天已經寫好，馬上派人送去。我所顧慮的，是水師不能由大江進入白湖，白湖不能連通巢湖。現在只拖七八丈寬堤就進了白湖，這是大幸啊。假如白湖能連通巢湖，就更幸運了。

我昨天作了一首挽潤帥的對聯：「捕寇在吳中，是先帝與藎臣臨終憾事；薦賢滿天下，願後人補我公未竟勳名。」

咸豐十一年九月十四日

致季弟·慰喪弟婦

【原文】

季弟左右：

接家書，知季弟婦於二月初七日仙逝，何以一病不起？想系外感之證①。弟向來襟懷不暢，適聞此噩耗，諒必哀傷不能自遣。惟弟體亦不十分強旺，尚當達觀節哀，保重身體。應否回籍一行，待沅弟至三山夾，與弟熟商，再行定奪。

長江數百里內厘卡太多，若大通再抽船厘，恐商賈裹足②，有礙大局，擬不批准。荻港厘局分成為數無多，擬批令改於華陽鎮分成，為數較多，弟之所得較厚，又於外江水師無交涉爭利之嫌，更為妥善。諸囑保重，至要至要！

同治元年二月二十一日

【注釋】

①證：通「症」，病症。

②裹足：不敢行走。

【譯文】

　　季弟左右：

　　接到家信，知道季弟媳婦在二月初七去世，為什麼會一生病就逝世了呢？想必是外感的病症。弟弟向來襟懷不太暢快，恰逢聽到這個噩耗，想必哀傷無法自行排解。只是弟弟的身體也不是十分強壯，還是應當通達樂觀，節制哀傷，保重身體。要不要回家一趟，等沅弟到三山夾，和弟弟好好商量，再做決定。

　　長江幾百里內設置的厘金關卡太多，如果大通再收船厘，恐怕商人們會不敢行走，那時對大局有妨礙，我打算不批准。港厘局的分成不多，準備批令改在華陽鎮分成，這樣為數較多，弟弟的所得比較豐厚，對長江水師沒有辦交涉和爭利的嫌疑，更加妥當。多多保重，這最重要！

　　　　　　　　　　　　　　　同治元年二月二十一日

致九弟季弟‧籌辦粵省厘金

【原文】

　　沅弟、季弟左右：

　　覆奏朱侍御一疏①，定於五日內拜發②。請欽派大員再抽廣東全省厘金，余奏派委員隨同籌辦，專濟蘇、浙、皖、鄂四省之餉，大約所得每月在二十萬上下，勝於江西厘務也。此外實無可生發，計今年春夏必極窮窘，秋冬當漸優裕。

　　馬隊營制，余往年所定，今閱之，覺太寬而近於濫③，如公夫、長夫之類是也。然業已久行，且姑仍之。弟新立營頭，即照此辦理。將來裁減，當與華字、順字兩營並裁，另行新章也。

　　上海派洋船來接少荃一軍，花銀至十八萬兩之多，可駭而亦可憐。不能不令少荃全軍舟行，以順輿情。三月之內，

陸續拔行。其黃昌岐水軍，則俟三四月之交，遇大順風直沖下去。弟到運漕，可告昌岐來此一晤也。

同治元年三月初三日

【注釋】

① 疏：奏章。

② 拜發：謄好奏疏，供在案上，焚香叩拜後發出。

③ 濫：過度，超過限度。

【譯文】

沅弟、季弟左右：

回覆朱侍御的奏疏，定在五日內拜發。請皇上欽派大員，專門抽取廣東全省的厘金，我奏派委員隨同籌辦，專門接濟江蘇、浙江、安徽、湖北四省的糧餉，大約所收的厘金每月在二十萬上下，勝過江西厘務。除此之外，實在沒有地方可以生出錢來，預計今年春夏一定很窘迫，到秋冬應該慢慢優裕了。

馬隊營的制度，是我往年定的，現在看來，覺得範圍太寬因而過於多了，如公夫、長夫這類官職。但是已經實行了很久，姑且仍舊保持不變。弟弟新建的營，就照這些制度辦。將來裁減，應當與華字、順字等營一起裁減，另外制訂新章程。

上海派洋船來接少荃一軍，花費的銀子達到十八萬兩之多，可怕又可憐。不能不叫少荃全軍坐船走，以順從輿論。三個月內，陸續開拔出發。他的黃昌岐水軍，等三四月之間，遇上大順風，直沖下去。弟弟到了運漕，可以告訴昌岐到我這裡見次面。

同治元年三月初三

致九弟·抽本省之厘稅

【原文】

沅弟左右：

接信，知弟目下將操練新軍，甚善甚善。惟稱欲過江斜上四華山紮營，則斷不可。四華山上逼蕪湖，下逼東梁，若一兩月不破此二處，則我軍無勢無趣①，不得不退回北岸矣。

弟軍欲渡，總宜在東梁山以下採石、太平一帶。如嫌採石下形勢太寬，即在太平以上渡江，總宜奪金柱關，占內河江面為主。余昨言妙處有四：一曰隔斷金陵、蕪湖之氣，二曰水師打通涇縣、寧國之糧路，三曰蕪賊四面被圍，四曰抬船過東壩可達蘇州。猶妙之小者耳。又有最大者，金柱關可設厘卡，每月進數五六萬；東壩可設厘卡，每月亦五六萬。二處皆系蘇皖交界，弟以本省之藩司，抽本省之厘稅，尤為名正言順。弟應從太平關南渡，毫無疑義，余可代作主張，其遲速則仍由弟作主耳。西梁上下兩岸，從三山起至採石止，望弟繪一圖寄來，至要至要！

同治元年四月初六日

【注釋】

① 無勢無趣：指失去軍勢、軍心。

【譯文】

沅弟左右：

接到信後，知道弟弟眼下準備操練新兵，很好很好。只是說要過江，斜上四華山紮營，就絕對不行。四華山向上逼近蕪湖，向下逼近東

梁，如果一兩個月內不攻破這兩處，那我軍沒有優勢又沒有軍心，就不得不退回北岸了。

　　弟弟的部隊要渡江，總應該選在東梁山以下的採石、太平一帶。如果嫌採石下面形勢太寬，就在太平以上渡江，總要以奪取金柱關、佔領內河江面為主。我之前說妙處有四點：一是隔斷金陵、蕪湖的氣勢，二是水師可以打通涇縣、寧國的糧道，三是蕪湖四面被包圍，四是抬船過東壩可以到達蘇州。這些還是比較小的好處。另外還有件最好的事，金柱關可以設置厘卡，每月可收入五六萬；東壩也可以設置厘卡，每月也可收入五六萬。兩處都是江蘇和安徽的交界地帶，弟弟作為本省的藩司，抽取本省的厘稅，極為名正言順。弟弟應該從太平關南渡，不用有絲毫疑問，我可以代作主張，但或遲或早，仍舊由你做主。西梁上下兩岸，從三山起，到採石止，希望弟弟畫一幅圖寄來，這很重要。

同治元年四月初六

致九弟·宜多選好替手

【原文】

　　沅弟左右：

　　水師攻打金柱關時，若有陸兵三千在彼，當易得手。保[1]彭杏南，系為弟處分統一軍起見。弟軍萬八千人，總須另有二人堪為統帶[2]者，每人統五六千，弟自統七八千，然後可分可合。杏南而外，尚有何人可以分統，亦須早早提拔。辦大事者，以多選替手為第一義。滿意之選不可得，姑節取其次，以待徐徐教育可也。

同治元年四月十二日

【注釋】

① 保：保舉，薦舉。

②統帶：清末新兵制，統轄一標（團）的長官稱「統帶」，亦稱「標
　　統」。

【譯文】

　　沅弟左右：

　　水師攻打金柱關時，如果有陸軍三千人在那裡，應該容易得手。保
舉彭杏南，是為弟弟那裡分別統率一軍起見。弟弟一軍共一萬八千人，
總要另外有兩人可以勝任統帶的，每人統率五六千人，弟弟自己統率七
八千人，然後可以分可以合。杏南以外，還有誰可以分統，也要早早地
提拔。辦大事的人，要把多選接替的人手作為第一要緊的事。滿意的人
才不容易得到，可以姑且選其次，慢慢地教育培養也可以。

　　　　　　　　　　　　　　　　　　　　　同治元年四月十二日

致九弟季弟‧注意清慎勤

【原文】

　　沅弟、季弟左右：

　　帳棚即日趕辦，大約五月可解六營，六月再解六營，使
新勇略得卻暑也。小抬槍之藥與大炮之藥此間並無分別，亦
未製造兩種藥。以後定每月解藥三萬斤至弟處，當不致更有
缺乏。王可升十四日回省，其老營十六可到。到即派往蕪
湖，免致南岸中段空虛。

　　雪琴與沅弟嫌隙已深，難遽期其水乳。沅弟所批雪信
稿，有是處，亦有未當處。弟謂雪聲色俱厲，凡目能見千里
而不能自見其睫，聲音笑貌之拒人，每苦於不自見，苦於不
自知。雪之厲，雪不自知；沅之聲色，恐亦未始不厲，特不
自知耳。曾記咸豐七年冬，余咎①駱公文者待我之薄，溫甫
則曰：「兄之面色，每予人以難堪。」又記十一年春，樹堂

深咎張伴山簡傲不敬，余則謂樹堂面色亦拒人於千里之外。觀此二者，則沅弟面色之厲，得毋似余與樹堂之不自覺乎？

余家目下鼎盛之際，余忝竊將相，沅所統近二萬人，季所統四五千人，近世似此者曾有幾家？沅弟半年以來，七拜君恩，近世似弟者曾有幾人？日中則昃，月盈則虧，吾家亦盈時矣。管子云：「斗斛滿則人概之[2]，人滿則天概之。」余謂天之概無形，仍假手於人以概之。霍氏盈滿，魏相概之，宣帝概之；諸葛恪盈滿，孫峻概之，吳主概之。待他人之來概而後悔之，則已晚矣。吾家方豐盈之際，不待天之來概，人之來概，吾與諸弟當設法先自概之，自概之道云何？亦不外清、慎、勤三字而已。吾近將清字改為廉字，慎字改為謙字，勤字改為勞字，尤為明淺，確有可下手之處。

沅弟昔年於銀錢取與之際不甚掛酌，朋輩之譏議菲薄[3]，其根實在於此。去冬之買犁頭嘴、栗子山，余亦大不謂然。以後宜不妄取分毫，不寄銀回家，不多贈親族，此廉字工夫也。

謙字存諸中者不可知，其著於外者約有四端：曰面色，曰言語，曰書函，曰僕從、屬員。沅弟一次添招六千人，季弟並未稟明徑招三千人，此在他統領斷做不到者，在弟尚能集事，亦算順手。而弟等每次來信索取帳棚、子藥等件，常多譏諷之詞，不平之語，在兄處書函如此，則與別處書函更可知矣。沅弟之僕從隨員頗有氣焰，面色言語，與人酬接時，吾未及見，而申夫曾述及往年對渠之詞氣，至今飲憾。以後宜於此四端痛加克治，此謙字工夫也。

每日臨睡之時，默數本日勞心者幾件，勞力者幾件，則知宣勤王事之處無多，更竭誠以圖之，此勞字工夫也。

余以名位太隆，常恐祖宗留貽之福自我一人享盡，故將

勞、謙、廉三字時時自惕，亦願兩賢弟之用以自惕，且即以自概耳。

　　湖州於初三日失守，可憫可儆[4]！

同治元年五月十五日

【注釋】

① 咎：責備，追究罪過。

② 斗斛：斗與斛，兩種量器，亦泛指量器。十斗曰斛。概：量米粟時刮平斗斛用的木板。引申為刮平、削平之意。

③ 菲薄：輕視，瞧不起。

④ 儆：使人警醒，不犯錯誤。

【譯文】

　　沅弟、季弟左右：

　　近日趕著辦理帳棚，大約五月可以解送六個營，六月再解送六個營，可以使新兵稍微避避暑了。小台槍的火藥和大炮的火藥，這邊並沒有區別，也沒有分別生產兩種火藥。以後決定每月解送火藥三萬斤到弟弟的軍營，應該不至於再發生缺少火藥的情況。王可升十四日回省，他的老營十六日可以到。到了以後馬上派往蕪湖，以免導致南岸中段兵力空虛。

　　雪琴和沅弟之間的嫌隙已經很深了，很難使他們馬上和諧一致。沅弟所批雪琴的文稿，有對的地方，也有不對的地方。弟弟說雪琴聲色俱厲，眼睛可以看到千里之外卻不能看見自己的睫毛，聲音笑貌方面表現出拒絕別人，問題就出在往往不能看清自己、瞭解自己。雪琴的嚴厲，雪琴自己不知道；沅弟的聲音笑貌，恐怕也未嘗不嚴厲，只是自己不知道罷了。記得咸豐七年冬天，我埋怨駱文耆待我太淺薄，溫甫卻說：「哥哥的臉色，常常給人難堪。」又記得十一年春，樹堂深怨張伴山傲慢不恭敬，我卻說樹堂的臉色也拒人於千里之外。從這兩個例證來看，那沅弟臉色嚴厲卻不自知，難道不是像我與樹堂一樣嗎？

　　我家眼下正處在鼎盛時期，我愧居將相的官位，沅弟統率近兩萬人

的軍隊，季弟統率四五千人的軍隊，近代像這樣的，曾經有過幾家？沅弟半年以來，七次拜謝皇上的恩典，近世像老弟這樣的，曾經有幾個？太陽到中午就會西落，月亮圓了就要虧缺，我家如今也正是圓滿的時侯。管子說：「斗斛滿了，人就會用概去刮平；人自滿了，上天就會用概去刮平。」我認為上天的概是無形的，是借人的手來刮平。霍氏盈滿了，由魏相刮平，由宣帝刮平；諸葛恪盈滿了，由孫峻刮平，由吳主刮平。等到他人來刮平然後感到後悔，那就太晚了。我家正在豐盈的時候，不等上天來刮平，也不等別人來刮平，我與各位弟弟應當想辦法自己刮平。自己刮平的方法是怎樣的？也不外乎「清、慎、勤」三個字罷了。我近來把清字改為廉字，慎字改為謙字，勤字改為勞字，尤其明白淺顯，確實有可以下手去做的地方。

　　沅弟過去對於銀錢的收入與支出不是很慎重，朋友們譏笑你看輕你，根源就在這裡。去年冬天買犁頭嘴、栗子山，我也不是很同意。以後應該不隨便拿取分毫，不寄錢回家，不多送親族，這是廉字上要下的功夫。

　　「謙」字存在於內心的，別人不知道，但表現在外面的，大約有四方面：就是臉色，言語，書信，僕從、屬員。沅弟一次招兵六千人，季弟並沒有上報就自己招了三千人，這是其他統領官絕對做不到的，在弟弟來說還能成事，也算順手。但弟弟每次來信索取帳棚、火藥等物，常有些譏諷的詞句、不平的話語，寫給為兄的書信還這樣，那給別人的書信就更加可想而知了。沅弟的僕從隨員很有氣焰，臉色言語以及與人應酬接觸時，我沒來得及看見。但申夫曾經說到過，以前對他的語氣，到現在還感到遺憾。以後應該在這四個方面痛加改正，這就是在「謙」字上要下的功夫。

　　每天睡覺前，默數本日勞心的事有幾件，勞力的事有幾件，就知道協助君主辦的事不多，更加要盡力去做，這是在「勞」字上要下的功夫。

　　我因為名聲太大、地位太高，經常害怕祖宗積累遺留下來的福澤由我一個人享受殆盡，所以用「勞、謙、廉」三個字時刻自勉，也希望兩位賢弟用來自勉，這就是自己刮平自己。

　　湖州在初三失守，可憫又可鑒！

同治元年五月十五日

致九弟季弟・剛柔互用

【原文】

沅弟、季弟左右：

沅於人概、天概之說不甚措意①，而言及勢利之天下，強凌弱之天下，此豈自今日始哉？蓋從古已然矣。從古帝王將相，無人不由自強自立做出，即為聖賢者，亦各有自立自強之道，故能獨立不懼，確②乎不拔。昔余往年在京，好與諸有大名大位者為仇，亦未始無挺然特立、不畏強御之意。近來見得天地之道，剛柔互用，不用偏廢，太柔則靡③，太剛則折。剛非暴戾之謂也，強矯而已；柔非卑弱之謂也，謙退而已。趨事赴公，則當強矯；爭名逐利，則當謙退。開創家業，則當強矯；守成安樂，則當謙退。出與人物應接，則當強矯；入與妻孥④享受，則當謙退。若一面建功立業，外享大名，一面求田問舍⑤，內圖厚實，二者皆有盈滿之象，全無謙退之意，則斷不能久。此余所深信，而弟宜默默體驗者也。

同治元年五月二十八日

【注釋】

①措意：留意，在意。

②確：堅固。

③靡：萎靡。

④孥：子女。

⑤求田問舍：多方購買田地，到處問詢房價。指只知道置產業，謀求個人私利。

【譯文】

沅弟、季弟左右：

沅弟對於人刮平、天刮平的說法，不是很在意。可說到看重勢利的天下，強大欺凌弱小的天下，難道是從今天才開始的嗎？是自古以來就是如此。

古代的帝王將相，沒有一個不是從自強自立中做出來的。就連聖人賢者，也各有自強自立的方法，所以能夠獨立而無所畏懼，堅韌不拔。我往年在京城，喜歡與有大名聲、高地位的人作對，也並不是沒有挺然自立、不畏強暴的意思。近來悟出天地間的道理，剛柔互用，不能偏廢。太柔就會萎靡，太剛就會折斷。剛不是暴戾的意思，而是強行修正；柔不是卑下軟弱的意思，而是謙虛退讓。辦理公事，就應該強行修正；爭名奪利，就應該謙虛退讓。開創家業，就要強行修正；守成安樂，就要謙虛退讓。出外與別人應酬接觸，就要強行修正；在家與妻兒享受，就要謙虛退讓。如果一方面建功立業，在外享受盛名；一方面又要買田建屋，追求豐厚舒服的生活。如此，兩方面都有滿盈的徵兆，完全沒有謙虛退讓的想法，那絕對不能長久。這是我深信不疑的，而弟弟們應該默默地去體會。

同治元年五月二十八日

致九弟季弟・述負李次青實甚

【原文】

沅弟、季弟左右：

湖南之米昂貴異常，東征局無米解來，安慶又苦於碾碓[①]無多，每日不能春出三百石，不足以應諸路之求。每月解子藥各三萬斤，不能再多，望弟量入為出[②]，少操幾次，以省火藥為囑。

紫營圖閱悉。得幾場大雨，吟、昆等營必日鬆矣。處處

皆系兩層，前層拒城賊，後層防援賊，當可穩固無虞。少荃代買之洋槍，今日交到一單，待物到即解弟處。洋物機括太靈，多不耐久，宜慎用之。

次青之事，弟所進箴規極是極是，吾過矣！吾過矣！吾因鄭魁士享當世大名，去年袁、翁兩處及京師台諫尚累③疏保鄭為名將，以為不妨與李並舉，又有鄭罪重、李情輕，暨④王銳意⑤招之等語，以為比前折略輕。逮拜折之後，通首讀來，實使次青難堪。今弟指出，余益覺大負次青，愧悔無地！余生平於朋友中負人甚少，惟負次青實甚。兩弟為我設法，有可挽回之處，余不憚改過也。

同治元年六月初二日

【注釋】
① 碾碓：用以舂米的工具。
② 量入為出：指根據收入的多少來決定開支的限度。
③ 累：連續，多次。
④ 暨：和，與。
⑤ 銳意：指願望迫切，態度堅決。

【譯文】
　　沅弟、季弟左右：
　　湖南的米價格太高，東征局沒有米解送來軍營，安慶又苦於沒有許多碾碓，每天舂米不超過三百石，不足以供應各路官兵的需求。每月解送子彈、火藥各三萬斤，不能再多，希望弟弟根據收入的多少來計算開支，少操演幾次，以節省火藥。
　　紮營的地圖我已經看過了。如果能下幾場大雨，那吟、昆等處的防守就一定會一天天鬆懈了。到處都是兩層，前一層是抵抗城裡的敵人，後一層是預防支援的敵人，這樣應當可以穩固無憂了。少荃代買的洋槍，今天收到一個單子，等貨到了馬上解送到弟弟營中。洋槍機括太

靈，多數不耐用，要謹慎地使用。

次青的事，弟弟對我的規勸很對，是我的過失，我的過失啊！我因為鄭魁士在當世享有大名，去年袁、翁兩處及京城台諫還多次上疏保鄭為名將，認為不妨和李次青一起推舉，另外又說鄭的罪責重、李的情意輕，及皇上執意招撫他這些話，以為比前面的奏摺分量減輕了。等到拜讀了奏摺以後，通篇讀來，實在使次青難堪。現在弟弟指出來，我更加覺得有負於次青，非常慚愧，無地自容。我生平對於朋友，所負之人很少，但有負於次青的實在太多了。兩位弟弟幫我想想辦法，只要能夠挽回，我一定勇於改過。

同治元年六月初二

致九弟・望勿各逞己見注意外間指摘

【原文】

沅弟左右：

此次洋槍合用，前次解去之百支果合用否？如有不合之處，一一指出。蓋前次以大價錢買來，若過於吃虧，不能不一一與之申說也。

吾因近日辦事，名望關係不淺，以鄂中疑季之言相告，弟則謂我不應述及。外間指摘吾家昆弟過惡，吾有所聞，自當一一告弟，明責婉勸，有則改之，無則加勉，豈可秘而不宣？鄂之於季，自系有意與之為難。名望所在，是非於是乎出，賞罰於是乎分，即餉之有無亦於是乎判。去冬金眉生被數人參劾，後至抄沒其家，妻孥中夜露立①，豈果有萬分之惡哉？亦因名望所在，賞罰隨之也。眾口悠悠②，初不知其所自起，亦不知其所由止。有才者忿③疑謗之無因，因悍然④不顧，則謗且日騰；有德者畏疑謗之無因，而抑然自修，則

謗亦日息。吾願弟等之抑然，不願弟等之悍然。願弟等敬聽吾言，手足式好⑤，同禦外侮；不願弟等各逞己見⑥，於門內計較雌雄，反忘外患。

至阿兄忝竊高位，又竊虛名，時時有顛墜之虞。吾通閱古今人物，似此名位權勢，能保全善終者極少。深恐吾全盛之時，不克庇蔭弟等，吾顛墜之際，或致連累弟等。惟於無事時常以危詞苦語⑦互相勸誡，庶幾免於大戾。酷熱不能治事，深以為苦。

同治元年六月二十日

【注釋】

① 中夜露立：半夜冒著風露站在街頭。

② 眾口悠悠：指眾人傳說。

③ 忿：憤怒怨恨。

④ 悍然：蠻橫的樣子。

⑤ 式好：指和好。

⑥ 各逞己見：各自堅持自己的意見。逞：仗恃，倚仗。

⑦ 危詞苦語：指駭人的話和逆耳的話。

【譯文】

沅弟左右：

這回的洋槍很好用，上次解送去的一百支果真好用嗎？如果有不好用的地方，要一一指出來。因為上次的槍也是花大價錢買來的，如果太吃虧，不能不一一向對方申述。

我因為近來辦事，有些名望關係，把湖北境內懷疑季弟的說法告訴弟弟，弟弟卻說我不應該談到這些。外面指責我家兄弟的過失，我聽到了，自然一一都告訴弟弟，明白地責備，委婉地勸告，有錯就改，沒錯就更加勉力，怎麼可以藏著不說呢？湖北境內對待季弟，自然是有意與他為難。有了名望，是非就從這裡出來了，賞罰也就從這裡分明了，就

是有沒有軍餉，也從這裡判斷。去年冬天金眉生被幾個人彈劾，之後到了抄沒財產、妻兒半夜冒著風露站立街頭的地步，難道果真有萬分的罪過嗎？也是因為他有名望，賞罰也跟著來了。眾口悠悠，不知道最初是從哪裡興起的，也不知為什麼停止了。有才能的人，憤恨這種沒有根據的誹謗，粗暴蠻橫，不管不顧，誹謗就會一天天更加厲害；有德行的人，害怕這種沒有根據的誹謗，就壓抑自己，繼續修行，那誹謗就會一天天平息。我希望弟弟們採取壓抑自己、認真修行的辦法，不希望你們採取蠻橫不顧的態度。希望弟弟們認真聽我的話，兄弟和好，共同抵禦外敵；不希望弟弟們各自堅持自己的意見，在家裡計較勝負，反而忘了外患。

　　至於為兄愧居高位，又有些虛名，時刻都有顛覆墜落的擔憂。我通觀古今人物，像這樣的名位權勢，能得以保全、得以善終的很少。我深怕自己全盛時，不能庇護弟弟們，而到顛覆墜落時，或許會連累到你們。只有在平安無事的時侯，常常用嚇人的或逆耳的話來勸誡，也許可以避免大難。天氣酷熱不能做事，非常痛苦。

同治元年六月二十日

致四弟・開用總督關防及鹽政之印信

【原文】

　　澄侯四弟左右：

　　此間軍事，四眼狗糾同五偽王救援安慶，其打先鋒者已至集賢關。九弟屢信皆言堅守後濠可保無虞，但能堅守十日半月之久，城中糧米必難再支，可期克復矣。徽州六屬俱平安。欠餉多者七個月，少者四五六月不等，幸軍心尚未渙散。江西省城戒嚴，附近二三十里處處皆賊。余派鮑軍往救，湖北之南岸已無一賊，北岸德安、隨州等處有金、劉與成大吉三軍，必可日有起色。

余癬疾未痊，日來天氣亢燥①，甚以為苦。幸公事勉強能了，近日無積閣之弊。總督關防、鹽政印信於初四日到營，余即於初六日開用。

家中雇長沙園丁已到否？菜蔬茂盛否？諸子姪無傲氣否？傲為凶德，惰為衰氣，二者皆敗家之道。戒惰莫如早起，戒傲莫如多走路、少坐轎，望弟留心儆戒。如聞我有傲惰之處，亦寫信來規勸。

同治元年七月十四日

【注釋】

①亢燥：高爽乾燥。

【譯文】

澄侯四弟左右：

這邊的軍事，四眼狗糾合五偽王救援安慶，他們的先鋒已經到了集賢關。九弟幾次來信都說堅守原來的壕溝可以保證沒事，只要能堅守十天半個月之久，城中糧食一定難以支持，便可有希望收復了。徽州六屬都平安。欠軍餉多的有七個月，少的四、五、六個月不等，幸好軍心還沒有渙散。江西省城戒嚴，附近二三十里到處都是敵人。我派鮑軍去救，湖北南岸已經沒有敵人，北岸德安、隨州等地有金、劉與成大吉三軍，一定可以一天天有起色的。

我的癬疾還沒好，近來天氣乾燥，很不好受。幸虧公事勉強可以處理下來，近來沒有積壓的公文。總督關防、鹽政印信在初四送到軍營，我就在初六開始使用了。

家裡請的長沙園丁已經到了嗎？菜蔬長得茂盛嗎？子姪們沒有傲氣嗎？傲是凶德，惰是衰氣，兩種情況都是敗家之道。戒惰沒有比早起更好的了，戒傲沒有比多走路、少坐轎更好的了，希望弟弟留心告誡他們。如果聽說我有驕傲懶惰的地方，也可寫信來規勸。

同治元年七月十四日

致九弟季弟‧不服藥之利

【原文】

　　沅弟、季弟左右：

　　季弟病似瘧疾，近已痊癒否？吾不以季弟病之易發為慮，而以季好輕下藥為慮。吾在外日久，閱事日多，每勸人以不服藥為上策。吳彤雲近病極重，水米不進已十四日矣。十六夜四更，已將後事料理，手函托我，余一概應允，而始終勸其不服藥。自初十日起，至今不服藥十一天，昨日竟大有轉機，瘧疾減去十之四，呃逆①各症減去十之七八，大約保無他變。希庵五月之杪②病勢極重，余緘告之云「治心以「廣大」二字為藥，治身以「不藥」二字為藥」，並言「作梅醫道不可恃。」希乃斷藥月餘，近日病已全愈，咳嗽亦止。是二人者，皆不服藥之明效大驗。季弟信藥太過，自信亦太深，故余所慮不在於病，而在於服藥。茲諄諄以不服藥為戒，望季曲從之，沅力勸之，至要至囑！

　　季弟信中所商六條，皆可允行。回家之期，不如待金陵克後乃去，庶幾一勞永逸③。如營中難耐久勞，或來安慶閒散十日八日，待火輪船之便，復還金陵本營亦無不可。若能耐勞耐煩，則在營久熬更好，與弟之名曰貞，字曰恒者，尤相符合。其餘各條皆辦得到，弟可放心。

　　上海四萬尚未到，到時當全解沅處。東征局於七月三萬之外，又有專解金陵五萬，到時亦當全解沅處。東局保案自可照準④，弟保案亦日內趕辦。雪琴今日來省，筱泉亦到。

同治元年七月二十日

【注釋】

① 呃逆：即打嗝。

② 杪：末尾，時間上的終止。

③ 一勞永逸：指一次把事情做好，以後就不用再做。

④ 照準：舊時公文用語，指同意下級的請求。

【譯文】

沅弟、季弟左右：

季弟的病像瘧疾，近來已經痊癒了嗎？我不憂慮季弟的病容易復發，而是憂慮季弟喜歡輕率服藥。我在外面日子久了，閱歷也多了，每每勸別人以不吃藥為上策。吳彤雲近日病得很重，水米不進已經十四天了。十六日晚上四更，已經把後事都料理好了，親筆寫信託付我，我一概答應，但始終勸他不要吃藥。自初十起，到今天，已經十一天不吃藥了，昨天竟然大有轉機，瘧疾減輕了十分之四，打嗝等症狀減去十分之七八，大概可以保證沒有別的變故。希庵五月末病得極重，我寫信告訴他說：「治心要把寬廣胸懷作為藥物，治身要把不吃藥作為藥物」，並說：「作梅醫術不可依靠。」希庵於是停藥一個多月，近日病已好了，咳嗽也止住了。這兩個人，都是不吃藥反而收到明顯效果的例證。季弟過度迷信藥物，也太自信，所以我憂慮的不在於病，而在於吃藥。現在反復告誡你不要吃藥，希望季弟委曲順從，沅弟努力勸說，這很重要。

季弟信中所要商量的六條，都可以去做。回家的日期，不如等金陵收復之後再定，也許可以一勞永逸。如果在軍營難以忍耐過久的勞苦，或者可以來安慶閒散十天八天。等火輪船方便時，再回金陵本營也沒有不可以的。如果能忍耐勞苦煩躁，那在軍營久熬更好，這與弟弟名貞、字恒意義尤其符合。其餘各條都辦得到，弟弟可以放心。

上海四萬兩軍餉還沒有到，到時候應該都解送到沅弟那裡。東征局在七月的三萬兩之外，又專門解送五萬兩到金陵，到時也應該都解送到沅弟那裡。東局的保案，自然可以同意，弟弟的保案日內也會趕著辦理。雪琴今日來省，筱泉也到了。

同治元年七月二十日

致九弟季弟‧不可服藥

【原文】

沅弟、季弟左右：

久不接來信，不知季病痊癒否？各營平安否？東征局專解沅餉五萬，上海許解四萬，至今尚未到皖。閱新聞紙，其中一條言：何根雲六月初七正法①，讀之悚懼惆悵。

余去歲臘尾買鹿茸一架，銀百九十兩，嫌其太貴。今年身體較好，未服補藥，亦未吃丸藥。茲將此茸送至金陵，沅弟配置後，與季弟分食之。中秋涼後，或可漸服，但偶有傷風微恙，則不宜服。余閱歷已久，覺有病時斷不可吃藥，無病時可偶服補劑調理，亦不可多。吳彤雲大病二十日，竟以不藥而癒。鄧寅皆終身多病，未嘗服藥一次。季弟病時好服藥，且好易方。沅弟服補劑失之太多。故余切戒之，望弟牢記之。

弟營起極早，飯後始天明，甚為喜慰。吾輩仰法家訓，惟早起、務農、疏醫、遠巫四者，尤為切要。

同治元年七月二十五日

【注釋】

① 正法：指處決犯人。

【譯文】

沅弟、季弟左右：

許久沒有接到來信，不知道季弟的病好了沒？各營都平安嗎？東征局專門解送給沅弟軍的五萬糧餉，上海答應解送的四萬糧餉，到現在都還沒到安徽。看報紙，上面有一條說：何根雲六月初七被處決，讀後真有點懼怕和惆悵。

我去年十二月底買了一架鹿茸，花了一百九十兩銀子，嫌太貴了。今年身體較好，沒有吃補藥，也沒有吃丸藥。現在把這架鹿茸送到金陵，沅弟分配處置以後，與季弟分了吃。中秋以後天氣漸涼，大概可以慢慢吃了。但如果偶然有點傷風感冒，那就不適宜吃了。我閱歷已久，覺得有病時絕對不能吃藥，沒病時可以偶爾吃點補藥調理，也不能多吃。吳彤雲大病二十天，竟然因為不吃藥而痊癒了。鄧寅皆終身多病，未曾吃過一次藥。季弟生病時喜歡吃藥，並且喜歡換方子。沅弟吃補藥就錯在吃得過多，所以我寫信深切告誡你們，千萬要牢記。

弟弟在軍營起床很早，吃過早飯才天亮，我很欣慰。我們兄弟效法家訓，只有早起、務農、疏醫、遠巫四點尤為重要。

同治元年七月二十五日

致四弟・告軍中病疫

【原文】

澄弟左右：

沅、霆兩軍病疫迄未①稍癒，寧國各屬軍民死亡相繼，道相望②，河中積屍生蟲，往往緣船而上。河水及井水皆不可食，其有力者，用舟載水於數百里之外。臭穢之氣中人，十病八九。誠宇宙之大劫，軍行之奇苦也。

洪容海投誠後，其黨黃、朱等目復叛，廣德州既得復失。金柱關常有賊窺伺，近聞增至三四萬人，深可危慮。余心所懸念者，惟此二處。

余體氣平安，惟不能多說話，稍多則氣竭神乏。公事積閣，恐不免於貽誤。弟體亦不甚旺，總宜好好靜養。莫買田產，莫管公事，吾所囑者，二語而已。盛時常作衰時想，上場當念下場時。富貴人家，不可不牢記此二語也。

同治元年閏八月初四日

【注釋】

①迄未：始終，一直。

②道殣相望：指道路上餓死的人很多。殣：餓死。

【譯文】

　　澄弟左右：

　　沅、霆兩支軍隊裡出現瘟疫，一直沒有好轉，寧國所屬地區的軍民相繼死亡，路上到處是餓死的人，河裡堆積的屍體生了蟲，往往爬到船上。河水和井水都不能喝，有能力的人，用船裝幾百里以外的水來喝。污穢的氣味侵襲人們，十個聞了有九個都會生病。這真是天地間的大劫難，真是行軍打仗遇到的奇苦啊！

　　洪容海投降後，他的黨羽黃、朱等人又叛變了，廣德州已經得到卻又失去了。金柱關經常有敵人窺伺，最近聽說已經增到三四萬人，讓人深切憂慮。我心裡掛念的，就是這兩個地區。

　　我身體平安，只是不能多說話，稍微多說幾句，就感覺沒有力氣。公事積壓很多，恐怕不能避免有所貽誤。弟弟身體也不是很好，總要好好靜養。不要買田產，不要管公事，我囑咐你的，就這兩句話罷了。興盛時常想著衰敗時，官場得意時應當念著官場失意時。富貴人家，不能不牢牢記住這兩句話。

　　　　　　　　　　　　　　　　　　　　　同治元年閏八月初四

致四弟・對本縣父母官之態度

【原文】

　　澄弟左右：

　　沅弟金陵一軍危險異常，偽忠王率悍賊十餘萬晝夜猛撲，洋槍極多，又有西洋之落地開花炮，幸沅弟小心堅守，應可保全無虞。鮑春霆至蕪湖養病，宋國永代統寧國一軍，分六營出剿，小挫一次。春霆力疾回營，凱章全軍亦趕至寧

國守城。雖病者極多，而鮑、張合力，此路或可保全。又聞賊於東壩抬船至寧郡諸湖之內，將圖沖出大江，不知楊、彭能知之否？若水師安穩，則全域不至決裂耳。

來信言，余於沅弟，既愛其才，宜略其小節，甚是甚是。沅弟之才，不特吾族所少，即當世亦不多見。然為兄者，總宜獎其所長而兼規其短，若明知其錯而一概不說，則非特沅一人之錯，而一家之錯也。

吾家於本縣父母官，不必力贊其賢，不可力詆①其非。與之相處，宜在若遠若近、不親不疏之間。渠有慶吊②，吾家必到；渠有公事，須紳士助力者，吾家不出頭，亦不躲避；渠於前後任之交代，上司衙門之請託，則吾家絲毫不可與聞。弟既如此，並告子姪輩常常如此。子姪若與官相見，總以謙謹二字為主。

同治元年九月初四日

【注釋】

① 詆：譴責。
② 慶吊：慶賀與吊慰。指喜事與喪事。

【譯文】

澄弟左右：

沅弟金陵一軍處境非常危險，偽忠王率領十多萬人日夜猛攻，洋槍極多，又有西洋的落地開花炮。幸虧沅弟小心堅守，應該可以保全，不用憂慮了。鮑春霆到蕪湖養病，宋國永代他統率寧國一軍，分六個營進攻，打了一次小敗仗。春霆不顧休養，急速回營，凱章全軍也趕到寧國守城。雖然生病的人很多，但鮑、張兩軍聯合作戰，這一路或許可以保全。又聽說敵人在東壩抬船到寧郡附近各個湖內，企圖沖出大江，不知道楊、彭清楚不清楚？如果水師安穩，那全域就不至於崩潰。

來信說，我對於沅弟，既然喜愛他的才能，就應該忽略他的小節，說得很對很對。沅弟的才能，不僅我家族中少有，就是在當今世上也不多見。但是做兄長的，總應該嘉獎他的長處，又要規勸他的短處。如果明知他錯了卻一概不說，那就不只是沅弟一人的錯，而成了我們一家的錯了。

　　我家對於本縣父母官，不必一力稱讚他賢良，也不能一力譴責他的不是。與他們相處，應該保持若遠若近、不親不疏的關係。他有紅白事，我家一定要到；他有公事需要紳士說明的，我家不出頭，但也不躲避；他對於前任後任的交代，上司衙門的請求委託，那我家一點也不能參與。弟弟這樣做了，還要告訴子侄們都要這樣做。子侄們如果與官員相見，總要以「謙謹」二字為主。

同治元年九月初四

致九弟・整頓陳棟之勇

【原文】

　　沅弟左右：

　　陳棟之勇除已至金陵三營外，尚有九營。吾昨令營務處點名，共四千六百餘人。聞精壯者不甚多，可汰者占三分之一。余札撥二營與鮑春霆，撥一營與朱雲岩，以六營歸弟處。若果汰去三分之一，則可挑存四營，其餘或令全坐原船遣歸，或酌留數百作為余勇，聽弟裁度。

　　昨奉年終頒賞福字、荷包、食物之類，聞弟有一分，春霆亦有一分，此系特恩。吾兄弟報國之道，總求實浮①於名，勞浮於賞，才浮於事，從此三句切切實實做去，或者免於大戾。

同治二年正月十三日

①浮：超過，多餘。

【譯文】

沅弟左右：

陳棟的軍隊，除已經到金陵的三個營以外，還有九個營。我昨天命令營務處點名，共有四千六百多人，聽說精壯的人不是很多，可以淘汰的占三分之一。我寫信下令調撥兩個營給鮑春霆，撥一個營給朱雲岩，撥六個營到弟弟那裡。如果真的淘汰三分之一，那可以挑選保留四個營，其餘的人或者叫他們坐原來的船將他們遣送回家，或者看情況留下幾百作為余勇，弟弟自己決定。

昨日接到聖旨頒發年終賞賜的福字、荷包、食物等物，聽說弟弟有一份，春霆也有一份，這是特別的恩典。我們兄弟報國之道，總求實際所做的超過所得的虛名，勤勞效命超過所得到的獎賞，才能超過功業，從這三個方面切切實實去做，或者可以避免大禍。

同治二年正月十三

致九弟·申請辭退一席

【原文】

沅弟左右：

疏辭兩席一節，弟所說甚有道理。然處大位大權而兼享大名，自古曾有幾人能善其末路者？總須設法將權位二字推讓少許，減去幾成，則晚節漸漸可以收場耳。今因弟之所陳，不復專疏奏請，遇便仍附片申請。但能於兩席中辭退一席，亦是一妙。

李世忠處，余擬予以一函。一則四壩卡請歸余派員經收，其銀錢仍歸渠用；一則渠派人在西壩封捆淮北之鹽，幾

與搶奪無異，請其迅速停止。看渠如何回覆。

本月接兩次家信，交來人帶寄弟閱。鼎三侄善讀書，大慰大慰。其眉宇本軒昂出群，又溫弟鬱抑過甚，必有稍伸之一日也。弟軍士氣甚旺，可喜。然軍中消息甚微，見以為旺，即遇驕機。老子云：「兩軍相對，哀者勝矣。」其義最宜體驗。

同治二年正月十七日

【譯文】

沅弟左右：

上疏請求在兩個官位中辭去一個這件事，弟弟所說的很有道理。不過處在高位，擁有大權又享有大名的，自古以來又有幾個人能有好的結局？總要想辦法把權位兩個字推讓一些，減少幾成，那麼晚節就慢慢可以保存到最後了。現在因為弟弟的陳述，不再專門寫疏奏請，遇到方便時仍然會在奏摺中附上單片去申請。只要能在兩席中辭退一席，也是一件好事。

李世忠那裡，我準備寄一封信去。一方面，四壩卡的釐金歸我派人收取，銀錢仍舊歸他用；另一方面，他派人在西壩封捆淮北的鹽，這與搶奪沒有兩樣，請他迅速停止，看他如何回覆。

本月接到兩次家信，交給來人帶給你看。鼎三侄兒很會讀書，很讓人欣慰。他眉宇間本來就軒昂出眾，而溫弟的鬱抑太厲害了，一定有稍微出頭的一天。弟弟的軍隊士氣旺盛，值得高興。但軍中消息很少，看上去很旺盛，可能馬上就會有驕傲自滿的危險。老子說：「兩軍對抗，哀者勝。」這個意思最應該體會明白。

同治二年正月十七

致九弟・述彼此意趣之不同

【原文】

沅弟左右：

左臂疼痛不能伸縮，實深懸繫。茲專人送膏藥三個與弟，即余去年貼手臂而立癒者，可試貼之，有益無損也。

「拂意之事接於耳目」，不知果指何事？若與阿兄間有不合，則盡可不必拂鬱①。弟有大功於家，有大功於國，余豈有不感激、不愛護之理？余待希、厚、雪、霆諸君，頗自覺仁讓兼至，豈有待弟反薄之理？惟有時與弟意趣不合。弟之志事，頗近春夏發舒之氣；余之志事，頗近秋冬收嗇之氣。弟意以發舒而生機乃旺，余意以收嗇而生機乃厚。平日最好昔人「花未全開月未圓」七字，以為惜福之道、保泰之法莫精於此。曾屢次以此七字教誡春霆，不知與弟道及否？

星岡公昔年待人，無論貴賤老小，純是一團和氣。獨對子孫諸姪則嚴肅異常，遇佳時令節，尤為凜凜②不可犯。蓋亦具一種收嗇之氣，不使家中歡樂過節，流於放肆也。余於弟營保舉、銀錢、軍械等事，每每稍示節制，亦猶本「花未全開月未圓」之義。至危迫之際，則救焚拯溺，不復稍有所吝矣。弟意有不滿處，皆在此等關頭，故將余之襟懷揭出，俾弟釋其疑而豁其鬱。此關一破，則余兄弟絲毫皆合矣。

再，余此次應得一品蔭生③，已於去年八月諮④部，以紀瑞姪承蔭，因恐弟辭讓，故當時僅告澄而未告弟也。將來瑞姪滿二十歲時，紀澤已三十矣，同去考蔭，同當部曹。若能考取御史，亦不失世家氣象。以弟於祖父兄弟宗族之間竭力竭誠，將來後輩必有可觀。目下小恙斷不為害，但今年切不宜親自督隊耳。

同治二年正月十八日

【注釋】

① 拂鬱：憤懣。拂：通「怫」，心裡不平，憤怒。

② 凜凜：令人敬畏的樣子。

③ 蔭生：憑藉上代餘蔭取得的監生資格。

④ 諮：舊時公文的一種，諮文的簡稱。

【譯文】

　　沅弟左右：

　　你左臂疼痛不能伸縮，實在讓人深切掛念。現派專人送三個膏藥給你，就是我去年貼在右臂上而馬上就好的那種，可以試著貼貼看，有益無害。

　　你說「不滿意的事經常聽到看到」，不知道指的是什麼事？如果是與為兄有點意見不合，那儘管可以不必壓抑鬱悶。弟弟對曾家有大功，對國家有大功，我哪有不感激不愛護的道理？我對待希、厚、雪、霆幾位，很能自覺做到仁義謙讓，哪有對待弟弟反而薄情的道理？只是有時與弟弟的意見興趣不合。弟弟的志趣，接近於春夏萌芽舒張的氣息，而我的志趣，接近於秋冬收穫儲藏的氣息。弟弟是認為只有萌發才會生機旺盛，我的意思是收藏之後生機才會厚實。平時最喜歡古人說的「花未全開月未圓」七個字，覺得惜福、保泰的方法，沒有比這句話更精當的了。曾經好幾次用這七個字訓誡春霆，不知他和你說到過沒有？

　　星岡公過去待人，不論貴賤老小，都是一團和氣，只有對待兒子、孫子、侄兒們，卻非常嚴肅，逢年過節，尤其令人敬畏不敢侵犯，也正是具有一種收斂之氣，不使家中歡樂過節過得太放肆了。我對於弟弟軍營裡保舉、銀錢、軍械等事，經常喻示你要稍微節制一點，也還是本著「花未全開月未圓」的意思。到了危險急迫的時候，那就救人於水深火熱之中，不再有一點收斂了。弟弟有不滿意的地方，都在這種危急關頭上，所以將我的心情揭示出來，使弟弟釋去疑團，消除抑鬱。這個關鍵一說破，那我們兄弟就什麼都相合了。

　　另外，我這次應得一品蔭生，已經在去年八月向吏部上了諮文，讓紀瑞侄兒承受蔭澤，因為擔心弟弟辭讓，所以當時只告訴了澄侯而沒有告訴你。將來瑞侄滿二十歲時，紀澤已經三十歲了，兩人一同去考蔭，

一同當部曹。如果能考取御史，也不失我們世家的氣象。憑藉弟弟在祖父兄弟家族之間竭力竭誠的做法，將來後輩中一定有出人頭地的。眼前的小病絕對不會有大害，只是今年決不適宜親自督導軍隊。

同治二年正月十八

致九弟・述紀梁宜承蔭

【原文】

　　沅弟左右：

　　臂疼尚未大癒，至為繫念。然治之之法，只宜貼膏藥，不宜服水藥。余日內當赴金陵看視，正月當成行也。接奉寄諭，知少荃為季弟請二品恤典①、立傳、予諡、建祠一一允准，但未接閱諭旨耳。陳棟之勇既好，甚慰甚慰。紀梁宜蔭一節，余亦思之再四，以其目未痊癒，讀書作字均難加功。且弟有功於家庭根本之地，不特為同氣②之冠，亦為各族所罕，質諸祖父在天之靈，亦應如此。

　　九洲北渡之賊果有若干？吾意尚以南岸為重。劉南雲、王峰臣兩軍，弟幸勿遽調北渡，蓋北岸守定安、合、無、廬、舒五城，此外均可挽救；南岸若失寧國，則不可救矣。

同治二年正月二十七日

【注釋】

①恤典：朝廷對去世官吏分別給予輟朝示哀、賜祭、配饗、追封、贈諡、樹碑、立坊、建祠、恤賞、恤蔭等的典例。
②同氣：指兄弟。

【譯文】

　　沅弟左右：

你右臂的疼痛還沒有大好，我非常掛念。但治療的方法，只適宜貼膏藥，不適宜服用湯藥。我近日應該會到金陵去看你，正月動身出發。接到寄來的諭旨，知道少荃為季弟請封二品恤典、寫傳記、賜予諡號、建造祠堂，都已得到批准，只是還沒有接到聖旨罷了。陳棟的士兵很好，我十分欣慰。紀梁應該承受蔭澤這件事，我也考慮了好久，因為他的眼睛還沒全好，讀書寫字都很難用功。況且弟弟對家庭根本有大功，不僅是兄弟中最好的，也是各族中都罕見的，就是去問各位祖父的在天之靈，也應該會讓我這樣做。

九洑洲北渡的敵軍到底有多少？我的意思還是以南岸為重。劉南雲、王峰臣兩支隊伍，幸虧弟弟沒有馬上調他們北渡，因為在北岸守定安、合、無、盧、舒五城，其他的都可以挽救；可是南岸如果失去寧國，那就不能挽救了。

同治二年正月二十七

致九弟・論恬淡沖融之襟懷

【原文】

沅弟左右：

弟讀邵子詩，領得恬淡沖融之趣，此是襟懷長進處。自古聖賢豪傑，文人才士，其志事不同，而其豁達光明之胸大略相同。以詩言之，必先有豁達光明之識，而後有恬淡沖融之趣。如李白、韓退之、杜牧之則豁達處多，陶淵明、孟浩然、白香山則沖淡處多，杜、蘇二公無美不備，而杜之五律最沖淡，蘇之七古最豁達。邵堯夫雖非詩之正宗，而豁達、沖淡二者兼全。吾好讀《莊子》，以其豁達足益人胸襟也。去年所講「生而美者，若知之，若不知之，若聞之，若不聞之」一段，最為豁達。推之即舜、禹之「有天下而不與」，亦同此襟懷也。

吾輩現辦軍務，系處功利場中，宜刻刻勤勞，如農之力稽①，如賈之趨利，如篙工②之上灘，早作夜思，以求有濟③。而治事之外，此中卻須有一段豁達沖融氣象，二者並進，則勤勞而以恬淡出之，最有意味。余所以令刻「勞謙君子」印章與弟者，此也。

少荃已克復太倉州，若再克昆山，則蘇州可圖矣。吾但能保沿江最要之城隘，則大局必日振也。

同治二年三月二十四日

【注釋】

① 稽：收割莊稼。泛指耕作。

② 篙工：掌篙的船工。

③ 濟：成就。

【譯文】

沅弟左右：

弟弟讀邵子詩，領會到他詩中恬淡沖和的趣味，這是你的胸懷有了進步。自古以來，聖賢豪傑，文人才士，他們的志趣雖然不同，但他們豁達光明的胸懷大體都一樣。以詩來說，一定要先有豁達光明的見識，然後才會有恬淡沖和的趣味。如李白、韓退之、杜牧之，通達的地方多一些；陶淵明、孟浩然、白香山，沖淡的地方多一些；杜甫、蘇軾，什麼優點都具備，而杜的五言律詩最沖淡，蘇的七言古詩最豁達。邵堯夫雖然不是詩的正宗，但豁達、沖淡這兩方面都有。我喜歡讀《莊子》，因為他的豁達能夠擴大我的胸懷。去年我說「生來就美好的事，好像知道，又好像不知道，好像聽到，又好像沒有聽到」那一段，最為豁達。推廣開來，那舜、禹的「擁有天下而不獨自佔有」，也和這樣的襟懷相同。

我們現在辦理軍務，是處在功利場中，應該時刻勤勞，就像農夫努力耕作，商賈追求利潤，船夫撐篙走上灘，須日夜思索，以求有一個好

結果。辦理事情之外，卻要有一種豁達沖和的氣象，兩方面同時努力，那就會用恬淡的態度來對待勤勞，這最有意味。我之所以叫人刻一枚「勞謙君子」的印章給弟弟，就是這個意思。

少荃已經收復太倉州，如果再攻克昆山，那蘇州就可以考慮去打了。我只要能保住沿江最重要的城市和關隘，那大局一定會一天天好起來。

同治二年三月二十四日

致九弟·盡可隨時陳奏

【原文】

沅弟左右：

弟之謝恩折，尚可由安慶代作代寫代遞。初膺開府重任，心中如有欲說之話，思自獻於君父之前者，盡可隨時陳奏。奏議是人臣最要之事，弟須加一番工夫。弟文筆不患不詳明，但患不簡潔，以後從簡當二字上著力。

同治二年四月初一日

【譯文】

沅弟左右：

弟弟謝恩的摺子，還可由安慶代作代寫代遞。第一次擔任開府重任，心中如果有想說的話，想著要向君主進獻的，盡可以隨時陳述上奏。奏議是做臣子最重要的事情，弟弟要下一番功夫。弟弟的文筆毛病不在於不夠詳細明白，而在於不簡潔，以後要在「簡當」兩個字上用功。

同治二年四月初一

致九弟・不必再行辭謝

【原文】

沅弟左右：

辭謝一事，本可渾渾①言之，但求收回成命，已請筱泉、子密代弟與余各擬一折矣。昨接弟諮，已換署新銜，則不必再行辭謝。吾輩所最宜畏懼敬慎者，第一則以方寸②為嚴師，其次則左右近習之人，如巡捕、戈什③、幕府文案及部下營哨官之屬，又其次乃畏清議④。今業已換稱新銜，一切公文體制為之一變，而又具疏辭官，已知其不出於至誠矣。

弟應奏之事，暫不必忙。左季帥奉專銜奏事之旨，厥後三個月始行拜疏。雪琴得巡撫及侍郎後，除疏辭復奏二次外，至今未另奏事。弟非有要緊事件，不必專銜另奏。尋常報仗，仍由余辦可也。

同治二年四月十六日

【注釋】

① 渾渾：含糊，迷糊。
② 方寸：指內心。
③ 戈什：即戈什哈，為滿語漢音譯，意為護衛侍從。
④ 清議：指對時政的議論，社會輿論。

【譯文】

沅弟左右：

辭謝這件事，本來可以含糊地說說，只求收回成命，我已經請筱泉、子密代替你和我各自擬了一個摺子。昨天接到弟弟的公文，已經換了新頭銜，那就不必再辭謝了。我們這些人最需要畏懼敬慎的，第一是

把內心作為嚴師;第二是左右近習的人,如巡捕、侍衛、幕府文案及部下營哨這些人;第三是畏懼議論時政。現在已經換了新頭銜,一切公文體制也都隨著改變了,現在又上奏疏辭官,已經知道這不是出於至誠了。

弟弟應奏的事,暫時不必慌忙。左季帥奉專銜奏事的旨意,以後三個月才開始拜疏。雪琴當巡撫及侍郎以後,除了疏辭、復奏兩次,至今沒有另外奏事。弟弟除非有緊要事件,不必專銜另行奏告。平常報告戰事,仍然由我辦理就可以。

同治二年四月十六日

致九弟‧當大事宜明強

【原文】

沅弟左右:

來信「亂世功名之際,尤為難處」十字,實獲我心。本日余有一片,亦請將欽篆、督篆①二者分出一席,另簡大員。吾兄弟常存兢兢業業之心,將來遇有機緣,即便抽身引退,庶幾善始善終,免蹈②大戾乎!

至於擔當大事,全在明強二字。《中庸》學、問、思、辨、行五者,其要歸於思必明,柔必強。弟向來倔強之氣,卻不可因位高而頓改。凡事非氣不舉,非剛不濟。即修身齊家,亦須以明強為本。

巢縣既克,和、含必可得手。以後進攻二浦,望弟主持一切,余相隔太遠,不遙制也。

同治二年四月二十七日

【注釋】
① 欽篆、督篆：指欽差和總督的官職。篆：印章。
② 蹈：踩，踏。這裡指遭遇。

【譯文】

　　沅弟左右：

　　你來信中所說「亂世功名之時，很難處置」十個字，真是說到了我心裡。今天我有一個奏摺，也是請求把欽差、總督兩個分出一個席位，另外選擇一名官員擔任。我們兄弟常常存著兢兢業業的念頭，將來遇到機會，馬上就抽身引退，也許可以善始善終，避免遭遇大禍！

　　至於擔當大事，全在於「明強」兩個字。《中庸》中的「學、問、思、辨、行」五個方面，它的主旨可以歸結為思慮必須明確，剛和柔同時具備。弟弟向來倔強，不可以因為地位高而馬上改變。凡事沒有勇氣、士氣就做不好，沒有剛強就不會成功。就是修身齊家，也要以明強為根本。

　　巢縣既然已經收復，和、含一定可以到手。以後進攻二浦，希望弟弟主持一切，我相隔太遠，就不在遠處控制了。

　　　　　　　　　　　　　　　　　　　同治二年四月二十七日

致九弟・欣悉家庭和睦

【原文】

　　沅弟左右：

　　苦攻無益，又以皖北空虛之故，心急如焚。我弟憂勞如此，何可再因上游之事，添出一番焦灼。上游之事，千妥萬妥，兩岸之事皆易收拾。弟積勞太久，用心太苦，不可再慮及他事。

　　弟以「博文約禮①」獎澤兒，語太重大，然此兒純是弟

獎借而日進。記咸豐六年冬，胡帥寄余信，極贊三庵一琴之賢，時溫弟在座，告余曰：「沅弟實勝迪、希、厚、雪。」余比尚不深信。近見弟之圍攻百數十里而毫無罅隙②，欠餉數百萬而毫無怨言，乃信溫弟之譽有所試。然則弟之譽澤兒者，或亦有所試乎？余於家庭有一欣慰之端，聞妯娌及子侄輩和睦異常，有姜被同眠③之風，愛敬兼至，此足卜家道之興。然亦全賴老弟分家時佈置妥善，乃克臻④此。余俟江西案辦妥乃赴金陵，弟千萬莫過憂灼，至囑至囑。

同治二年六月初一日

【注釋】

① 博文約禮：知識深廣，遵守禮儀。

② 罅隙：空隙，漏洞。

③ 姜被同眠：典故名。漢姜肱「與二弟仲海、季江俱以孝行著聞。其友愛天至，常共臥起」。後遂以「姜被」等即姜肱兄弟同被而寢，亦謂親如兄弟，詠兄弟友愛。

④ 臻：達到。

【譯文】

沅弟左右：

苦攻沒有用，又因為安徽北部空虛，心急如火燒。弟弟你這樣憂慮勞苦，哪裡還可以因為上游的事，再添一番焦急呢。上游的事，肯定很妥當，兩岸的事都容易收拾。弟弟已經勞累了很久，又太用心，不可以再去考慮別的事了。

弟弟用「博文約禮」誇獎澤兒，這個評價太高太重了，但他純粹是憑藉你們的誇獎而一天天進步的。記得咸豐六年冬季，胡帥寄給我一封信，極為稱讚三庵一琴的賢良。那時溫弟在邊上，告訴我說：「沅弟實在是超過迪庵、希庵、厚庵和雪琴的。」那時我還不太相信。近來看到弟弟圍攻一百幾十里的敵軍，絲毫沒有漏洞，欠軍餉幾百萬，士兵也毫無怨言，才相信賢弟的稱譽可以得到驗證了。那弟弟稱讚澤兒，或者也

有驗證之日嗎？我對於家庭，有一點很欣慰，聽說妯娌和子侄們非常和睦，有漢朝姜肱兄弟友愛同被而眠的風範。愛護和尊敬都做到，這就可以預測家道興旺，然而這也全靠老弟在分家時佈置得妥善合理，才能達到這麼完美的境界。我等江西的案子辦好了就去金陵。弟弟千萬不要過於憂慮焦灼，這是我最要囑咐你的。

同治二年六月初一

致九弟・戰事宜自具奏

【原文】

　　沅弟左右：

　　專丁送信，具悉一切。所應覆者，仍條列如左：

　　一、折稿皆軒爽①條暢，盡可去得。余平日好讀東坡《上神宗皇帝書》，亦取其軒爽也。弟可常常取閱，多閱數十遍，自然益我神智。譬如飲食，但得一適口充腸，正不必求多品也。金陵戰事，弟自行具奏亦可，然弟總以不常奏事為妥。凡督撫以多奏新事、不襲故常為露面。吾兄弟在此鼎盛之際，弟於此等處可略退縮一步。

　　二、鮑軍仍須由大勝關進孝陵衛，決不可由下面繞來。待過中秋後，弟信一到，余即諮鮑由南頭進兵。

　　三、弟驟添多營，與余平日之規模相符合不。然賦勢窮蹙②之際，求合圍亦是正辦，本余亦不敢以弟策為非。惲中丞，余曾保過，凡大臣密保人員，終身不宜提及一字，否則近於挾長③，近於市恩④。此後余與湘中函牘，不敢多索協餉，以避挾長市恩之嫌。弟亦不宜求之過厚，以避盡歡竭忠之嫌。

　　四、江西釐務，下半年當可略旺。然余統兵已近十萬，

即半餉亦須三十萬，思之膽寒。弟處米除每月三千石外，本
日又解四千石矣。

同治二年七月二十三日

【注釋】

① 軒爽：顯豁明快。

② 窮蹙：窘迫，困厄。

③ 挾長：倚仗著自己年長，即以老賣老。

④ 市恩：買好，討好。

【譯文】

　　沅弟左右：

　　專人送來的信已經收到，知道了一切。所應該回覆的，仍舊分條列
在下面：

　　一、奏摺稿子都明快流暢，盡可以上奏。我平日喜歡讀蘇東坡的
《上神宗皇帝書》，也是覺得它明快豁達。弟弟可以常常拿來看看，多
看它幾十遍，自然對自己的思路大有幫助。好比飲食，只要有一樣菜合
口味又能充饑，那就不必要求許多菜了。金陵的戰事，弟弟自行向皇上
奏報也可以，但弟弟總應該以不常奏報為好。凡是督撫總以多奏報新
事、不因襲故舊為露臉。我們兄弟正處於鼎盛時期，弟弟對於這些事，
可以稍微退縮一步。

　　二、鮑軍仍要從大勝關進入孝陵衛，絕不能由下面繞過來。等過了
中秋，弟弟的信一到，我就讓鮑軍由南頭進兵。

　　三、弟弟一下子增加了幾個營，本來與我平時的規模不相符。但敵
人的勢頭窘迫時，要求合圍也正是該做的，我也不敢說弟弟的策略不
對。惲中丞，我曾經保舉過他，凡是大臣的密保人員，一輩子都不要提
起，不然就近於以老賣老，近於討好別人。以後我寫給湘中的信，不敢
多要餉銀，避免以老賣老、討好別人的嫌疑。弟弟也不適宜要求太多，
避免要盡情歡樂才能效忠的嫌疑。

　　四、江西釐務，下半年應該可以稍微旺盛一點。然而我統率的部卒

已近十萬，就是發一半軍餉也要三十萬，想起來就害怕。弟弟那邊的大米除每月三千石以外，今天又解送了四千石。

同治二年七月二十三日

致九弟・在積勞二字上著力

【原文】

沅弟左右：

初五夜地道轟陷賊城十餘丈，被該逆搶堵，我軍傷亡三百餘人，此蓋意中之事。城內多百戰之寇，閱歷極多，豈有不能搶堵缺口之理？蘇州先復，金陵尚遙遙無期，弟切不必焦急。

古來大戰爭，大事業，人謀僅占十分之三，天意恒居十分之七。往往積勞之人非即成名之人，成名之人非即享福之人。此次軍務，如克復武漢、九江、安慶，積勞者即是成名之人，在天意已算十分公道，然而不可恃也。吾兄弟但在積勞二字上著力，成名二字則不必問及，享福二字則更不必問矣。

厚庵堅請回籍養親侍疾，只得允准，已於今日代奏。苗逆於二十六夜擒斬，其黨悉行投誠。凡壽州、正陽、潁上、下蔡等城一律收復，長、淮指日肅清，真堪慶幸！

弟近日身體健否？吾所囑者二端：一曰天懷淡定，莫求速效；二曰謹防援賊、城賊內外猛撲，穩慎禦之。

同治二年十一月十二日

【譯文】

沅弟左右：

初五晚上用地道轟陷敵城十多丈，被敵人搶著堵塞，我軍傷亡三百多人，這是意料中的事情。城裡的敵人都身經百戰，經驗豐富，哪有不能搶堵缺口的道理？蘇州先被收復，金陵還遙遙無期，弟弟千萬不要焦急。

古來大戰爭、大事業，人的謀劃只占十分之三，天意一直佔據十分之七。往往勞累日久的人不一定就是成名的人，成名的人不一定就是享福的人。這次戰事，如果收復武漢、九江、安慶，那長久勞累的人就是成名的人，從天意上來說，已經算是十分公道的了，但不可以倚仗。我們兄弟只在「積勞」兩個字上下工夫便是，「成名」兩個字就不用去考慮了，「享福」兩個字就更加不用去想了。

厚庵堅決要求回家奉養雙親、侍候疾病，我只好答應，已經在今日代他奏告了朝廷。苗賊已經在二十六日晚上被擒獲斬首，他的黨徒全部投降。凡是壽州、正陽、穎上、下蔡等城池，一律收復了，長江、淮河地區在日內可以肅清，真值得慶幸。

弟弟近日身體好嗎？我要囑咐你的有兩條：一是心懷淡定，別要求快速成功；二是謹防援軍、城內敵人一起內外猛攻，要穩妥慎重地抵禦他們。

同治二年十一月十二日

致四弟·宜勸諸姪勤讀

【原文】

澄弟左右：

沅弟營中久無戰事，金陵之賊亦無糧盡碻耗。杭州之賊目陳炳文，聞有投誠之信，克復當在目前。天氣陰雨作寒，景象亦不甚佳。吾在兵間日久，實願早滅此寇，俾斯民稍留孑遺[1]。而睹此消息，竟未知何日息兵也。

紀澤兄弟及王甥、羅婿，讀書均屬有恆。家中諸姪，近

日勤奮否？弟之勤為諸兄弟之最，儉字工夫，日來稍有長進否？諸侄不知儉約者，弟常常訓責之否？至為廑系。

同治三年三月初四日

【注釋】

① 孑遺：遺留，殘存。

【譯文】

澄弟左右：

沅弟營中許久沒有戰事，金陵的敵人也沒有缺糧的確切消息。杭州敵人的頭目陳炳文，聽說有投降的意思，應該不久就能收復。天氣陰雨寒冷，景象也不太好。我在戰場時間久了，實在想早日消滅敵人，讓老百姓得以留下幾個後人。但聽了這個消息，竟然不知道哪天可以息兵。

紀澤兄弟及王甥、羅婿，讀書都有些恒心。家裡各位侄兒，近來勤奮嗎？弟弟是兄弟中最勤奮的，「儉」字功夫，近來有些進步嗎？侄兒們不知道節儉的，弟弟常常訓責了嗎？我非常掛念。

同治三年三月初四

致九弟·毋惱毋怒以養肝疾

【原文】

沅弟左右：

適聞常州克復、丹陽克復之信，正深欣慰，而弟信中有云「肝病已深，痼疾①已成，逢人輒怒，遇事輒憂」等語，讀之不勝焦慮。今年以來，蘇、浙克城甚多，獨金陵遲遲尚無把握，又餉項奇絀②，不如意之事機、不入耳之言語紛至迭乘。余尚惱鬱成疾，況弟之勞苦過甚百倍阿兄，心血久虧數倍於阿兄乎？余自春來，常恐弟發肝病，而弟信每含糊言

之，此四句乃露實情。此病非藥餌所能為力，必須將萬事看空，毋惱毋怒，乃可漸漸減輕。蝮蛇螫[3]手，則壯士斷其手，所以全生也。吾兄弟欲全其生，亦當視惱怒如蝮蛇，去之不可不勇，至囑至囑。

余年來愧對老弟之事，惟撥去程學啟一名，將有損於阿弟。然有損於家，有益於國，弟不必過鬱，兄亦不必過悔。頃見少荃為程學啟請卹一疏，立言公允，茲特寄弟一閱。李世忠事，十二日奏結，又餉絀情形一片，即為將來兄弟引退之張本。余病假於四月二十五日滿期，余意再請續假。幕友皆勸銷假，弟意以為何如？淮北票鹽、課厘[4]兩項，每歲共得八十萬串，擬概供弟一軍。此亦鉅款，而弟尚嫌其無幾。余於咸豐四、五、六、七、八、九等年，從無一年收過八十萬者。再籌此等鉅款，萬不可得矣。

同治三年四月十三日

【注釋】
① 痼疾：指經久難治癒的病。
② 絀：缺。
③ 螫：毒蟲或毒蛇咬刺。
④ 票鹽：明清部分地區實行票法時，商販繳納鹽稅後憑政府發給的憑證運銷的食鹽。課厘：繳納厘金。課：徵收賦稅。

【譯文】
沅弟左右：
剛聽到常州收復、丹陽收復的喜訊，正感到欣慰，而弟弟信中說「肝病已經深重，成了很難治癒的疾病，逢人就發怒，遇事就憂愁」等話，讀了之後，焦急得不得了。今年以來，江蘇、浙江收復的城池很多，只有金陵遲遲還沒有把握，軍餉又奇缺，不如意的事情、不堪入耳的議論紛紛到來。我尚且都鬱悶得生病了，何況弟弟的勞苦超過我百

倍，心血長久虧損比為兄厲害好幾倍呢！我從春季開始，就經常害怕弟弟的肝病復發，但弟弟每次寫信來都說得很含糊，這四句話才暴露了實情。這個病不是藥物所能治癒的，必須把萬事都看空，遇事不惱不怒，病情才可以漸漸減輕。蝮蛇咬了手，壯士就斬斷自己的手，這是為了保全生命。弟弟你如果想保全生命，也要把惱怒當作蝮蛇看待，不能不勇下決心去除它，這是我最要囑咐你的！

我一年來愧對老弟的事，只有調撥程學啟這名將領這件事，因為對弟弟有損。然而這雖對家庭有損，對國卻有益，弟弟不必過於抑鬱，為兄也不必過於後悔。剛看到少荃為程學啟請恤的疏折，言辭公允，現在特地寄給你看看。李世忠的事，十二日上奏了結了。另外上報缺餉情況的奏摺，就是將來我們兄弟引退的依據。我的病假於四月二十五日到期，我想再請求續假。幕友都勸我銷假，弟弟認為怎麼樣？淮北票鹽、課厘兩項，每年共得八十萬串，準備一概供給弟弟這一軍。這也是鉅款，但弟弟還嫌太少。我在咸豐四、五、六、七、八、九等年，從來沒有一年收過八十萬串的。再想籌集這樣大的鉅款，萬萬做不到了。

同治三年四月十三日

致九弟‧心肝之病以自養自醫為主

【原文】

沅弟左右：

厚庵到皖，堅辭督辦一席。渠之赴江西與否，余不能代為主持。至於具折，則必須渠親自陳奏，余斷不能代辭。厚帥現擬在此辦折，拜疏後仍回金陵水營。春霆、昌岐聞亦日內可到。春霆回籍之事，卻不能不代為奏懇也。

弟病近日少癒否？肝病余所深知，腹疼則不知何症。屢觀《朗山脈案》，以扶脾為主，不求速效，余深以為然。然心肝兩家之病究以自養自醫為主，非藥物所能為力。今日偶

過裱畫店，見弟所寫對聯，光彩煥發，精力似甚完足。若能認真調養，不過焦灼，必可漸漸複元。

同治三年五月初十日

【譯文】

　　沅弟左右：

　　厚庵到安徽，堅決要辭掉督辦這個職位。他去不去江西，我不能代他決定。至於上奏摺，那必須他親自陳奏，我絕不能代他辭職。厚帥現在打算在這裡寫奏摺，上了奏疏後仍舊回金陵水營。春霆、昌岐聽說日內可到。春霆回家的事，我卻不能不代他上奏懇請。

　　弟弟的病近來好些了嗎？肝病我很瞭解，腹痛就不知道是什麼病了。我多次翻閱《朗山脈案》，說要以養護脾臟為主，不要求速效，我很贊同。然而心和肝的病，終究以自養自醫為主，不是藥物可以幫得上忙的。今天偶然從裱畫店經過，看見弟弟所寫的對聯，光彩煥發，精力好像很充沛。如果能認真調養，不過於焦急，一定可以慢慢復原。

同治三年五月初十

致九弟・鬱怒最易傷人

【原文】

　　沅弟左右：

　　內疾外症果瘥幾分？凡鬱怒最易傷人，余有錯處，弟盡可一一直說。人之忌我者，惟願弟做錯事，惟願弟之不恭；人之忌弟者，惟願兄做錯事，惟願兄之不友。弟看破此等物情①，則知世路之艱險，而心愈抑畏，氣反愈和平矣。

同治三年五月二十三日

【注釋】

①物情：物理人情，世情。

【譯文】

　　沅弟左右：

　　你身體內外的病症果真好了幾分嗎？但凡抑鬱發怒最傷身體，我有過錯，弟弟儘管一一直說。嫉妒我的人，只希望弟弟做錯事，只希望弟弟不恭敬；嫉妒弟弟的人，只希望為兄做錯事，只希望我們兄弟不和。弟弟看破了這種世態，就會知道世道的艱險，那樣心裡越壓抑憂鬱，心境反倒會越來越平和了。

同治三年五月二十三日

致四弟・教家中以勤儉為主

【原文】

　　澄弟左右：

　　余在金陵二十日起行至安慶，內外大小平安。門第太盛，余教兒女，惟以「勤、儉、謙」三字為主。自安慶以至金陵，沿江六百里，大小城隘皆沅弟之所攻取。余之幸得大名高爵，皆沅弟之所贈送也，皆高、曾、祖、父之所留遺也。

　　余欲上不愧先人，下不愧沅弟，惟以力教家中勤儉為主。余於儉字做到六七分，勤字則尚無五分工夫。弟與沅弟於勤字做到六七分，儉字則尚欠工夫。以後各勉其所長，各戒其所短。弟每用一錢，均須三思。至囑！

同治三年八月初四日

【譯文】

　　澄弟左右：

　　我在金陵二十日動身去安慶，內外大小都平安。我家的門第太顯赫了，我教育兒女們，只以「勤、儉、謙」三個字為主。從安慶直到金陵，沿江六百里，大小城隘都是沅弟攻下的。我有幸得到的大名高位，都是沅弟送給我的，都是高祖、曾祖、祖父、父親所遺留給我的。

　　我要上不愧對祖宗，下不愧對沅弟，只有盡力教育家裡以勤儉為主。我在節儉這點上做到了六七分，勤奮這點上卻還沒有五分功夫。澄弟與沅弟在勤奮這點上做到了六七分，節儉這點上還欠些功夫。以後要各自勉勵自己的長處，各自勸誡自己的短處。弟弟每花一個錢，都要三思後再去做。這是我最要囑咐你的。

　　　　　　　　　　　　　　　　　同治三年八月初四

致四弟九弟・述浚秦淮河及書信往來論文事

【原文】

　　澄、沅兩弟左右：

　　臘月初六日接沅弟來信，知已平安到家，慰幸無已。

　　少荃於初六日起行，已抵蘇州。余於十四日入闈寫榜，是夜二更放榜，正榜二百七十三，副榜四十八，闈墨極好，為三十年來所未有。韞齋先生與副主考亦極得意，士子歡欣傳誦。韞師定於二十六日起程，平景孫編修奏請便道回浙。此間公私送程儀約各三千有奇。各營挑浚①秦淮河，已浚十分之六，約年內可以竣事。

　　澄弟所勸大臣大儒致身②之道，敬悉敬悉。惟目下精神實不如從前耳。

　　《鳴原堂論文鈔》《東坡萬言書》，弟閱之如尚有不能解者，宜寫信來問。弟每次問幾條，余每次批幾條，兄弟論文

於三千里外，亦不減對床風雨③之樂。弟以不能文為此身缺憾，宜趁此家居時苦學二三年，不可拋荒片刻也。

同治三年十二月十六日

【注釋】

① 挑浚：清除淤塞，開通河道。

② 致身：原謂獻身，後用作出仕之典。

③ 對床風雨：指親友或兄弟久別重逢，在一起親切交談。

【譯文】

澄、沅兩弟左右：

十二月初六接到沅弟的來信，知道已經平安到家，十分欣慰。

少荃在初六啟程，已經到達蘇州。我於十四日進考場書寫榜文，當天晚上二更放榜，正榜有二百七十三人，副榜有四十八人，考卷品質很好，是三十年來所沒有的。韞齋先生與副主考也很滿意，士子欣喜傳誦。韞師決定在二十六日啟程，平景孫編修上奏請求趁便一同回浙江。這裡公私送的路費約各有三千多。各營疏浚秦淮河，已經疏通了十分之六，大約年內可以完工。

澄弟勸勉大臣大儒獻身的道理，我都瞭解了。只是現在的精神實在不如從前了。

《鳴原堂論文鈔》《東坡萬言書》，弟弟看了如果還有不能理解的，要寫信來問。弟弟每次問幾條，我每次批覆幾條，兄弟之間相隔三千里議論文章，也不比久別重逢而親切交談的樂趣要少。弟弟把不能寫文章當作是這輩子的缺憾，就應該趁在家時，苦學兩三年，不可以荒廢片刻。

同治三年十二月十六日

致九弟‧講求奏議不遲

【原文】

　　沅弟左右：

　　弟信言寄文每月以六篇為率①，余意每月三次，每次未滿千字者則二篇，千字以上者則止一篇。選文之法，古人選三之二，本朝人選三之一，不知果當弟意否？

　　弟此時講求奏議尚不為遲，不必過於懊惱。天下督撫二十餘人，其奏疏有過弟者，有魯衛②者，有不及弟者。弟此時用功不求太猛，但求有恆。以吾弟攻金陵之苦力用之他事，又何事不可為乎？

　　　　　　　　　　　　同治四年正月二十四日

【注釋】

① 率：規格，標準。

② 魯衛：比喻情況類似、實質相同。

【譯文】

　　沅弟左右：

　　弟弟信中說寄文章每月規定六篇，我的意思是每月寄三次，每次不滿一千字的就寫兩篇，一千字以上的只要一篇。選文的方法，古人選三分之二，本朝的人選三分之一，不知合不合弟弟的心意？

　　弟弟現在講求奏議還不算遲，不必太懊惱。天下督撫共有二十多人，奏疏有超過弟弟的，有跟弟弟差不多的，也有比不上弟弟的。弟弟這時用功不求太猛，只求有恒心。把弟弟你攻打金陵的苦力用在其他事情上，有什麼事不可以做成呢？

　　　　　　　　　　　　同治四年正月二十四

致四弟九弟・述軍情

【原文】

　　澄、沅兩弟左右：

　　紀瑞侄得取縣案首，喜慰無已。吾不望代代得富貴，但願代代有秀才。秀才者，讀書之種子也，世家之招牌也，禮教之旗幟也。諄囑瑞侄從此奮勉加功，為人與為學並進，切戒驕奢二字，則家中風氣日厚，而諸子侄爭相濯磨①矣。

　　吾自受督辦山東軍務之命，初九、十三日兩折皆已寄弟閱看，茲將兩次批諭抄閱。吾於二十五日起行登舟，在河下停泊三日，待遣回之十五營一概開行，帶去之六營一概拔隊，然後解維②長行。茂堂不願久在北路，擬至徐州度暑後，九月間准茂堂還湘。勇丁有不願留徐者，亦聽隨茂堂歸。總使吉中全軍人人榮歸，可去可來，無半句閒話惹人談論，沅弟千萬放心。

　　余舌尖蹇澀③，不能多說話，諸事不甚耐煩，幸飲食如常耳。沅弟濕毒未減，懸繫之至。藥物斷難奏效，總以能養能睡為妙。

　　　　　　　　　　　同治四年五月二十五日

【注釋】

① 濯磨：洗滌磨練。比喻加強修養，以期有為。
② 解維：解開纜索。指開船。
③ 蹇澀：指言語艱澀不順。

【譯文】

　　澄弟、沅弟左右：

紀瑞侄兒取得了縣試第一名，我高興得不得了。我不期望我家代代都能富貴，只希望代代都有秀才。秀才，就是讀書的種子，世家的招牌，禮教的旗幟。弟弟要耐心地囑咐紀瑞侄兒從此更加奮發勉力，使他做人與做學問兩方面一起進步，深切戒除「驕奢」兩個字，那家裡的風氣就會一天天厚重，而子侄們也都會爭著洗滌磨練自己的身心。

我自從接受督辦山東軍務的命令後，初九、十三日兩篇奏摺都已經寄給弟弟看了。現在將皇上的兩次批諭抄給你看。我在二十五日起行登船，在河下停泊了三天，等遣回的十五營都出發，帶去的六營也都啟程，然後解開繩索，一路長行。茂堂不願意長時間待在北路，我打算到徐州度過夏天後，九月間批准茂堂回湖南。士兵中有不願意留在徐州的，也任他們隨茂堂回去。總要讓吉中全軍人人都光榮地回家，可去可來，沒有半句閒話惹人家議論，沅弟儘管放心。

我口舌遲鈍，不能多說話，什麼事都顯得不耐煩，幸虧飲食還如常。沅弟的濕毒沒有減輕，我非常掛念。藥物絕對不會有效果，總以能養能睡為好。

同治四年五月二十五日

致四弟九弟・寄銀與親族三黨

【原文】

　　澄、沅兩弟左右：

　　余經手事件，只有長江水師應撤者尚未撤，應改為額兵[①]者尚未改，暨報銷二者未了而已。今冬必將水師章程出奏，並在安慶設局辦理報銷。諸事清妥，則余兄弟或出或處，或進或退，綽有餘裕[②]。

　　近四年每年寄銀少許與親屬三黨，今年仍循此例。惟徐州距家太遠，勇丁不能攜帶，因寫信與南坡，請其在鹽局匯兌，余將來在揚州歸款。請兩弟照單封好，用紅紙簽寫「菲

儀③」等字，年內分送。千里寄此毫毛，禮文不可不敬也。

同治四年十一月十六日

【注釋】

① 額兵：清八旗綠營兵。

② 綽有餘裕：形容態度從容、不慌不忙的樣子。

③ 菲儀：菲薄的禮物。

【譯文】

澄弟、沅弟左右：

我經手的事件，只有長江水師應該撤銷的還沒有撤銷、應該改為八旗綠營兵的還沒有改，加上報銷這兩件事還沒有了結。今年冬天一定把水師章程辦好上奏，並在安慶設局辦理報銷。各項事務都清理妥當，這樣一來，我們兄弟或出仕或居家，或進身或引退，都很從容。

近四年來，每年寄一些銀兩給三黨親族，今年仍舊按照慣例辦理。只是徐州離家太遠，士兵不能攜帶，因此寫信給南坡，請他在鹽局匯兌，我將來在揚州還款。請兩位弟弟照單子封好，用紅紙寫上「菲儀」等字，在年前分別贈送出去。千里外寄這麼點銀兩，禮儀文辭不能不恭敬。

同治四年十一月十六日

致九弟・宜在自修處求強

【原文】

沅弟左右：

接弟信，具悉一切。

弟謂命運作主，余素所深信；謂自強者每勝一籌，則余不甚深信。凡國之強，必須多得賢臣；凡家之強，必須多出

賢子弟。此亦關乎天命，不盡由人謀。至一身之強，則不外乎北宮黝、孟施捨、曾子三種。孟子之集義而慊①，即曾子之自反而縮②也。惟曾、孟與孔子告仲由之強，略為可久可常。此外鬥智鬥力之強，則有因強而大興，亦有因強而大敗。古來如李斯、曹操、董卓、楊素，其智力皆橫絕③一世，而其禍敗亦迥異尋常。近世如陸、何、蕭、陳皆予知自雄，而俱不保其終。故吾輩在自修處求強則可，在勝人處求強則不可。若專在勝人處求強，其能強到底與否尚未可知，即使終身強橫安穩，亦君子所不屑道也。

賊匪此次東竄，東軍小勝二次，大勝一次，劉、潘大勝一次，小勝數次。似已大受懲創，不似上半年之猖獗。但求不竄陝、洛，即竄鄂境，或可收夾擊之效。

余定於明日請續假一月，十月請開各缺④，仍留軍營，刻一木戳，會辦中路剿匪事宜而已。

同治五年九月十二日

【注釋】

① 集義而慊：積善而不滿足。

② 自反而縮：反躬自問而覺得理虧。

③ 橫絕：超絕，超出。

④ 開各缺：「開缺」指舊時官吏因故不能留任，免除其職務，準備另外選人充任。

【譯文】

沅弟左右：

接到弟弟的信，知道了一切。

弟弟說是命運做主，我向來是相信的；說自強的人總勝人一籌，那我就不太相信了。但凡國家強盛，必須要有許多賢臣；但凡家庭繁盛，必須多出賢良子弟。這也關係到天命，不全由人謀劃。至於一個人的強

大，那不會超出北宮黝的勇敢、孟施捨的仁厚、曾子的義理這三種情況。孟子所主張的積善而不滿足，就是曾子所主張的反躬自問而覺得理虧。只有曾子、孟子的強和孔子告訴仲由的強，是略微可以長久保持的。此外鬥智鬥力的強，既有因此而大盛的，也有因此而大敗的。古時如李斯、曹操、董卓、楊素，他們的智力都超絕一世，而他們的禍敗也與尋常人大不一樣。近世如陸、何、蕭、陳，都是我知道的自強的人，但都得不到善終。所以我們在自修方面求強是可以的，在與人爭勝負時求強就不可以了。如果專門在爭勝負的地方求強，能不能強到底還不可知，即使終身強橫安穩，也是君子所不屑一提的。

敵軍這次東竄，東軍小勝了兩次，大勝了一次；劉、潘大勝了一次，小勝了幾次。敵軍似乎已經受到重創，不像上半年那麼猖獗了。但求他們不竄往陝、洛，即使竄到湖北境內，或許也可以採取夾擊的措施。

我決定在明天上奏請求續假一個月，十月請求免除各項職務，仍然留在軍營，刻一個木戳，用於會同辦理中路剿匪事宜罷了。

同治五年九月十二日

致四弟・送銀共患難者及述星岡公之家規

【原文】

澄弟左右：

余於十月二十五接入覲[①]之旨，次日寫信召紀澤來營，厥後又有三次信止其勿來，不知均接到否？自十一月初六接奉回江督任之旨，十七日已具疏恭辭；二十八日又奉旨令回本任，初三日又具疏懇辭。如再不獲命，尚當再四疏辭。但受恩深重，不敢遽求回籍，留營調理而已。余從此不復作官。

同鄉京官，今冬炭敬[②]猶須照常饋送。昨令李翥漢回湘

送羅家二百金，李家二百金，劉家百金，昔年曾共患難者也。前致弟處千金，為數極少，自有兩江總督以來，無待胞弟如此之薄者。然處茲亂世，錢愈多則患愈大，兄家與弟家總不宜多存現銀。現錢每年足敷一年之用，便是天下之大富，人間之大福矣。家中要得興旺，全靠出賢子弟，若子弟不賢不才，雖多積銀、積錢、積穀、積產、積衣、積書，總是枉然。子弟之賢否，六分本於天生，四分由於家教。吾家世代皆有明德明訓，惟星岡公之教尤應謹守牢記。吾近將星岡公之家規，編成八句，云：「書蔬魚豬，考早掃寶；常說常行，八者都好。地命醫理，僧巫祈禱，留客久住，六者俱惱。」蓋星岡公於地、命、醫、僧、巫五項人進門便惱，即親友遠客久住亦惱。此八好六惱者，我家世世守之，永為家訓，子孫雖愚，亦必使就範圍也。

同治五年十二月初六日

【注釋】

① 覲：指地方官員入朝進見帝王。

② 炭敬：指明清時期地方和下級官員在冬季給六部司官的「孝敬」，類似於「取暖費」，是一種行賄的別稱。

【譯文】

澄弟左右：

我在十月二十五日接到入朝覲見皇上的聖旨，第二天寫信召紀澤來軍營，之後又有三次信阻止他來，不知都收到了沒？自十一月初六接奉回江西任總督的聖旨，十七日已經上疏恭敬地推辭了；二十八日又有聖旨命令我回任原來的官職，初三又上疏懇切地推辭。如果再不獲得皇上批准，還要第四次上疏辭謝。只是受恩深重，我不敢馬上請求回老家，留在軍營調理罷了。我從此不再做官了。

同鄉的京官那裡，今年冬天的炭費還要照常贈送。之前讓李翥漢回

湖南，送羅家二百兩，李家二百兩，劉家一百兩，他們都是曾經與我共患過難的。上次寄給弟弟一千兩，為數很少，自從有兩江總督以來，還沒有這樣薄待胞弟的。然而處在這個亂世，錢越多，禍患就越大，為兄家和弟弟家總不適宜多存現銀。每年存的現錢足夠支付一年的用度，就是天底下富貴有福的人了。家裡要興旺，全靠能出些賢良子弟，如果子弟無德無才，即使多積銀錢、穀子、家產、衣服和書，都是沒用的。子弟是否賢能，六分出於天生，四分由於家教。我家世代都有明白的德行家訓，只有星岡公的教訓尤其應該謹守牢記。我近來把星岡公的家規編成八句，叫作：「書蔬魚豬，考早掃寶；常說常行，八者都好；地命醫理，僧巫祈禱；留客久住，六者俱惱。」因為星岡公對於風水先生、算命先生、郎中、和尚、巫師這五種人，一進門就惱火，就是親友遠客住久了，也惱火。這個「八好六惱」，我家要世代遵守，永遠作為家訓，即使子孫愚笨，也一定能使他們有個規範。

同治五年十二月初六

致九弟‧一悔字訣

【原文】

沅弟左右：

鄂署五福堂有回祿①之災，幸人口無恙，上房無恙，受驚已不小矣。其屋系板壁紙糊，本易招火。凡遇此等事，只可說打雜人役失火，固不可疑會匪之毒謀，尤不可怪仇家之奸細。若大驚小怪，胡想亂猜，生出多少枝葉，仇家轉得傳播以為快。惟有處處泰然②，行所無事。申甫所謂「好漢打脫牙和血吞」，星岡公所謂「有福之人善退財」，真處逆境者之良法也。

弟求兄隨時訓示申儆③，兄自問近年得力，惟有一悔字訣。兄昔年自負本領甚大，可屈可伸，可行可藏，又每見得

人家不是。自從丁巳、戊午大悔大悟之後，乃知自己全無本領，凡事都見得人家有幾分是處。故自戊午至今九載，與四十歲以前迥不相同。大約以能立能達為體，以不怨不尤為用。立者，發奮自強，站得住也；達者，辦事圓融，行得通也。吾九年以來，痛戒無恒之弊，看書寫字，從未間斷，選將練兵，亦常留心，此皆自強能立工夫。奏疏公牘，再三斟酌，無一過當之語、自誇之詞，此皆圓融能達工夫。至於怨天本有所不敢，尤人則常不能免，亦皆隨時強制而克去之。

　　弟若欲自儆惕，似可學阿兄丁、戊二年之悔，然後痛下針砭④，必有大進。立達二字，吾於己未年曾寫於弟之手卷中，弟亦刻刻思自立自強，但於能達處尚欠體驗，於不怨尤處尚難強制。吾信中言皆隨時指點，勸弟強制也。趙廣漢，本漢之賢臣，因星變而劾魏相，後乃身當其災，可為殷鑒。默存一悔字，無事不可挽回也。

同治六年正月初三日

【注釋】

① 回祿：傳說中的火神。此處指火災。

② 泰然：從容自如的樣子。

③ 申儆：儆戒，訓誡。

④ 痛下針砭：古代以砭石為針的治病方法。比喻痛徹尖銳地批評錯誤，以便改正。

【譯文】

　　沅弟左右：

　　湖北總督署的五福堂遭了火災，幸虧人沒事，上房也沒事，只是受到的驚嚇不小。那個房子是木板牆壁加紙糊的，本來就容易招火。凡是遇到這種事，只能說是打雜的人失了火，不要懷疑是敵匪的毒計，尤其不要懷疑是仇家的奸細。如果大驚小怪，胡思亂想，生出很多枝葉，那

仇家傳播起來將非常快。只有處處泰然處之，像沒事發生一樣。就是申甫說的「好漢打脫牙齒和血吞」，星岡公說的「有福的人善於退財」，這確實是處於逆境的人自我安慰的好辦法。

弟弟要求為兄隨時訓示告誡，為兄自問近年來，做得好的只有一個「悔」字。為兄過去認為自己本領很大，可屈可伸，可行可藏，又每每看見別人的不是。自從丁巳、戊午大悔大悟之後，才知道自己什麼本領都沒有，凡事都看到別人有幾分對的地方。所以自戊午到現在九年裡，與四十歲以前完全不同。大約以能自立能通達為根本，以不怨天不尤人為實踐。立，是發奮自強，站得住的意思；達，是辦事周到，行得通的意思。我九年以來，痛改沒有恒心的缺點，看書寫字，從未間斷，選將練兵，也經常留心，這都是自強自立的功夫。奏疏公文，再三斟酌，沒有一句過份的話、自誇的詞，這都是圓滑通達的功夫。至於說到怨天，本來就不敢；尤人就經常不能避免，但也都隨時強制自己儘量去克服。

弟弟如果想自我警惕，似乎可以學為兄丁、戊兩年的悔悟，然後深切地批評自己，一定會有大進步。「立達」兩個字，我在己未年曾經給弟弟的手卷上寫到過，弟弟也時刻想自立自強，但在通達這點上還缺乏體驗，在不怨天尤人這點上還很難強制自己。我在信中說的都是隨時指點，勸弟弟要強制自己。趙廣漢本來是漢代的賢臣，因為星象變化而彈劾魏相，後來自身受遭遇災禍，可以當作借鑒。心裡暗暗存一個悔字，沒有什麼事不可以挽回。

同治六年正月初三

致九弟·必須逆來順受

【原文】

沅弟左右：

接李少帥信，知春霆因弟複奏之片言省三系與任逆接仗，霆軍系與賴逆交鋒，大為不平，自奏傷疾舉發，請開缺調理。又以書告少帥，謂弟自占地步。弟當此百端拂逆[①]之

時，又添此至交齟齬[2]之事，想心緒益覺難堪。然事已如此，亦只有逆來順受之法，仍不外悔字訣、硬字訣而已。

朱子嘗言：「悔字如春，萬物蘊蓄初發；吉字如夏，萬物茂盛已極；吝字如秋，萬物始落；凶字如冬，萬物枯貞字即硬字訣也。」弟當此艱危之際，若能以硬字法冬藏之德，以悔字啟春生之機，庶幾可挽回一二乎？

聞左帥近日亦極謙慎，在漢口氣象何如？弟曾聞其大略否？申甫閱歷極深，若遇危難之際，與之深談，渠尚能於惡風駭浪之中默識把舵之道，在司道[3]中不可多得也。

同治六年三月初二日

【注釋】

① 百端拂逆：百事不順。

② 齟齬：牙齒上下對不上，比喻意見不合。

③ 司道：清朝時期是隸屬于巡撫的專設機構。

【譯文】

沅弟左右：

接到李少帥的信，知道春霆因為弟弟複奏的摺子上說省三是與任賊打仗的，霆軍是與賴賊交鋒的，心裡很不平，自己上奏說傷病復發，請求免職調理。又寫信告訴少帥，說弟弟自己佔據地位。弟弟處於這種百事不順的時侯，又添好友鬧矛盾的事，想必心緒更加難堪。但事情已經這樣了，也只有逆來順受了，仍然不超出悔字訣、硬字訣罷了。

朱子曾經說：「悔字如春天，萬物蘊藏積蓄著的生機開始萌發；吉字如夏天，萬物茂盛到極點；吝字如秋天，萬物開始敗落；凶字如冬天，萬物開始凋謝。」又曾經用元字配春天，享字配夏天，利字配秋天，貞字配冬天。為兄以為，貞字就是硬字訣。弟弟處在這樣艱難的時侯，如果能夠用硬字效法冬天貯藏的德行，用悔字訣開啟春天的生機，也許可以挽回一二吧？

聽說左帥近來也很謙虛謹慎。在漢口的情形怎麼樣？弟弟聽說過大致情況嗎？申甫的閱歷很深，如果再遇到危險時，就去和他深談，他還能在狂風駭浪中找到把舵前進的方法，這在司道中是不可多得的。

同治六年三月初二

致四弟九弟・論旨飭沅陛見

【原文】

澄、沅兩弟左右：

初二日接奉寄諭，飭沅弟迅速進京陛見，茲用排單①恭錄諭旨諮至弟處。上年十二月，韞齋先生力言京師士大夫於沅弟毫無閑言，余即知不久必有諭旨徵召，特不料有如是之速。余擬於日內複奏一次，言弟「所患夜不成寐之病尚未痊癒，趕緊調理。一俟稍痊，即行進京。一面函商臣弟國荃，令將病狀詳細陳明」云云。沅弟奉旨後，望作一折寄至金陵，附余發折之便複奏。

余意不寐屢醒之症總由元、二年用心太過，肝家亦暗暗受傷，必須在家靜養一年，或可奏效，明春再行出山，方為妥善。若此後再有諭旨來催，亦須稍能成寐乃可應詔急出。不審兩弟之意以為何如？

筱荃來撫吾湘，諸事尚不至大有更張②，惟次山以微罪去官，令人悵悵。沅弟前函有長沙之行，想正值移宮換羽③之際，難為情也。

同治六年三月初四日

【注釋】

①排單：清代驛站傳遞公文填注的單據。

② 更張：改施弓弦，重新張設。比喻變更或改革。

③ 移宮換羽：原指樂曲換調。後也比喻事情的內容有所變更。

【譯文】

澄弟、沅弟左右：

初二接到朝廷的通知，令沅弟迅速進京拜見皇上。現用排單恭敬地抄錄諭旨，發到弟弟那裡。去年十二月，韞齋先生極力申明京城士大夫對沅弟沒有一句閒話，我就知道不久一定有諭旨徵召你，只是沒料到這麼快。我準備在日內複奏一次，說弟弟「得的失眠病還沒痊癒，正在趕著調理。等他稍一好轉，馬上進京。同時寫信給臣下的弟弟國荃商量，讓他將病情詳細陳述」等。沅弟奉了聖旨後，希望能寫一個摺子寄到金陵，附在我所發的摺子中趁便複奏。

我認為失眠的病症都是因為元年、二年用心太過了，肝臟也暗暗受損，必須在家裡靜養一年，或許可以看到效果。明年春天再出山，才算妥善。如果之後再有諭旨來催，也要略微可以安睡了才能接受詔命快速出發。不知道兩位弟弟的意見怎麼樣？

如果筱荃來做湖南巡撫，各項事務還不至於有大的改變。只是次山因為小罪而丟掉了官職，令人惆悵。沅弟上次信中說要去長沙，我想正在改換官員的時候，情面上怕是過不去。

同治六年三月初四

致四弟·念及丁口繁盛

【原文】

澄弟左右：

吾鄉雨水沾足①，甲五、科三、科九三姪婦皆有夢熊之祥，至為歡慰。

吾自五十以後，百無所求，惟望星岡公之後丁口繁盛，

此念刻刻不忘。吾德不及祖父遠甚，惟此心則與祖父無殊。弟與沅弟望後輩添丁之念，又與阿兄無殊。或者天從人願，鑒我三兄弟之誠心，從此丁口日盛，亦未可知。且即此一念，足見我兄弟之同心。無論哪房添丁，皆有至樂。和氣致祥，自有可卜昌明之理。

　　沅弟自去冬以來憂鬱無極，家眷擬不再接來署。吾精力日衰，斷不能久作此官。內人率兒婦輩久居鄉間，將一切規模立定，以耕讀二字為本，乃是長久之計。

同治六年五月初五日

【注釋】

① 沾足：指雨水充足。

【譯文】

　　澄弟左右：

　　我們家鄉雨水充足，甲五、科三、科九三個姪媳婦都有生男的祥兆，非常欣慰。

　　我自從五十歲以後，百無所求，只希望星岡公的後代人丁興旺，這個想法時刻都不曾忘記。我們的德行都遠遠趕不上祖父，只有這個心願與祖父沒有區別。澄弟、沅弟希望後輩添丁的想法，又和我沒有區別。或者天從人願，看到我們三兄弟的誠心，從此人丁一天天興旺起來也不一定。而且就從這個想法中，足見我們兄弟同心。不管哪一房添丁，都充滿快樂。和氣引來祥瑞，自然有可以預測昌明的道理。

　　沅弟從去年冬天以來憂愁抑鬱得很厲害，不準備再接家眷來官署。我的精力一天天衰弱，絕不能長久地做這個官了。內人帶著兒子媳婦們長久地居住在鄉下，確定好家裡的一切規矩，把「耕讀」兩個字作為根本，才是長久之計。

同治六年五月初五

致四弟九弟‧述為學四要

【原文】

　　澄、沅兩弟左右：

　　屢接弟信，並閱弟給紀澤等諭帖，具悉一切。

　　兄以八月十三出省，十月十五日歸署。在外匆匆，未得常寄函與弟，深以為歉。小澄生子，嶽松入學，是家中近日可慶之事。沅弟夫婦病而速痊，亦屬可慰。

　　吾見家中後輩體皆虛弱，讀書不甚長進，曾以養生六事勖①兒輩：一曰飯後千步，一曰將睡洗腳，一曰胸無惱怒，一曰靜坐有常時，一曰習射有常時（射足以習威儀，強筋力，子弟宜多習），一曰黎明吃白飯一碗，不沾點菜。此皆聞諸老人，累試毫無流弊②者，今亦望家中諸侄試行之。又曾以為學四事勖兒輩：一曰看生書宜求速，不多讀則太陋；一曰溫舊書宜求熟，不背誦則易忘；一曰習字宜有恆，不善寫則如身之無衣、山之無木；一曰作文宜苦思，不善作則如人之啞不能言、馬之跛不能行。四者缺一不可，蓋閱歷一生，而深知之深悔之者，今亦望家中諸侄力行之。養生與為學，二者兼營並進，則志強而身亦不弱。或是家中振興之象。兩弟如以為然，望常以此教誡子侄為要。

　　兄在外兩月有餘，應酬極繁，眩暈、疝氣等症幸未復發，腳腫亦瘥。惟目蒙日甚，小便太多，衰老相逼③，時勢當然，無足怪也。

　　　　　　　　　　　　　　　同治六年十月二十三日

【注釋】

① 勖：勉勵。

② 流弊：指某事引起的壞作用。

③ 相逼：相接，相連。

【譯文】

澄弟、沅弟左右：

多次接到你們的信，並看了弟弟寫給紀澤等人的諭帖，知道了一切。

為兄在八月十三日出省，十月十五日回到官署。在外太匆忙，沒有常常寄信給你們，深感抱歉。小澄生子，嶽松入學，這是家中近日值得慶祝的事。沅弟夫婦生了病能很快痊癒，也值得欣慰。

我見家裡後輩的體質都很虛弱，讀書不太有長進，曾經用養生六事勉勵兒子們：一是飯後千步，一是睡前洗腳，一是胸無惱怒，一是有固定的時間靜坐，一是有固定的時間學習射箭（射箭能夠熟習威儀，強健筋力，子弟應該多學習），一是黎明吃一碗白飯，不沾一點菜。這都是從各位老人那裡聽來、多次試驗沒有一點壞作用的養生方法，現在也希望家中的侄兒們試著去做做看。又曾經用為學四事勉勵兒子們：一是看生書要求快，不多讀就會鄙陋；一是溫舊書要求熟，不背誦就易忘；一是習字要有恆，不善寫字就好比身上沒有衣服，山上沒有樹木；一是寫文章要苦思，不會寫文章就好比啞巴不能說話，馬跛不能行走。這四件事缺一不可，因為是我閱歷一生才深切知道，並感到深深後悔的，現在也希望家中的侄兒們努力去實行。養生和為學，這兩個方面同時經營一起進步，那就會意志堅定而身體強壯了，或許是家中振興的預兆。兩位弟弟如果認為正確，希望常常用這四點教誡子侄們。

為兄在外兩個多月，應酬很是繁忙，眩暈、疝氣等病幸好沒有復發，腳腫也好了。只是眼睛迷糊的毛病一天天厲害起來，小便次數太多，衰老的症狀接連而來，時勢本來就是這樣，不值得奇怪。

同治六年十月二十三日

致四弟・兄弟同蒙封爵

【原文】

澄弟左右：

初十日接奉恩旨，余蒙封侯爵、太子太保，沅弟蒙封伯爵、太子少保，均賞雙眼花翎。沅部李臣典子爵，蕭孚泗男爵。殊恩異數，萃①於一門。祖宗積累陰德，吾輩食此厚報，感激之餘，彌增歉悚。

沅弟五六月來辛苦迥異尋常，近日濕毒十癒其七。初十、十一、十二等日戲酒宴客，每日百餘席，沅應酬周到，不以為苦。諺稱「人逢喜事精神爽」，其信然歟！

余擬於七月下旬回皖，九月再來金陵，十一月舉行江南鄉試。沅弟擬九、十月回籍。各營應撤二萬人，遣資尚無著也。

同治七年五月十四日

【注釋】

① 萃：聚集，聚攏。

【譯文】

澄弟左右：

初十接到聖上的恩旨，我承蒙恩典封了侯爵、太子太保，沅弟承蒙恩典封了伯爵、太子少保，都賞了雙眼花翎。沅弟的部下李臣典封了子爵，蕭孚泗封了男爵。這麼多特殊的恩寵，竟然都集中在我們這一家。祖宗積累陰德，我們得到這麼厚重的回報，感激之餘，更加增添了歉疚和惶恐。

沅弟五六月份以來的辛苦不同尋常，近日濕毒，好了十分之七。初十、十一、十二等日，演戲宴客，每天一百多桌，沅弟應酬周到，不覺

得辛苦。俗話說「人逢喜事精神爽」，果真是這樣啊！

　　我準備七月下旬回安徽，九月再來金陵，十一月舉行江南鄉試。沅弟準備九、十月份回家。各營要撤掉兩萬人，遣散費還沒有著落啊。

同治七年五月十四日

與二子書

諭紀澤・聞母大故，料理奔喪事宜

字諭紀譯兒：

七月二十五日丑正二刻，余行抵安徽太湖縣之小池驛，慘聞吾母大故[1]。余德不修，無實學而有虛名，自知當有禍變，懼之久矣。不謂天不隕滅我身，而反災及我母，回思吾平日隱慝[2]大罪不可勝數，一聞此信，真無地自容矣。

小池驛去大江之濱尚有二百里，此兩日內雇一小轎，仍走旱路，至湖北黃梅縣臨江之處，即行雇船。計由黃梅至武昌不過六七百里，由武昌至長沙不過千里，大約八月中秋後可望到家。

一出家輒十四年，吾母音容不可再見，痛極痛極！不孝之罪，豈有稍減之處。茲念京寓眷口尚多，還家甚難，特寄信到京料理，一切開列於後：

一、我出京時，將一切家事，面托毛寄雲年伯，均蒙慨許。此時遭此大變，爾往叩求寄雲年伯籌畫一切，必能俯允。現在京寓並無銀錢，分毫無出，不得不開吊收賻儀[3]，以作家眷回南之路費。開吊所得，大抵不過三百金，路費以人口太多之故，計須四五百金。其不足者，可求寄雲年伯張羅。此外同鄉如黎樾喬、黃恕皆老伯，同年如王靜庵、袁午橋年伯，平日皆有肝膽[4]，待我甚厚，或可求其湊辦旅費。受人恩情，當為將來報答之地，不可多求人也。袁漱六姻伯處，只可求其出力幫辦一切，不可令其張羅銀錢，渠甚苦也。

二、京寓所欠之賬，惟「西順興」最多，此外如楊臨川、王靜安、李玉泉、王吉雲、陳伯鸞諸兄，皆多年未償。

可求寄雲年伯及黎、黃、王、袁諸君，內擇其尤相熟者，前往為我展緩⑤（我再有信致各處）。外間若有奠金來者，我當概存寄雲、午橋兩處，有一兩即以一兩還債，有一錢即以一錢還債，若並無分文，只得待我起復後再還。

三、家眷出京，行路最不易。樊城旱路既難，水路尤險。此外更無好路，不如仍走王家營為妥，只有十八日旱路。到清江（即王家營也）時，有郭雨三親家在彼；到池州江邊，有陳岱雲親家及樹堂在彼；到漢口時，吾當托人照料。江路雖險，沿途有人照顧，或略好些。聞揚州有紅船最穩，雖略貴亦可雇。

爾母最怕坐車，或雇一駄轎亦可（又聞驢子駄轎比騾子較好），然駄轎最不好坐，爾母可先試之，如不能坐，則仍坐三套大車為妥（於駄轎大車之外，另雇一空轎車備用，不可裝行李）。

四、開吊散訃⑥，不可太濫。除同年、同鄉、門生外，惟門簿上有來往者散之，此外不可散一分，其單請龐省三先生定。此系無途費不得已而為之，不可濫也，即不濫，我已愧恨極矣！

五、外間親友，不能不訃告寄信，然尤不可濫，大約不過二三十封。我到武昌時，當寄一單來，並寄信稿，此刻不可遽發信。

六、鋪店帳目，宜一一清楚。今年端節，已全楚矣。此外只有松竹齋新賬，可請省三先生往清，只可少給他，不可全欠他。又有天元德皮貨店，請寄雲年伯往清，其新猞猁猻皮褂，即退還他，若已做成，即並緞面送贈寄雲可也。萬一無錢，皮局賬亦暫展限，但累寄雲年伯多矣。

七、「西順興」帳目，自丁未年夏起至辛亥年夏止，皆

有摺子。可將摺子找出，請一明白人細算一遍（如省三先生、湘賓先生及子彥皆可），究竟用他多少錢。專算本錢，不必兼算利錢，待本錢還清，然後再還利錢。我到武昌時，當寫一信與蕭沛之三兄，待我信到後，然後請寄雲年伯去講明可也。總須將本錢利錢劃為兩段，乃不至轇轕⑦不清。六月所借之捐貢銀一百二十餘金，須設法還他，乃足以服人。此事須與寄雲年伯熟計（其摺子即交與毛，另謄一個帶回）。

八、高松年有銀百五十金，我經手借與曹西垣，每月利息（立有摺子）京錢十千。今我家出京，高之利錢已無著落。渠係苦人，我當寫信與西垣，囑其趕緊寄京。目前求黎樾喬老伯，代西垣清幾個月利錢，至懇至懇（並請高與黎見面一次）。

九、木器等類，我出京時，已面許全交與寄雲，茲即一一交去，不可分散於人；雖炕墊、炕枕及我坐藍緞墊之類，玻璃燈及鏡屏之類，亦一概交寄雲年伯。蓋器本少，分則更少矣，送渠一人，猶成人情耳。錫器瓷器，亦交與他（錫器帶一木箱回家亦可，其九碗合大圓席者不必帶）。

十、書籍我出京時一一點明與爾舅父看過，其要緊者，皆可帶回（《讀禮通考》四套，不在要緊之列，此時亦須帶回）。

此外我所不要帶之書，惟《皇清經解》六十函算一大部，我出京時已與爾舅說明，即贈送與寄雲年伯（我帶兩函出京，將來仍寄京）；又《會典》五十函算一大部，可借與寄雲用。自此二部外，並無大部，亦無好板，可買打磨廠油箱，一一請書店夥計裝好（上貫鐵釘封皮），交寄雲轉寄存一廟內，每月出賃錢可也。邊袖石借《通典》一函，田敬堂借地圖八幅，吳南屏借梅伯言詩冊，俱往取出帶回。

十一、大廳書架之後，有油木箱三個，內皆法帖之類，其已裱好者可全帶回，其未裱者帶回亦可送人。家信及外來信粘在本子上者，皆宜帶回。地輿圖三付（並田敬堂借一分則四分矣），皆宜帶回，又有十八省散圖亦帶回。字畫對聯之類擇好者帶回，上下木軸均撤去，以便卷成一捆。其不好者太寬者不必帶（如《畫像贊》《玄秘塔》之類），做一寬箱封鎖，與書籍同寄一廟內。凡收拾書籍字畫之類，均請省三先生及子彥幫辦，而牧雲一一過目。其不帶者，均用箱寄廟（帶一點單回）。

十二、我本思在江西歸家，凡本家親友，皆以銀錢贈送。今既毫無可贈矣，爾母歸來，須略備接儀。但須輕巧不累贅者，如氈帽、挽袖之類，亦不可多費錢。如硇砂膏、眼藥之屬，亦宜帶些（高麗參帶半斤）。

十三、紀澤宜做棉袍褂一付、靴帽各一，以便向祖父前叩頭承歡。

十四、王雁汀先生寄書，有一單，我已點與子彥看。記得乾隆二集系王世兄取去，五集系王太史（敦敏）向劉世兄借去，餘劉世兄取去者有一片，此外皆在架上，可送還他。

十五、苗仙鹿寄賣之書，《聲訂》《聲讀表》共一種，《毛詩韻訂》一種，《建首字讀》本想到江西銷售幾部，今既不能，可將書架頂上三種各四十餘部還他，交黎樾喬老伯轉交。

十六、送家眷出京，求牧雲總其事。如牧雲已中舉，亦求於複試後九月二十外起行，由王家營水路至漢口，或不還家，仍由漢口至京會試可也。下人中必須羅福、盛貴，若沈祥能來更好，否則李長子亦可，大約男僕須四人，女僕須三人。九月二十前後必須起程，不可再遲。一定由王家營走，

我當寫信託沿途親友照料。

十七、水陸途費約計三百餘金，買東西捆裝行李之物及略備接儀約須數十金，男女僕婢支用安家約須數十金（羅福、盛貴、魯廚子多給幾許錢亦可），共須五百金也。開吊之所入不足，則求毛年伯及諸位老伯張羅，總以早出京到家為要。其京中各賬，我再寫信去料理。

以上十七條，細心看明照辦。並請袁姻伯、龐先生、毛寄雲年伯、黎樾喬老伯、黃恕皆老伯、王靜庵年伯、袁午橋年伯同看，不可送出外去看。

咸豐二年七月二十六日

【注釋】

①大故：指父母喪。

②隱慝：別人不知的罪惡，不可告人的罪惡。

③賻儀：向辦喪事的人家送的禮。

④肝膽：肝和膽的總稱。比喻真摯的心意。

⑤展緩：延期。

⑥訃：報喪。

⑦轇轕（音糾葛）：交錯，雜亂。

【譯文】

字諭紀澤兒：

七月二十五日丑正二刻，我到達安徽太湖縣的小池驛，悲痛地聽到我母親逝世的消息。我的德行沒有修養好，沒有實在的學問卻享有虛名，自己知道一定會有災禍，害怕很久了。沒想到上天沒有消滅我本身，反而降災給我的母親。回想我平日不為人知的罪責多得數不清，一聽到這個消息，真是無地自容啊。

小池驛距離大江之濱還有兩百里，這兩天內雇一台小轎，仍舊走旱路，到了湖北黃梅縣臨江的地方，馬上雇船。預計從黃梅到武昌不過六

七百里，由武昌到長沙不過一千里，大約八月中秋以後可以到家。

一離家就是十四年，我母親的音容不能再見，太痛心了！不孝的罪過，哪裡可以稍微減輕？現在考慮到京城家裡的家眷還有很多，回家很難，所以特地寫信到京城料理，一切事務開列在後面：

一、我離開京城時，將一切家事當面託付給了毛寄雲年伯，都承蒙他慨然應允了。這時遭遇這個大變故，你要去叩求寄雲年伯籌畫一切，他一定會應允。現在家裡沒有銀錢，一分都拿不出，不得不開吊收取奠金，用作家眷回湖南的路費。開吊所得，大概不會超過三百兩，路費因為人口太多，預計需要四五百兩，不夠的那些，可以請求寄雲年伯張羅一下。此外同鄉的如黎樾喬、黃恕皆老伯，同年的如王靜庵、袁午橋年伯，平日裡都真摯相待，對我很仁厚，或者可以求他們湊辦路費。受了別人的恩情，應當想到將來報答的情況，不能多求別人。袁漱六姻伯那裡，只可求他出力幫辦一切雜務，不能讓他張羅銀錢，他生活很苦。

二、京城家裡所欠的賬，只有「西順興」最多，此外如楊臨川、王靜庵、李玉泉、王吉雲、陳仲鸞等各位仁兄，都多年沒有償還。可求寄雲年伯和黎、黃、王、袁各位，在他們中選擇更相熟的，前去為我寬限點時間（我會再寫信到各處）。外面如果有奠金送來，我會一概存在寄雲、午橋兩個人那裡。有一兩就用一兩還債，有一錢就用一錢還債。如果分文都沒有，只好等我復出後再還了。

三、家眷離開京城，行路最不容易。樊城走旱路很難，水路尤其危險。此外沒有更好的路，不如仍舊走王家營為妥，只有十八日的旱路。到清江（就是王家營）時，有郭雨三親家在那裡；到池州江邊，有陳岱雲親家和樹堂在那裡；到漢口時，我會托人照料。江路雖然危險，但沿途有人照顧，也許可以略微好些。聽說揚州有紅船最穩當，價格即使貴一點，也可以雇用。

你母親最怕坐車，或者雇一駄轎也可以（又聽說驢子駄轎比騾子好），但駄轎最不好坐，你母親可以先試試，如果不能坐，那仍舊坐三套的大車為好（在駄轎大車之外，另外雇一頂空轎車備用，不能裝行李）。

四、開吊分發訃告，不能太多。除了同年、同鄉、門生，只有門簿上有來往的才可分發訃告，此外不能多發一份，這個名單請龐省三先生

定。這是沒有路費不得已才這麼做的，不能太多。即使不多，我也已經慚愧悔恨到極點了。

五、外邊的親友，不能不發訃告和寄信，但也不可太多，大約不過二三十封。我到武昌時，會寄一個名單和信的稿子，現在不要急著發信。

六、鋪店的帳目應該一一結清。今年端午節的賬，已經全部結清了。此外只有松竹齋的新賬，可以請省三先生去結清，只可以少給他，不能全欠他的。另外有天元德皮貨店，請寄雲年伯去結清，那件新猞猁猻皮褂，就退還給他，如果已經做好，就和緞面一起送給寄雲好了。萬一沒有錢，皮局的賬也暫時求他寬限點時日，只是麻煩寄雲年伯的太多了。

七、「西順興」的帳目，自丁未年夏天起，到辛亥年夏天止，都有摺子。可以把摺子找出來，請一個明白人細算一遍（如省三先生、湘賓先生及子彥都可以），究竟用了他多少錢。專算本錢，不必兼算利錢，等本錢還清，然後再還利錢。我到武昌時，會寫一封信給蕭沛之三兄，等我的信到後，然後請寄雲年伯去講明就好了。總要把本錢、利錢劃為兩部分，才不至於混雜不清。六月所借的捐貢銀一百二十多兩，要設法還他，才能讓他信服。這件事要和寄雲年伯反復商量（那些摺子就交給毛寄雲，另外謄寫一本帶回）。

八、高松年有銀子一百五十兩，我經手借給曹西垣，每月利息（立有摺子）是京錢十千。現在我家離開京城，高的利錢就沒有著落了。高松年生活困苦，我會寫信給西垣，囑咐他趕快把這筆錢寄到京城。眼下求黎樾喬老伯代西垣付清幾個月的利錢，一定要懇切（並且請高與黎見一次面）。

九、木器等物品，我離京時，已經當面答應全部交給寄雲，現在就一一交給他，不能分散給別人；即使是炕墊、炕枕和我坐的藍緞墊之類的，玻璃燈和鏡屏之類的，也一概交給寄雲年伯。因為這些器物本來就少，一分散就更少了，送他一人，還可以算作一個人情。錫器、瓷器，也交給他（錫器帶一木箱回家也可以，那套九碗合大圓席不用帶回）。

十、書籍，我離京時一一清點了，給你舅舅看過，那些要緊的，都可以帶回（《讀禮通考》四套，不屬於要緊的書，這時也要帶回）。

此外，我所不要帶的書，只有《皇清經解》六十函，算一本大部頭，我出京時已經和你舅舅說明，就送給寄雲年伯（我帶了兩函離京，將來仍舊寄回京城）；另外《會典》五十函，算一本大部頭，可以借給寄雲用。除了這兩部，並沒有大部頭了，也沒有好版本。可以買打磨廠的油木箱，全部請書店夥計裝好（上面裝上鐵釘封皮），交給寄雲寄放在一個廟裡，每月出租錢就好了。邊袖石借去《通典》一函，田敬堂借去地圖八幅，吳南屏借去梅伯言詩冊，都去取來帶回。

十一、大廳書架後面，有三個油木箱，裡面都是法帖之類，其中已經裝裱好的，可全部帶回，沒有裝裱的，帶回也可以送人。家信和外來信，粘在本子上的，都應該帶回。地圖三幅（加上田敬堂借去的一份就有四份了），都應該帶回，還有十八省散圖也帶回。字畫對聯之類，選擇好的帶回，上下木軸都拿掉，以便卷成一捆。其中不好的，太寬的，就不必帶了（如《畫像贊》《玄秘塔》之類），做一口寬箱封鎖起來，和書箱一同寄存在廟裡。凡是收拾書籍字畫之類的，都請省三先生和子彥幫忙辦理，然後請牧雲一一過目。那些不帶回的，都封箱寄存在廟裡（帶一張清單回來）。

十二、我本來想從江西回老家，凡是本家親友，都贈送點銀兩。現在既然沒有一點東西可以送，你母親回來，要略微準備點禮物。只要輕巧不累贅的，如氈帽、挽袖之類，也不可以多花錢；如硇砂膏、眼藥這些，也要帶點回去（高麗參帶半斤）。

十三、紀澤要做棉袍褂一套，靴、帽各一件，以便在祖父面前叩頭承歡。

十四、王雁汀先生寄來的書有一張單子，我已經清點給子彥看了。我記得乾隆二集是王世兄拿去的，五集是王太史（敦敏）向劉世兄借去的，另外劉世兄拿走的還有一集，其餘都在架上，可以送還給他。

十五、苗仙鹿寄賣的書，有《聲訂》《聲讀表》共一種、《毛詩韻訂》一種、《建首字讀》等，本來想帶到江西銷售幾部，現在既然不可能了，可將書架頂上三種，各四十多部還給他，交黎樾喬老伯轉交。

十六、送家眷離京這件事，求牧雲主持一切。如果牧雲已經中舉，也求他在複試後九月二十日開外起程，由王家營水路到漢口，或者不回家，仍舊由漢口返回京城參加會試也可以。下人中一定要把羅福、盛貴

帶回來，如果沈祥能來就更好了，不然李長子也可以，大約男僕需要四個，女僕需要三個。九月二十號左右必須起程，不能再遲了。一定要從王家營走，我會寫信託沿途親友照料。

十七、水陸的路費大約總計三百多兩，買東西、捆裝行李的物品和準備一點接儀大約需要幾十兩，給男女僕婢的安家費大約需要幾十兩（羅福、盛貴、魯廚子多給幾兩錢也可以），總共需要五百兩。開吊的收入不夠，就求毛年伯和各位老伯張羅，總該以早日出京到家為最緊要。京城中的各種帳目，我再寫信去料理。

以上十七條，細心看明照辦。並請袁姻伯、龐先生、毛寄雲年伯、黎樾喬老伯、黃恕皆老伯、王靜庵年伯、袁午橋年伯一同看，不能送到外面去看。

咸豐二年七月二十六日

諭紀澤‧料理奔喪事宜

【原文】

字諭紀澤兒：

吾於七月二十五日在太湖縣途次痛聞吾母大故，是日仍雇小轎行六十里，是夜未睡，寫京中家信料理一切，命爾等眷口於開吊後趕緊出京。二十六夜發信交湖北撫台寄京，二十七發信交江西撫台寄京，兩信是一樣說話，而江西信更詳，恐到得遲，故由兩處發耳。惟倉卒①哀痛之中，有未盡想到者，茲又想出數條，開示於後：

一、他人欠我帳目，算來亦將近千金。惟同年鄒勷齋（敏學），當時聽其膚受之②而借與百金，其實此人並不足惜（寄雲兄深知此事），今渠已參官，不復論已。此外凡有借我錢者，皆光景甚窘之人，此時我雖窘迫，亦不必向人索取，如袁親家、黎樾翁、湯世兄、周荇農、鄒雲階，此時皆

不甚寬裕。至留京公車，如復生同年、吳鏡雲、李子彥、劉裕軒、曾愛堂諸人，尤為清苦異常，皆萬不可向其索取，即送來亦可退還。蓋我欠人之賬，既不能還清出京，人欠我之賬而欲其還，是不恕也。從前黎樾翁出京時，亦極窘，而不肯索窮友之債，是可為法。至於胡光伯之八十兩、劉仙石之二百千錢，渠差旋時自必交袁親家處，此時亦不必告知渠家也。外間有借我者，亦極窘，我亦不寫信去問他。

二、我於二十八、二十九在九江耽擱兩日，雇船及辦青衣等事，三十早即開船。二十九日江西省城公送來奠分銀一千兩，余以三百兩寄京還債，以「西順興」今年之代捐貢銀及寄雲兄代買皮貨銀之類，皆甚緊急，其銀交湖北主考帶進京，想到京時家眷已出京矣，即交寄雲兄擇其急者而還之。下剩七百金，以二百餘金在省城還帳（即左景喬之百金及凌、王、曹、曾四家之奠金），帶四百餘金至家辦葬事。

三、馱轎要雇即須二乘，爾母帶紀鴻坐一乘，乳媽帶六小姐五小姐坐一乘。若止一乘，則道上與眾車不同隊，極孤冷也。此外雇空太平車一乘，備爾母道上換用。又雇空轎車一乘，備爾與諸妹弱小者坐。其餘概用三套頭大車。我之主見，大略如此，若不妥當，仍請袁姻伯及毛、黎各老伯斟酌，不必以我言為定準。

四、李子彥無論中否，皆須出京，可請其與我家眷同行幾天，行至雄縣，渠分路至保定去，亦不甚繞也。到清江浦登船，可請郭雨三姻伯雇，或雇湖廣划子二隻亦可，或至揚州換雇紅船，或雇湘鄉「釣鉤子」亦可。沿途須發家信，至清江浦托郭姻伯寄信，至揚州托劉星房老伯寄信，至池州托陳姻伯，至九江亦可求九江知府寄，至湖北托常太姻伯寄，以慰家中懸望。信面寫法，另附一條。

五、小兒女等，須多做幾件棉衣。道上十月固冷，船上尤寒也。

六、我托夏階平老伯請各家誥封：一梁獻廷、一鄧廷楠、一劉繼振三教官。我另有信與階平兄，爾須送銀十二兩至夏家去。至家中請封之事，暫不交銀，俟後再寄可也。

七、御書詩匾及戴醇士、劉椒雲所寫匾，俱可請裱匠啟下卷起帶回。王孝鳳借去天圖，其底本系郭筠仙送我的，暫存孝鳳處，將來請交筠仙。

八、我船一路阻風，行十一日，尚止走得三百餘里，極為焦灼。幸馮樹堂由池州回家，來至船上，與我作伴，可一同到省，堪慰孤寂，京中可以放心。

九、江西送奠儀千金，外有門包③百金，丁貴、孫福等七人，已分去六十金，尚存四十金，將來羅福、盛貴、沈祥等到家，每人可分八九兩。渠等在京要支錢，亦可支與他，渠等皆極苦也。

十、松竹齋軍機信封五寸長者、六寸長者、七寸長者三等，各為我買百封並籤子。

十一、我寫信十餘封至京，各處有回我信者，先交折差寄回。

十二、我在九江時，知府陳景曾、知縣李福（甲午同年），皆待我極好。家眷過九江時，我已托他照應，但討④快不討關（討關，免關錢也；討快，但求快快放行，不免關稅也）。爾等過時，渠若照應，但可討快，不可代船戶討免關。

十三、船上最怕盜賊。我在九江時，德化縣派一差人護送，每夜安船後，差人喚塘兵打更，究竟好些。家眷過池州時，可求陳姻伯飭縣派一差人護送，沿途寫一「溜信」，一

徑護送到湖南（上縣傳知下縣，謂之「溜信」），或略好些。若陳姻伯因系親戚，避嫌不肯，則仍至九江求德化縣派差護送。每過一縣換一差，不過賞大錢二百文。

十四、各處發訃信，現在病不知日，沒不知時，不能寫信稿，只好到家後再說。

沿途寄家信封面寫式：

內家信，敬求加封，妥寄至

湖北巡撫部院常署內轉求速遞至湘鄉縣前

任禮部右堂曾宅開拆為感

某月某日自某處發

家眷不出京，此式不用了。此後寫信，但交順天府馬遞至湖北撫署轉交我手便是。

此信寫後，余於十二日至湖北省城晤常世兄，備聞湖南消息。此後家眷不出京。我另寫一信，此信全用不著了。

咸豐二年八月初八日在蘄州舟中書

【注釋】

① 倉卒：即「倉促」，匆忙急迫。

② 膚受之愬：指讒言。膚受：指浮泛不實，或指利害切身。愬：通「訴」，訴說，傾訴。

③ 門包：指賄賂守門人的財物。

④ 討：求，請求。

【譯文】

字諭紀澤兒：

我於七月二十五日去太湖的路上，悲痛地聽到我母親逝世的消息，當天仍舊雇小轎走了六十里，當天晚上沒有睡，寫家信寄到京城料理一切，讓家眷們在開吊後趕緊離開京城。二十六日晚上發信，交給湖北撫台寄到京城，二十七日又發信，交給江西撫台寄到京城，兩封信中說的

是一樣的，只是江西的信更詳細，擔心到得太遲了，所以由兩處寄發。只是太倉促，又處於哀痛中，有些沒有想到的，現在又想出幾條，開列在後面：

一、別人欠我的帳目，算起來也將近有一千兩。只有同年鄢勘齋（敏學），當時聽信他的讒言，借給他一百兩，其實這個人並不值得憐惜（寄雲兄很清楚這件事），現在他已經做了官，就不再說了。此外凡是有向我借錢的，都是情形很窘迫的人。現在我雖然窘迫，但也不必向別人索要，如袁親家、黎樾翁、湯世兄、周荇農、鄒雲階，現在都不是很寬裕。至於留在京城的舉人，如復生同年、吳鏡雲、李子彥、劉裕軒、曾愛堂這些人，尤其清苦，都萬萬不能向他們索要，就是送來也可以退還回去。因為我欠人家的債，既然不能還清再離京，別人欠我的債卻想要他還清，這行為是不可饒恕的。從前黎樾翁離京時，也很窘迫，但不肯索取窮困朋友的債，這是可以效法的。至於胡光伯的八十兩、劉仙石的二百千錢，他出差回來自然一定會交到袁親家那裡，現在也不必告訴他家。外面有向我借錢的人也很窮，我也不寫信去詢問了。

二、我二十八、二十九日在九江耽擱兩天，雇了船，並置辦了青衣等事，三十日早上就開船。二十九日，江西省城共送來奠金一千兩，我拿三百兩寄到京城還債，因為「西順興」今年的代捐貢銀，和寄雲兄代買皮貨的錢，都急著要還。這些銀子交湖北主考帶到京城，想必銀子到達時，家眷已經離開京城了，就交寄雲兄選擇急要的地方先還。剩下的七百兩，用二百多兩還了省城的賬（就是左景喬的一百兩及凌、王、曹、曾四家的奠金），帶四百多兩回家辦理喪事。

三、馱轎要雇的話，就需要雇兩輛，你母親帶紀鴻坐一輛，乳媽帶六小姐、五小姐坐一輛。如果只有一輛，那路上與其他車子不在一起，就太冷清了。此外，雇一輛空太平車，以備你母親路上換著用。再雇一輛空轎車，以備你與各位年齡小的妹妹坐。其餘都用三套頭大車。我的主張，大致是這樣，如果不妥當，仍舊請袁姻伯及毛、黎各老伯商量，不一定要按照我說的去做。

四、李子彥不管考沒考中，都要離開京城，可請他與我們家人同行幾天，走到雄縣，他分路到保定去，也不算很繞路。到清江浦坐船，可請郭雨三姻伯雇船，或者雇兩條湖廣划子也可以，或者到揚州換雇紅

船，或者雇湘鄉的「釣鉤子」船也可以。沿途要記得發家信，到清江浦托郭姻伯寄信，到揚州托劉星房老伯寄信，到池州托陳姻伯，到九江也可求九江知府寄，到湖北托常太姻伯寄，以安慰家中掛念之情。信面的寫法，另外附一條。

五、小兒女等，要多做幾件棉衣。路上十月的時候本來就冷，船上尤其寒冷。

六、我托夏階平老伯去請各家誥封：一是梁獻廷、一是鄧廷楠、一是劉繼振三位教習官。我另外有信給階平兄，你要送十二兩銀子到夏家去。至於家中請封的事，暫時不用交銀子，等以後再寄就好。

七、御書詩匾和戴醇士、劉椒雲所寫的匾，都可以請裱匠取下，卷起來帶回。王孝鳳借去天圖，那個底本是郭筠仙送我的，暫時放在孝鳳那裡，以後請他交給筠仙。

八、我坐的船一路都遭遇逆風，開了十一天，還只走了三百多里，心中十分焦急。幸虧馮樹堂由池州回家，來到船上，和我做伴，可以一同到省城，能安慰我寂寞的心情，京中的親友可以放心。

九、江西送來一千兩奠儀，另外有門包一百兩，丁貴、孫福等七人已經分去六十兩，還留四十兩，將來羅福、盛貴、沈祥等人到家，每人可以分八九兩。他們家在京城要支錢，也可以支給他們，他們也極其困苦。

十、松竹齋軍機信封有五寸長、六寸長、七寸長三等樣式，各為我買一百封，連同籤子。

十一、我寫了十多封信到京城，各處有回我信的，先交給通信員寄回。

十二、我在九江時，知府陳景曾、知縣李福（甲午同年）都待我很好。家眷過九江時，我已經托他照應，只求快速通關不要求免除關稅（討關，就是免關稅；討快，只求快快放行，不免關稅）。你們經過時，他如果照應，只能求快速過關，不能代船戶求得免除關稅。

十三、船上最怕強盜。我在九江時，德化縣派了一個差人護送，每天晚上安頓好船隻以後，差人就叫塘兵打更，這樣畢竟好些。家眷過池州時，可以求陳姻伯讓縣城派一個差人護送，沿途寫一封「溜信」，一直護送到湖南（上一個縣傳知下一個縣，叫作「溜信」），也許略好

些。如果陳姻伯因為是親戚，要避嫌，不肯的話，那仍舊到九江，求德化縣派差人護送。每經過一個縣換一個差人，不過賞他二百文大錢。

十四、給各處發訃信，現在不知道母親什麼時候生的病，也不知道什麼時辰去世的，不能寫信稿，只好到家後再說。

沿途寄家信的封面格式：

裡面是家信，恭敬地請求加個信封，妥善地寄到

湖北巡撫部院常署內轉求快速寄到湘鄉縣

前任禮部右堂曾宅開拆為感

　　　　　　　　　　　　　　　　　　　某月某日自某處發

家眷若還沒離開京城，此格式就不用了。以後寫信，只要交順天府快馬寄到湖北撫署轉交給我就好。

這封信寫好後，我在十二日到湖北省城去見常世兄，詳細地聽說了湖南的消息。以後家眷不用離開京城，我另外寫一封信，這封信就用不著了。

　　　　　　　　　　　　咸豐二年八月初八在蘄州船上寫的

諭紀澤・知長沙被圍

【原文】

字諭紀澤兒：

余於初八日在舟中寫就家信，十一早始到黃州，因阻風太久，遂雇一小轎起旱。十二日未刻到湖北省城，晤常南陔先生之世兄，始知湖南消息。長沙被圍危急，道路梗阻，行旅不通，不勝悲痛，焦灼之至。現在武昌小住，家眷此時萬不可出京，且待明年春間再說。開弔之後，另搬一小房子住，余陸續設法寄銀進京用。匆匆草此，俟一二日內續寄。

　　　　　　　　　　咸豐二年八月十二夜武昌城內發

【譯文】

字諭紀澤兒：

我初八在船上寫好家信，十一日早上才到黃州，因為逆風阻隔太久，就雇了一輛小轎子走旱路。十二日未時到達湖北省城，會見了常南陔先生的世兄，才知道湖南的消息。長沙被圍困，形式非常危急，道路阻塞，行旅不通，真是悲痛焦急到極點。現在在武昌小住，家眷這個時候萬萬不能離開京城，暫且等到明年春天再說。開吊以後，另外搬一間小房子住，我會陸續想辦法寄錢到京城使用。匆匆忙忙寫了這幾句，等一兩天再寄。

咸豐二年八月十二日晚上武昌城內發

諭紀澤・繞道回鄉

【原文】

字諭紀澤兒：

十三日在湖北省城住一天，左思右想，只得仍回家見吾父為是。擬十四日起行，由岳州、湘陰繞道出沅江、益陽以至湘鄉，大約須半月。沿途自知慎重，如果遇賊，即仍回湖北省城，陸續有家信寄京，不必掛念。

家眷既不出京，止將書檢存箱內，搬一房子，餘物概不必動。余行李寄存常大人署中，留荊七、孫福看守。自帶丁、韓二人回南，常又差四人護送，可以放心。滌生手示，並呈爾舅爾母。京中寄家信概交湖北撫台常為要。

咸豐二年八月十三夜在湖北省城發

【譯文】

字諭紀澤兒：

十三日，在湖北省城住了一天，左思右想，只得仍舊回家見我父親

才是。我準備十四日起行，由岳州、湘陰繞路出沅江、益陽，然後到湘鄉，大約要半個月。我沿途自己知道慎重，如果遇上賊人，就仍舊回湖北省城，陸續會有家信寄到京城，不必掛念。

家眷既然不離開京城，只要把書查一遍存放到箱子裡，搬一間小房子住，其餘的東西都不要動。我的行李寄存在常大人署中，留荊七、孫福看守。我自己帶丁、韓兩人回湖南，常大人又派了四人護送，大可以放心。滌生手寫，並呈送你的舅舅和母親。京城裡寄的家信一概交到湖北撫台常大人那裡。

咸豐二年八月十三日晚上在湖北省城發

諭紀澤・勸兒勤學，不可浪擲光陰

【原文】

　　字諭紀澤兒：

　　胡二等來，接爾安稟，字畫尚未長進。爾今年十八歲，齒已漸長，而學業未見其益。陳岱雲姻伯之子號杏生者，今年入學，學院批其詩冠通場。渠係戊戌二月所生，比爾僅長一歲，以其無父無母家漸清貧，遂爾①勤苦好學，少年成名。爾幸托祖父餘蔭，衣食豐適，寬然無慮，遂爾酣豢②佚樂，不復以讀書立身為事。古人云：「勞則善心生，佚則淫心生。」孟子云：「生於憂患，死於安樂。」吾慮爾之過於佚也。

　　新婦初來，宜教之入廚作羹，勤於紡績，不宜因其為富貴子女不事操作。大、二、三諸女已能做大鞋否？三姑一嫂每年做鞋一雙寄余，各表孝敬之忱③，各爭針黹④之工。所織之布，做成衣襪寄來，余亦得察閫門以內之勤惰也。

　　余在軍中，不廢學問，讀書寫字，未甚間斷，惜年老眼

蒙，無甚長進。爾今未弱冠⑤，一刻千金，切不可浪擲光陰。

四年所買衡陽之田，可覓人售出，以銀寄營，為歸還李家款。父母存，不有私財，士庶人且然，況余身為卿大夫乎？

余癬疾復發，不似去秋之甚。李次青十七日在撫州敗挫，已詳寄沅甫函中，現在崇仁加意整頓，三十日獲一勝仗。口糧缺乏，時有決裂之虞，深為焦灼。

爾每次安稟，詳陳一切，不可草率。祖父大人之起居，闔家之瑣事，學堂之工課，均須詳載，切切此諭！

咸豐六年十月初二日

【注釋】

① 遂爾：於是乎。

② 酖豢：沉醉於某種情境。

③ 忱：真誠的情意。

④ 針黹：指縫紉、刺繡等針線工作。

⑤ 弱冠：指男子二十左右的年紀。

【譯文】

字諭紀澤兒：

胡二等人回來，我接到你告安的信，書畫還是沒有長進。你今年十八歲，年紀已經漸漸大了，但還看不到學業進步。陳岱雲姻伯的兒子有個叫杏生的，今年入學，學院把他的詩評為第一。他是戊戌二月出生的，比你只大一歲，因為他沒有父母，家道逐漸清貧，於是他勤學苦練，少年成名。你幸虧依託祖父的餘蔭，衣食豐盛舒適，心寬而沒有憂慮，於是沉迷於享樂，不再把讀書自立作為志向。古人說：「勤勞就會產生善心，懶惰就會產生壞心。」孟子說：「處在憂患中，就充滿生機；處在安樂中，就容易滅亡。」我擔心你過於安樂了。

新媳婦剛進門，應該叫她下廚房熬湯煮飯，勤勞地紡紗織布，不能因為她是富貴人家的子女就不幹活。大女兒、二女兒和三女兒已經能做鞋子了嗎？你三個姑姑一個嫂子，每年都做一雙鞋子寄給我，各自表表孝心，各自比比針線功夫。所織的布，做成衣服襪子寄來，我也要考察閨房裡面那些人勤不勤快。

我在軍營裡，也沒有荒廢學問，讀書寫字，沒怎麼間斷。可惜年紀老了，眼睛昏蒙，沒有什麼進步。你今年二十還沒到，一刻千金，萬萬不可以浪費時光。

四年所買衡陽的田地，可以找人出售，把銀子寄到軍營，用來償還李家的錢。父母在，子女不存私財，老百姓家都這樣做，何況我身為公卿大夫呢？

我的癬疾復發了，不像去年秋天那麼厲害。李次青十七日在撫州吃了敗仗，已經把詳細情況寫在寄給沅甫的信中了。現在崇仁加緊整頓，三十日打了一場勝仗。口糧缺乏，時刻有崩潰的危險，非常焦急。

你每次寫信問安，都要詳細陳述一切，不能草率。祖父大人的起居，全家的瑣事，學堂的功課，都要詳細記載，切記這個喻示。

咸豐六年十月初二

諭紀澤・教子作文習字

【原文】

字諭紀澤兒：

日來接爾兩稟，知爾《左傳注疏》將次①看完。《三禮注疏》，非將江慎修《禮書綱目》識得大段②，則《注疏》亦殊難領會，爾可暫緩，即《公》《穀》也可緩看。爾明春將胡刻《文選》細看一遍，一則含英咀華③，可醫爾筆下枯澀之弊；一則吾熟讀此書，可常常教爾也。

沅叔及寅皆先生望爾作四書文④，極為勤懇⑤。余念爾庚

申、辛酉下兩科場，文章亦不可太醜，惹人笑話。爾自明年正月起，每月作四書文三篇，俱由家信內封寄營中。此外或作得詩賦論策，亦即寄呈。

　　寫字之中鋒者，用筆尖著紙，古人謂之蹲鋒，如獅蹲、虎蹲、犬蹲之象。偏鋒者，用筆毫之腹著紙，不倒於左，則倒於右，當將倒未倒之際，一提筆則為蹲鋒，是用偏鋒者，亦有中鋒時也。此諭。

咸豐八年十二月二十三

【注釋】

① 將次：將要，就要。

② 大段：大略，大體。

③ 含英咀華：指嘴裡含著花朵，品味花的芬芳。後比喻品味、體會詩文中所包含的精華。

④ 四書文：即「八股文」，科舉考試所用的文體。

⑤ 勤懇：指誠摯懇切。

【譯文】

　　字諭紀澤兒：

　　最近接到你兩封稟告問安的信，知道你就要看完《左傳注疏》了。《三禮注疏》，不把江慎修的《禮書綱目》看懂個大概，那《三禮注疏》也非常難領會，你可以暫時不去看，就是《公羊傳》《穀梁傳》也可以暫時不看。你明年春間把胡刻《文選》仔細看一遍，一來吸取前人精華，可以醫治你文章枯燥乏味的弊病；二來我熟讀這本書，可以常常教你。

　　沅叔和寅皆先生希望你寫四書文，言辭非常誠摯懇切。我考慮到你庚申、辛酉兩年要下科場考試，寫的文章也不能太難看，惹人笑話。你從明年正月開始，每個月寫三篇四書文，都附在家信中寄到軍營。此外偶爾寫得詩賦論策，也馬上寄呈。

　　寫字時的中鋒，就是用筆尖著紙，古人叫作蹲鋒，就像獅子蹲、老

虎蹲、狗蹲的樣子。偏鋒，就是用筆毫的腹部著紙，不倒向左邊，就倒向右邊，在要倒還沒倒的時候，一提筆就成了蹲鋒，這是用偏鋒時，也有中鋒的情況。信就寫到這裡。

咸豐八年十二月二十三日

諭紀澤・看書不可無恒

【原文】

字諭紀澤兒：

初四夜接爾二十六號稟。所刻《心經》，微有西安《聖教》筆意，總要養得胸次①博大活潑，此後當更有長進也。

爾去年看《詩經注疏》已畢否？若未畢，自當補看，不可無恒耳。講《通鑒》，即以我過筆者講之亦可，將來另購一部，爾照我之樣過筆一次可也。

馮樹堂詩草曾寄營矣。爾覆信言十二年進京，程資不敢領。新寫「閟深肅穆」四匾字，拓②一分付回。餘不多及。

再，同縣拔貢生傅澤鴻寄朱卷③數十本來營，茲付去程儀三十兩，爾可覓便寄傅家，或專人送去。

咸豐九年五月十四日

【注釋】

① 胸次：胸懷。
② 拓：拓印。在刻鑄有文字或圖像的器物上蒙一層紙，捶打後使凹凸分明，塗上墨，顯出文字圖像來。
③ 朱卷：場中所作之文刊印贈人。

【譯文】

字諭紀澤兒：

初四晚上接到你二十六號稟告問安的信。所刻的《心經》，稍微有些西安《聖教》的筆意。總要把胸懷修養得博大樂觀，此後應該更加有長進。

你去年看《詩經注疏》已經看完了嗎？如果沒有看完，自然應該補看，不能沒有恒心。講《資治通鑑》，就用我寫過的那部講也可以，將來另外買一部，你照我的樣子再寫一遍就可以了。

馮樹堂老師的詩稿已經寄到軍營了。你回信說十二年進京，不敢領用路費。新寫「閎深肅穆」四字匾額，拓了一份寄回。其餘的就不多說了。

另外，同縣的拔貢生傅澤鴻寄了幾十本朱卷到軍營，現在寄回去三十兩路費，你可找個方便的機會寄到傅家，或者派專人送去。

咸豐九年五月十四日

諭二子‧勸兒立志

【原文】

字諭紀澤、紀鴻兒：

今日專人送家信，甫經成行，又接王輝四等帶來四月初十之信（爾與澄叔各一件），藉悉一切。

爾近來寫字，總失之薄弱，骨力不堅勁，墨氣不豐腴，與爾身體向來輕字之弊正是一路毛病。爾當用油紙摹顏字之《郭家廟》、柳字之《琅邪碑》《玄秘塔》，以藥其病，日日留心，專從厚重二字上用工，否則字質太薄，即體質亦因之更輕矣。

人之氣質由於天生，本難改變，惟讀書則可變化氣質。古之精相法①者，並言讀書可以變換骨相。欲求變之之法，總須先立堅卓之志。即以余生平言之，三十歲前最好吃煙，片刻不離，至道光壬寅十一月二十一日立志戒煙，至今不再

吃；四十六歲以前作事無恆，近五年深以為戒，現在大小事均尚有恆。即此二端，可見無事不可變也。爾于厚重二字，須立志變改。古稱金丹換骨，余謂立志即丹也。

滿叔回信系忘送，故特由驛補發。此囑。

同治元年四月二十四日

【注釋】

① 相法：看相的理論、方法。

【譯文】

字諭紀澤、紀鴻兒：

今日派專人送去家信，剛一出發，又接到王輝四等人帶來四月初十的信（你與澄叔各一封），看後知道了一切。

你近來的字，總是太薄弱，筆力不夠堅勁，墨氣不夠豐滿，與你身體向來單薄的弊病正是一樣的。你應該用油紙臨摹顏真卿的《郭家廟》、柳公權的《琅邪碑》《玄秘塔》，來改正自己的缺點，須日日留心，專門在厚重兩個字上用功，否則字質太薄弱，就是體質也會隨著更單薄了。

人的氣質是天生的，本來難以改變，只有讀書可以改變氣質。古代精通相法的人，都說讀書可以變換骨相。想要尋求改變的方法，總要先樹立堅強的志向。就以我的生平來說，三十歲前最喜歡吃煙，片刻不離，到道光壬寅十一月二十一日下決心戒煙，至今沒有再吃；四十六歲以前做事情沒有恒心，近五年來深切地告誡自己，現在大小事情都還有些恒心。就從這兩點來看，沒有事情不能改變。你在「厚重」這兩個字上一定要立志改變。古人說金丹換骨，我認為立志就是金丹。

滿叔的回信是忘記送了，所以特地由驛站補發。囑咐到這裡。

同治元年四月二十四日

諭紀鴻‧論科考

【原文】

字諭紀鴻兒：

接爾稟件，知家中五宅平安，子侄讀書有恆為慰。爾問今年應否往過科考，爾既作秀才，凡歲考科考，均應前往入場。此朝廷之功令[1]，士子之職業也。

惟爾年紀太輕，余不放心。若鄧師能晉省送考，則爾凡事有所稟承[2]，甚好甚好。若鄧師不赴省，則爾或與易芝生先生同往，或隨亦山、鏡和、子祥諸先生同伴，總須得一老成者照應一切，乃為穩妥。

爾近日常作試帖詩否？場中細檢一番，無錯平仄，無錯抬頭也。此次未寫信與澄叔，爾為稟告。

同治二年五月十八日

【注釋】

① 功令：古時國家對學者考核和錄用的法規。

② 稟承：承受，聽命。

【譯文】

字諭紀鴻兒：

接到你的稟告信，知道家裡五宅都平安，子侄們讀書有恒心，我很欣慰。你問今年應不應該去參加科考，你既然是秀才，那麼凡是年考科考，都應該前去參加。這是朝廷的法令，也是士子的職責。

只是你年紀太輕，我不放心。如果鄧師能夠送你進省去考試，那你凡事都可以聽從他，這樣就很好。如果鄧師不去省城，那你或者和易芝生先生一起去，或者跟隨亦山、鏡和、子祥各位先生，與之做伴，總要有個老成的人照顧一切才穩妥。

你近來時常寫試帖詩嗎？在考場中寫完要仔細檢查一遍，平仄不要犯錯，抬頭也不要寫錯。這次沒有寫信給澄叔，你代我稟告他。

同治二年五月十八日

諭二子·諭兒謙慎勤儉

【原文】

字諭紀澤、紀鴻兒：

余於初四日自邵伯開行後，初八日至清江浦。聞撚匪①張、任、牛三股並至蒙、亳一帶，英方伯雉河集營被圍，易開俊在蒙城亦兩面皆賊，糧路難通。余商昌岐帶水師由洪澤湖至臨淮，而自留此待羅、劉旱隊至，乃赴徐州。

爾等奉母在寓，總以勤儉二字自惕，而接物出以謙慎。凡世家之不勤不儉者，驗之於內眷而畢露。余在家深以婦女之奢逸為慮，爾二人立志撐持門戶，亦宜自端內教始也。

余身尚安，癬略甚耳。

同治四年閏五月初九

【注釋】

①撚匪：即撚軍，是太平天國時期北方的農民起義軍。

【譯文】

字諭紀澤、紀鴻兒：

我初四從邵伯那裡出發後，初八到清江浦。聽說撚匪張、任、牛三支隊伍一同到了蒙、亳一帶，英方伯雉河集營被圍困，易開俊在蒙城兩面也都是敵人，糧路難通。我和昌岐商量，讓他帶水師由洪澤湖到臨淮，而我自己留在這裡等待羅、劉陸軍到來，之後趕往徐州。

你們在家中奉養母親，總要用「勤儉」兩個字告誡自己，而出門待

人接物，要謙虛謹慎。但凡世家不勤不儉的情況，在內眷那裡試驗一下就全部露餡了。我在家時深切憂慮婦女們驕奢淫逸，你們兩個人立志支撐門戶，也應該從這點開始教導。

我的身體還平安，只是癬疾有點嚴重罷了。

同治四年閏五月初九

諭二子・詢及家事，簡述近況

【原文】

字諭紀澤、紀鴻兒：

專人來，接鴻兒初六夜信，具悉署內平安。羅氏外孫有病，比來已就痊否？又聞劉松山一軍在龍潭鬧餉，不肯渡江，不知近狀何如？深為繫念。

余於初八日至清江浦。發、撚二逆群萃皖北蒙、亳一帶，英方伯雉河集營被圍甚緊，英帶二十八騎①於初六日自營沖出，其諸將尚在該集守營求救。余擬改駐臨淮，先救皖北之急，二十內外自袁浦啟行。

身體尚好。臨淮至金陵，官封二日可到也。日記一本可寄湘鄉否？兩叔信另寄矣。

同治四年閏五月十四

【注釋】

① 騎：騎兵，亦泛指騎馬的人。

【譯文】

字諭紀澤、紀鴻兒：

專人來營，我接到鴻兒初六晚上的信，知道署內都平安。羅氏外孫

生病，近來已經快痊癒了沒？又聽說劉松山一軍在龍潭鬧著要軍餉，不肯渡江，不知道近況怎樣？我非常掛念。

我初八到清江浦。發、撚兩支逆軍都聚集在安徽北部蒙、亳一帶，英方伯雉河集營被圍困得很厲害，英率領二十八個騎兵在初六從營中沖出，他手下其他將領還在這集營中防守求救。我打算改駐到臨淮，先救安徽北部的急難，二十日左右從袁浦出發。

我的身體還好。臨淮到金陵，官封兩天就能到了。可以寄一本日記到湘鄉嗎？給兩個叔叔的信另外寄出了。

同治四年閏五月十四

國家圖書館出版品預行編目資料

曾國藩家書／曾國藩著、胡亞軍注釋，初版 --
新北市：新潮社文化事業有限公司，2021. 02
　　　面；　公分
ISBN 978-986-316-788-4（平裝）
1.（清）曾國藩 2.傳記

782.877　　　　　　　　　　　　109019789

曾國藩家書

曾國藩／著

胡亞軍／注釋

【策　劃】周向潮、林郁
【制　作】天蠍座文創
【出　版】新潮社文化事業有限公司
　　　　　電話：(02) 8666-5711
　　　　　傳真：(02) 8666-5833
　　　　　E-mail：service@xcsbook.com.tw

【總經銷】創智文化有限公司
　　　　　新北市土城區忠承路 89 號 6F（永寧科技園區）
　　　　　電話：(02) 2268-3489
　　　　　傳真：(02) 2269-6560

印前作業　菩薩蠻、東豪印刷事業有限公司

初　　版　2021 年 05 月